गणित एवं फलित ज्योतिषशास्त्र के दोनों ही पक्षों में 'लग्न' का बड़ा महत्त्व है। ज्योतिष में लग्न को 'वीर्य' एवं बीज कहा गया है। इसी पर फलित ज्योतिष का सारा भवन, विशाल वटवृक्ष खड़ा है। ज्योतिष में गणित की समस्या तो कम्प्यूटर ने समाप्त कर दी परन्तु फलादेश की विकटता ज्यों की त्यों मौजूद है। बिना सही फलादेश के ज्योतिष की स्थिति निर्गन्धि पुष्प के समान है कई बार विद्वान् व्यक्ति भी, व्यावसायिक पण्डित भी, जन्मकुण्डली पर शास्त्रीय फलादेश करने से घबराते है, कतराते हैं। अत: इस कमी को दूर करने के लिए प्रस्तुत पुस्तक का लेखन प्रत्येक लग्न के हिसाब से अलग-अलग पुस्तकें लिख कर किया जा रहा है। ताकि फलित ज्योतिष क्षेत्र में एक नया मार्ग प्रशस्त हो सके।

डायमंड पाकेट बुक्स में
ज्योतिष तंत्र, मंत्र, वास्तु, फेंग शुई की श्रेष्ठ पुस्तकें

डॉ. भोजराज द्विवेदी

एनसाइक्लोपिडिया ऑफ कालसर्पयोग ....
भोज संहिता : चन्द्र खण्ड ....
भोज संहिता : सूर्य खण्ड ....
भोज संहिता : कुंडली खण्ड ....
भोज संहिता : मंगल खण्ड ....
भोज संहिता : बुध खण्ड ....
भोज संहिता : शनि खण्ड ....
भोज संहिता : राहु-केतु खण्ड ....
भोज संहिता : बृहस्पति खण्ड ....
भोज संहिता : शुक्र खण्ड ....
मंगलीक दोष कारण व निवारण ....
राहु-केतु एवं ग्रहण विचार ....
शनि उपचार (शनि की ढैया और साढ़ेसाती के बचाव सहित) .
रेखाओं का रहस्यमय संसार
(हस्त रेखाओं पर विश्व की सर्वश्रेष्ठ पुस्तक पृष्ठ 500) ..
रत्नों का रहस्यमय संसार (रंगीन) ....
हिन्दू मान्यताओं का वैज्ञानिक आधार ....
हिन्दू मान्यताओं का धार्मिक आधार ....
कुतुबमीनार हिन्दू वेधशाला ....

अपनी जन्मपत्री स्वयं पढ़ें

कर्क लग्नफल-सम्पूर्ण परिचय ....
मेष लग्नफल-सम्पूर्ण परिचय ....
वृष लग्नफल-सम्पूर्ण परिचय ....
तुला लग्नफल-सम्पूर्ण परिचय ....
मिथुन लग्नफल-सम्पूर्ण परिचय ....
सिंह लग्नफल-सम्पूर्ण परिचय ....
कन्या लग्नफल-सम्पूर्ण परिचय ....
वृश्चिक लग्नफल-सम्पूर्ण परिचय ....
धनु लग्नफल-सम्पूर्ण परिचय ....
मकर लग्नफल-सम्पूर्ण परिचय ....
कुम्भ लग्नफल-सम्पूर्ण परिचय ....
मीन लग्नफल-सम्पूर्ण परिचय ....
सम्पूर्ण वास्तुशास्त्र ....
रेमेडियल वास्तु (बिना तोड़-फोड़ के वास्तु) ....
फेंग सुई : चीनी वास्तुशास्त्र ....
पिरामिड एवं मन्दिर वास्तु ....
कमर्शियल वास्तु ....
पर्यावरण वास्तु ....
अनुभूत यंत्र मंत्र तंत्र और टोटके ....
वास्तु जिज्ञासाएं एवं समाधान ....
अंकों का अद्भुत संसार ....
कालसर्प योग शांति और घट-विवाह (नया संस्करण) .
मंत्र शक्ति और साधना ....
यंत्र शक्ति और साधना ....
हिप्नोटिज्म ....
ज्योतिष और धनयोग ....
ज्योतिष और राजयोग ....
ज्योतिष और विवाह योग ....
ज्योतिष और संतान योग ....
ज्योतिष में भवन, वाहन और कीर्ति योग ....
ज्योतिष और आयुष्य रोग ....
तंत्र शक्ति और साधना ....
ज्योतिष और रोग विचार ....
यज्ञ कुण्ड मण्डप सिद्धि ....
महालक्ष्मी पूजन व दीपोत्सव ....
पांव तले भविष्य ....
नाम बदलिये भाग्य बदलिये ....
अंत्येष्टि कर्म पद्धति ....
षटपंचाशिका (प्रश्न विज्ञान) ....
सस्वर रुद्राभिषेक प्रयोग ....
अपनी जन्म पत्रिका आप बनाएं ....
ज्योतिष प्रश्नोत्तरी ....
वक्री ग्रह ....
हिन्दू विवाह एवं यज्ञोपवीत संस्कार ....
भूकम्प के ज्योतिषीय विश्लेषण पर सारगर्भित अध्ययन .
शाबर मंत्र ....
प्रत्यङ्गिरा संपूर्ण प्रयोग ....

राधाकृष्ण श्रीमाली

लाल किताब ....
दस महाविद्या ....
महाकाली एवं तारा तांत्रिक साधनाएं ....
षोडशी एवं भुवनेश्वर तांत्रिक साधनाएं ....
छिन्नमस्ता एवं त्रिपुर भैरवी तांत्रिक साधनाएं ....
धूमावती एवं बगलामुखी तांत्रिक साधनाएं ....
मातंगी एवं कमला तांत्रिक साधनाएं ....
गायत्री उपासना ....
विष्णु उपासना ....
हनुमान तंत्र साधना ....
ज्योतिष सीखिये ....
लक्ष्मी तंत्र साधना ....
गणेश उपासना और साधना ....
वृहद हस्त रेखा ....
ज्योतिष और रत्न ....
अंक ज्योतिष ....
भृगु संहिता ....
प्रश्न ज्योतिष ....
तंत्र रहस्य ....
तंत्र शक्ति साधना और सेक्स ....
स्वप्न ज्योतिष ....
मंत्र शक्ति से रोग निवारण ....
दशाफल दर्पण ....
मंत्र शक्ति द्वारा कामना सिद्धि ....
ग्रहगोचर (ग्रह और फलादेश) ....
शरीर सर्वांग लक्षण ....
रमल विज्ञान ....
यंत्र सिद्धि ....
स्तोत्र शक्ति ....
भारतीय ज्योतिष ....

डायमंड पाकेट बुक्स X-30, ओखला इंडस्ट्रियल एरिया, फेज-II, नई दिल्ली-20
फोन : 011-40712100, फैक्स : 011-41611866, E-mail : Sales@dpb.in, Website : www.dpb.in

अपनी जन्मपत्री स्वयं पढ़ें

मेष लग्नफल सम्पूर्ण परिचय

लेखक

डॉ. भोजराज द्विवेदी

एम. ए. पीएच. डी. (ज्योतिष), डी. लिट्. काठमांडो (नेपाल)

राष्ट्रपति द्वारा सम्मानित, स्वर्ण पदक प्राप्त (विभूषित)

सह सम्पादक

पं. रमेश द्विवेदी

डायमंड बुक्स

इस पुस्तक अथवा इस पुस्तक के किसी अंश को इलैक्ट्रोनिक, मैकेनिकल, फोटोकॉपी, रिकॉर्डिंग या अन्य सूचना-संग्रह साधनों एवं माध्यमों द्वारा मुद्रित अथवा प्रकाशित करने के पूर्व डायमंड पॉकेट बुक्स की लिखित अनुमति अनिवार्य है।

ISBN : 81-288-0337-9

© प्रकाशकाधीन

प्रकाशक : **डायमंड पॉकेट बुक्स (प्रा.) लि.**
X-30, ओखला इंडस्ट्रियल एरिया, फेज-II
नई दिल्ली-110020
फोन : 011-41611861
फैक्स : 011-41611866
ई-मेल : sales@dpb.in
वेबसाइट : www.dpb.in
संस्करण : **2022**
मुद्रक : आदर्श प्रिंटर्स, शाहदरा, दिल्ली - 32

MESH LAGANPHAL SAMPOORNA PARICHAY

By : Dr. Bhojraj Dwivedi

अनुक्रमणिका

पुस्तक परिचय

गणित एवं फलित ज्योतिषशास्त्र के दोनों ही पक्षों में 'लग्न' का बड़ा महत्त्व है। ज्योतिष में लग्न को 'वीर्य' एवं बीज कहा गया है। इसी पर फलित ज्योतिष का सारा भवन, विशाल वटवृक्ष खड़ा है। ज्योतिष में गणित की समस्या तो कम्प्यूटर ने समाप्त कर दी परन्तु फलादेश की विकटता ज्यों की त्यों मौजूद है। बिना सही फलादेश के ज्योतिष की स्थिति निर्गन्ध पुष्प के समान है कई बार विद्वान् व्यक्ति भी, व्यावसायिक पण्डित जी, जन्मकुण्डली पर शास्त्रीय फलादेश करने से घबराते है, कतराते हैं। अत: इस कमी को दूर करने के लिए प्रस्तुत पुस्तक का लेखन प्रत्येक लग्न के हिसाब से अलग-अलग पुस्तकें लिख कर किया जा रहा है। ताकि फलित ज्योतिष क्षेत्र में एक नया मार्ग प्रशस्त हो सकें।

सबसे पहले हमने **'कर्कलग्न'** की पुस्तक प्रकाशित की। जिसका ज्योतिष की दुनिया में जोरदार स्वागत हुआ। अब यह **'मेषलग्न'** की पुस्तक पाठकों के हाथों में सौंपते हुए अत्यन्त हर्ष हो रहा है मेषलग्न में भगवान शंकर, सिकन्दर महान, सम्राट पृथ्वीराज, फिल्म अभिनेता अशोक कुमार, अभिषेक बच्चन, राजनेताओं में गुलजारीलाल नन्दा, सरदारवल्लभ भाई पटेल, हरदेव जोशी, दलित नेता कांशीराम, जार्ज फर्नांडीस, चन्द्रबाबू नायडू जैसे व्यक्तित्व हुए हैं। मेषलग्न की इस हिन्दी पुस्तक का अंग्रेजी व गुजराती संस्करण भी शीघ्र प्रकाशित होगा। मेषलग्न की स्त्री जातक पर हम अलग से पुस्तक लिखकर अलग प्रकार से फलादेश देने का प्रयास कर रहे हैं।

इस प्रकार के प्रयास से आम आदमी अपनी जन्मपत्री स्वयं पढ़कर एवं अपने इष्ट मित्रों की जन्मकुण्डली पर शास्त्रीय फलादेश कर सकता है। आम आदमी तक फलित ज्योतिष का ज्ञान पहुंचाने का यह हमारा विनम्र प्रयास है। प्रत्येक दिन-रात में आकाश में बारह लग्नों का उदय होता है। एक लग्न लगभग दो घंटे का होता है। जन्म लग्न (जन्म समय) को लेकर जन्मपत्रिका के शास्त्रीय फलादेश को जानने व समझने की दिशा में उठाया गया, यह पहला कदम है, आशा है, ज्योतिष की दुनिया में इसका जोरदार स्वागत होगा। प्रबुद्ध पाठकों के लगातार आग्रह पर गणित व फलित ज्योतिष पर एक सारगर्भित सॉफ्टवेयर प्रोग्राम 'सृष्टिम' के नाम से भी बना रहे हैं जो अब तक के प्रचारित सभी सॉफ्टवेयर में अनुपम ब अद्वितीय होगा। यदि प्रबुद्ध पाठकों का स्नेह अविरल सम्बल इसी प्रकार मिलता रहा, तो शीघ्र ही फलित ज्योतिष में नई क्रान्ति इस सॉफ्टवेयर के माध्यम से सम्पूर्ण संसार में आएगी। पुस्तक के अन्त में दी गई 'दृष्टान्त लग्न कुण्डलियों' से इस पुस्तक का व्यवहारिक महत्त्व कई गुना बढ़ गया है। यह एक अकाट्य सत्य है कि अपने जन्म लग्न पर फलादेश करने में प्रत्येक ज्योतिष प्रेमी 'मास्टर' होता है। आपने इस पुस्तक के माध्यम से क्या पाया और आपके अनुभव के खजाने में और क्या अवशेष ज्ञान बचा है? इसको पुस्तक के अन्तिम दो खाली पृष्ठों में लिखे। अनुभवों को लिपिबद्ध करें और हमें भी अपने अनुभवों से परिचित कराएं। हमें आपके पत्रों की प्रतीक्षा रहेगी परन्तु टिकट लगा, पता टाईप किया हुआ जवाबी लिफाफा पत्रोत्तर पाने की दिशा में आपको पहला सार्थक कदम होगा।

डॉ. भोजराज द्विवेदी

लेखक परिचय

अंतर्राष्ट्रीय ख्याति प्राप्त वास्तुशास्त्री एवं ज्योतिषाचार्य डॉ. भोजराज द्विवेदी कालजयी समय के अनमोल हस्ताक्षर हैं। इन्टरनेशनल वास्तु एसोसिएशन के संस्थापक डॉ. भोजराज द्विवेदी की यशस्वी लेखनी से रचित ज्योतिष, वास्तुशास्त्र, हस्तरेखा, अंकविद्या, आकृति विज्ञान, यंत्र-तंत्र-मंत्र विज्ञान, कर्मकाण्ड व पौरोहित्य पर लगभग 400 से अधिक पुस्तकें देश-विदेश की अनेक भाषाओं में पढ़ी जाती हैं। फलित ज्योतिष के क्षेत्र में अज्ञातदर्शन (पाक्षिक) एवं श्रीचण्डमार्तण्ड (वार्षिक) के माध्यम से इनकी 3000 से अधिक राष्ट्रीय व अंतर्राष्ट्रीय महत्त्व की भविष्यवाणियां पूर्व प्रकाशित होकर समय चक्र के साथ-साथ चलकर सत्य प्रमाणित हो चुकी हैं।

4 सितम्बर 1949 को "**कर्कलग्न**" के अंतर्गत जन्मे डॉ. भोजराज द्विवेदी सन् 1977 से अज्ञातदर्शन (पाक्षिक) एवं श्रीचण्डमार्तण्ड (वार्षिक) का नियमित प्रकाशन व सम्पादन 26 वर्षों से करते चले आ रहे हैं। डॉ. द्विवेदी को अनेक स्वर्णपदक व सैकड़ों मानद उपाधियां विभिन्न नागरिक अभिनंदनों एवं राष्ट्रीय व अंतर्राष्ट्रीय सम्मेलनों के माध्यम से प्राप्त हो चुकी हैं। इनकी संस्था के अंतर्गत भारतीय प्राच्य विद्याओं पर अनेक अंतर्राष्ट्रीय व राष्ट्रीय सम्मेलन देश-विदेशों में हो चुके हैं तथा इनके द्वारा ज्योतिषशास्त्र, वास्तुशास्त्र, तंत्र-मंत्र, पौरोहित्य पर अनेक पाठ्यक्रम भी पत्राचार द्वारा चलाए जा रहे हैं। जिनकी शाखाएं देश-विदेश में फैल चुकी हैं तथा इनके द्वारा दीक्षित व शिक्षित हजारों शिष्य इन दिव्य विद्याओं का प्रचार-प्रसार कर रहे हैं। भारतीय प्राच्य विद्याओं के उत्थान में समर्पित भाव से जो काम डॉ. द्विवेदी कर रहे हैं, वह एक साधारण व्यक्ति द्वारा सम्भव नहीं है वे इक्कीसवीं शताब्दी के तंत्र-मंत्र, वास्तुशास्त्र व ज्योतिष जगत् के तेजस्वी सूर्य हैं तथा कालजयी समय के अनमोल हस्ताक्षर हैं, जो कि **'युग पुरुष'** के रूप में याद किए जाएंगे। इनसे जुड़ना इनकी संस्था का सदस्य बनना आम लोगों के लिए बहुत बड़े गौरव व सम्मान की बात है।

1. **हस्तरेखा विभाग**–सन् 1981 में डॉ. भोजराज द्विवेदी द्वारा **'अंगुष्ठ से भविष्य ज्ञान'** एवं **'पांव तले भविष्य'** नामक दो पुस्तकें प्रकाशित हुई। सामुद्रिक शास्त्र की दुनियां में इस नये विषय को लेकर हंगामा मच गया। पाठकों ने इन पुस्तकों को सराहा तथा इनके अनेक संस्करण छपे। सन् 1992 में **'ज्योतिष और आकृति'** तथा सन् 1996 में **'हस्तरेखाओं का गहन अध्ययन'** दो भागों में प्रकाशित हुए। अपने 40 वर्षों के अध्ययन से अनुभूत प्रस्तुत पुस्तक पर इस विषय के छठे पुष्प के रूप में पाठकों को समर्पित की है। **'हस्तरेखाओं का रहस्यमय संसार'** नामक यह कृति किसी भारतीय विद्वान् द्वारा लिखी गई संसार की श्रेष्ठ एवं बेजोड़ पुस्तकों में सर्वोपरि है। इस पुस्तक की कीर्ति ने जरमिन, कीरो एवं बेन्हाम जैसे विदेशी विद्वानों को मीलों पीछे छोड़ दिया।

2. **ज्योतिष विभाग**–इस विभाग के अंतर्गत विभिन्न कम्प्यूटर लगे हैं जो गणित एवं फलित दोनों प्रकार की जन्मपत्रियों का निर्माण करते हैं। व्यक्ति की जन्म तारीख, जन्म समय एवं जन्म स्थान के माध्यम से जन्मपत्रिका, वर्षफल, विवाहपत्रिका, प्रश्न पत्रिका आदि का निर्माण सूक्ष्मातिसूक्ष्म गणित सूत्रों द्वारा होता है। सही जन्मपत्रिका यदि बनी हुई है तो उस पर विभिन्न प्रकार के फलादेश करवाने की व्यवस्था भी उपलब्ध है। हमारे यहां हैण्ड-प्रिण्ट देखने की सुविधा एवं चेहरा देखकर भविष्य बताने की विद्या का चमत्कार केवल उन्हीं सज्जनों को प्राप्त है, जो हमारी संस्था **'अज्ञातदर्शन सुपर कम्प्यूटर सर्विसेज'** के संस्थापक, संरक्षक या आजीवन सदस्य हैं। 'अज्ञातदर्शन सुपर कम्प्यूटर सर्विसेज' के सदस्यों, व्यापारियों व उद्योगपतियों को वरीयता के साथ हम नियमित ज्योतिष सेवाएं घर बैठे भेजते हैं। इसके लिये नि:शुल्क प्रपत्र अलग से प्राप्त करें। फलित ज्योतिष पर एक साफ्टवेयर **'सृष्टि'** के नाम से बन रहा है, जो अब तक का सबसे अनुपम व अद्वितीय कार्य होगा।

3. **वास्तु विभाग**–हमने 'इंटरनेशनल वास्तु एसोशिएसन' की स्थापना कर रखी है। हमारे केन्द्र के वास्तुशास्त्रियों द्वारा वास्तु संबंधी विभिन्न त्रुटियों व दोषों का परिहार पूर्ण विधि-विधान से किया जाता है यदि व्यक्ति नक्शा भेजता है तो उस पर भी विचार-विमर्श करके सही स्थानों को चिह्नित व संशोधित करके नक्शा वापस भेज दिया जाता है। जो सज्जन 'वास्तु विजिट' कराना चाहते हैं उन्हें एडवांस ड्राफ्ट भेजकर समय निश्चित कराना चाहिए। वास्तु शास्त्र पर विद्वान लेखक की अनेक पुस्तकें हिन्दी व अंग्रेजी में प्रकाशित है। जो अपने आप में एक रिकॉर्ड उपलब्ध है।

4. **यंत्र विभाग**–विद्वान् ब्राह्मणों की देखरेख में विभिन्न प्रकार के यंत्रों का निर्माण शुभ नक्षत्र, दिन व मुहूर्त में किया जाता है। यंत्र बनने के पश्चात् उसमें विधिवत् प्राण-प्रतिष्ठा करके ही भेजे जाते हैं। इस बात का पूरा ध्यान रखा

जाता है कि सभी यंत्र यजमान द्वारा नि।र्दष्ट धातु में सर्वशुद्ध तरीके से बनाए जाते हैं। सभी यंत्र ल।केट में उभरे हुए होते हैं तथा बनने के पश्चात् निर्दिष्ट गंतव्य पर रजिस्टर्ड डाक द्वारा भेज दिए जाते हैं। वी.पी., नहीं की जाती। वी.पी. के लिए आधा एडवांस प्राप्त होना अनिवार्य है। कार्यालय द्वारा अभिमंत्रित व सिद्ध यंत्रों का **सम्पूर्ण** सूची-पत्र अलग से प्रार्थना कर, प्राप्त किया जा सकता है।

5. रत्न विभाग–अनेक जिज्ञासु सज्जनों के विशेष आग्रह पर हमारे यहां विभिन्न रत्नों एवं राशि रत्नों के विक्रय की व्यवस्था की गई है। भाग्यवर्द्धक अंगूठियां एवं लॉकेट भी पूर्ण विधि-विधान के साथ बनाए जाते हैं। एक मुखी रुद्राक्ष, स्फटिक मालाएं, पारद शिवलिंग, हत्था जोड़ी, सभी प्रकार के तंत्र की सामग्री असली होने की गारंटी के साथ दी जाती है। इस हेतु सम्पूर्ण जानकारी हेतु सूची-पत्र अलग से प्राप्त करें।

6. विविध धार्मिक अनुष्ठान–संस्थान द्वारा 108 कुण्डीय पवित्र यज्ञ-कुण्डों, दस महाविद्याओं की जागृत 'श्रीपीठ' की स्थापना हो चुकी है। यहां पर विभिन्न प्रकार के दुर्योगों की शांति हेतु, व्यापार-व्यवसाय में रुकावट दूर करने हेतु, दुःख, क्लेश, भय, रोग से निवारण हेतु प्रेत बाधा एवं शत्रु को नष्ट करने हेतु, राजयोग, पद, प्रतिष्ठा की प्राप्ति हेतु धार्मिक अनुष्ठान, यज्ञ, पूजा-पाठ एवं शांति कराने की सभी सुविधाएं भी उपलब्ध हैं। भारत एवं विदेशों में 'सामुहिक कालसर्पयोग शान्ति' कराने का श्रेय हमारे इस संस्थान को ही जाता है।

7. प्रकाशन विभाग–जो कुछ भी शोध कार्य कार्यालय के विद्वानों द्वारा होता है उसको निरन्तर प्रकाशित किया जाता है। ज्योतिष, आयुर्वेद, वास्तुशास्त्र, हस्तरेखा एवं प्राचीन भारतीय गूढ़ विद्या संबंधी पुस्तकों का प्रकाशन भी विभाग द्वारा किया जाता है। अब तक डॉ. द्विवेदी द्वारा 500 पुस्तकें लिखी जा चुकी हैं। जिसमें से 400 के लगभग प्रकाशित हो चुकी हैं। इसके अतिरिक्त हमारे कार्यालय से दो नियतकालीन प्रकाशन अनवरत रूप से चल रहे हैं।

1. **अज्ञातदर्शन (पाक्षिक)** 1977 से प्रकाशित, 2. **चण्डमार्तण्डपंचांग** एवं कैलेण्डर (वार्षिक) 1987 से नियमित प्रकाशित होते रहते हैं।

8. श्रीविद्या साधक परिवार–प्रायः सम्मोहन, यंत्र-मंत्र-तंत्र विद्या में रुचि रखने वाले अनेक जिज्ञासु सज्जनों, छात्र-छात्राओं के अनेक फोन व पत्र पूज्य गुरुदेव से मार्गदर्शन प्राप्त करने हेतु उनसे दीक्षा प्राप्त करने हेतु, मंत्र शिविरों में भाग लेने हेतु आते हैं। ऐसे जिज्ञासु साधकों को सर्वप्रथम 'श्रीविद्या साधक परिवार' का सदस्य बनना होता है। श्रीविद्या साधक परिवार से जुड़ने के बाद ही ऐसे जिज्ञासु सज्जनों को परमपूज्य गुरुदेव का पत्र या स्नेहिल सान्निध्य प्राप्त होता है।

विनम्र निवेदन–बाहर से पधारने वाले जिज्ञासु सज्जनों से विनम्र निवेदन है कि बिना कोई अत्यधिक ठोस कारण के परमपूज्य गुरुदेव से मिलने का दुराग्रह न रखें। सर्वश्री डॉ. भोजराज द्विवेदी से मिलने के लिए टेलीफोन नंबर-2637359, 3113513, फैक्स 2431883, मोबाइल-0291-3129105 पर पूर्व समय निश्चित करके ही मिला करें। यह आपकी और कार्यालय दोनों की सुविधा के लिए अत्यन्त जरूरी है।

इंटरनेशनल वास्तु एसोसिएशन (रजि.)–डॉ. भोजराज द्विवेदी उनके सहयोगियों ने मिलकर इंटरनेशनल वास्तु ऐसोसिएशन का गठन 14 दिसम्बर 1996 में किया तथा 7 दिसम्बर को इसे विधिवत रजिस्टर्ड कराया। इस संस्था का मुख्य उद्देश्य भारत एवं भारत के बाहर सुदूर विदेशों में बसे जिज्ञासुओं को भारतीय प्राच्य विद्याओं की सही व सच्ची जानकारी देना तथा पत्राचार पाठ्यक्रम के माध्यम से उन्हें शिक्षित व दीक्षित करते हुए योग्य विद्यार्थियों एवं विद्वानों को प्रमाण पत्र एवं सैकड़ों जिज्ञासु सज्जन शिक्षित होते हैं। अब तक इस संस्था ने भारत व विदेशों में कम से कम 150 सैम्पोजियम, ऑडियो विज्यूल कार्यक्रम, अखिल भारतीय एवं अंतर्राष्ट्रीय सम्मेलन सफलतापूर्वक आयोजित किए हैं। हमारे संस्थान की शाखाएं भी देश-विदेश में कार्यरत है। 50 रु. का मनीआर्डर भेजकर कोई भी सज्जन ज्योतिष, वास्तुशास्त्र, मंत्र-तंत्र, विद्या, हस्तरेखा इत्यादि में प्रवीणता प्राप्त करने हेतु पत्राचार पाठ्यक्रम पुस्तिक मंगवाल सकता है तथा अन्य जिज्ञासु लोगों को शिक्षित करने हेतु अपने शहर में भी अन्तराष्ट्रीय वास्तु ऐसोशिऐशन की शाखा भी खोल सकता है।

–आचार्य सोमतीर्थ

इंटरनेशनल वास्तु ऐसोशिऐशन (रजि.)

130 ए रोड, अज्ञातदर्शन काम्पलेक्स, मरुदीप अर्पाटमेन्ट

दूरभाष-2637359, फैक्स-2431883, मोबाईल-0291-3113513

अति विशिष्ट कार्य हेतु-0291-3129105

ज्योतिष शास्त्र की उपादेयता एवं महत्त्व

नारदीयम् में सिद्धांत, संहिता व होरा इन तीन भागों में विभाजित ज्योतिष शास्त्र को वेदभगवान का निर्मल (पवित्र) नेत्र कहा है।[1] पाणिनि काल से ही ज्योतिष की गणना वेद के प्रमुख छः अंगों में की जाने लगी थी।[2]

'वेदांग ज्योतिष' नामक बहुचर्चित व प्राचीन ग्रंथ हमें प्राप्त होता है जिसके रचनाकार ने ज्योतिष को काल विधायक शास्त्र बतलाया है, साथ में कहा है कि जो ज्योतिष शास्त्र को जानता है व यज्ञ को भी जानता है।[3] छः वेदांगों में से ज्योतिष मयूर की शिखा व नाग की मणि के समान महत्त्व को धारण किए हुए वेदांगो में मूर्धन्य स्थान को प्राप्त है।[4]

कालज्ञान की महत्ता को स्वीकार करते हुए कालज्ञ, त्रिकालज्ञ, त्रिकालविद्, त्रिकालदर्शी व सर्वज्ञ शब्दों का प्रयोग ज्योतिषी के लिए किया गया है।[5] स्वयं सायणाचार्य ने **'ऋग्वेदभाष्यभूमिका'** में लिखा है कि ज्योतिष का मुख्य प्रयोजन अनुष्ठेय यज्ञ के उचित काल का संशोधन है।[6] उदाहरणार्थ ''कृत्तिका नक्षत्र' में अग्नि का आधान करें।[7] कृत्तिका नक्षत्र में अग्नि का आधान ज्योतिष संबंधी ज्ञान के बिना संभव नहीं। इसी प्रकार से एकाष्टका में दीक्षा को प्राप्त होवे, फाल्गुण पौर्णमास में दीक्षित होवे[8] इत्यादि अनेक श्रुति वचन मिलते हैं।

ज्योतिष के सम्यक् ज्ञान के बिना इन श्रुतिवाक्यों का समुचित पालन नहीं किया जा सकता अतः वेद के अध्ययन के साथ-साथ ज्योतिष को वेदांग बतलाकर ऋषियों ने ज्योतिष शास्त्र के अध्ययन पर पर्याप्त बल दिया।

1. सिद्धांत संहिता होरा रूप स्कन्ध त्रयात्मकम्।
   वेदस्य निर्मलं चक्षुर्ज्योतिः शास्त्रमकल्मषम्।। इति नारदीयम् (शब्दकल्पद्रुम) पृ. 550
2. छंदः पादौ तु वेदस्य हस्तो कल्पोऽथ पठ्यते।
   ज्योतिषामयनं चक्षुर्निरुक्तः श्रोत्रमुच्यते।।–पाणिनी शिक्षा, श्लोक/41
   मुहूर्त चिन्तामणि मोतीलाल बनारसीदास वाराणसी सन् 1972 (पृ. 7)
3. तस्मादिदं कालविधान शास्त्रं, यो ज्योतिष वेद स वेद यज्ञम्–फ. ज्यो. वि. बृ. समीक्षा, पृ. 4
4. यथा शिखा मयूराणा नागानां मणयो यथा तद्वद्वेदांगशास्त्राणां ज्योतिषं मूर्धनि सस्थितम् –इति वेदांग ज्योतिषम् 'शब्दकल्पद्रुम' (पृ. 550)
5. शब्द कल्पद्रुम, पृ. 655
6. वेद व्रतमीमांसक ''ज्योतिषविवेक (पृ. 4) गुरुकुल सिंहपुरा, रोहतक सन् 1976
7. कृतिकास्वाग्निमाधीत–तैत्तरीय ब्राह्मण 1/1/2/1
8. एकाष्टकामां दीक्षेरन् फाल्गुनीपूर्णमासे दीक्षेरन्–तैत्तरीय संहिता 6/4/8/1

ज्योतिष के ज्ञान की सबसे अधिक आवश्यकता कृषकों को पड़ती है क्यंकि वह जानना चाहता है कि पानी कब बरसेगा, खेतों में बीज कब बोना चाहिए? जमाना कैसा जाएगा? फसलें कैसी होंगी। वगैरा-वगैरा। हिन्दू षोडश-संस्कार एवं यज्ञ-हवन, निश्चित काल, मुहूर्त में ही किए जाते हैं। श्रुति कहती है।

ते असुरा अयज्ञा अदक्षिणा अनक्षत्राः।
यच्च किंचित् कुर्वत सतां कृत्यामेवाऽकुर्वत॥ 1 ॥[1]

अर्थात् वे यज्ञ जो करणीय हैं, वे कालानुसार (निश्चित मुहूर्त पर) न करने से देवरहित, दक्षिणा रहित, नक्षत्ररहित हो जाते हैं।

ज्योतिष से अत्यन्त स्वार्थिक अर्थ में अच् (अ) प्रत्यय-लगकर ज्योतिष शब्द निष्पन्न हुआ है। अच् प्रत्यय लगने से यह ज्योतिष शब्द पुल्लिंग में प्रयुक्त होता है।

द्युत्+इस् (इसिन्)
ज्युत+इस् =ज्योत्+इस्
ज्योतिस्

मेदिनी कोष के अनुसार "ज्योतिष" सकारान्त नपुंसक लिंग में 'नक्षत्र' अर्थ में तथा पुल्लिंग में अग्नि और प्रकाश अर्थ में प्रयुक्त होता है।[2]

'ज्योतस्' में 'इनि' और 'ठक्' प्रत्यय लगा करके ज्योतिषी और ज्योतिषिक: तीनों शब्द व्युत्पन्न होते हैं। जो ज्योतिष शास्त्र का नियमित रूप से अध्ययन करें अथवा ज्योतिष शास्त्र का ज्ञाता हो वह ज्योतिषी, ज्योतिषिक, ज्यौतिषिक, ज्योतिष शास्त्रज्ञ तथा दैवज्ञ कहलाता है।[3]

शब्दकल्पद्रुम के अनुसार 'ज्योतिष' ज्योतिर्मय सूर्यादि ग्रहों की गति इत्यादि को लेकर लिखा गया वेदांग शास्त्र विशेष है। अमरकोष की टीका में व्याकरणाचार्य भरत ने ग्रहों की गणना, ग्रहण इत्यादि प्रतिपाद्य विषयों वाले शास्त्र को ज्योतिष कहा है।[4]

हलायुधकोष में ज्योतिष के लिए सांवत्सर, गणक, दैवज्ञ, ज्योतिषिक, ज्यौतिषिक ज्योतिषी, ज्यौतिषी, मौहूर्तिक सांवत्सरिक शब्दों का प्रयोग हुआ है।[5]

वाचस्पत्यम् के अनुसार सूर्यादि ग्रहों की गति को जानने वाले तथा ज्योतिषशास्त्र का विधिपूर्वक अध्ययन करने वाले व्यक्ति को 'ज्योतिर्विद्' कहा गया है।[6]

1. फलित ज्योतिष विवेचनात्मक बृहत्पाराशर समीक्षा पृ. 4
2. ज्योतिषग्नौ दिवाकरे 'पुमान्पुसंक-दृष्टौ स्यान्नक्षत्र प्रकाशयो: इति मेदिनीकोष-1929, पृ. सं. 536
3. हलायुध कोश हिन्दी समिति लखनऊ सन् 1967 (पृ. सं. 321)
4. शब्द कल्पद्रुम खण्ड-2 मोतीलाल बनारसीदास सन् 1961 पृ. स. 550
5. हलायुध कोश, हिन्दी समिति लखनऊ 1966 पृ. सं. 703
6. वाचस्पत्यम् भाग 4, चौखम्बा सीरिज वाराणसी सन् 1962 पृ. 3162

ज्योतिष की प्राचीनता

ज्योतिष शास्त्र कितना प्राचीन है, इसकी कोई निश्चित तिथि या सीमा स्थापित नहीं की जा सकती। यह बात निश्चित है कि जितना प्राचीन वेद है उतना ही प्राचीन ज्योतिष शास्त्र है। यद्यपि वेद कोई ज्योतिष की पुस्तक नहीं है तथापि ज्योतिष-सम्बन्धी अनेक गूढ़ तथ्यों व गणनाओं के बारे में विद्वानों में मत ऐक्यता का नितान्त अभाव है।

तारों का उदय-अस्त प्राचीन (वैदिक) काल में भी देखा जाता था। तैत्तिरीय ब्राह्मण एवं शतपथ ब्राह्मण में ऐसे अनेक संकेत व सूचनाएं मिलती हैं। लोकमान्य तिलक ने अपनी पुस्तक **'ओरायन'** के पृष्ठ 18 पर ऋग्वेद का काल ईसा पूर्व 4500 हजार वर्ष बताया।[1] वहीं पं. रघुनन्दन शर्मा ने अपनी पुस्तक **'वैदिक-सम्पत्ति'** में मृगशिरा में हुए इसी वसन्तसम्पात को लेकर, तिलक महोदय की त्रुटियों का आकलन करते हुए अकाट्य तर्क के साथ प्रमाणपूर्वक कहा है कि ऋग्वेद काल ईसा से कम 22,000 वर्ष प्राचीन है।[2]

भारतीय ज्योतिर्गणित एवं वेध-सिद्धांतों का क्रमबद्ध सबसे प्राचीन एवं प्रमाणिक परिचय हमें **'वेदांग ज्योतिष'** नामक ग्रन्थ में मिलता है।[3] यह ग्रन्थ सम्भवत: ईसापूर्व 1200 का है। तब से लेकर अब तक ज्योतिष शास्त्र की अक्षुण्णता कायम है।[4]

वस्तुत: फिर वे यज्ञ ही नहीं कहलाते। इसलिए जो कुछ भी यज्ञादि (धार्मिक) कृत्य करना हो, उसे निर्दिष्ट कालानुसार ही करना चाहिए। कहा भी है–**यो ज्योतिषं वेद स वेद यज्ञान्**[5]

अतीतानागते काले, दानहोमजपादिकम्।
उषरे वापितं बीजं, तद्वद्भवति निष्फलम् ॥2॥[6]

इस प्रकार से यह सिद्ध है कि ज्योतिष के बिना कालज्ञान का अभाव रहता है। कालज्ञान के बिना समस्त श्रौत्, स्मार्त कर्म, गर्भाधान, जातकर्म, यज्ञोपवीत, विवाह इत्यादि संस्कार ऊसर जमीन में बोए गए बीज की भांति निष्फल हो जाते हैं। तिथि, वार, नक्षत्र, योग, करण के ज्ञान के बिना तालाब, कुंआ, बगीचा, देवालय-मन्दिर, श्राद्ध, पितृकर्म, व्रत-अनुष्ठान, व्यापार, गृहप्रवेश, प्रतिष्ठा इत्यादि कार्य नहीं हो सकते। अत: सभी वैदिक एवं लौकिक व्यवहारों की सार्थकता, सफलता के लिए ज्योतिष का ज्ञान अनिवार्य है।

---

1. भारतीय ज्योतिष का इतिहास, डॉ गोरखप्रसाद (प्रकाशन 1974) उत्तरप्रदेश शासन लखनऊ, पृ. 10
2. वैदिक सम्पति पं. रघुनन्दन शर्मा (प्रकाशन 1930) सेठ शूरजी वल्लभ प्रकाशन, कच्छ केसल, बम्बई पृ. 90
3. **छन्द: पादौ तु वेदस्य हस्तौ कल्पोथ पठ्यते, ज्योतिषामयनं चक्षुर्निरुक्तं श्रोत्रमुच्यते। शिक्षा घ्राणं तु वेदस्य मुखं व्याकरणं स्मृतम्, तस्मात्सांगमधीत्यैव, ब्रह्म लोके महीयते॥**–पाणिनीय शिक्षा, श्लोक 41-42
4. Vedic Chronology and Vedanga Jyotisa&(Pub. 1925) Messrs Tilak Bross, Gaikwar Wada, POONA CITY, page-3
5. ज्योतिर्निबन्ध-श्री शिवराज, (पृ. 1919), आनन्दाश्रम मुद्रणालय पूना, पृ.1
6. ज्योतिर्निबन्ध श्लोक (2) पृष्ठ 2

अप्रत्यक्षाणि शास्त्राणि, विवादस्तेषु केवलम्।
प्रत्यक्षं ज्योतिषं शास्त्रं, चन्द्रर्कौ यत्र साक्षिणौ ॥3॥[1]

संसार में जितने भी शास्त्र हैं वे केवल विवाद (शास्त्रार्थ) के विषय हैं, अप्रत्यक्ष हैं, परन्तु ज्योतिष विज्ञान ही प्रत्यक्ष शास्त्र है, जिसकी साक्षी सूर्य और चन्द्रमा घूम-घूम कर दे रहे हैं। सूर्य, चन्द्र-ग्रहण, प्रत्येक दिन का सूर्योदय, सूर्यास्त चन्द्रोदय, चन्द्रास्त, ग्रहों की शृंगोन्नति, वेध, गति, उदय-अस्त इस शास्त्र की सत्यता एवं सार्थकता के प्रत्यक्ष प्रमाण हैं।

ज्योतिश्चक्रे तु लोकस्य, सर्वस्योक्तं शुभाशुभम्।
ज्योतिर्ज्ञान तु यो वेद, स याति परमां गतिम् ॥4॥[2]

ज्योतिष चक्र ने संसार के लिए शुभ व अशुभ सारे काल बतलाए हैं। जो ज्योतिष के दिव्य ज्ञान को जानता है व जन्म-मरण से मुक्त होकर परमगति (स्वर्गलोक) को प्राप्त करता है। संसार में ज्ञान-विज्ञान की जितनी भी विद्याएं हैं, वह मनुष्य को ईश्वर की ओर नहीं मोड़ती, उसे परमगति का आश्वासन नहीं देती, पर ज्योतिष अपने अध्येता को परमगति (मोक्ष) प्राप्ति की गारन्टी देता है। यह क्या कम महत्त्व की बात है।

अर्थार्जने सहायः पुरुषाणामापदर्णवे पोतः।
यात्रा समये मन्त्री जातकमपहाय नास्त्यपरः॥5॥[3]

ज्योतिष एक ऐसा दिलचस्प विज्ञान है जो कि जीवन की अनजान राहों में मित्र व शुभचिन्तकों की लम्बी शृंखला खड़ी कर देता है। इसके अध्येता को समाज व राष्ट्र में भारी धन, यश व प्रतिष्ठा की प्राप्ति होती है।

जातक का ज्योतिष शास्त्र को छोड़कर कोई सच्चा नहीं है। क्योंकि द्रव्योपार्जन में यह सहायता देता है, आपत्ति रूपी समुद्र में नौका का कार्य करता है तथा यात्रा काल में सुहृदय मित्र की तरह सही सम्मति देता है। जन सम्पर्क बनाता है। स्वयं वराहमिहिर कहते हैं कि देशकाल परिस्थिति को जानने वाला दैवज्ञ जो काम करता है, वह हजार हाथी और चार हजार घोड़े भी नहीं कर सकते।[4] यदि ज्योतिष न हो तो मुहूर्त, तिथि, नक्षत्र, ऋतु, अयन आदि सब विषय उलटपुलट हो जाए।[5] बृहत्संहिता की भूमिका में ही वराहमिहिर कहते हैं कि **दीपहीन रात्रि और सूर्य हीन आकाश की तरह ज्योतिषी से हीन राजा शोभित नहीं होता, वह जीवन के दुर्गम मार्ग में अंधे की तरह भटकता रहता है।[1] अतः जय, यश, श्री, भोग और मंगल की इच्छा रखने वाले राजपुरुष को सदैव विद्वान व श्रेष्ठ ज्योतिषी का अपने पास रखना चाहिए।[2]**

---

1. जातकसार दीप-चन्द्रशेखरन् (पृष्ठ 5) मद्रास गवर्मेंट ओरियण्टल सीरिज, मद्रास
2. शब्दकल्पद्रुम, द्वितीय खण्ड, पृष्ठ 550
4. सुगम ज्योतिष-पं. देवीदत्त जोशी (प्रकाशन 1992) मोतीलाल बनारसीदास दिल्ली, पृष्ठ 17
4. बृहत्संहिता सांवत्सर सूत्राध्याय 1/37
5. बृहत्संहिता सांवत्सर सूत्राध्याय 1/25

ज्योतिष शास्त्र के साथ एक विडम्बना यह है कि यह शास्त्र जितना अधिक प्रचलित व प्रसिद्ध होता चला गया, अनधिकारी लोगों की संगत से यह शास्त्र उतना ही अधिक विवादास्पद होता चला गया। अनेक नास्तिकों, अनीश्वर वादी सज्जनों एवं कुतर्की विद्वानों ने अपने-अपने ढंग से ज्योतिष विद्या पर क्रूरतम कठोर प्रहार किए। सत्य की निरन्तर खोज में एवं अनवरत अनुसंधान परीक्षणों में संलग्न भारतीय ऋषियों ने अपने आपको तिल-तिल जलाकर, अपने प्राणों की आहुति देकर श्रुति परम्परा से इस दिव्य विद्या को जीवित रखा।

ज्योतिष वस्तुतः सूचनाओं और सम्भावनाओं का शास्त्र है। इसके उपयोग व महत्त्व को सही ढंग से समझने पर मानव जीवन और अधिक सफल व सार्थक हो सकता है। मान लीजिए ज्योतिष गणना के अनुसार अष्टमी की शाम को आठ बजे समुद्र में ज्वारभाटा आएगा। आपको पता चला तो आप अपना जहाज समुद्र में नहीं उतारेंगे और करोड़ों रुपयों के जान व माल के नुकसान से बच जाएंगे यदि आपको पता नहीं है, तो बीच रास्ते में आप मारे जाएंगे। ज्योतिषी कहता है कि आज अमुक योग के कारण वर्षा होगी तो वर्षा तो होगी पर आपको पता है तो आप छाता तान कर चलेंगे, दुनिया अचानक वर्षा के कारण तकलीफ में आ सकती है पर आपकी सावधानी से आप भीगेंगे नहीं।

ज्योतिष का उपयोग मनुष्य के दैनिक जीवन व दिनचर्या से जुड़ा हुआ है। मारक योग में ऑपरेशन या तेज गति का वाहन न चलाकर व्यक्ति दुर्घटना से बच सकता है। ज्योतिष अंधेरे में प्रकाश की तरह मनुष्य की सहायता करता है। ज्योतिष संकेत देता है कि समय खराब है सोने में हाथ डालेंगे, मिट्टी हो जाएगा, समय शुभ है तो मिट्टी में हाथ डालोगे, सोना हो जाएगी। मौसम विज्ञान की चेतावनी की तरह ज्योतिष का उपयोग किया जाना चाहिए। क्योंकि घड़ी की सुई के साथ-साथ चल रहा मानव जीवन का प्रत्येक पल ज्योतिष से जुड़ा हुआ है। यह तो मानव मस्तिष्क एवं बुद्धि की विलक्षणता है कि आप किस विज्ञान से क्या व कितना ग्रहण कर पाते हैं।

सच तो यह है कठिनाई के क्षणों मे ज्योतिष विद्या मानवीय सभ्यता के लिए अमृत-तुल्य उपादेय है। घोर कठिनाई के क्षणों में, विपत्ति की घड़ियों में, या ऐसे समय में जब व्यक्ति के पुरुषार्थ एवं भौतिक संसाधनों का जोर नहीं चलता, तब व्यक्ति सीधा मन्दिर-मस्जिद या गिरजाघरों में, या फिर सीधा किसी ज्योतिषी की शरण में जाकर अपने दुःख दर्द की फरियाद करता है, प्रार्थनाएं करता है। मन्दिर-मस्जिद और गिरजाघरों में पड़े निर्जीव पत्थर तो बोलते नहीं, पर ईश्वर की वाणी ज्योतिषी के मुखारविन्द से प्रस्फुटित होती है। ऐसे में इष्ट सिद्ध ज्योतिषी की जिम्मेदारी और अधिक बढ़ जाती है। भारत में विद्वान ज्योतिषी हो और ब्राह्मण हो तो लोग उसे ईश्वर तुल्य सम्मान देते हैं। भविष्यवक्ता होना अलग बात है तथा ज्योतिषी होना दूसरी बात है। भारत में भविष्यवक्ता को उतना सम्मान नहीं मिलता, जितना शास्त्र ज्ञाता ज्योतिष

---

1. अप्रदीपा यथा रात्रिरनादित्यां यथा नभः।
   तथाऽसांवत्सरो राजा, भ्रमत्यन्ध इवाध्वनि।।-बृहत्संहिता, अ.1/24
2. बृहत्संहिता सांवत्सर सूत्राध्याय 1/26

शास्त्र के अध्येता को। स्वयं वराहमिहिर ने कहा है–

म्लेच्छा हि यवनास्तेषु, सम्यक् शास्त्रमिदं स्थितम्।
ऋषिवत्तेऽपि पूज्यन्ते, किं पुनर्दैवविद् द्विज:।।1।।[1]

अर्थात् व्यक्ति कितना भी पतित हो, शूद्र-म्लेच्छ चाहे यवन ही क्यों न हो। इस ज्योतिषशास्त्र के सम्यक् (भली-भांति) अध्ययन से वह ऋषि के समान पूजनीय हो जाता है। इस दिव्य-ज्ञान की गंगा स्नान से व्यक्ति पवित्र व पूजनीय हो जाता है। फिर उस ब्राह्मण की क्या बात? जो ब्राह्मण भी हो, दैवज्ञ भी हो, इस दिव्य विद्या को भी जानता हो, उसकी तो अग्रपूजा निश्चय ही होती है।

इस श्लोक में 'सम्यक्' शब्द पर विशेष जोर दिया गया है। सम्यक् ज्ञान गुरु कृपा से ही आता है। पुस्तक के माध्यम से आप गुरु के विचारों के समीप तो जरूर पहुंचते हैं पर अन्ततोगत्वा वह किताबी ज्ञान ही कहलाता है। भारतीय वाङ्मय में गुरु का बड़ा महत्त्व है। अत: ज्योतिष जैसी गूढ़ विद्या गुरुमुख से ही ग्रहण करनी चाहिए तभी उसमें सिद्धहस्तता प्राप्त होती है।

कई लोग ज्योतिष को भाग्यवाद या जड़वाद से जोड़ने की कुचेष्टा भी करते हैं परन्तु अब सिद्ध हो चुका है कि ज्योतिष पुरुषार्थवाद की युक्ति संगत व्याख्या है। पुरुषार्थवाद की सीमाओं को ठीक से समझना ही ज्योतिर्विज्ञान की उपादेयता है। ज्योतिर्विज्ञान पुरुषार्थ का शत्रु नहीं, यह व्यक्ति को पुरुषार्थ करने से रोकता भी नहीं, अपितु सही समय (काल) में सही पुरुषार्थ करने की प्रेरणा देता है।[2]

मेरे निजी शब्दों में **'ज्योतिष विद्या वह दिव्य विज्ञान है जो भूत, भविष्य तथा वर्तमान तीनों कालों को जानने समझने की कला सिखलाता है। प्रकृति के गूढ़ रहस्यों को उद्घाटित करता है तथा इस देवविद्या के माध्यम से हम मानवीय प्राणी के शुभाशुभ भविष्य को संवारने की क्षमता भी प्राप्त कर सकते हैं।'**

अत: इस शास्त्र की उपादेयता एवं महत्त्व गूंगे के गुड़ की तरह से मिठास परिपूर्ण परन्तु शब्दों से अनिर्वचनीय है। वेदव्यास अपनी वाणी से ज्योतिषशास्त्र का महत्त्व प्रकट करते हुए कहते हैं कि काष्ठ (लकड़ी) का बना सिंह एवं कागज पर सम्राट का चित्र आकर्षक होते हुए भी निर्जीव होता है। ठीक उसी प्रकार से वेदों का अध्ययन कर लेने पर भी ज्योतिष शास्त्र का अध्ययन किए बिना ब्राह्मण निवीर्य (निष्प्राण) कहलाता है।[3]

❑❑❑

---

1. बृहत्संहिता सांवत्सर सूत्राध्याय 1/30
2. वक्री ग्रह–(प्रकाशन-1991) डायमंड प्रकाशन, दिल्ली, पृष्ठ 140
3. यथा काष्ठमय: सिंहो यथा चित्रमयो नृप:।
   तथा वेदावधीतोऽपिज्योतिषशास्त्रं बिना द्विजा:।।--वेद व्यास, ज्योतिर्निबन्ध 20/ पृ. 2

लग्न प्रशंसा

लग्नं देवः प्रभुः स्वामी लग्नं ज्योतिः परं मतम्।
लग्नं दीपो महान् लोके, लग्नं तत्वं दिशन् गुरुः॥

त्रैलोक्यप्रकाश में बताया है कि लग्न ही देवता है। लग्न ही समर्थ स्वामी, परमज्योति है। लग्न से बड़ा दीपक संसार में कोई नहीं है, क्योंकि गुरु रूप ज्योतिष के ऋषियों का यही आदेश है।

न तिथिर्न च नक्षत्रं, न योगो नैन्दवं बलम्।
लग्नमेव प्रशंसन्ति, गर्गनारदकश्यपाः॥5॥

आचार्य लल्ल ने बताया है कि गर्ग, नारद, कश्यप ऋषियों ने तिथि-नक्षत्र व चन्द्र बल को श्रेष्ठ न मानकर, केवल लग्न बल की ही प्रशंसा की है॥5॥

इन्दुः सर्वत्र बीजाम्भो, लग्नं च कुसुमप्रभम्।
फलेन सदृशो अंशश्च भावाः स्वादुफलं स्मृतम्॥7॥

भुवन दीपक नामक ग्रंथ में बताया है कि समस्त कार्यों में चन्द्रमा बीज सदृश है। लग्न पुष्प के समान, नवमांश फल के तुल्य और द्वादश भाव स्वाद के समान होता है।

❑❑❑

लग्न का महत्त्व

यथा तनुत्पादनमन्तरैव पराङ्ग सम्पादनपत्र मिथ्या।।
विना विलग्नं परभावसिद्धिस्ततः प्रवक्ष्ये हि विलंग्नसिद्धिम्।।

जिस प्रकार स्वयं के शरीर की उपेक्षा करके अन्य पराए अंगों (दूसरे लोगों पर) पर ध्यान देना दोषपूर्ण है। (उचित नहीं है) ठीक उसी प्रकार से लग्न भाव की प्रधानता व महत्त्व को ठीक से समझे बिना अन्य भावों (षोडश वर्ग) को महत्त्व देना व्यर्थ है।

लग्नवीर्यं विना यत्र, यत्कर्म क्रियते बुधैः।
तत्फलं विलयं याति, ग्रीष्मे कुसरितो यथा।।8।।

ज्योतिर्विदाभरण' में कहा है कि जिस कार्य का आरम्भ निर्बल लग्न में किया जाता है। वह कार्य नष्ट होता है, जैसे गरमी के समय में बरसाती नदियां विलीन हो जाती हैं।।8।।

आचार्य रेणुक ने बताया है कि जिस प्रकार जन्म लग्न से शुभ व अशुभ फल की प्राप्ति होती है, उसी प्रकार समस्त कार्यों में लग्न के बली होने पर कार्य की सिद्धि होती है। अतः समस्त कामों में बली लग्न का ही विचार करके आदेश देना चाहिए।।9।।

आदौ हि सम्पूर्णफलप्रदं स्यान्मध्ये पुनर्मध्यफलं विचिंत्यम्।
अतीव तुच्छं फलमस्य चान्ते विनिश्चयोऽयं विदुषामभीष्टः।।10।।

आचार्य श्रीपति जी ने बताया है कि लग्न के प्रारम्भ में संपूर्ण फल की, मध्यकाल में मध्यम फल की और लग्नान्त में अल्प फल होता है, यह विद्वानों का निर्णय है।।10।।

❑❑❑

जनश्रुतियों में प्रचलित प्रत्येक लग्न की चारित्रिक विशेषताएं

राजस्थान के ग्रामीण अंचलों में जनश्रुतियों के आधार पर लावणी में प्रस्तुत यह गीत जब मैंने पहली बार समदंडी ग्राम के राजज्योतिषी पं. मगदत्त जी व्यास के मुख से राग व लय के साथ सुना तो मन्त्र-मुग्ध रह गया। इस गीत में द्वादश लग्नों में जन्में मनुष्य का जन्मगत स्वभाव, चरित्र, साररूप में संकलित है। जो कि निरन्तर अनुसंधान, अनुभव एवं अकाट्य सत्य के काफी नजदीक है। प्रबुद्ध पाठकों के ज्ञानार्जन एवं संग्रह हेतु इसे ज्यों का त्यों यहां दिया जा रहा है।

ज्योतिष शास्त्र सब शास्त्र शिरोमणि, बिना भाग्य नहीं पाता है।
भूत, भविष्यत्, वर्तमान यह तीनों काल बतलाता है॥ टेर ॥
जिसका जन्म हो ***मेषलग्न*** में, क्रोध युक्त और महाविकट।
सभी कुटुम्ब की करे पालना, लाल नेत्र रहते हर दम।
करे गुरु की सेवा सदा नर, जिसका होता ***वृषभलग्न***।
तरह-तरह के शाल-दुशाला, पहने कण्ठ में आभुषण
मिथुनलग्न के चतुर सदा नर, नहीं किसी से डरता है।
ज्योतिष शास्त्र सब शास्त्र शिरोमणि, बिना भाग्य नहीं पाता है।
भूत, भविष्यत्, वर्तमान यह तीनों काल बतलाता है॥ टेर ॥
कर्कलग्न के देखे सदा नर, उनके रहती बीमारी।
सिंहलग्न के महापराक्रमी, करे नाग की असवारी।
कन्यालग्न के होत नपुन्सक, रोवे मात और महतारी।
तुलालग्न के तस्कर बालक, खेले जुआं और अपनी नारी।
वृश्चिकलग्न के दुष्ट पदार्थ, आप अकेला खाता है।
ज्योतिष शास्त्र सब शास्त्र शिरोमणि, बिना भाग्य नहीं पाता है।
भूत, भविष्यत् वर्तमान यह तीनों काल बतलाता है॥ टेर ॥
बुद्धिमान और गुणी सुखी नर, जिसका होता धनु लग्न।
मकरलग्न मन्द बुदि के, अपने धुन में वो भी मगन।

कुम्भलग्न के पूत बडे अवधूत, रात-दिन करते रहते भजन।
मीनलग्न के सुत का जीना, मृत्यु लोक में बड़ा कठिन।
नहीं किसी का दोष, कर्मफल अपने आप बतलाता है।
ज्योतिष शास्त्र सब शास्त्र शिरोमणि, बिना भाग्य नहीं पाता है।
भूत, भविष्यत्, वर्तमान यह तीनों काल बतलाता है॥ टेर ॥

❑❑❑

लग्न किसे कहते हैं? लग्न क्या है? लग्न का महत्त्व

हिन्दी में 'लग्न' अंग्रेजी में जिसे ऐसेडेन्ट (Ascendent) कहते हैं। इसके पर्यायवाची शब्दों में देह, तनु, कल्प, उदय, आय, जन्म, विलग्न, होरा, अंग, प्रथम, वपु इत्यादि प्रमुख हैं। ज्योतिष की भाषा में एक "समय" विशेष की परिमापन का नाप है जो लगभग दो घंटे का होता है। ज्योतिष की भाषा में जिसे जन्मकुण्डली कहते हैं वह वस्तुत: 'लग्न' कुण्डली ही होती है। लग्न कुण्डली को जन्मांग भी कहते है। क्योंकि "लग्न" का गणितागणित स्पष्टीकरण जन्म समय के आधार पर ही किया जाता है।

लग्न कुण्डली अभीष्ट समय में आकाश का मानचित्र है। इसकी स्पष्ट धारणा आप अंग्रेजी कुण्डली को सामने रखकर बनाएं तो साफ हो जाएगी क्योंकि अंग्रेजी में इसे हम Map of Heaven कहते हैं। बीच में पृथ्वी एवं उसके ऊपर वृत्ताकार घूमती हुई राशिमाला को विदेशों में Birth-Horoscope कहते हैं। इसलिए पारम्परिक ज्योतिष वृत्ताकार कुण्डली को ही प्राथमिकता देते हैं। परन्तु भारत में इसका प्रचलन नगण्य है। वस्तुत: आकाश में दीखने वाली बारह राशियां ही बारह लग्न हैं। जन्म कुण्डली के प्रथम भाव (पहले) घर को ही लग्न भाव, लग्न स्थान कहा जाता है। दिन और रात में 60 घटी होती है। 60 घटी में बारह लग्न होते हैं। 60 में बारह का भाग देने पर 2½ घटी का एक लग्न कहलाता है। यह लग्न कुण्डली ही जन्मपत्रिका का मुख्य आधार है जो खगोलस्थ ग्रहों के द्वारा निर्मित होती है। यही ग्रह केन्द्र बिन्दु है जहां से गणित व फलित ज्योतिष सूत्रों की स्थापना प्रारम्भ होती हैं। उपर्युक्त खाली जन्मकुण्डली है। इसके 12 विभाजन ही "द्वादश घर" या

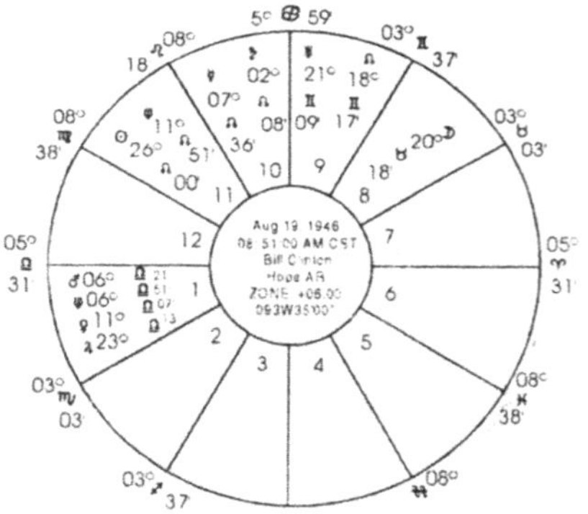

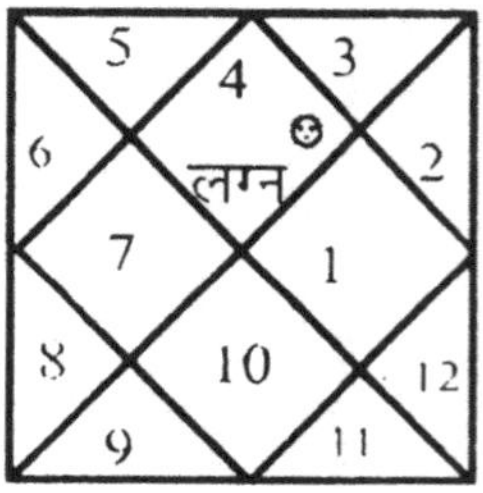

"बारह भाव" कहलाते हैं। इसका ऊपरी मध्य घर जहां सूर्य दिखलाई देता है पहला घर माना जाता है। यह घर जन्मकुण्डली की सीधा पूर्व है। चूंकि सूर्य पूर्व दिशा में उदय होता है। इसलिए सूर्योदय के समय जन्म लेने वाले व्यक्ति की जन्मकुण्डली में सूर्य उसी घर में होगा जिसे "लग्न" कहते हैं। चूंकि पृथ्वी अपनी धुरी पर एक चक्र 24 घंटों में पूर्ण कर लेती है, इसलिए सूर्य प्रत्येक दो घंटों में एक घर से दूसरे घर में जाता हुआ दिखलाई देगा। दूसरे अर्थों में पाठक जन्मकुण्डली को देखकर बता सकता है कि अमुक जन्मकुण्डली वाले व्यक्ति के जन्म सूर्य के किन दो घंटों के समय में हुआ था।

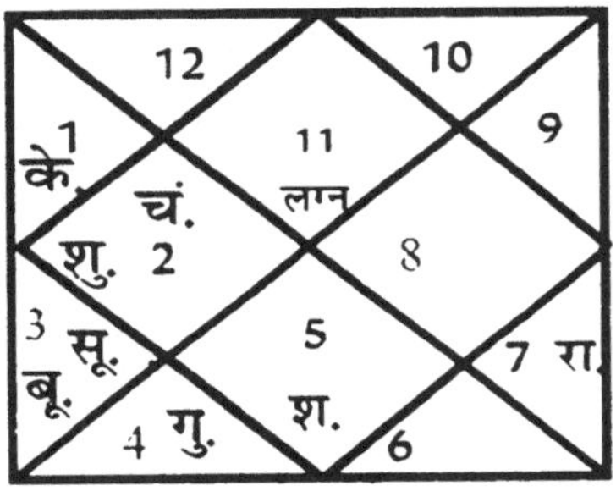

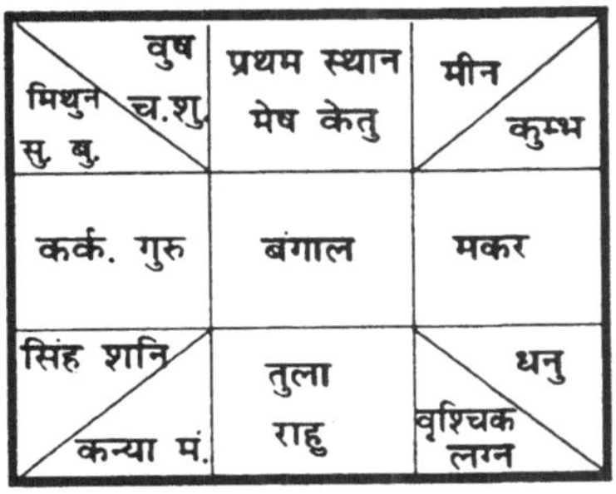

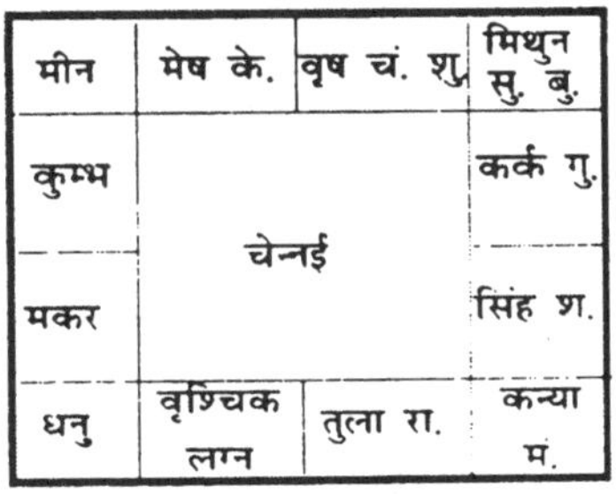

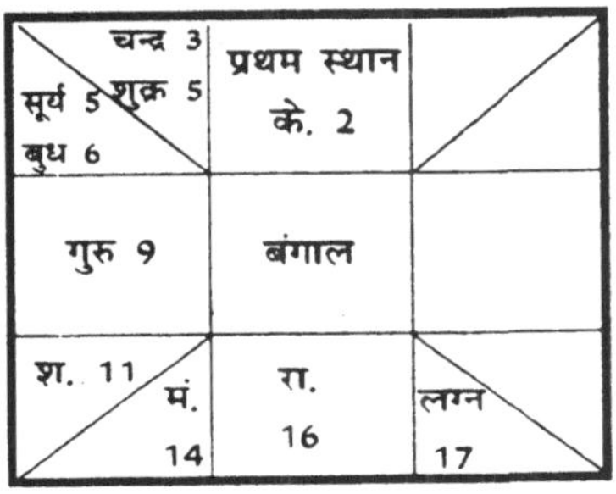

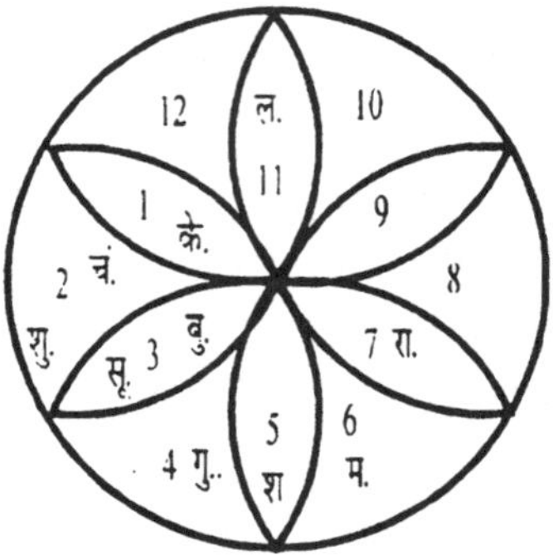

क्रमांक	लग्न	दीर्घादि	घटी पल	अवधि घ. मि.	दिशा
1.	मेष	ह्रस्व	4.00	1.36	पूर्व
2.	वृषभ	ह्रस्व	4.30	1.48	दक्षिण
3.	मिथुन	सम	5.00	2.00	पश्चिम
4.	कर्क	सम	5.30	2.12	उत्तर
5.	सिंह	दीर्घ	5.30	2.12	पूर्व
6.	कन्या	दीर्घ	5.30	2.11	दक्षिण
7.	तुला	दीर्घ	5.30	2.12	पश्चिम
8.	वृश्चिक	दीर्घ	5.30	2.12	उत्तर
9.	धनु	दीर्घ	5.30	2.12	पूर्व
10.	मकर	सम	5.00	2.00	दक्षिण
11.	कुम्भ	लघु	4.30	1.48	पश्चिम
12.	मीन	लघु	4.00	1.36	उत्तर

सही व शुद्ध लग्न साधन के लिए तीन वस्तुओं की जानकारी आवश्यक है। **1. जन्म तारीख, 2. जन्म समय 3. जन्म स्थान।**

विभिन्न पंचांगों में आजकल दैनिक ग्रह स्पष्ट के साथ-साथ, भिन्न-भिन्न देशों की दैनिक लग्न सारणियां, अंग्रेजी तारीख एवं भारतीय स्टेण्डर्ड समय में दी हुई होती हैं। जिन्हें देखकर आसानी से अभीष्ट तारीख के दैनिक लग्न की स्थापना की जा सकती है।

लग्न का महत्त्व

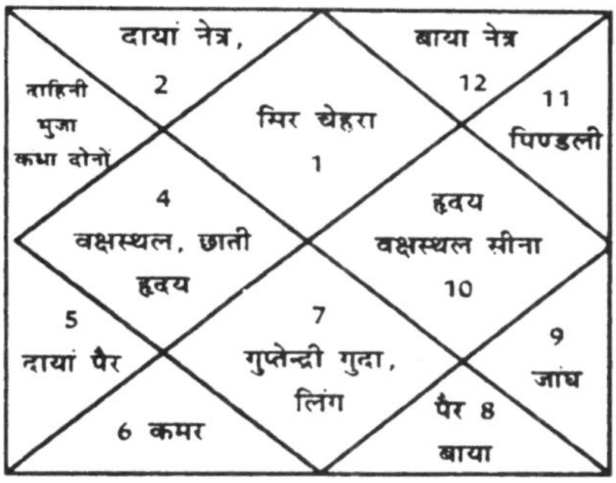

लग्न वह प्रारम्भ बिन्दु है जहां से जन्मपत्रिका, निर्माण की रचना प्रारम्भ होती है। इसलिए शास्त्रकारों ने ''लग्नं देहो वर्ग षट्कोगांनि'' लग्न कुण्डली को जातक का शरीर माना है तथा जन्मपत्रिका के अन्य षोडश वर्ग उसके सोलह अंग कहे गए हैं।

जातक ग्रन्थों के अनुसार–

यथा तनूत्वादनमन्तरैव
परागसम्पादनम् अत्र मिथ्या।
बिना विलग्नं परभाव सिद्धिः
ततः प्रवक्ष्ये हि विलग्न सिद्धिम्॥

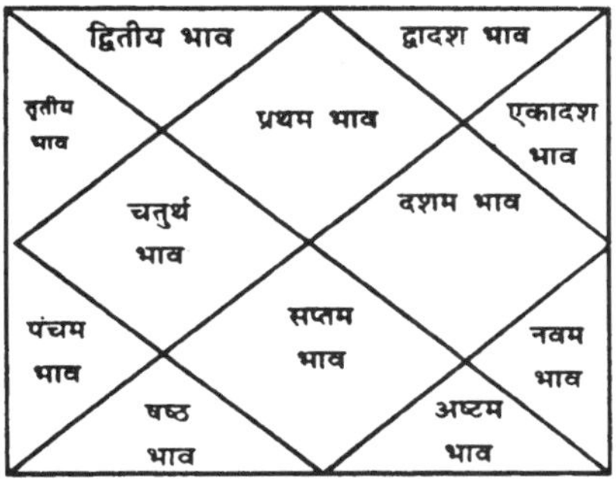

जैसे वृक्ष के बिना फल-पुष्प-पत्र एवं पराग प्रक्रियाओं का कल्पना व्यर्थ है। उसी प्रकार लग्न साधन के बिना अन्य भावों की कल्पना एवं फल कथन प्रक्रिया भी व्यर्थ है। अतः जन्मपत्रिका निर्माण में ''बीजरूप लग्न'' ही प्रधान है तभी कहा गया है कि–**''लग्न बलं सर्वबलेषु प्रधानम्''**

लग्न ही व्यक्ति का चेहरा

फलित ज्योतिष में कालपुरुष के शरीर के विभिन्न अंगों पर राशियों की कल्पना की गई है। लग्न कुण्डली में भी कालपुरुष के इन अंगों को विभिन्न भागों में विभाजित किया गया है।

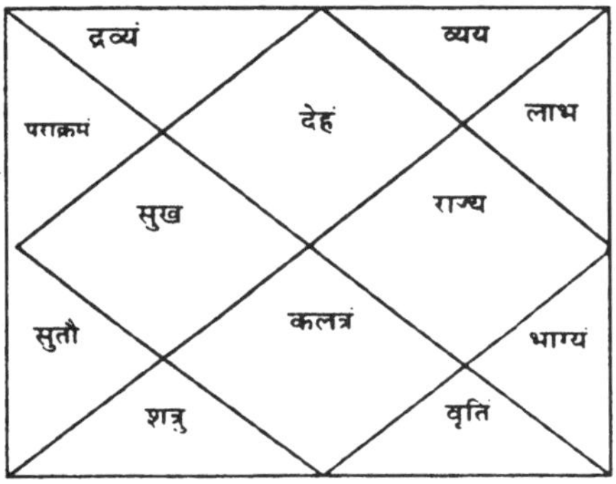

जिसमें लग्न ही व्यक्ति का चेहरा है। जैसा लग्न होगा वैसा ही व्यक्ति का चेहरा होगा। इस पर हमारी पुस्तक **''ज्योतिष और आकृति विज्ञान''** पढ़िए। लग्न पर जिन-जिन ग्रहों का प्रभाव होगा व्यक्ति का चेहरा व स्वभाव भी उन-उन ग्रहों के स्वभाव व चरित्र से मिलता-जुलता होगा। लग्न कुण्डली में कालपुरुष का जो भाव विकृत एवं पाप पीड़ित होगा। सम्बन्धित मनुष्य का वही अंग विशेष रूप से विकृत होगा, यह निश्चित है। अतः अकेले लग्न कुण्डली पर यदि व्यक्ति ध्यान केन्द्रित कर फलादेश करना शुरू कर दे तो वह फलित ज्योतिष का सिद्धहस्त चैम्पियन बन जाऊंगा।

जन्मकुण्डली का प्रथम भाव ही लग्न कहलाता है। इसे पहला घर भी कह सकते हैं। इसी प्रकार दाएं से चलते हुए कुण्डली के 12 कोष्ठक, बारह भाव या बारह घर कहलाते हैं। चाहे इस भाव में कोई भी अंक या राशि नम्बर क्यों न हो, उसमें कोई अन्तर नहीं पड़ता। अब किस भाव पर घर में क्या देखा जाता है इस पर जातक ग्रन्थों काफी चिन्तन किया गया है। एक प्रसिद्ध श्लोक इस प्रकार है।

देहं द्रव्यं पराक्रमः सुख, सुतौ शत्रुकलत्रं वृत्तिः।
भाग्यं राज्यं पदे क्रमेण, गदिता लाभ-व्ययै लग्नतः॥

अर्थात् पहले भाव में देह-शरीर सुख, दूसरे में धन, तीसरे में पराक्रम, जन-सम्पर्क, भाई-बहन, चौथे में सुख, नौकर, माता, पांचवें में सन्तान एवं विद्या, छठे में शत्रु व रोग, सातवें में पत्नी, आठवें में आयु, नवमें स्थान में भाग्य, दसवें में राज्य, ग्यारहवें में लाभ एवं बारहवें स्थान में खर्च का चिन्तन करना चाहिए।

❑❑❑

मेषलग्न एक परिचय

1.	लग्नेश, अष्टमेश	–	मंगल
2.	धनेश, सप्तमेश	–	शुक्र
3.	पराक्रमेश, षष्ठेश	–	बुध
4.	पंचमेश	–	सूर्य
5.	भाग्येश, खर्चेश	–	गुरु
6.	राज्येश, लाभेश	–	शनि
7.	सुखेश	–	चंद्रमा
8.	त्रिकोणाधिपति	–	5-चंद्रमा, 9-गुरु
9.	दु:स्थान के स्वामी	–	6-बुध, 8-मंगल, 12-गुरु
10.	केन्द्राधिपति	–	7-शुक्र, 10-शनि
11.	पणफर के स्वामी	–	2-शुक्र, 5-सूर्य, 8-मंगल, 11-शनि
12.	आपोक्लिम	–	3, 6-बुध, 9, 12-गुरु
13	त्रिकेश	–	6-बुध, 8-मंगल, 12-गुरु
14.	उपचय के स्वामी	–	3, 6-बुध, 10, 11-शनि
15.	शुभ योग	–	1. सूर्य स्वगृही, 2. गुरु स्वगृही 3. क्षीण चन्द्र, 4. मंगल
16.	अशुभ योग	–	1. शनि, 2. बुध, 3. शनि (मंगल लग्नेश के शत्रु)
17.	निष्फल योग	–	1. गुरु+शुक्र, 2. गुरु+शनि 3. शनि अकेला किसी भी पापग्रह से युत या दुष्ट न हो और शुभ स्थान केन्द्र व त्रिकोण में हो तो शुभ है। तब अच्छे फल करेगा।
18.	सफल योग	–	1. सूर्य+मंगल, 2. सूर्य+चंद्र, 3. सूर्य+शुक्र, 4. सूर्य+शनि, 5. मंगल+गुरु, 6. चंद्र-गुरु
19.	राजयोगकारक	–	1. सूर्य, चंद्र, गुरु

20. **मारकेश** – शुक्र, शुक्र मुख्य मारक है। मारकेश शुक्र से सम्बन्ध रखने पर शनि और बुध भी मारक होते हैं।

21. **पापफलद** – शनि, बुध एवं शुक्र

22. **शुभयुति** – शनि+गुरु

23. **अशुभयुति** – मंगल+बुध

विशेष- मेषलग्न में मंगल अष्टमेश होते हुए भी लग्नेश होने के कारण अशुभ फल नहीं देगा। शुभ फलकारक ग्रहों की दशा में शुभ फल देता है।

❑❑❑

मेषलग्न का ज्योतिषीय विश्लेषण

मन्दसौम्यसिताः पापाः शुभौ गुरुदिवाकरौ।
न शुभं योगमात्रेण प्रभवेच्छनिजीवयोः॥1॥
परन्तु तेन जीवस्य पापत्वमपि सिध्यति।
कविः साक्षान्निहन्ता स्यान्मारकत्वेन लक्षितः॥2॥
मन्दादयो निहन्तारो भवेयुः पापिनो ग्रहाः।
शुभाशुभफलान्येवं ज्ञातव्यानि क्रियोद्‌भवे॥3॥

मेषलग्न में शनि, बुध और शुक्र अशुभफल देते हैं। गुरु और सूर्य शुभफल देते हैं। शनि गुरु का योग शुभफलदायक नहीं होता। परन्तु उतने से गुरु का अशुभत्व भी सिद्ध होता है। शुक्र मारक स्थान का अधिपति होने के कारण उसके मारक होना चाहिए परन्तु केवल इतने ही कारण पर से वह मारक नहीं बनता। शनि आदि करके पापग्रह मारक बनते हैं। इस प्रकार मेषलग्न में जातक को शुभाशुभ योग होते हैं वह ज्ञाताओं ने जानना चाहिए। मेषलग्न में शनि 10/11 स्थानों का, बुध 3/6 स्थानों का और शुक्र 2/7 स्थानों का अधिपति होता है। 3/6/8/11/12 इन स्थानों के अधिपति अशुभफल देते हैं ऐसा पूर्व में कहा गया है। शुभग्रह केन्द्र में हों तो शुभफल नहीं देते। उसी प्रकार मेषलग्न में लग्न स्वामी मंगल है और बुध, शुक्र तथा शनि उसके मित्र नहीं होते हैं, इस कारण से बुध, शुक्र और शनि अशुभ होते हैं। सूर्य पंचम स्थान का (त्रिकोण स्थान का) स्वामी और गुरु 9/12 स्थानों का स्वामी होता है। सूर्य और गुरु दोनों ही लग्न स्वामी मंगल के मित्र हैं और वे याने मकर और कुम्भ राशियों का स्वामी शनि अर्थात् दोनों शुभयोग कारक स्थानों का मालिक होने से प्रचंड राजयोग कारक होता है। ऐसा अनुभव है। लेकिन इस प्रकार का राजयोग करने वाला शनि किसी भी पापग्रह से युक्त, दृष्ट तथा अशुभ स्थान में नहीं होना चाहिए। वह अकेला और शुभ दृष्ट ऐसा होने पर ही उसके परमोच्च प्रकार के फल मिलते हैं। अन्यथा उसके वैभव कारक फलों में न्यूनता रहती है। शनि अकेला रहने की अपेक्षा अन्य शुभग्रह के साथ यदि संबंध करता हो तब अति उत्कृष्ट फल होते हैं। ''शनिदिवाकरौ'' इस पाठान्तर को यदि स्वीकार किया जाए तो इन दोनों का योग भी शुभ बन सकता है कारण शनि केन्द्राधिपति और त्रिकोणधिपति होता है और सूर्य चतुर्थ केन्द्र का स्वामी है। इसलिए प्रस्तुत श्लोक के अनुसार संबंध नहीं होने पर भी राजयोग होता है। परन्तु

सूर्य शनि का शत्रु होने के कारण कदाचित् फलों में किंचित न्यूनता आना संभव है। 'शनिशशी सुतौ'' ऐसा पाठान्तर यदि स्वीकार किया जाए तो शनि-बुध यह योग श्रेष्ठ बनता है। कारण बुध पंचम याने त्रिकोण का स्वामी होता है इसलिए अशुभ है। उसका योग शनि से (नवम-दशम स्थानों के अधिपति से), जो केन्द्र और त्रिकोण दोनों का स्वामी है, श्रेष्ठ प्रकार का राजयोग उत्पन्न कर सकता है। कारण वह दो त्रिकोण स्वामियों का भी योग है। बुध धनेश यद्यपि मारक स्थान का अधिपति है फिर भी पंचम इस त्रिकोण स्थान का स्वामी होने से शुभ है। इसके अतिरिक्त बुध शनि का मित्र है। इसलिए श्लोक 20 के अनुसार श्रेष्ठ राजयोग बनता है। वृषभ लग्न के लिए गुरु 8/11, स्थानों का, शुक्र 1/6 स्थानों का और चन्द्र 3 तीसरे स्थान का अधिपति होते हैं। 8/6/11 और ये 3 स्थान अशुभ हैं। शुक्र ग्रह के लिए प्रथम स्थान भी अशुभ है, इसके अलावा वह षष्ठ स्थान (त्रिषहाय) का स्वामी भी होने से (2) गुरु बारहवें स्थान का स्वामी होने से दूषित है और शुक्र सप्तम (मारक) भाव का स्वामी होने से दूषित है दोनों ही दूषित होने के कारण गुरु-शुक्र योग निष्फल होता है। सफलयोग–1. सूर्य-मंगल, 2. सूर्य-चन्द्र, 3. सूर्य-शुक्र (निष्कृष्ट और सदोष) कारक शुक्र सप्तम स्थान का स्वामी होने से दूषित है। सूर्य दूषित नहीं है। परन्तु एक दोषयुक्त होने से सफल राजयोग होता है। लेकिन यह योग निकृष्ट और सदोष है।

4. सूर्य-शनि, 5. मंगल-गुरु, 6. चन्द्र-गुरु–यदि चन्द्रमा पूर्ण हो तो चतुर्थ स्थान का (केन्द्र का) स्वामी होने के कारण राजयोग करता है। पूर्ण चन्द्र होने से उसे शुभ माना गया है। परन्तु इस ग्रंथ के नियमों के अनुसार केन्द्रेश यदि शुभग्रह हो तो अशुभ होता है, इसलिए यह योग सदोष होता है यदि चन्द्रमा क्षीण होवे तो शुभ होता है। और गुरु द्वादशेश होने से उसका दोष नष्ट करता है।

मेषलग्न के शुभाशुभ योग

1. शुभयोग–सूर्य पंचम स्थान का अर्थात् त्रिकोण स्थान का अधिपति होकर यदि स्वगृह में हो तो श्लोक 6 के अनुसार शुभ होकर शुभफल देने वाला होता है।

2. शुभयोग–गुरु नवम (त्रिकोण) स्थान का स्वामी है और वह स्वगृह में हो तो श्लोक 6 के अनुसार शुभफल देने वाला होता है।

3. शुभयोग–चन्द्रमा (विशेषता: क्षीणचन्द्रमा) केन्द्राधिपति होने के कारण से श्लोक 11 के अनुसार (अल्प) कम दूषित होता है और शुभ माना जाता है। वह शुभफल देने वाला होता है।

4. शुभयोग–मंगल अष्टम स्थान का स्वामी होकर लग्नेश भी होता है। श्लोक 9 के अनुसार उसे शुभ माना जाता है। और वह शुभफल देता है।

1. अशुभयोग–शनि दशम स्थान का अधिपति होने से पापग्रह है और एकादश स्थान का भी अधिपति होने से श्लोक 6 के अनुसार अशुभ माना गया है और वह अशुभ फल देने वाला मारक है।

2. अशुभयोग–बुध तृतीय एवं षष्ठ स्थान का अधिपति होने से श्लोक, 6 के अनुसार अशुभ माना गया है और वह अशुभफल देने वाला मारक है।

3. अशुभयोग–शुक्र द्वितीय एवं सप्तम (मारक-स्थानों का) स्थानों का अधिपति होकर सप्तम केन्द्र का भी अधिपति होता है और श्लोक 7-10 के अनुसार अशुभ है और मृत्युकारक अशुभफल देने वाला है। (विशेष करके यदि अन्य पापीग्रहों से संबंध करता हो तो निश्चय ही श्लोक 10 के अनुसार मृत्युकारक होता है।)

4. अशुभयोग–गुरु द्वादश स्थान का अधिपति होकर नवम स्थान (त्रिकोण स्थान) का भी अधिपति है। वह यदि दशम और एकादश स्थान के स्वामी शनि से सहस्थानाधिपत्य योग श्लोक 8 के अनुसार करे तो वह पापग्रह माना जाएगा और अशुभफल देने वाला होगा।

निष्फलयोग–1. गुरु-शनि, 2. गुरु-शुक्र।

1. शनि गुरु का योग निष्फल होता है। यह भी अशुभ है। गुरु नवम और द्वादश स्थानों का स्वामी होने से मारक (अशुभ) है। चन्द्रमा तृतीय स्थान का स्वामी होने से श्लोक 7 के अनुसार अशुभ है। इसलिए गुरु, शुक और चन्द्रमा अशुभ हुए। सूर्य चतुर्थ स्थान का स्वामी होता है। सूर्य इस पापग्रह को केन्द्र शुभ है। इसलिए श्लोक 7 के अनुसार वह शुभ हुआ। गुरु आदि करके अशुभग्रह मारक-लक्षण युक्त होते हैं।

❑❑❑

मेषलग्न की प्रमुख विशेषताएं एक नजर में

1.	लग्न	–	मेष
2.	लग्न चिह्न	–	मेंढ़ा
3.	लग्न स्वामी	–	मंगल
4.	लग्न तत्त्व	–	अग्नि तत्त्व
5.	लग्न उदय	–	पूर्व
6.	लग्न स्वरूप	–	चर
7.	लग्न अवधि	–	1 घंटा 36 मिनट
8.	लग्न स्वभाव	–	उग्र
9.	लग्न बली	–	रात्रिबली
10.	लग्न कान्ति	–	लाल (रक्तवर्णी)
11.	लग्न दिशा	–	पूर्व
12.	लग्न लिंग व गुण	–	पुरुष
13.	लग्न जाति	–	क्षत्रिय
14.	लग्न प्रकृति व स्वभाव	–	क्रूर स्वभाव, चित्त प्रकृति
15.	लग्न का अंग	–	सिर
16.	जीवन रत्न	–	मूंगा
17.	अनुकूल रंग	–	लाल
18.	शुभ दिवस	–	मंगलवार, रविवार
19.	अनुकूल देवता	–	शिवजी, भैरव, हनुमान
20.	व्रत, उपवास	–	मंगलवार
21.	अनुकूल अंक	–	नौ
22.	अनुकूल तारीखें	–	9/18/27
23.	लग्न वर्ण	–	रक्त
24.	लग्न धातु	–	ताम्बा
25.	जन्म काल में रुदन	–	नहीं

26.	**जातक भोजन रुचि**	–	गर्म
27.	**जातक की विशेषता**	–	तेजस्वी
28.	**मित्र लग्न**	–	सिंह, तुला व धनु
29.	**शत्रु लग्न**	–	मिथनु व कन्या
30.	**व्यक्तित्व**	–	दबंग, क्रोधयुक्त व साहसी
31.	**सकारात्मक तथ्य**	–	कुटुम्ब को पालने वाला, चुनौती को स्वीकार करने वाला, सदैव क्रियाशील
32.	**नकारात्मक तथ्य**	–	दम्भी, अधैर्यशील

❑❑❑

मंगल का वैदिक स्वरूप

चारों वेदों में मंगल या भौम से सम्बन्धित कोई सूक्त या मंत्र नहीं मिलता। 'पृथ्वीसूक्त' एवं पृथ्वी के बारे में रहस्यमय जानकारियों से परिपूर्ण अनेक मंत्र ऋग्वेद में हैं परन्तु इनके साथ मंगल ग्रह का कोई तारतम्य नहीं बैठता। वेदों में मंगल ग्रह की आराधना-पूजा व प्रतिष्ठा हेतु एक मंत्र सर्वाधिक प्रचलित है।

मंगल का वैदिक मंत्र

अग्निर्मूर्धा दिवः ककुत्पतिः पृथिव्यांऽअयम्।
अपा ᳪ रेता ᳪ सिजिन्वति॥
ॐ भौमाय नमः

–यजुर्वेद अ.3/मं. 12

जिसका शब्दिक अर्थ इस प्रकार है–"यह अग्नि द्युलोक के शिर के समान महान है और समस्त पृथ्वीलोक इस अग्नि के तेज से महान है। यही अग्नि जलों में सार (तेज) रूप से (दृष्टि उत्पादन निमित्त) विद्यमान है।"

सम्भवतः ऋषियों के द्यौलोक (अन्तरिक्ष) में ऐसा ज्वलनशील पिण्ड देखा हो, जिसमें जल-जीव व सृष्टि की सम्भावना हो तथा पृथ्वी से जिसका गहरा सम्बन्ध हो और उसे मंगल या भूमिपुत्र 'भौम' कह दिया हो। इस मंत्र के शब्दार्थ में तो कही नहीं, परन्तु गूढार्थ व समाधि भाषा में ऐसा भाव झलकता है। इस मंत्र के पीछे ॐ भौमाय नमः जोड़ दिया गया है। जिसका अर्थ है मंगल के ऐसे दिव्य रूप को नमस्कार है। कर्मकाण्ड (पूजा-पाठ) में अनादिकाल से मंगल के पूजन-हेतु इसी मंत्र का प्रयोग होता है। मंगल के बारे में इससे अधिक जानकारी वेदों में नहीं है पर पौराणिक काल में मंगल का दिव्य रूप धीरे-धीरे स्पष्टतः मुखरित होता चला गया।

मंगल का पौराणिक स्वरूप

उत्पत्ति कथा–वाराहकल्प की बात है। भगवान वाराह ने रसातल से पृथ्वी का उद्धार कर उसको अपनी कक्षा में स्थापित कर दिया था। पृथ्वी देवी की उद्विग्नता मिट गई थी और वे स्वस्थ हो गई थीं। उनकी इच्छा भगवान को पति के रूप में पाने की हो गई। उस समय वाराह भगवान

का तेज करोड़ों सूर्य के सदृश्य असह्य था। पृथ्वी की अधिष्ठात्री देवी की कामना की पूर्ति के लिए भगवान वाराह अपने मनोरम रूप में आ गए और पृथ्वीदेवी के साथ वे दिव्य वर्ष तक एकान्त में रहे। इसके बाद वाराह-रूप में आकर पृथ्वीदेवी का पूजन किया (ब्रह्मवै. पु. 2/8/29–33)। उस समय पृथ्वीदेवी गर्भवती हो चुकी थीं, उन्होंने मंगल नामक ग्रह को जन्म दिया (ब्रह्मवै. पु. 2/8/43)। विभिन्न कल्पों में मंगल ग्रह की उत्पत्ति की विभिन्न कथाएं हैं। आजकल पूजा के प्रयोग में इन्हें भारद्वाज गोत्र कहकर सम्बोधित किया जाता है। यह कथा गणेशपुराण में आती है।

मंगल ग्रह के पूजन की बड़ी महिमा है। भौमव्रत में ताम्रपत्र पर भौम-यंत्र लिखकर मंगल की सुवर्णमय प्रतिमा प्रतिष्ठित कर पूजा करने का विधान है (भविष्यपुराण)। जिस मंगलवार को स्वाति नक्षत्र मिले, उसमें भौमवार-व्रत करने का विधान है। मंगल देवता के नामों का पाठ करने से ऋण से मुक्ति मिलती है। (पद्मपुराण)। अंगारक-व्रत की विधि मत्स्यपुराण के बहत्तरवें अध्याय में लिखी गई है। मंगल अशुभ ग्रह माने जाते हैं। यदि ये वक्रगति न चले तो एक-एक राशि को तीन-तीन पक्ष में भोगते हुए बारह राशियों को पार करते हैं (श्रीमद्भा. 5/22/14)।

वर्ण–मंगल ग्रह का वर्ण लाल होता है और इनके रोम भी लाल हैं। (मत्स्यपु. 94/3)।

वाहन–मंगल देवता का रथ सुवर्ण-निर्मित है। लाल रंग वाले घोड़े इस रथ में जुते रहते हैं। रथ पर अग्नि से उत्पन्न ध्वज लहराती रहती है। इस रथ पर बैठकर मंगल देवता कभी सीधी, कभी वक्रगति से विचरण करते हैं। (मत्स्यपु. 127/4-5)। कहीं-कहीं इनका वाहन मेष (भेड़ा) बताया गया है (श्रीतत्त्वनिधि)।

मंगल देवता का ध्यान इस प्रकार करना चाहिए–

रक्तमाल्याम्बरधरः शक्तिशूलगदाधरः।
चतुर्भुजः रक्तरोमा वरद स्याद् धरासुतः॥

(मत्स्य पु. 94/3)

'भूमिपुत्र मंगल देवता चतुर्भज हैं। इनके शरीर के रोएं लाल है। इनके हाथों में क्रम से शक्ति, त्रिशूल, गदा और वरदमुद्रा है। उन्होंने लाल मालाएं और लाल वस्त्र धारण कर रखे हैं।'

मंगल के अधिदेवता स्कन्ध, प्रत्याधिदेवता पृथ्वी है।

❑❑❑

मंगल का खगोलीय स्वरूप

सौरमण्डल में पृथ्वी के बाद मंगलग्रह का चौथा स्थान है। मंगल सूर्य से 22,40,00,000 कि.मी. की दूरी पर है। इसका व्यास 6860 कि.मी. है और अपने परिभ्रमण मार्ग पर 689 दिन में सूर्य की एक परिक्रमा पूरी करता है मंगल की भ्रमण गति 45 दिन में 20 अंश या डेढ़ दिन में एक अंश है। इसका गुरुत्व हमारा पृथ्वी के गुरुत्व के दसवें भाग के बराबर है। जिस प्रकार हमारी पृथ्वी के इर्द-गिर्द चन्द्रमा घूमता है उसी प्रकार मंगल के चारों ओर दो चन्द्रमा घूमते हैं। मंगल जब पृथ्वी के निकटतम होता है। तब पृथ्वी से उसकी दूरी 9.8 करोड़ कि.मी. की होती है। उस समय यह लालमणि के समान चमकता हुआ दिखलाई देता है तथा उसका अध्ययन भी सुगम रहता है।

मंगल ग्रह अस्त होने से 120 दिन बाद फिर उदय होता है। उदय के 300 दिन बाद वक्री होता है। वक्र के 60 दिन बाद मार्गी तथा मार्गी के 300 दिन बाद पुन: अस्त होता है। मंगल को अंगारक रुधिर, आग्नेय, त्रिनेत्र, भौम. भूमिसुत, कुज आदि नाम दिए गए हैं।

मंगल की गति–मंगल अपनी धुरी पर 24 घण्टा 37 मिनट और 22 सेकंड में एक चक्कर पूरा कर लेता है। यह 686 दिन 17 घण्टा 20 मिनट और 41 सेकंड में सूर्य की एक परिक्रमा पूरी कर लेता है। इसकी चाल 15 मील प्रति सेकंड और 54000 मील प्रति घण्टा है। स्थूल मत से मंगल की चाल 18 मास मानी गई है। फलत: 45 दिन में एक राशि और डेढ़ दिन में एक अंश को पार कर जाता है। यह एक नक्षत्र पर 20 दिन और एक पाद पर 5 दिन रहता है।

जब यह वक्री होता है तो उस राशि को 127 दिन में और उससे अगली राशि को 15 दिन में पूरी करता है। जिस राशि पर मार्गी होता है उस पर 45 दिन रहता है। जब यह सूर्य से 135 डिग्री अंश की दूरी पर जाता है तो वक्री हो जाता है। उस समय इसकी चाल 65 दिन में 12 डिग्री अंश तक की हो जाती है। यह सूर्य से 17 डिग्री अंश की दूरी पर अस्त हो जाता है अस्त होने पर 120 दिन बाद फिर उदय होता है। उदय के 300 दिन बाद वक्री हो जाता है। तथा वक्री के 60 दिन बाद मार्गी हो जाता है। जब इसकी गति 46/11 होती है तो यह शीघ्रगामी (अतिचारी) हो जाता है।

❑❑❑

मंगल का ज्योतिषीय स्वरूप

मंगल की उत्पत्ति–पृथ्वी के पिता सूर्य और उसकी माता चन्द्र है। मंगल पृथ्वी का पुत्र है। सूर्य और चन्द्र इसके नाना नानी हैं। ननिहाल के पूर्ण गुण भी इसमें हैं और पृथ्वी से संघर्ष कर यह उससे अलग हुआ है। अत: इसमें मारकत्व भी है। सूर्य का तेजस्व और चंद्र की शीतलता इसमें है। यह प्रबल साहसी है। शक्ति का नेतृत्व इसका प्रतीक है। उज्जैन में इसकी उत्पत्ति मानी गई है। यह चतुर्भुज रूप है। शूल, गदा ये इसके शस्त्र हैं। यह भारद्वाज कुलीन क्षत्रिय है। मेष इसका वाहन है। इसका देवता कार्तिक स्वामी है, अग्नि तत्त्व है वर्षा में चमकती बिजली के समान इसकी कांति है।

रंग–शत्रुओं का विजेता, युद्ध प्रिय, ऋणकर्त्ता, ऋणहर्त्ता दोनों के रूप में प्रसिद्ध है। यह रक्त का प्रतीक होने से लाल रंग का है। वैद्यनाथ ने "संरक्त: गौर: कुज:" से लाल और सफेद के मिश्रण का रंग बताया है। वराहमिहिर ने इसे किंशुक के फूलों जैसा लाल बताया है। तपे हुए तांबे के समान इसकी कान्ति दर्शाई है। विदेशी विद्वानों ने अग्नि ज्वाला सम वर्ण बताया है।

बलवत्ता–इसका कद नाटा है। यह मेष और वृश्चिक राशियों का स्वामी है। मेष इसकी मूल त्रिकोण राशि है। मकर में यह उच्च का होता है और कर्क में नीच का बनता है। नवांश व द्रेष्काण में स्वगृही होकर बली होता है। मीन, वृश्चिक, कुंभ, मकर, मेष राशि के प्रारम्भ में बली होता है। मीन और कर्क में सुखप्रद होता है। नैसर्गिक कुण्डली में लग्नेश और अष्टमेश बनकर जन्म व मृत्यु पर यह अधिकार रखता है। यह रात्रिबली, कृष्ण पक्षी में बली व दक्षिण दिशा में बली होता है। अपनी होरा अपने मास, पर्व और काल में बली होता है। ग्रीष्म ऋतु चतुर्थ स्थान में इसका बल कमजोर रहता है। दशम में दिग्‌बली होता है। षष्ठ में हर्षबली होता है। यह तीसरे व षष्ठ भाव का कारक है, वहां भाव का नाश करता है। वह पुरुष ग्रह है, अत: स्त्री राशियों में ज्यादा सुखदायी रहता है। वक्री होने पर शुभ फल करता है।

कार्य और धन्धे–मंगल में शारीरिक व मानसिक कार्य का सामर्थ्य होता है। इसका प्रधान गुण है दूसरों के लिए खुद को भी कष्ट में डालना। थोड़े से इशारे से ये बात को फौरन समझ जाना, तर्क की प्रबल शक्ति का विकास इनमें होता है–इसलिए राजनेता, वकील, बिजली के कार्य वैज्ञानिक, मिस्त्री, व्यापारी, मशीनरी के कार्य, इंजीनियर, ओवरसिअर, भूस्वामी, जागीरदार, सुनार, दर्जी, लुहार, चमार, रसोईया, औषधि विक्रंता, चोर, डकैत, स्मगलर, नायक, सेनापति, सिपाही इन धंधों में मंगल की प्रधानता पाई जाती है।

धातु–सोना व तांबा है। रत्न मूंगा (प्रवाल) है। 5 से 9 रत्ती तक का मूंगा पहनने से यह फलता है।

दृष्टि–इसकी उर्ध्वदृष्टि है। 4, 7, 8वीं सम्पूर्ण दृष्टियां हैं, 3, 10 एकपाद, 5, 9 द्विपाद दृष्टियां हैं।

यह दशम भाव का पूर्ण दृष्टि का प्रभाव रखता है। केवल अपने घर को देखकर बुरा प्रभाव नहीं करता है, पर सप्तम दृष्टि प्राय: शत्रुता रखती है।

मित्रादि–मंगल के मित्र ग्रहों में सूर्य, गुरु, चंद्र हैं। बुध और राहु शत्रु है। शुक्र, शनि सम होते हैं। राहु की शत्रुता समता भाव पर निर्धारित है।

स्वरूप–जिन व्यक्तियों की मेष या वृश्चिक राशि होती है, या जिनके लग्न उपरोक्त होते हैं। वे प्राय: बिना सोचे-समझे सामने वाले व्यक्ति से टकरा जाते हैं। वे बहुत उतावले व त्वरित परिणाम चाहने वाले होते हैं। ये लोग तेजस्वी व दबंग होते हैं तुरन्त निर्णय लेने में सक्षम होते हैं। अपनी प्रतिभा से ऊंचे उठते हैं। क्रोधी व साहसी होते हैं।

उनका चेहरा ललाई लिए हुए कुछ गोरे रंग का या गेहुंआ होगा। मध्यम औसत कद, गर्दन लम्बी, बाल कुछ घुंघराले, नेत्रों में तीखापन, चेहरा कुछ लम्बा, आंखें गोल, दांत सुंदर, जातक के चेहरे के किसी भाग में चोट या मस्सा या लहसुन का निशान होगा, घुटने कमजोर होंगे। ललाट चौड़ी भी हो व बालों में हल घुंघरालापन रहेगा। व्यक्तित्व प्रभावशाली होगा। व्यक्ति स्वतंत्र विचार वाला होगा।

अचूक फल

- मंगल 12, 1, 4, 7, 8 भावों में स्थित हो तो कुण्डली मांगलिक होती है। कुछ अन्य ज्योतिषियों के आधुनिक शोध ने दूसरे स्थान के मंगल से कुण्डली को मांगलीक माना है। मांगलिक कुण्डली स्त्री व पुरुषों के लिए पारिवारिक कष्टदाई बनती है। पाप ग्रहों की इन स्थानों में स्थिति से मांगलिक तुल्य बनती है। शुक्र से 4 थे व 5वें मंगल भी कष्टदायी बनते हैं। गृहस्थ ठीक से नहीं चलता।
- केन्द्र में स्वगृही व उच्च राशि में स्थित मंगल से रुचक महायोग बनता है। जो साहस व शौर्य से धन, भूमि व वैभव का स्वामी बनता है।
- मंगल+शनि के संबंध से बिजली, विज्ञान व दो नंबर के धंधे बनते हैं। मंगल में शनि व शनि में मंगल की दशा बीमारी या कष्ट देती है।
- तीसरे मंगल छोटे भाई को देने वाला व उसका मारक भी होता है।
- पंचम व एकादश भवन के मंगल पुत्र कारक और मारक भी होते हैं।
- दूसरे स्थान में स्थित मंगल पुत्र को अग्नि सम्बन्ध का एक्सीडेण्ट से हानि देते हैं।
- 6, 7, 12वें स्थान मे स्थित मंगल शत्रु और रोग की वृद्धि करता है।

- मंगल यदि गुरु से नियंत्रित हो जाए तो शुभ फल करेगा। गुरु से दृष्ट मंगल शुभ फल वाला होता है। परन्तु अभी शोध से मांगलिक स्थानों का मंगल गुरु से दृष्ट होकर प्रबल मंगल मारक बनता है। ऐसा फल दृष्टव्य है।
- मंगल का बल शुक्र तोड़ देता है। (मं.+शु) हो उस मंगल की दृष्टि से मृत्यु नहीं होती है। यह सेक्स बढ़ाता है।
- मंगल का शुक्र से किसी प्रकार का संबंध हो तो वह संतान योग देता है।
- अष्टमस्थ या अष्टम पर दृष्टिकर्त्ता अनियंत्रित मंगल जिस मंगल पर किसी शुभ व अशुभ ग्रह का असर न हो वह मंगल उम्र कम करता है। अचानक एक्सीडेण्ट से मृत्यु देता है।
- सूर्य+मंगल का योग सूर्य से नियंत्रित मंगल अकस्मात् दुर्घटना देता है।
- चंद्र व शुक्र के संबंध में मंगल दूषित होता है। व्यक्ति कुमार्गगामी, क्रोधी व व्यसनी बनाता है।
- 5, 7, 12वें भाव में मंगल के लोग परनिन्दक होते हैं।
- 2, 4, 6, 8, 12वें भावों में मंगल वाले डिग्रीयां प्राप्त करते हैं। परन्तु मन की अवस्था अविकसित रहती है।
- शुक्र या मंगल जन्म में केन्द्र में हो तो जब जब मंगल उसी राशि पर आएगा चोट देगा।
- जन्मदशा में मंगल की पांचवीं दशा अशुभ होगी।
- मंगल प्रथम भाव में जलीय राशि में हो तो मनुष्य मद्यवी व स्त्रीलोलुप होगा।
- मंगल लग्नेश होकर बलवान हो तो व्यक्ति बहुत पुरुषार्थी क्रियाशील, व्यवस्थापक, समाज में अग्रणी, साहसी व नेता होता है।
- 6, 8, 12वें भाव में शुभ ग्रह से युक्त व दृष्ट मंगल हो तो पठ्ठों का या सूखे का रोग देता है।
- मंगल तीसरी शत्रु राशि में हो तृतीयेश तथा मंगल पर पाप प्रभाव हो तो छोटा भाई नहीं होता।
- मंगल की दृष्टि जब दो ग्रहों पर पड़ रही हो तो किसी आपत्ति की सूचना होगी। जैसे–वृषभ लग्न में यदि मंगल की दृष्टि बुध व शुक्र पर पड़ेगी तो स्त्री की मृत्यु शीघ्र होगी।
- मेषलग्न व कन्या लग्न में बली मंगल आयु बढ़ाएगा। मकर का मंगल 7वें होगा तो 'काहल योग' से राजयोग करेगा।
- तीसरे भाव में मं+रा. युति से व्यक्ति वेश्यागामी होगा।
- तीसरे भाव में मंगल स्त्री राशि में हो तो भाइयों का सुख पुरुष राशि में हों तो बहनों का सुख प्राप्त होगा।
- मंगल जहां पर भी बैठा हो उस स्थान की हानि करेगा यदि शुभ दृष्ट न हो।

मंगल दोष शान्ति के उपाय

1. मंगल यंत्र की प्रतिष्ठा कर उसका पूजन करें।
2. ''भौमे तु रुद्र क्रिया'' महादेव का नित्य पूजन करें या ब्राह्मण हो तो नित्य अभिषेक स्वयं करें।
3. अगर कर्ज हो गया हो ऋण नाशक मंगल स्रोत्र का पाठ करें।
4. अगर एक्सीडेण्ट योग बनता हो तो हर शनि+मंगलवार को कुत्तों को मीठा देते रहें। हनुमान चालीसा का नित्य पाठ करें।
5. मंगल व्रत करें। मंगल को मसूर की दाल, गुड़ गौ को दें।
6. मंगल को बलवान करना हो तो तांबा, सोना मिश्रण से धातु की अंगूठी बनवाकर उसमें सवा पांच रत्ती से 9 रत्ती तक का मूंगा पहनें।
7. शनि में मंगल की दशा में मंगल का पालन करें व मंगल में शनि की दशा में शनि का पालन करें।
8. संकट मोचन हनुमत् स्त्रोत का पाठ नित्य करें।

किसी 2 उपायों का एक साथ अवलम्बन करें।

❑❑❑

मेषलग्न की चारित्रिक विशेषताएं

मेषलग्न का स्वरूप

रक्तवर्णो बृहद्गात्रश्चतुष्पाद्ददत्रिविक्रमी॥6॥
पूर्ववासी नृपज्ञातिः शैलचारी रजोगुणी।
पृष्ठोदयी पावकी च, मेषराशि कुजाधिपः ॥7॥

—बृहत्पाराशरहोराशास्त्रे/अ. 4/श्लो. 16

रक्तवर्ण, लम्बाकद, चतुष्पद, रात्रिबली, पूर्ववासी, क्षत्रिय, पर्वतचारी, रजोगुणी, पृष्ठोदय, अग्नितत्त्व, इस प्रकार मेष है, इसका स्वामी मंगल है।

वृत्ताताम्रदृगुष्णशाक लघुभुक् क्षिप्रप्रसादोऽटनः,
कामी दुर्बलजानुरस्थिरधनः शूरोऽगंनावल्लभः।
सेवाज्ञः कुनखी व्रणांकिताशिरा मानी सहोत्थाग्रजः,
शक्त्या पाणितलेऽङि्कतोऽतिचपलस्तोये च भीरुः क्रिये॥1॥

बृहज्जातकम् अ. 16/श्लो. 1

यदि जन्म समय में मेषलग्न हो तो जातक कुछ गोलाई लिए हुए तथा कुछ लालिमा या विशेष चमक लिए नेत्रों वाला, गर्म खाने वाला, शाक-भाजी तथा कम खाने वाला, जल्दी ही प्रसन्न हो जाने वाला, भ्रमणशील, कामुक, कमजोर घुटनों वाला, चंचल धन वाला, शूरवीर, स्त्रियों का प्रिय, सेवाकार्य को जानने वाला, नाखूनों में विकास युक्त, सिर में घाव का निशान पाने वाला, स्वाभिमानी, अपने भाइयों में सबसे बड़ा या अपने गुणों से अग्रणी, हथेली में भाले के आकार की रेखा से युक्त, अति चपल तथा जल से डरने वाला होता है।

मेषे विलग्नेतु भवेत्प्रसूतश्चण्डो धनी सर्वकलासु दक्षः।
स्वपक्षहन्ता बहुमन्युयुक्तो मन्दमतिस्तीक्ष्णकरः सदैव॥1॥

वृद्धयवनजातक अ. 24/श्लो. 1/पृ. 286

यदि मेषलग्न में जन्म हो तो मनुष्य प्रचण्ड स्वभाव वाला, धनवान, सभी कलाओं व शिल्प व्यवहार में चतुरता पाने वाला, अपने पक्ष का नाश करने वाला, अत्यधिक क्रोधी स्वभाव वाला, मन्द बुद्धि वाला एवं तीक्ष्णता युक्त कार्य करने वाला होता है।

बन्धुद्वेषकरोऽटनः कृशतनुः क्रोधी विवादप्रियो।
मानी दुर्बलजानुरस्थिरधनः शूरश्च मेषोदये।

–जातक पारिजात श्लो. 1/पृ. 678

मेष बन्धुओं से द्वेष करने वाला, दुर्बल शरीर, क्रोधी, विवाद प्रिय, मानी (गर्व सहित), कमजोर घुटने, धन स्थिर न रहे, शूरवीर होता है।

दाता हर्ता दीप्तः क्षयोदयी सङ्गरप्रचण्डः स्यात्।
प्रियविग्रहस्त्रिभागे मेषाग्रे बन्धुषूग्रदण्डश्च ॥1॥

–सारावली पृ. 465/श्लो. 1

यदि जन्म लग्न में मेष राशि हो तथा मेष राशि का प्रथम द्रेष्काण हो तो जातक दानी, गिरकर उठने वाला, हरण करने वाला, तेजस्वी, युद्ध में शूर, कलह प्रेमी व बन्धुओं को कठोर दण्ड देने वाला होता है।

मेषलग्ने समुत्पन्नश्चण्डो मानी सकोपकः।
सुधीः स्वजनहन्ता च, विक्रमी पर वत्सलः॥

मानसागरी अ.1/श्लो. 1

मेषलग्न वाले जीव स्पष्टवादी, अभिमानी, कुपित परन्तु गुणवान, निज पराक्रम में यशस्वी, परिवार वालों से पृथक तथा अन्य जीवों का प्रेमी, धन सम्पदा युक्त तथा गुणग्राही रहता है।

भोज संहिता

कालपुरुष की कुण्डली में प्रथम भाव में मेष राशि ही रहेगी, यह स्थाई ज्ञान है। कालगणना व फलादेश के वक्त प्रथम, भाव को मेष राशि का मानकर ही चलना पड़ेगा। उस प्रथम भाव में जो राशि स्थित हो वह लग्न कहलाएगी।

जातक की लग्न राशि क्या है, और चंद्र राशि कौन-सी है? इन दोनों के सम्मिश्रण से जातक के स्वभाव का सटीक पता चलेगा।

जातक के स्वभाव में विशेषता प्रकट करने में नक्षत्रों का बड़ा महत्त्व है। नक्षत्रों में भी चरण फल श्रेष्ठ होंगे। उससे भी सूक्ष्म उपनक्षत्र स्वामी रहेंगे। अतः आपका जन्म लग्न कौन-सी राशि का, किस नक्षत्र में कितने अंशों पर स्थित है यह बहुत महत्वपूर्ण है। इसी तरह आपका चंद्र भी किस नक्षत्र में कितने अंशों पर गया है यह भी दृष्टव्य है। फिर चंद्र नक्षत्र स्वामी और लग्न नक्षत्र स्वामी में मित्रता, समता या शत्रुता है इस पर विचार आवश्यक होगा। तब कहीं जाकर आप जातक के वास्तविक स्वभाव का निर्णय ले सकेंगे।

नक्षत्रानुसार फलादेश

चू-चे-चो-ला	ली-लू-ले-लो	अ
अश्विनी-4	भरणी-4	कृत्तिका-1

अश्विनी, भरणी, कृत्तिका पादमेकौ मेष

–शीघ्रा बोध

इसमें दो पूर्ण नक्षत्र और एक पाद अर्थात् सवा दो नक्षत्र का भुगतान है। सूत्र है—मेष का स्वामी मंगल है—मंगल तीन ग्रह नक्षत्र स्वामियों के प्रभाव से सन्निहित है। अश्विनी-केतु, भरणी-शुक्र, कृतिका-सूर्य, उपरोक्त नक्षत्र स्वामियों की मुख्य भूमिका है फिर उसमें सहायक नक्षत्र के स्वामी भी होते है। जिसकी पार्श्व भूमिका होती है। प्रत्येक चरण का स्वामी नक्षत्र भिन्न होता है। उसका उससे मिश्रण है, इस तरह एक राशि में भी चरणानुसार भिन्न-भिन्न स्वभाव का परिचय मिलता है।

चन्द्रमा यदि अश्विनी नक्षत्र में हो—चंद्र या लग्न की अश्विनी नक्षत्र की स्थिति में जातक पारिजात अध्याय 6, श्लोक 85 में कहा है—**अश्विन्यां अतिबुद्धि-वित्त-विनय प्रज्ञा यशस्वी सुखी।** मंगल तर्क शक्ति का प्रबल कारक ग्रह है। इसमें संदेह नहीं है। उसी मंगल के दो मुख्य भाग प्रज्ञा और बुद्धि हैं। यहां पर मंगल अश्विनी नक्षत्र का प्रतिनिधित्व कर रहा है। अश्विनी नक्षत्र में अश्व के समान बाजीकरण चंचलता भी है। अश्विनी कुमार देवों के वैद्य हैं जो चिर यौवन के दाता हैं। अश्विनी चंद्र का मित्र है अत: चंद्र के गुण लेकर यह स्वभाव में सुंदरता लाता है और मेषलग्न वालों को यश व सुख, विनय व धन भी देता है।

यदि आपका नाम ''अ'' से शुरू होता है तो आप सेक्स के मामले में भूखे होते हैं। जो भी जैसी भी औरत दिखलाई देगी उसी के प्रति आप एक विशेष ललक व चाहत का अनुभव करने लगेंगे, यह आपकी कमजोरी है। लाल रंग व ज्वलनशील पदार्थ आपके अनुकूल कहे जा सकते हैं। मंगल एक शौर्यवान व तेजोमय ग्रह होने से 'जहां शांति व सज्जनता असफल हो जाती है वहां पर आप झगड़े डांट डपट से अपना कार्य आसानी से सिद्ध कर सकते हैं।

यदि जातक का जन्म ''अश्विनी नक्षत्र' में है तो ये स्वतंत्र विचारों वाले व्यक्ति होते हैं। दूसरों की हुकूमत इन्हें बिल्कुल पसंद नहीं होती तथा आप दूसरे के आधिपत्य में रहकर विकास कर ही नहीं सकते। आप जब स्वतंत्र कार्य करेंगे तभी आपका विकास संभव होगा। आपको अपने मनोभावों पर नियंत्रण रखना आवश्यक है। परन्तु क्रोधावस्था में आप आत्मनियंत्रण खो बैठते हैं। क्रोध जितना शीघ्रता से आता है उतना ही तीव्रता से उतर जाता है।

अश्विनी नक्षत्र का चरणानुसार फल—सारणी में वर्णित नक्षत्रांश में यदि चंद्र भी अश्विनी नक्षत्र में हो तो ऐसा जातक सभी को खूब प्यार करे। वह चतुर भी होगा व सुंदर भी तथा सौभाग्यशाली होगा।

अश्विन्या: प्रथमे पादे, जातो भवति तस्कर:।
द्वितीये चाल्पकर्मा च. तृतीये सुभगो भवेत्।
पादे चतुर्थके भोगी, दीर्घायु जायते नर:॥

अश्विनी नक्षत्र के प्रथम चरण में मंगल राशि स्वामी, नक्षत्र.स्वामी केतु, प्रथम चरण का स्वामी केतु, प्रथम चरण का स्वामी अंश 0 से 3.20 तक मंगल फिर क्रमश: केतु, शुक्र व सूर्य का मिश्रण होने से आभूषणकर्ता सुनार की ही जाति प्रगट होती है। फलस्वरूप चूंकि केतु और मंगल का प्राधान्य होने से वह तस्कर स्वभाव को ही प्रदर्शित करेगा। अत: इस लग्न के 3.20 अंश के भीतर स्वभाव में यह बात विशेषत: रहेगी। अन्य ग्रहों के सौजन्य व दृष्टिपात

अश्विन चरण	अंश अवधिं	चरण के नवमांश स्वामी	राशि स्वामी	नक्षत्र स्वामी	उपनक्षत्र अशं से तक
प्रथम	0.00 से 3.20	मं.	मं.	के (1) शु (2) सू (3)	0.0.0 से 0.06.4 0.6.40 से 3.0.0 3.0.0 से 3.20.0
द्वितीय	3.20 से 6.40	शु.	मं.	चं (4) मं (5)	3.20.0 से 4.46.4 4.46.40 से 5.33.20
तृतीय	6.41.0 से 10.0	बु.	मं.	रा. (6) गु. (7)	5.33.20 से 6.40.2 7.33.20 से 9.20.00
चतुर्थ	10.10 से 13.20	चं	मं	श (8) बु. (9)	9.20.0 से 11.26.4 11.26.40 से 13.20.00

से कुछ बदलाव संभव है। केतु का फल मंगल की तरह होता है 'केतु कुजवत्' प्रसिद्ध है।

अश्विनी के दूसरे चरण में–जो 3.20 से 6.40 के अंश तक है। उसमें मंगल के साथ चरण स्वामी शुक्र है। केतु के साथ सूर्य+चंद्र+मंगल का मिश्रित योग है। अत: मंगल+शुक्र का संबंध सेक्स (काम) संवर्धन का है। शुक्र चंद्र की ही तरह कामुक है। अत: अतिकामुकता के कारण कार्य क्षेत्र में थोड़ा ही ध्यान जा पाता है या ओछे या छोटे तबके के कार्य करने का स्वभाव होता है। स्वभाव में ईर्ष्या व उससे जनित अकर्मण्यता रहती है।

अश्विनी का तीसरा चरण–6.40 से 10.00 तक का श्रेष्ठ है। इसका स्वामी बुध है। इसमें बुध+केतु+राहु+गुरु का सम्मिश्रण है। अत: जतिका या जातक ऐश्वर्यशाली होंगे। क्योंकि बुध और चंद्र को धन ऐश्वर्य विषय में सहायक माना है। व्यक्ति अपने क्रोध को कंट्रोल कर मीठा बोल सकेगा, या मस्त रहेगा। बुध ऐश्वर्य सुख का भोगी भी है।

अश्विनी के चतुर्थ चरण में जन्म हो तो मनुष्य भागी व दीर्घायु बनेगा। क्योंकि चतुर्थ चरण का स्वामी चंद्र है। यह नक्षत्र पाद चंद्र का होने से वह इस पाद में स्वक्षेत्री बनकर दीर्घायु भी देता है और लग्न में हो तो धन और भोग भी देगा।

चन्द्रमा यदि भरणी नक्षत्र में हो

भरणी नक्षत्र–स्वामी शुक्र, **राशि स्वामी**–मंगल

भरणी नक्षत्र में लग्न या चंद्र हो तो व्यक्ति–

दक्षः सुखी सत्यवक्ता भरण्यां
भवेद्रोगः कृत निश्चयः स्यात्। —जातक परिजात/अ. 8

भरणी नक्षत्र में व्यक्ति चतुर सुखी, सच बोलने वाला व निरोगी तथा दृढ़ निश्चयी बनेगा। शुक्र लक्जीरियस व सेक्सी ग्रह है। फिर मेष के स्वामी मंगल की राशि में तो कामवासना बढ़ाता ही है। अत: 'जातक परिजात' में 'होरा प्रदीप' में भिन्न फल किसी अंग विशेष में त्रुटि भी बताता है। परन्तु शुक्र के नक्षत्र में चंद्रमा या उच्च राशि का बनता है। अत: रोग रहित और शुक्र चंद्र परस्पर शत्रु भी हैं। अत: किसी अंग में रोग दोनों ही संभव लगते हैं। अतिकामी को रोग भी हो सकता है व काम के लिए पौष्टिक पदार्थ भोक्ता होने से निरोगी भी बनता है पर रोगी होगा।

भरणी चरण	चरणों के अंश	नवांश चरणों स्वामी	अंशों के उपस्वामी व अंश
प्रथम	13.21 से 16.40	सू. सू.	शु/शु 13.20 से 15.33.20 शु/सू 15.33.20 से 16.13.20
द्वितीय	16.41 से 20.00	बु. बु.	शु/चं 16.33.20 से 17.20.00 शु/मं 17.20.00 से 18.6.40
तृतीय	20.1 से 23.20	शु. शु.	शु/रा 18.6.40 से 20.6.40 शु/गु 20.6.40 से 21.53.20
चतुर्थ	23.21 से 26.40	मं. मं.	सू/श 21.53.20 से 24.0.10 शु/बु 24.00.00 से 25.53.20

यदि आपका जन्म ''भरणी'' नक्षत्र में हुआ है तथा आपका नाम ''ल'' से आरम्भ होता है तो आप कुछ लम्बे कद वाले व्यक्तियों की गिनती में हैं। आपके अनेक मित्र हैं तथा मित्र गणों पर आपकी पूर्ण कृपा है। आपको छिछले एवं चुगलखोर मित्र कतई पसंद नहीं। आप दूरदर्शी होने के साथ-साथ मितव्ययी भी हैं। फिजूल के खर्च व व्यर्थ के दिखावे में आपकी रुचि नहीं है। आपके राशि का चिह्न मेढ़ा होने से आपके दिल में हिम्मत व आंखों में जोश है। आपकी हड्डियां व काठी मजबूत है। भ्रमण व घूमने फिरने के शौक के साथ-साथ आपको चरपरी, भड़कीली या उत्तेजनापूर्ण चटपटे भोजन में भी बहुत रुचि है।

त्यागी याम्याद्यपादे स्याद्, द्वितीये धनवान् सुखी
तृतीये क्रूर कर्मी च, चतुर्थेऽसौ दरिद्रभाक्।।

भरणी के प्रथम चरण में जन्म हो तो जातक त्यागी होगा। क्योंकि इस चरण का स्वामी सूर्य है। इसमें सात्विकता तथा पृथकता दोनों का समावेश है। चन्द्र द्वारा प्रदर्शित धन का यह त्याग भी करवाता है।

भरणी के द्वितीय चरण में मनुष्य धनी व सुखी होगा क्योंकि दूसरे चरण का स्वामी बुध है। जो अपने प्रभाव द्वारा चंद्र के गुणों को बढ़ाता है। चंद्र लग्न में धन और मन दोनों पुष्ट होते हैं। अत: व्यक्ति बुध+शुक्र+चंद्र मिश्रण से सुखी होगा।

भरणी के तृतीय चरण में व्यक्ति क्रूर कर्म करेगा, क्योंकि इस चरण का स्वामी शुक्र है अत: शुक्र व चंद राशि में शत्रुता होने से व्यक्ति के कर्म ठीक नहीं होंगे।

चतुर्थ चरण में मंगल का समावेश है। वह चौथे चरण का स्वामी होगा तो चंद्र मंगल की ही राशि में उससे शत्रुता करेगा। मंगल के ही चरण में चंद्रमा का आना दरिद्रता देगा।

भोज संहिता

मेषलग्न का स्वामी मंगल अग्नितत्त्व प्रधान होता है सो ऐसा जातक दबंग व क्रोधयुक्त होता है। यह पुरुष सूचक राशि है। इसका प्राकृतिक स्वभाव साहसी, अभिमानी व पौरुषशाली पुरुषों का प्रजनन है। ऐसे जातक को क्रोध शीघ्र आता है। कोई जरा सी भी विपरीत बात कह दे तो इनको सहन नहीं होता। इनका सिर मजबूत एवं इनमें मेढ़े तुल्य शीघ्रता से भिड़ने की शक्ति होती है। इनकी आंखें बकरे के समान पीत व रक्तवर्णीय होती हैं।

मेषलग्न वाले प्राय: मध्यम कद के होते हैं। सामान्यतया मेषलग्न में उत्पन्न जातक साहसी पराक्रमी, तेजस्वी तथा परिश्रमी होते हैं तथा अपने इन्हीं गुणों से वे जीवन में वांछित मान सम्मान एवं प्रतिष्ठा अर्जित करने में समर्थ रहते हैं। ये अत्यधिक सक्रिय एवं क्रियाशील होते हैं तथा अपने इन्हीं गुणों से जीवन में इच्छित उन्नति प्राप्त करते हैं।

मेषलग्न के प्रभाव से जातक साहसी, परिश्रमी तथा पराक्रमी होगा तथा अपने शुभ एवं महत्वपूर्ण कार्यों को परिश्रम एवं निर्भयता से सम्पन्न करेगा। ऐसे जातक में स्वाभिमान का भाव भी विद्यमान रहेगा तथा स्वपरिश्रम तथा योग्यता से जीवन में मान सम्मान एवं प्रतिष्ठा अर्जित करने में समर्थ होंगे।

इनके स्वभाव में प्रारंभ से ही तेजस्विता का भाव विद्यमान रहेगा फलत: यदा-कदा आप अनावश्यक क्रोध एवं चंचलता का प्रदर्शन करेंगे। जीवन में इनको जन्मभूमि के अतिरिक्त अन्य स्थान में सफलता एवं उन्नति प्राप्त होगी तथा वहीं इनका जीवन सुख पूर्वक व्यतीत होगा। साथ ही सांसारिक सुखोपभोग के साधनों को भी आप परिश्रम पूर्वक अर्जित करके सुखपूर्वक इनका उपभोग करने में समर्थ होंगे।

इस लग्न में जन्मे जातक को जीवन में काफी समस्याओं एवं परेशानियों का सामना करना पड़ेगा परन्तु अपने परिश्रम एवं दृढ़ संकल्प शक्ति के द्वारा आप इनका सामना तथा समाधान करने में समर्थ होंगे। इनकी प्रवृत्ति तथा उदारता तथा सहिष्णुता का भाव भी विद्यमान रहेगा तथा अवसरानुकूल अन्य जनों को आप अपना सहयोग प्रदान करेंगे। जिससे आपके प्रति लोगों के मन में आदर का भाव उत्पन्न होगा।

मेषलग्न मे जंन्मे जातकों के सांसारिक कार्य यद्यपि विलम्ब से सिद्ध होंगे परन्तु गौरव एवं सम्मान मृत्युपर्यन्त बना रहेगा। कार्य क्षेत्र में आपको परिश्रम से उन्नति प्राप्त होगी तथा

सामाजिक जनों के मध्य भी समय पर मान सम्मान मिलता रहेगा। आपको अपनी प्रवृत्ति का अन्य जनों के समक्ष सादगी पूर्ण प्रदर्शन करना चाहिए तथा इसमें अनावश्यक दिखावे का समावेश नहीं होना चाहिए। इस प्रकार से जीवन में आपको इच्छित सुख, ऐश्वर्य एवं वैभव की प्राप्ति होगी। इस प्रकार आप एक परिश्रमी, तेजस्वी, कार्य निकालने में चतुर परन्तु मन्द गति से कार्य करने वाले व्यक्ति होंगे तथा जीवन में आवश्यक सुखों का उपभोग करने में समर्थ होंगे।

मेषलग्न के जातक बहुत ही परिश्रमी व साहसिक कार्यों में रुचि लेने वाले होते हैं। ऐसे व्यक्ति प्राय: खेल-कूद, शिकार, सैनिक व पुलिस विभाग, मशीन, भट्टी व ज्वलनशील पदार्थों तथा धातु रंजन इत्यादि वस्तुओं में रुचि लेते देखे गए हैं।

धार्मिक विचारों में मेषलग्न वालों की दृष्टिकोण अन्य लोगों से भिन्न होता है। आप शक्ति के उपासक हैं। ऐसे लोग अपने बात के धनी होते हैं तथा लग्न अग्नितत्त्व प्रधान होते हुए भी ऐसे जातक बात के धनी एवं शर्त के कट्टर होते हैं। किसी से किसी हद तक प्राय: झगड़ा करना पसन्द नहीं करते परन्तु यदि कोई जब सीमा उल्लंघन करने की चेष्टा करता है तो उसे जबरदस्त सबक सिखाए बिना नहीं रहते। युद्ध कला में प्राय: ऐसे व्यक्ति निपुण होते हैं। भूमि व कोर्ट-कचहरी संबंधी कार्यों में ये प्राय: विजय प्राप्त करते हैं।

यदि आपका जन्म 21 मार्च व 20 अप्रैल के मध्य हुआ है तो आपका भाग्योदय निश्चित रूप से 28 वर्ष के पश्चात संभव है। आप पूर्णत: स्वनिर्मित व्यक्ति हैं। आप अपना भाग्य स्वयं बनाने वाले व्यक्तियों में से हैं। परन्तु याद रखें बिना परिश्रम से आपको विशेष लाभ होने की संभावना नहीं है।

चंद्रमा यदि कृत्तिका नक्षत्र में हो

कृतिका नक्षत्र-स्वामी सूर्य, **राशि स्वामी**–मंगल

कृत्तिका चरण	चरणों के अंश	नवांश चरण स्वामी	अंशों के उपस्वामी व अंश
प्रथम	26.41 से 30.00	गु.	सू/सू 1. 26.40 से 27.20.00 सू/चं. 2. 27.20.00 से 28.26.00 सू/मं. 3. 26.26.40 से 29.13.20 सू/रा 4. 29.13.20 से 30.00.00

कृत्तिका का प्रथम चरण में होगा तो व्यक्ति सुंदर गुण से युक्त रहेगा। इसका स्वामी गुरु है। अत: गुरु+चंद्रयोग लक्ष्मीयोग+मंगल कीर्ति योग भी बनेगा। अत: श्रेष्ठफल मिलेगा। अश्विनी, भरणी व कृत्तिका के प्रथम चरण के संयोग से मेष राशि बनती है। अत: मेषलग्न या मेष राशि वालों का स्वभाव में उपरोक्त नक्षत्रों के गुणों का समन्वय होगा ही।

मेषलग्न के बारे में विशेष ज्ञातव्य तथ्य

- मेषलग्न में बैठा मंगल स्वगृही होगा। अत: मांगलिक दोष कम देगा।
- मंगल अश्विनी नक्षत्र में होगा तो किसी से बिल्कुल नहीं बनेगी।
- मेष में मंगल, मंगल दोष नहीं बनाता है।
- लग्न में चंद्र हो, मंगल भी हो तो मांगलिक दोष नहीं होगा।
- लग्न में गुरु+बुध हो तो मांगलिक दोष नहीं होगा। मंगल+गुरु+चंद्र+बुध युति हो तो दोष नहीं होगा।
- सूर्य लग्न में होगा तो उच्च का होकर भी पंचमेश है। वैधव्य दोष पूर्वश्लोकानुसार नहीं देगा। पर अंग में कुछ दोष करेगा।
- लग्न में शनि नीच का होकर बहुत दु:ख व संघर्ष देगा। शनि अग्नितत्त्व राशि में होने से स्वभाव कुछ मिलनसार पर ईर्ष्यालु होगा। ऐसी महिला जातक सरल व वचन की पक्की प्रमाणिकता वाली होगी। परन्तु साहस के काम क्रोध, झगड़ा और वाद-विवाद में रुचि वाली होगी। काम में कुशल होगी पर हमेशा असंतुष्ट रहेगी। स्वयं कमाएगी या नौकरी वाली होगी।
- लग्न में केवल मंगल+शनि की युति हो तो जातक स्वय आत्महत्या कर सकता है। या आकस्मिक मृत्यु, कारागारवास हो सकता है।
- शनि+चंद्र का योग लग्न में हो तो दुष्ट स्वभाव की महिला होगी व चरित्र भ्रष्ट भी हो सकती है।
- लग्न में कोई ग्रह न हो तो ऐसा जातक धर्म परायण. समाज में प्रगति वाला जाति में आदर की दृष्टि से देखा जाने वाला होगा।

मेषलग्न की महिला जातक

इस लग्न में जन्मी महिला के शरीर का रंग चंद्रमा के नवांश के अनुसार होता है। चंद्रमा जिस नवांश में हो उसके अधिपति के अनुसार रंग का विचार प्राय: करना चाहिए। परन्तु जन्माक्षर बनाते वक्त ज्योतिषी प्राय: जन्म व राशि कुण्डली ही लिखते हैं। अत: जन्म की राशि और लग्न के मिश्रण से स्वभाव व रंग निरूपण करना प्रभावी रहता है। जन्म लग्न को देखने वाले ग्रहों की दृष्टि का समन्वय भी चरित्र-चित्रण सहायक होगा।

मेषलग्न में उत्पन्न नारी हमेशा शुद्ध स्वभाव की होगी। परन्तु वह दूसरों पर दोषारोपण करने वाली होगी। हर काम में उतावली होगी। उसे क्रोध भी शीघ्र आएगा, ठंडा भी जल्दी होगी पर गर्मी की चपलता दिल में उठी हुई रहती है। इसकी प्रकृति पितृ प्रधान होती है। वह बातचीत करते करते कड़वे वाक्यों का प्रयोग करने में नहीं हिचकती। अपने भाई-बहनों से विशेष लगाव नहीं रहता है। प्राय: अपने परिवार में बड़ी (ज्येष्ठ) होती है।

- लग्न व चंद्र विषम राशि में हो तो स्त्री पुरुष की तरह कठोर स्वभाव वाली व पुरुष के समान साहसिक प्रकृति की होगी। मेष में मेष का चंद्र यह फल करेगा। शुभ दृष्टि व

पाप दृष्टि से चरित्र **व** स्वभाव में अंतर पड़ेगा। शुभ दृष्ट हो तो सुशीला अन्यथा दुष्ट स्वभाव की होगी।

- ❑ लग्नस्थ मंगल आठवें भाव पर दृष्टि करके एक्सीडेंट योग बनाएगा, यदि अनियंत्रित है। अर्थात् मंगल किसी भी ग्रह की दृष्टि से रहित हो।
- ❑ मेष राशि का मंगल लग्न में सिर दर्द व रक्त पीड़ा का अनुभव कराएगा।
- ❑ मेष राशि का मंगल निर्भय व शेर की तरह पराक्रम कराएगा। क्रोधी व व्यसनी बनाएगा। तीखे पदार्थ खाने में रुचि होगी। आग का भय रहेगा। पित्त रोग होंगे। स्वधर्म में रुचि नहीं होगी, सुधारक मतों का पक्षपात करना यह अनुभव में आएगा।
- ❑ मंगल सूर्य या चंद्र ये तीनों ही साथ हो तो व्यक्ति बहुत क्रूर व अल्पायु होगा। परन्तु किम्बहुना योग के कारण राजा तुल्य ऐश्वर्य भोगेगा।
- ❑ शरीर हट्टा-कट्टा रहेगा, बहुत खून का होना मेष का मंगल करेगा। बचपन में पेट के रोग व दांतों का रोग भी देगा।
- ❑ लग्न में मंगल वाली स्त्री स्वाभिमानी, पराक्रमी व सुंदर होगी तथा चुनरी मंगल वाली महिला होगी।
- ❑ लग्न में पाप ग्रह–सूर्य, मंगल, शनि, राहु, केतु ये कुण्डली को मांगलिक तुल्य बनाते हैं। सप्तम पर पूर्ण दृष्टि करके वैवाहिक सुख में भी कमी करते हैं।
- ❑ **मूर्तो करोति विधवादिनकृत कुजश्च।** या फिर लग्नस्थित दिनकर **कुरूते अंग पीड़ाम् भूमि सुतो वितनुते रुधिर प्रकोपम्।** से लग्न में मंगल व सूर्य की स्थिति को कष्टकारक सर्वत्र माना गया है।
- ❑ "**कुजाष्टमे कुटीला मृगांक्षी अनंगरंगा परपुरुषसंगा, मृतावयेषु कुलधर्म भंगा:**" अर्थात् जिस स्त्री का मंगल आठवें में हो वह मृगनयनी होती है, कुटिल होगी। नित-नए वस्त्राभूषण व शृंगार करने वाली होती है तथा परपुरुष के बहकावे में शीघ्र आती है। कई बार अंतर्जातीय विवाह या परपुरुषप्रेम के कारण बदनाम होने से कुल का गौरव नष्ट कर देती है।
- ❑ लग्न में राहु स्थित हो तो 5वें दृष्टि करके संतान को बाधा करेगी। सातवें दृष्टि से पति में पृथकता देगी। नवमी दृष्टि से भाग्य हीन भी करेगी।
- ❑ लग्न में केतु हो तो व्यक्ति के शरीर का कोई अंग टूटता है या रोग बढ़ता है या अपघात होता है। लग्नगत केतु के फल प्राय: सभी ज्योतिषियों ने अशुभ बताए हैं। इससे बांधवों में कष्ट होता है दुर्जनों से व्यक्ति को भय रहता है। मानसिक चिंता व उद्वेग बढ़ते हैं। वात पीड़ा होती है।
- ❑ वैसे मेष राशि तीन नक्षत्रों के समूह से पल्लवित होती है। अत: संपूर्ण राशि में केतु+शुक्र+मंगल+सूर्य का खास तौर पर प्रभाव सिमटा रहता है। अत: स्त्री के स्वभाव में कुछ क्रोध लड़ने-झगड़ने, हर बात को अन्यथा ले लेने का स्वभाव होता है। ऐसी महिला बहुत उतावली व तुरंत परिणाम चाहने वाली होती है। रंग सुंदर पर कुछ गेहुंआ

ही होगा, ललाई उसमें रहेगी। यह बालावस्था में ही अपने माता-पिता के पास कम रहने वाली होगी। वात-पित्त रोग से पीड़ित भी रहेगी। स्वभाव से कंजूस भी होगी। अपनी वस्तु को किसी को कम ही देना पसंद करेगी। खर्च भी कम करेगी। संग्रह का शौक होगा। इसके जीवन में परदेश या विदेश यात्रा के अवसर प्राप्त होते रहेंगे। पति राजकीय अधिकारी, नेता, पुलिस अफसर, मिलट्री में अधिकारी, इंजीनियर, फौजदारी वकील, समाज का प्रभावशाली व्यक्ति होगा। व्यापारी हो तो लाल रंग की वस्तुओं का फैन्सी स्टोर हो सकता है। संतान कई हो सकती हैं। गर्भपात भी संभव है। जीवन में मृत्युभय (अपघात) तीन बार आता है। तीसरे वर्ष अग्नि से, 7वें वर्ष में कुत्ते या जानवर के काटने का और 30वें वर्ष में चोट का। अत: खतरों से बचने के बाद 68 वर्ष तक अन्य कोई मारक योग नहीं। मृत्यु पित्त दोष या गिरने से या विष खाने से संभावित होती है। विद्रोह की भावना प्रबल होती है। चोरी-छिपे बातें सुनने की आदत होती है।

मेषलग्न में रत्न धारण का वैज्ञानिक विवेचन

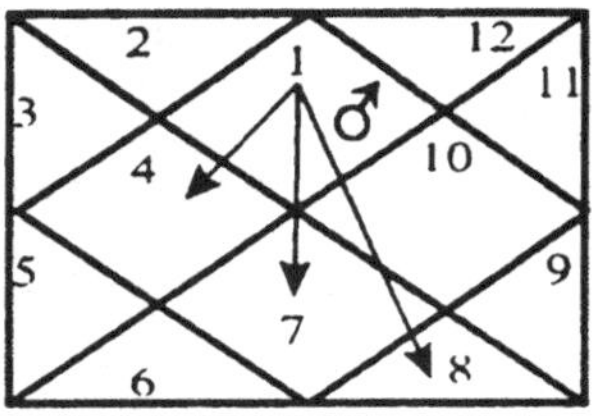

1. माणिक्य–मेषलग्न में सूर्य पंचम त्रिकोण का स्वामी है और लग्नेश मंगल का मित्र है। अत: मेषलग्न के जातक को बुद्धि-बल प्राप्त करने, आत्मोन्नति के लिए संतान-सुख, प्रसिद्धि, राज्य-कृपा प्राप्ति के लिए सदा माणिक्य धारण करना चाहिए। सूर्य की महादशा में उसको धारण करना, अत्यंत लाभदायक होगा।

2. मोती–मेषलग्न की कुण्डली में चन्द्र चतुर्थ भाव का स्वामी है। चतुर्थ चन्द्र लग्नेश मंगल का मित्र है। अत: मोती धारण करने से मेषलग्न के जातक मानसिक शान्ति, मातृ सुख, विद्या-लाभ, गृह-भूमि लाभ आदि प्राप्त कर सकते हैं। मोती चन्द्र की महादशा में विशेष रूप से फलप्रद होगा। यदि मोती लग्नेश मंगल के रत्न मूंगे के साथ पहना जाए तो और भी अधिक लाभकर होगा।

3. मूंगा–मंगल लग्न का स्वामी है। अत: मेषलग्न के जातक को मूंगा आजीवन धारण करना चाहिए। उसके धारण करने से आयु, बुद्धि, स्वास्थ्य में उन्नति, यश मान प्राप्त होगा तथा जातक सभी प्रकार सुखी होगा। यह इस जातक का 'जीवन रत्न' है।

4. पन्ना–मेषलग्न के लिए बुध दो अनिष्ट भावों–तृतीय और षष्ठ का स्वामी है। अत: इस लग्न के जातक को कभी नहीं पहनना चाहिए।

5. पुखराज–मेषलग्न के लिए गुरु नवम (त्रिकोण) और द्वादश भाव का स्वामी है। नवम का स्वामी होने के कारण गुरु इस लग्न के लिए शुभ ग्रह माना गया है। अत: पुखराज धारण करने से जातक की बुद्धि, बल, ज्ञान, विद्या में उन्नति, धन, मान-प्रतिष्ठा और भाग्य में उन्नति होती है। गुरु महादशा में पुखराज धारण करना ज्यादा लाभदायक सिद्ध होगा। यदि इसे मूंगे के साथ धारण किया जाए तो बहुत लाभप्रद होगा।

6. हीरा–मेषलग्न के लिए शुक्र द्वितीय और सप्तम स्थान का स्वामी होने के कारण प्रबल मारकेश है। इसके अतिरिक्त लग्नेश मंगल और शुक्र में परस्पर मित्रता नहीं है। तब भी कुण्डली में यदि शुक्र स्वगृही अपनी उच्चराशि में हो या यह शुभ स्थिति में हो तो शुक्र की महादशा में हीरा धारण करने से धन-प्राप्ति, दाम्पत्य-सुख, विवाह-सुख हो सकता है। परन्तु मेषलग्न के जातक को हीरा धारण करने से बचना चाहिए।

7. नीलम–मेषलग्न के लिए शनि दशम और एकादश का स्वामी है। दोनों शुभ भाव हैं परन्तु, एकादश भाव के स्वामित्व के कारण शनि को लग्न के लिए शुभ ग्रह नहीं मांना है। परन्तु शनि द्वितीय, चतुर्थ, पंचम, नवम, दशम, एकादश या लग्न में स्थित हो तो शनि की महादशा में नीलम धारण करने से में लाभ हो सकता है। वैसे नीलम नहीं पहनना चाहिए क्योंकि शनि मंगल का शत्रु है।

विशिष्ट उद्देश्यपूरक संयुक्त रत्न

1. **सन्तान हेतु**–मणिक्य, मूंगा (सवा चार रत्ती)।
2. **भाग्योदय हेतु**–पुखराज (सवा पांच रत्ती), मूंगा (सवा चार रत्ती)।
3. **आरोग्य हेतु**–मूंगा (सवा चार रत्ती), माणिक (सवा चार रत्ती)।
4. **स्थाई लक्ष्मी हेतु**–हीरा (सवा चार रत्ती), पुखराज (सवा पांच रत्ती)।

नक्षत्रों पर विशेष फलादेश

क्र.	नक्षत्र	नक्षत्र अक्षर	राशि	स्वामी	योनि	गण	वर्ण	युञ्जा	हंस	नाड़ी	वश्य	पाया	वर्ग	जन्म दशा	दशा वर्ष
1	अश्विनी	चू,चे,चो,ला	मेष	मंगल	अश्व	देव	क्षत्री	पूर्व	अग्नि	आद्य	चतु.	सोना	सिंह 3 हि. 1	केतु	7
2.	भरणी	ली,लू,ले,लो	मेष	मंगल	गज	मनु.	क्षत्री	पूर्व	अग्नि	मध्य	चतु.	सोना	हिरण	शुक्र	20
3.	कृतिका	अ	मेष	मंगल	मीढ़ा	राक्षस	क्षत्री	पूर्व	अग्नि	अन्त्य	चतु.	सोना	गरुड़	सूर्य	6
3.	कृतिका	ई,उ,ए	वृष	शुक्र	मीढ़ा	राक्षस	वैश्य	पूर्व	भूमि	अन्त्य	चतु.	सोना	गरुड़	सूर्य	6
4.	रोहिणी	ओ,वा,वी,वू	वृष	शुक्र	सर्प	मनु.	वैश्य	पूर्व	भूमि	अन्त्य	चतु.	सोना	ग. 1 हि. 3	चन्द्र	10
5.	मृगशिरा	वे,वो	वृष	शुक्र	सर्प	देव	वैश्य	पूर्व	भूमि	मध्य	चतु.	सोना	हिरण	मंगल	7
5.	मृगशिरा	का,की	मिथुन	बुध	सर्प	देव	शूद्र	पूर्व	वायु	मध्य	द्विप	सोना	बिलाड़	मंगल	7
6.	आर्द्रा	कु,घ,ड,छ	मिथुन	बुध	श्वान	मनु.	शूद्र	मध्य	वायु	आद्य	द्विप	चांदी	बि. 2 सि.1	राहु	18
7.	पुनर्वसु	के,को,ह	मिथुन	बुध	मार्जार	देव	शूद्र	मध्य	वायु	आद्य	द्विप	चांदी	बि.2 मी. 1	गुरु	16
7.	पुनर्वसु	ही	कर्क	चन्द्र	मार्जार	देव	विप्र	मध्य	जल	आद्य	द्विप	चांदी	मीढ़ा	गुरु	16

क्र.	नक्षत्र	नक्षत्र अक्षर	राशि	स्वामी	योनि	गण	वर्ण	युञ्जा	हंस	नाड़ी	वश्य	पाया	वर्ग	जन्म दशा	दशा वर्ष
8.	पुष्य	ह,हे,हो,डा	कर्क	चन्द्र	मीढ़ा	देव	विप्र	मध्य	जल	मध्य	द्विप	चांदी	मि. 3 श्वा. 1	शनि	19
9.	आश्लेषा	डी,डू,डे,डो	कर्क	चन्द्र	मार्जार	राक्षस	विप्र	मध्य	जल	आद्य	द्विप	चांदी	श्वान	बुध	17
10.	मघा	मा,मी,मू,मो	सिंह	सूर्य	मूषक	राक्षस	क्षत्रीय	मध्य	वायु	आद्य	चतु.	चांदी	मूषक	केतु	7
11.	पूर्व फा.	मो,टा,टी,टू	सिंह	सूर्य	मूषक	मनुष्य	क्षत्रीय	मध्य	वायु	मध्य	चतु.	चांदी	मू. 3 श्वा. 3	शुक्र	20
12	उ. फा.	टे	सिंह	सूर्य	गौ	मनुष्य	क्षत्रीय	मध्य	वायु	आद्य	चतु.	चांदी	श्वान	सूर्य	6
12.	उ. फा.	टो,पा,पी	कन्या	बुध	गौ	मनुष्य	वैश्य	मध्य	भूमि	आद्य	द्विपद	चांदी	श्वा. 1 मू. 2	सूर्य	6
13.	हस्त	पू,ष,ण,ठ	कन्या	बुध	भैस	देव	वैश्य	मध्य	भूमि	आद्य	द्विपद	चांदी	मू. 1 मी. 1 श्वा. 2	चन्द्र	10
14.	चित्रा	पे,पो	कन्या	बुध	व्याघ्र	राक्षस	वैश्य	मध्य	भूमि	मध्य	द्विपद	चांदी	मूषक	मंगल	7
14.	चित्रा	रा,री	तुला	शुक्र	व्याघ्र	राक्षस	शूद्र	मध्य	वायु	मध्य	द्विपद	चांदी	हरिण	मंगल	7
15.	स्वाति	रू,रे,रो,ता	तुला	शुक्र	भैंस	देव	शूद्र	मध्य	वायु	अन्त्य	द्विपद	चांदी	हि. 3 सर्प 1	राहु	18
16.	विशाखा	ती,तू,ते	तुला	शुक्र	मध्य	राक्षस	शूद्र	मध्य	वायु	अन्त्य	द्विपद	ताम्बा	सर्प	गुरु	16
16.	विशाखा	तो	वृश्चिक	मंगल	मध्य	राक्षस	विप्र	मध्य	जल	अन्त्य	कीट	ताम्बा	सर्प	गुरु	16

क्र.	नक्षत्र	नक्षत्र अक्षर	राशि	स्वामी	योनि	गण	वर्ण	युन्जा	हंस	नाड़ी	वश्य	पाया	वर्ग	जन्म दशा	दशा वर्ष
17.	अनुराधा	ना,नी,नू,ने	वृश्चिक	मंगल	मृग	देव	विप्र	मध्य	जल	व्याघ्र	कीट	ताम्बा	सर्प	शनि	19
18.	ज्येष्ठा	नो,या,यी,यू	वृश्चिक	मंगल	मृग	राक्षस	विप्र	अन्त्य	जल	आद्य	कीट	ताम्बा	सर्प 1 हिरण 3	बुध	17
19.	मूल	भे,भो,भा,भी	धनु	गुरु	श्वान	राक्षस	क्षत्रीय	अन्त्य	अग्नि	आद्य	द्विपद	ताम्बा	हि. 2 मूषक 2	केतु	7
20.	पूर्वाषाढ़ा	भू,धा,फा,ढा	धनु	गुरु	कपि	मनुष्य	क्षत्रीय	अन्त्य	अग्नि	मध्य	द्विपद	ताम्बा	1 मू 1 स 1 मू2 1 श्वान	शुक्र	20
21.	उ. षा.	भे	धनु	गुरु	नकुल	मनुष्य	क्षत्रीय	अन्त्य	अग्नि	अन्त्य	द्विपद	ताम्बा	मूषक	सूर्य	6
21.	उ. षा.	भो,जो,जी	मकर	शनि	नकुल	मनुष्य	वैश्य	अन्त्य	भूमि	अन्त्य	चतु.	ताम्बा	1 मू. 2 सिं.	सूर्य	6
22.	अभिजित्	जू,जे,जो,खा	मकर	शनि	नकुल	मनुष्य	वैश्य	अन्त्य	भूमि	अन्त्य	चतु.	ताम्बा	सिं. 3 वि. 1	×	×
23.	श्रवण	खी,खू,खे,खो	मकर	शनि	कपि	देव	वैश्य	अन्त्य	भूमि	अन्त्य	चतु.	ताम्बा	बिलाड़	चन्द्र	10
24.	धनिष्ठा	गा,गी	मकर	शनि	सिंह	राक्षस	वैश्य	अन्त्य	भूमि	मध्य	चतु.	ताम्बा	बिलाड़	मंगल	7
24.	धनिष्ठा	गू, गे	कुम्भ	शनि	सिंह	राक्षस	शूद्र	अन्त्य	वायु	मध्य	द्विपद	ताम्बा	बिलाड़	मंगल	7
25.	शतभिषा	गो,सा,सी,सू	कुम्भ	शनि	अश्व	राक्षस	शूद्र	अन्त्य	वायु	आद्य	द्विपद	लोहा	1 बि. 3 मी	राहु	18
26.	पूर्वा भा.	से,सो,द	कुम्भ	शनि	सिंह	मनुष्य	शूद्र	अन्त्य	वायु	आद्य	द्विपद	लोहा	2 मी. 1 सर्प	गुरु	16

क्र.	नक्षत्र	नक्षत्र अक्षर	राशि	स्वामी	योनि	गण	वर्ण	युञ्जा	हंस	नाड़ी	वश्य	पाया	वर्ग	जन्म दशा	दशा वर्ष
26.	पूर्व भा.	दी	मीन	गुरु	सिंह	मनुष्य	विप्र	अन्त्य	जल	आद्य	जल	लोहा	सर्प	गुरु	16
27.	उ. भा.	दू,थ,झ,ञ	मीन	गुरु	गौ	मनुष्य	विप्र	अन्त्य	जल	मध्य	जल	लोहा	2 सर्प 2 सिंह	शनि	19
28.	रेवती	दे,दो,चा,ची	मीन	गुरु	गज	देव	विप्र	पूर्व	जल	अन्त्य	जल	सोना	2 सर्प 2 सिंह	बुध	17

विभिन्न नक्षत्रों का ग्रहों के साथ सम्बन्ध

	क्र.	नक्षत्र नाम	नक्षत्र देवता	नक्षत्र स्वामी	सूर्य	चन्द्र	मंगल	बुध	गुरु	शुक्र	शनि	राहु	केतु
मेष	1	**अश्विनी**	अश्निी कुमार	**केतु**	शत्रु	शत्रु	मित्र	मित्र	शत्रु	मित्र	मित्र	शत्रु	सम
	2.	**भरणी**	यम	**शुक्र**	शत्रु	शत्रु	सम	मित्र	शत्रु	सम	मित्र	शत्रु	शत्रु
	3.	**कृतिका**	अग्नि	**सूर्य**	सम	मित्र	मित्र	शत्रु	मित्र	शत्रु	शत्रु	शत्रु	शत्रु
वृष	4.	**रोहिणी**	ब्रह्मा	**चन्द्र**	मित्र	सम	मित्र	शत्रु	मित्र	शत्रु	शत्रु	शत्रु	शत्रु
	5.	**मृगशिरा**	चन्द्र	**मंगल**	मित्र	मित्र	सम	शत्रु	मित्र	शत्रु	शत्रु	शत्रु	शत्रु
मिथुन	6.	**आर्द्रा**	रुद्र	**राहु**	शत्रु	शत्रु	शत्रु	मित्र	शत्रु	मित्र	मित्र	सम	मित्र
	7.	**पुनर्वसु**	अदिति	**गुरु**	मित्र	मित्र	मित्र	शत्रु	सम	शत्रु	शत्रु	शत्रु	शत्रु
कर्क	8.	**पुष्य**	गुरु	**शनि**	शत्रु	शत्रु	शत्रु	मित्र	शत्रु	मित्र	सम	मित्र	मित्र
	9.	**आश्लेषा**	सूर्य	**बुध**	शत्रु	शत्रु	शत्रु	सम	शत्रु	मित्र	मित्र	मित्र	मित्र
सिंह	10.	**मघा**	पितृ	**केतु**	शत्रु	शत्रु	शत्रु	मित्र	शत्रु	मित्र	मित्र	मित्र	सम
	11.	**पू. फा.**	भंग	**शुक्र**	शत्रु	शत्रु	शत्रु	मित्र	शत्रु	सम	मित्र	मित्र	मित्र
	12	**उ. फा.**	अर्यमण	**सूर्य**	सम	मित्र	मित्र	शत्रु	मित्र	शत्रु	शत्रु	शत्रु	शत्रु
कन्या	13.	**हस्त**	सूर्य	**चन्द्र**	मित्र	सम	मित्र	शत्रु	मित्र	शत्रु	शत्रु	शत्रु	शत्रु
	14.	**चित्रा**	त्वष्टा	**मंगल**	मित्र	मित्र	सम	शत्रु	मित्र	शत्रु	शत्रु	शत्रु	शत्रु

	क्र.	नक्षत्र नाम	नक्षत्र देवता	नक्षत्र स्वामी	सूर्य	चन्द्र	मंगल	बुध	गुरु	शुक्र	शनि	राहु	केतु
तुला	15.	**स्वाति**	वायु	**राहु**	शत्रु	शत्रु	शत्रु	मित्र	शत्रु	मित्र	मित्र	सम	मित्र
	16.	**विशाखा**	इन्द्राग्नि	**गुरु**	मित्र	मित्र	मित्र	शत्रु	सम	शत्रु	शत्रु	शत्रु	शत्रु
शनि	17.	**अनुराधा**	मित्र	**शनि**	शत्रु	शत्रु	शत्रु	मित्र	शत्रु	मित्र	सम	मित्र	मित्र
	18.	**ज्येष्ठा**	इन्द्र	**बुध**	शत्रु	शत्रु	शत्रु	सम	शत्रु	मित्र	मित्र	शत्रु	सम
धनु	19.	**मूला**	नैऋति	**केतु**	शत्रु	शत्रु	मित्र	शत्रु	मित्र	मित्र	मित्र	मित्र	सम
	20.	**पू. षा.**	उदक	**शुक्र**	शत्रु	शत्रु	शत्रु	मित्र	शत्रु	सम	मित्र	मित्र	मित्र
मकर	21.	**उ. षा.**	विश्वेदेवा	**सूर्य**	सम	मित्र	मित्र	शत्रु	मित्र	शत्रु	शत्रु	शत्रु	शत्रु
	22.	**अभिजित्**	ब्रह्मा										
	23.	**श्रवण**	विष्णु	**चन्द्र**	मित्र	सम	मित्र	शत्रु	मित्र	शत्रु	शत्रु	शत्रु	शत्रु
	24.	**धनिष्ठा**	अष्टावसु	**मंगल**	मित्र	मित्र	सम	शत्रु	मित्र	शत्रु	शत्रु	शत्रु	शत्रु
	25.	**शतभिषा**	वरुण	**राहु**	शत्रु	शत्रु	शत्रु	मित्र	शत्रु	मित्र	मित्र	सम	मित्र
कुंभ	26.	**पूर्वा भा.**	अजैकचरण	**गुरु**	मित्र	मित्र	मित्र	शत्रु	सम	शत्रु	शत्रु	शत्रु	शत्रु
	27.	**उ. भा.**	अहिर्बुध्य	**शनि**	शत्रु	शत्रु	शत्रु	मित्र	शत्रु	मित्र	सम	मित्र	मित्र
मीन	28.	**रेवती**	पूषा	**बुध**	शत्रु	शत्रु	शत्रु	सम	शत्रु	मित्र	मित्र	मित्र	मित्र

नक्षत्र चरण, नक्षत्रस्वामी एवं नक्षत्र चरणस्वामी

मेष राशि

1. **अश्विनी** (केतु)				2. **भरणी** (शुक्र)				3. **कृतिका** (सूर्य)			
अक्षर		चरण	स्वामी	अक्षर		चरण	स्वामी	अक्षर		चरण	स्वामी
चु.	0/3/20/0	1	मं.	ली.	0/16/40/0	1	सू.	आ	0/30/0/0	1	गु.
चे.	0/6/40/0	2	शु.	लू	0/20/0/0	2	बु.	–	–	–	–
चो	0/10/0/0	3	बु.	ले.	0/23/20/0	3	शु.	–	–	–	–
ला	0/13/20/4/	4	चं.	लो	0/26/40/0	4	मं.	–	–	–	–

वृष राशि

3. **कृत्तिका** (सूर्य)				4. **रोहिणी** (चन्द्र)				5. **मृगशिरा** (मंगल)			
अक्षर		चरण	स्वामी	अक्षर		चरण	स्वामी	अक्षर		चरण	स्वामी
ई	1/30/20/0	2	श.	ओ	1/13/20/0	1	मं.	वे	0/20/40/1	1	सू.
उ	1/6/40/0	3	श	वा	1/16/40/0	2	शु.	वो	0/30/0/0	2	बु.
				वी	1/20/0/0	3	बु.	–	–	–	–
ए	1/10/0/0	4	मं.	च	1/23/20/0	4	चं.	–	–	–	–

मिथुन राशि

5. मृगशिरा (मंगल)				6. आर्द्रा (राहु)				7. पुनर्वसु (गुरु)			
अक्षर		चरण	स्वामी	अक्षर		चरण	स्वामी	अक्षर		चरण	स्वामी
का	2/3/20/0	3	शु.	कु	2/10/0/0	1	गु.	के	2/23/20/0	1	मं.
की	2/6/40/0	4	मं.	घ	2/13/20/0	2	श.	को	2/26/40/0	2	शु.
				ड़	2/16/40/0	3	श.	हा	2/30/0/0	3	बु.
				छ	2/20/0/0	4	गु.	–	–	–	–

कर्क राशि

7. पुनर्वसु (गुरु)				8. पुष्य (शनि)				9. आश्लेष (बुध)			
अक्षर		चरण	स्वामी	अक्षर		चरण	स्वामी	अक्षर		चरण	स्वामी
ही	3/30/20/0	4	चं.	हू	3/6/40/0	1	सू.	डी	3/20/0/0	1	गु.
–	–	–	–	हे	3/10/0/0	2	बु.	डू	3/23/20/0	2	श.
–	–	–	–	हो	3/13/20/0	3	शु.	डे	3/26/40/0	3	श.
–	–	–	–	डा	3/16/40/0	4	मं.	डो	3/30/0/0	4	गु.

सिंह राशि

10. **मघा** (केतु)				11. **पूर्वाफाल्गुनी** (शुक्र)				12. **उत्तरफाल्गुनी** (सूर्य)			
अक्षर		चरण	स्वामी	अक्षर		चरण	स्वामी	अक्षर		चरण	स्वामी
मा	4/3/20/0	1	मं.	मो	4/16/40/0	1	सू.	टे	4/30/0/0	1	गु.
मी	4/6/40/0	2	शु.	य	4/20/0/0	2	बु.	–	–	–	–
मू	4/10/0/0	3	बु.	टी	4/23/20/0	3	शु.	–	–	–	–
मे	4/13/20/0	4	चं.	टू	4/26/40/0	4	मं.	–	–	–	–

कन्या राशि

12. **उत्तराफाल्गुनी** (सूर्य)				13. **हस्त** (चन्द्र)				14. **चित्रा** (मंगल)			
अक्षर		चरण	स्वामी	अक्षर		चरण	स्वामी	अक्षर		चरण	स्वामी
टो	5/3/20/0	2	श.	पू	5/13/20/0	1	मं.	पे	5/26/40/0	1	सू.
पा	5/6/40/0	3	श.	ष	5/16/40/0	2	शु.	पे	5/30/0/0	2	बु.
पी.	5/10/0/0	4	गु.	ण	5/20/0/0	3	बु.	–	–	–	–
–	–	–	–	ठ	5/23/20/0	4	चं.	–	–	–	–

तुला राशि

14. चित्रा (मंगल)				15. स्वाति (राहु)				16. विशाखा (गुरु)			
अक्षर		चरण	स्वामी	अक्षर		चरण	स्वामी	अक्षर		चरण	स्वामी
रा	6/3/20/0	3	शु.	रू	6/10/0/0	1	गु.	ती	6/23/20/0	1	मं.
री	6/6/40/0	4	मं.	रे	6/13/20/0	2	श.	तू	6/26/40/0	2	शु.
–	–	–	–	रो	6/16/40/0	3	श.	ते	6/30/0/0	3	बु.
–	–	–	–	ता	6/20/0/0	4	गु.	–	–	–	–

वृश्चिक राशि

16. विशाखा (गुरु)				17. अनुराधा (शनि)				18. ज्येष्ठा (बुध)			
अक्षर		चरण	स्वामी	अक्षर		चरण	स्वामी	अक्षर		चरण	स्वामी
तो	7/3/20/0	4	चं.	ना	7/6/40/0	1	सू.	नो	7/20/0/0	1	गु.
–	–	–	–	नी	7/10/0/0	2	बु.	या	7/23/20/0	2	श.
–	–	–	–	नू	7/13/20/0	3	शु.	यी	7/26/40/0	3	श.
–	–	–	–	ने	7/16/40/0	4	मं.	यू	7/30/0/0	4	शु.

धनु राशि

17. **मूल** (केतु)				18. **पूर्वाषाढ़ा** (शुक्र)				21. **उत्तराषाढ़ा** (सूर्य)			
अक्षर		चरण	स्वामी	अक्षर		चरण	स्वामी	अक्षर		चरण	स्वामी
ये	8/3/20/0	1	मं.	भू	8/16/40/0	1	सू.	भे	8/30/0/0	1	गु.
यो	8/6/40/0	2	शु.	धा	8/20/0/0	2	बु.	–	–	–	–
या	8/10/0/0	3	बु.	फा	8/23/20/0	3	शु.	–	–	–	–
यी	8/13/20/0	4	चं.	ढा	8/26/40/0	4	मं.	–	–	–	–

मकर राशि

21. **उत्तराषाढ़ा** (सूर्य)				22. **श्रवण** (चन्द्र)				23. **धनिष्ठा** (मंगल)			
अक्षर		चरण	स्वामी	अक्षर		चरण	स्वामी	अक्षर		चरण	स्वामी
भो	9/3/20/0	2	श.	खी	9/13/20/0	1	मं.	गा	9/26/40/0	1	सू.
जा	9/6/40/0	3	श.	खू	9/16/40/0	2	शु.	गी	9/30/0/0	2	बु.
जी	9/10/0/0	4	गु.	खे	9/20/0/0	3	बु.	–	–	–	–
–	–	–	–	खो	9/23/20/0	4	चं.	–	–	–	–

कुंभ राशि

23. **धनिष्ठा** (मंगल)				24. **शतभिषा** (राहु)				26. **पूर्वाभाद्रपद** (गुरु)			
अक्षर		चरण	स्वामी	अक्षर		चरण	स्वामी	अक्षर		चरण	स्वामी
गू	10/3/20/0	3	शु.	गो	10/10/0/0	1	गु.	ते	10/23/20/0	1	मं.
गं	10/6/40/0	4	मं.	ता	10/13/20/0	2	श.	तो	10/26/40/0	2	श.
–	–	–	–	ती	10/16/40/0	3	श.	दा	10/30/0/0	3	बु.
–	–	–	–	तू	10/19/0/04	4	गु.	–	–	–	–

मीन राशि

26. **पूर्वाभाद्रपद** (गुरु)				27. **उत्तराभाद्रपद** (शनि)				28. **रेवती** (बुध)			
अक्षर		चरण	स्वामी	अक्षर		चरण	स्वामी	अक्षर		चरण	स्वामी
दी	10/3/20/0	4	चं.	दू	11/6/40/4	1	सू.	दे	11/20/0/0	1	गु.
–	–	–	–	थ	11/10/0/0	2	बु.	दो	11/23/20/0	2	श.
–	–	–	–	झ	11/13/20/0	3	शु.	चा	11/26/40/0	3	श.
–	–	–	–	ञ	11/16/40/0	4	गु.	ची	11/30/0/0	4	गु.

मेषलग्न पर अंशात्मक फलादेश

मेषलग्न, अंश 0 से 1

1. **लग्न नक्षत्र**–अश्विनी
2. **नक्षत्र पद**–1
3. **नक्षत्र अंश**–0/0 से 3/20 तक
4. **वर्ण**–क्षत्रिय
5. **वश्य**–चतुष्पद
6. **योनि**–अश्व
7. **गण**–देव
8. **नाड़ी**–आद्य
9. **नक्षत्र देवता**–अश्विन कुमार
10. **वर्णाक्षर**–चू
11. **वर्ग**–सिंह
12. **लग्न स्वामी**–मंगल
13. **लग्न नक्षत्र स्वामी**–केतु
14. **नक्षत्र चरण स्वामी**–मंगल
15. **लग्न स्वामी से सम्बन्ध**–मित्र
16. **लग्न नक्षत्र से सम्बन्ध**–उत्तम
17. **नक्षत्र चरण स्वामी से सम्बन्ध**–उत्तम
18. **प्रधान विशेषता**–अश्विन्या: प्रथमे पादे जातो भवति तस्कर:।

–जातक सारदीप

अश्विनी नक्षत्र में जन्मे व्यक्ति गुण, बुद्धि एवं प्रज्ञा से युक्त, धन-ऐश्वर्य से सम्पन्न, विनयी, यशस्वी व सुखी होते हैं। ये अंतर्मुखी व धैर्यशाली होते हैं। दूसरों लोगों की बातों पर आसानी से विश्वास नहीं करते। अश्विनी के प्रथम चरण में जन्म होने के कारण, जातक में स्वभावत: बिना पूछे अन्य लोगों की वस्तुएं उठाने की आदत होती है।

लग्न जीरो से एक अंश के भीतर होने से मृतावस्था में है, कमजोर है। फिर भी लग्न नक्षत्र स्वामी केतु लग्नेश मंगल का मित्र होने से जातक को केतु की दशा अच्छी जाएगी।

मेषलग्न, अंश 1 से 2

1. **लग्न नक्षत्र**–अश्विनी
2. **नक्षत्र पद**–1
3. **नक्षत्र अंश**–0/0 से 3/20 तक
4. **वर्ण**–क्षत्रिय
5. **वश्य**–चतुष्पद
6. **योनि**–अश्व
7. **गण**–देव
8. **नाड़ी**–आद्य
9. **नक्षत्र देवता**–अश्विन कुमार
10. **वर्णाक्षर**–चू

11. **वर्ग**–सिंह

12. **लग्न स्वामी**–मंगल

13. **लग्न नक्षत्र स्वामी**–केतु

14. **नक्षत्र चरण स्वामी**–मंगल

15. **लग्न स्वामी से सम्बन्ध**–मित्र

16. **लग्न नक्षत्र से सम्बन्ध**–उत्तम

17. **नक्षत्र चरण स्वामी से सम्बन्ध**–उत्तम

18. **प्रधान विशेषता**–अश्विन्या: प्रथमे पादे जातो भवति तस्कर:।

–जातक सारदीप

अश्विनी नक्षत्र में जन्मे व्यक्ति गुण, बुद्धि एवं प्रज्ञा से युक्त, धन-ऐश्वर्य से सम्पन्न विजयी, यशस्वी व सुखी होते हैं। ये अंतर्मुखी व धैर्यशाली होते हैं। दूसरों लोगों की बातों पर आसानी से विश्वास नहीं करते। अश्विनी के प्रथम चरण में जन्म होने के कारण, जातक में स्वभावत: बिना पूछे अन्य लोगों की वस्तुएं उठाने की आदत होती है।

लग्न एक से दो अंश का होने से बलवान है। नक्षत्र स्वामी केतु लग्नेश का मित्र होने से इस जातक को केतु की दशा अच्छी जाएगी। मंगल ग्रह भी शुभफल देगा।

मेषलग्न, अंश 2 से 3

1. **लग्न नक्षत्र**–अश्विनी

2. **नक्षत्र पद**–1

3. **नक्षत्र अंश**–0/0 से 3/20 तक

4. **वर्ण**–क्षत्रिय

5. **वश्य**–चतुष्पद

6. **योनि**–अश्व

7. **गण**–देव

8. **नाड़ी**–आद्य

9. **नक्षत्र देवता**–अश्विन कुमार

10. **वर्णाक्षर**–चू

11. **वर्ग**–सिंह

12. **लग्न स्वामी**–मंगल

13. **लग्न नक्षत्र स्वामी**–केतु

14. **नक्षत्र चरण स्वामी**–मंगल

15. **लग्न स्वामी से सम्बन्ध**–मित्र

16. **लग्न नक्षत्र से सम्बन्ध**–उत्तम

17. **नक्षत्र चरण स्वामी से सम्बन्ध**–उत्तम

18. **प्रधान विशेषता**–अश्विन्या: प्रथमे पादे जातो भवति तस्कर:।

–जातक सारदीप

अश्विनी नक्षत्र में जन्मे व्यक्ति गुण, बुद्धि एवं प्रज्ञा से युक्त, धन-ऐश्वर्य से सम्पन्न विजयी, यशस्वी व सुखी होते हैं। ये अंतर्मुखी व धैर्यशाली होते हैं। दूसरों लोगों की बातों पर आसानी से विश्वास नहीं करते। अश्विनी के प्रथम चरण में जन्म होने के कारण, जातक में स्वभावत: बिना पूछे अन्य लोगों की वस्तुएं उठाने की आदत होती है।

लग्न दो से तीन अंश के भीतर होने से बलवान है। जन्म नक्षत्र स्वामी केतु लग्नेश मंगल का मित्र होने के कारण इस जातक को केतु एवं मंगल दोनों की दशा अच्छा फल देगी।

मेषलग्न, अंश 3 से 4

1. **लग्न नक्षत्र**–अश्विनी

2. **नक्षत्र पद**–1-2

3. **नक्षत्र अंश**–0/0 से 3/20 तक
4. **वर्ण**–क्षत्रिय
5. **वश्य**–चतुष्पद
6. **योनि**–अश्व
7. **गण**–देव
8. **नाड़ी**–आद्य
9. **नक्षत्र देवता**–अश्विन कुमार
10. **वर्णाक्षर**–चू
11. **वर्ग**–सिंह
12. **लग्न स्वामी**–मंगल
13. **लग्न नक्षत्र स्वामी**–केतु
14. **नक्षत्र चरण स्वामी**–मंगल
15. **लग्न स्वामी से सम्बन्ध**–मित्र
16. **लग्न नक्षत्र से सम्बन्ध**–उत्तम
17. **नक्षत्र चरण स्वामी से सम्बन्ध**–उत्तम
18. **प्रधान विशेषता**–अश्विन्या: प्रथमे पादे जातो भवति तस्कर:।

–जातक सारदीप

अश्विनी नक्षत्र में जन्मे व्यक्ति गुण, बुद्धि एवं प्रज्ञा से युक्त, धन-ऐश्वर्य से सम्पन्न विजयी, यशस्वी व सुखी होते हैं। ये अंतर्मुखी व धैर्यशाली होते हैं। दूसरों लोगों की बातों पर आसानी से विश्वास नहीं करते। अश्विनी के प्रथम चरण में जन्म होने के कारण, जातक में स्वभावत: बिना पूछे अन्य लोगों की वस्तुएं उठाने की आदत होती है।

लग्न तीन से चार अंश के भीतर होने से उदित अंशों में बलवान है। जन्म नक्षत्र स्वामी केतु लग्नस्वामी मंगल का भिन्न होने के कारण, इस जातक को केतु एवं मंगल दोनों की दशा अच्छा फल देगी।

मेषलग्न, अंश 4 से 5

1. **लग्न नक्षत्र**–अश्विनी
2. **नक्षत्र पद**–2
3. **नक्षत्र अंश**–3/20 से 6/40 तक
4. **वर्ण**–क्षत्रिय
5. **वश्य**–चतुष्पद
6. **योनि**–अश्व
7. **गण**–देव
8. **नाड़ी**–आद्य
9. **नक्षत्र देवता**–अश्विन कुमार
10. **वर्णाक्षर**–चे
11. **वर्ग**–सिंह
12. **लग्न स्वामी**–मंगल
13. **लग्न नक्षत्र स्वामी**–केतु
14. **नक्षत्र चरण स्वामी**–शुक्र
15. **लग्न स्वामी से सम्बन्ध**–मित्र
16. **लग्न नक्षत्र से सम्बन्ध**–मित्रता
17. **नक्षत्र चरण स्वामी से सम्बन्ध**–मित्रता
18. **प्रधान विशेषता**–'द्वितीये चाल्पकर्मा च'

–जातक सारदीप

अश्विनी नक्षत्र में जन्मे व्यक्ति गुण, बुद्धि एवं प्रज्ञा से युक्त, धन-ऐश्वर्य से सम्पन्न विजयी, यशस्वी व सुखी होते हैं। ये अंतर्मुखी व धैर्यशाली होते हैं। दूसरों लोगों की बातों पर आसानी से विश्वास नहीं करते। अश्विनी के दूसरे चरण में जन्म होने के कारण, जातक कठोर परिश्रम में कम विश्वास रखेगा और छोटे-छोटे, अल्प अवधि के काम करने में रुचि रखेगा।

लग्न चार से पांच अंशों के भीतर उदित अंशों में होने से बलवान है। जन्म नक्षत्र स्वामी केतु, लग्नस्वामी मंगल का मित्र होने के कारण, इस जातक को केतु एवं मंगल दोनों की दशा अच्छा फल देगी।

मेषलग्न, अंश 5 से 6

1. **लग्न नक्षत्र**–अश्विनी
2. **नक्षत्र पद**–2
3. **नक्षत्र अंश**–3/20 से 6/40 तक
4. **वर्ण**–क्षत्रिय
5. **वश्य**–चतुष्पद
6. **योनि**–अश्व
7. **गण**–देव
8. **नाड़ी**–आद्य
9. **नक्षत्र देवता**–अश्विन कुमार
10. **वर्णाक्षर**–चे
11. **वर्ग**–सिंह
12. **लग्न स्वामी**–मंगल
13. **लग्न नक्षत्र स्वामी**–केतु
14. **नक्षत्र चरण स्वामी**–शुक्र
15. **लग्न स्वामी से सम्बन्ध**–मित्र
16. **लग्न नक्षत्र से सम्बन्ध**–मित्रता
17. **नक्षत्र चरण स्वामी से सम्बन्ध**–मित्रता
18. **प्रधान विशेषता**–'द्वितीये चाल्पकर्मा च'

–जातक सारदीप

अश्विनी नक्षत्र में जन्मे व्यक्ति गुण, बुद्धि एवं प्रज्ञा से युक्त, धन-ऐश्वर्य से सम्पन्न विजयी, यशस्वी व सुखी होते हैं। ये अंतर्मुखी व धैर्यशाली होते हैं। दूसरों लोगों की बातों पर आसानी से विश्वास नहीं करते। अश्विनी के दूसरे चरण में जन्म होने के कारण, जातक कठोर परिश्रम में कम विश्वास रखेगा और छोटे-छोटे, अल्प अवधि के काम करने में रुचि रखेगा।

लग्न पांच से छ: अंशों के भीतर उदित अंशों में होने से बलवान है। जन्म नक्षत्र स्वामी केतु, लग्न स्वामी मंगल का मित्र है। नक्षत्र चरण स्वामी शुक्र भी केतु से मित्रभाव रखता है। फलत: ऐंसे जातक को मंगल, शुक्र एवं केतु की दशाएं शुभ फलप्रद होंगी।

मेषलग्न, अंश 6 से 7

1. **लग्न नक्षत्र**–अश्विनी
2. **नक्षत्र पद**–2-3
3. **नक्षत्र अंश**– 3/20 से 6/40 तक
4. **वर्ण**–क्षत्रिय
5. **वश्य**–चतुष्पद
6. **योनि**–अश्व
7. **गण**–देव
8. **नाड़ी**–आद्य
9. **नक्षत्र देवता**–अश्विन कुमार
10. **वर्णाक्षर**–चे
11. **वर्ग**–सिंह
12. **लग्न स्वामी**–मंगल
13. **लग्न नक्षत्र स्वामी**–केतु
14. **नक्षत्र चरण स्वामी**–शुक्र
15. **लग्न स्वामी से सम्बन्ध**–मित्र
16. **लग्न नक्षत्र से सम्बन्ध**–मित्रता

17. नक्षत्र चरण स्वामी से सम्बन्ध–मित्रता

18. प्रधान विशेषता–'द्वितीये चाल्पकर्मा च'

–जातक सारदीप

अश्विनी नक्षत्र में जन्मे व्यक्ति गुण, बुद्धि एवं प्रज्ञा से युक्त, धन-ऐश्वर्य से सम्पन्न विजयी, यशस्वी व सुखी होते हैं। ये अंतर्मुखी व धैर्यशाली होते हैं। दूसरों लोगों की बातों पर आसानी से विश्वास नहीं करते। अश्विनी के दूसरे चरण में जन्म होने के कारण, जातक कठोर परिश्रम में कम विश्वास रखेगा और छोटे-छोटे, अल्प अवधि के काम करने में रुचि रखेगा।

लग्न छः से सात अंशों के भीतर, उदित अंशों में होने से बलवान है। जन्म नक्षत्र स्वामी केतु, लग्न स्वामी, मंगल का मित्र है। नक्षत्र चरण स्वामी शुक्र भी केतु से भिन्न भाव रखता है। फलतः यह जातक जीवन के प्रत्येक कार्य में सफलता प्राप्त करेगा तथा शुक्र, मंगल व केतु की दशा-अंतर्दशा, प्रत्यन्तर दशा जातक को समय-समय पर शुभ फल देगी।

मेषलग्न, अंश 7 से 8

1. लग्न नक्षत्र–अश्विनी

2. नक्षत्र पद–3

3. नक्षत्र अंश–6/40 से 10/0 तक

4. वर्ण–क्षत्रिय

5. वश्य–चतुष्पद

6. योनि–अश्व

7. गण–देव

8. नाड़ी–आद्य

9. नक्षत्र देवता–अश्विन कुमार

10. वर्णाक्षर–चो

11. वर्ग–सिंह

12. लग्न स्वामी–मंगल

13. लग्न नक्षत्र स्वामी–केतु

14. नक्षत्र चरण स्वामी–बुध

15. लग्न स्वामी से सम्बन्ध–मित्र

16. लग्न नक्षत्र से सम्बन्ध–शत्रु

17. नक्षत्र चरण स्वामी से सम्बन्ध–शत्रु

18. प्रधान विशेषता–'तृतीये सुभगोभवेत्'

–जातक सारदीप

अश्विनी नक्षत्र में जन्मे व्यक्ति गुण, बुद्धि विद्या से युक्त, धन, ऐश्वर्य से सम्पन्न, विजयी, यशस्वी व सुखी होते हैं। ये अंतर्मुखी व धैर्यशील होते हैं। दूसरे लोगों की बातों पर आसानी से विश्वास नहीं करते। अश्विनी नक्षत्र के तृतीय चरण में जन्म होने के कारण सुन्दर, धनी-मानी व ऐश्वर्यशाली होगा।

लग्न सात से आठ अंशों के भीतर उदित अंशों में होने से बलवान है। जन्म नक्षत्र स्वामी केतु, लग्न स्वामी मंगल का मित्र है। नक्षत्र चरण स्वामी बुध केतु से शत्रु भाव रखता है। फलतः यह जातक उद्विग्न-अशान्त रहेगा। इस जातक को मंगल व केतु की दशा तो शुभफल देगी पर बुध की दशा जातक को अशान्त रखेगी।

मेषलग्न, अंश 8 से 9

1. **लग्न नक्षत्र**–अश्विनी
2. **नक्षत्र पद**–3
3. **नक्षत्र अंश**–6/40 से 10/0 तक
4. **वर्ण**–क्षत्रिय
5. **वश्य**–चतुष्पद
6. **योनि**–अश्व
7. **गण**–देव
8. **नाड़ी**–आद्य
9. **नक्षत्र देवता**–अश्विन कुमार
10. **वर्णाक्षर**–चे
11. **वर्ग**–सिंह
12. **लग्न स्वामी**–मंगल
13. **लग्न नक्षत्र स्वामी**–केतु
14. **नक्षत्र चरण स्वामी**–बुध
15. **लग्न स्वामी से सम्बन्ध**–मित्र
16. **लग्न नक्षत्र से सम्बन्ध**–शत्रु
17. **नक्षत्र चरण स्वामी से सम्बन्ध**–शत्रुता
18. **प्रधान विशेषता**–'तृतीये सुभगोभवेत्'

–जातक सारदीप

अश्विनी नक्षत्र में जन्मे व्यक्ति गुण, बुद्धि, विद्या से युक्त, धन, ऐश्वर्य से सम्पन्न, विजयी, यशस्वी व सुखी होते हैं। ये अंतर्मुखी व धैर्यशील होते हैं। दूसरे लोगों की बातों पर आसानी से विश्वास नहीं करते। अश्विनी नक्षत्र के तृतीय चरण में जन्म होने के कारण सुन्दर, धनी-मानी व ऐश्वर्यशाली होगा।

लग्न आठ से नौ अंशों के भीतर होने से उदित अंशों में है, बलवान है। जन्म नक्षत्र स्वामी केतु लग्नेश मंगल का मित्र है परन्तु नक्षत्र चरणस्वामी बुध केतु से शत्रुभाव रखता है। फलतः यह जातक थोड़ा उद्विग्न व अशान्त रहेगा। इस जातक को मंगल व केतु की दशा तो शुभ फल देगी पर बुध की दशा जातक को अशान्त रखेगी।

मेषलग्न, अंश 9 से 10

1. **लग्न नक्षत्र**–अश्विनी
2. **नक्षत्र पद**–3
3. **नक्षत्र अंश**–6/40 से 10/0 तक
4. **वर्ण**–क्षत्रिय
5. **वश्य**–चतुष्पद
6. **योनि**–अश्व
7. **गण**–देव
8. **नाड़ी**–आद्य
9. **नक्षत्र देवता**–अश्विन कुमार
10. **वर्णाक्षर**–चो
11. **वर्ग**–सिंह
12. **लग्न स्वामी**–मंगल
13. **लग्न नक्षत्र स्वामी**–केतु
14. **नक्षत्र चरण स्वामी**–बुध
15. **लग्न स्वामी से सम्बन्ध**–मित्र
16. **लग्न नक्षत्र से सम्बन्ध**–शत्रु
17. **नक्षत्र चरण स्वामी से सम्बन्ध**–शत्रुता
18. **प्रधान विशेषता**–'तृतीये सुभगोभवेत्'

–जातक सारदीप

अश्विनी नक्षत्र में जन्मे व्यक्ति गुण, बुद्धि विद्या से युक्त, धन, ऐश्वर्य से सम्पन्न, विजयी, यशस्वी व सुखी होते हैं। ये अंतर्मुखी व धैर्यशील होते हैं। दूसरे लोगों की बातों पर आसानी से विश्वास नहीं करते। अश्विनी नक्षत्र के तृतीय चरण में जन्म होने के कारण सुन्दर, धनी-मानी व ऐश्वर्यशाली होगा।

लग्न नौ से दस अंशों के भीतर होने से उदित अंशों में है, बलवान है। जन्म नक्षत्र स्वामी केतु लग्नेश मंगल का मित्र है परन्तु नक्षत्र चरण स्वामी बुध केतु से शत्रुभाव रखता है। फलत: यह जातक थोड़ा उद्विग्न व अशान्त रहेगा। इस जातक को मंगल व केतु की दशा शुभफल देगी पर बुध की दशा जातक को अशान्त रखेगी।

मेषलग्न, अंश 10 से 11

1. **लग्न नक्षत्र**–अश्विनी
2. **नक्षत्र पद**–4
3. **नक्षत्र अंश**–10/0 से 13/20 तक
4. **वर्ण**–क्षत्रिय
5. **वश्य**–चतुष्पद
6. **योनि**–अश्व
7. **गण**–देव
8. **नाड़ी**–आद्य
9. **नक्षत्र देवता**–अश्विन कुमार
10. **वर्णाक्षर**–ला
11. **वर्ग**–सिंह
12. **लग्न स्वामी**–मंगल
13. **लग्न नक्षत्र स्वामी**–केतु
14. **नक्षत्र चरण स्वामी**–चंद्रमा
15. **लग्न स्वामी से सम्बन्ध**–मित्र
16. **लग्न नक्षत्र से सम्बन्ध**–शत्रु
17. **नक्षत्र चरण स्वामी से सम्बन्ध**–शत्रुता
18. **प्रधान विशेषता**–'पादे चतुर्थके भोगी दीर्घायु: जायते नर:'

–जातक सारदीप

अश्विनी नक्षत्र में जन्मे व्यक्ति गुण, बुद्धि, विद्या से युक्त, धन, ऐश्वर्य से सम्पन्न, विजयी, यशस्वी व सुखी होते हैं। ये अंतर्मुखी व धैर्यशील होते हैं। दूसरे लोगों की बातों पर आसानी से विश्वास नहीं करते। अश्विनी नक्षत्र के चतुर्थ चरण में जन्म होने के कारण जातक भोगी होगा एवं दीर्घायु को प्राप्त करेगा।

लग्न दस से ग्यारह अंश के भीतर होने से उदित अंशों में है बलवान है जन्म नक्षत्र स्वामी केतु लग्नेश मंगल का मित्र है। नक्षत्र चरण स्वामी चन्द्रमा, केतु से शत्रुभाव रखता है। फलत: इस कुण्डली वाला जातक थोड़ा उद्विग्न व अशान्त रहेगा। इस जातक को मंगल व केतु की दशाएं शुभ फल देंगी। चन्द्रमा की दशा में जातक अशान्त व उद्विग्न रहेगा।

मेषलग्न, अंश 11 से 12

1. **लग्न नक्षत्र**–अश्विनी
2. **नक्षत्र पद**–4
3. **नक्षत्र अंश**–10/0 से 13/20 तक
4. **वर्ण**–क्षत्रिय

5. **वश्य**–चतुष्पद
6. **योनि**–अश्व
7. **गण**–देव
8. **नाड़ी**–आद्य
9. **नक्षत्र देवता**–अश्विन कुमार
10. **वर्णाक्षर**–ला
11. **वर्ग**–हरिण
12. **लग्न स्वामी**–मंगल
13. **लग्न नक्षत्र स्वामी**–केतु
14. **नक्षत्र चरण स्वामी**–चंद्रमा
15. **लग्न स्वामी से सम्बन्ध**–मित्र
16. **लग्न नक्षत्र से सम्बन्ध**–शत्रु
17. **नक्षत्र चरण स्वामी से सम्बन्ध**–शत्रुता
18. **प्रधान विशेषता**–'पादे चतुर्थके भोगी दीर्घायु: जायते नर:'

–जातक सारदीप

अश्विनी नक्षत्र में जन्मे व्यक्ति गुण, बुद्धि, विद्या से युक्त, धन, ऐश्वर्य से सम्पन्न, विजयी, यशस्वी व सुखी होते हैं। ये अंतर्मुखी व धैर्यशील होते हैं। दूसरे लोगों की बातों पर आसानी से विश्वास नहीं करते। अश्विनी नक्षत्र के चतुर्थ चरण में जन्म होने के कारण जातक भोगी होगा एवं दीर्घायु को प्राप्त करेगा।

लग्न ग्यारह से बारह अंश के भीतर होने से उदित अंशों में है, बलवान है। जन्म नक्षत्र स्वामी केतु, लग्नेश मंगल का मित्र है। नक्षत्र चरण स्वामी चन्द्रमा, केतु से शत्रुभाव रखता है। फलत: इस कुण्डली वाला जातक थोड़ा उद्विग्न व अशान्त रहेगा पर जातक को मंगल व केतु की दशाएं शुभ फल देंगी। चन्द्रमा की दशा में जातक अशान्त व उद्विग्न रहेगा।

मेषलग्न, अंश 12 से 13

1. **लग्न नक्षत्र**–अश्विनी
2. **नक्षत्र पद**–4
3. **नक्षत्र अंश**–10/0 से 13/20 तक
4. **वर्ण**–क्षत्रिय
5. **वश्य**–चतुष्पद
6. **योनि**–अश्व
7. **गण**–देव
8. **नाड़ी**–आद्य
9. **नक्षत्र देवता**–अश्विन कुमार
10. **वर्णाक्षर**–ला
11. **वर्ग**–हरिण
12. **लग्न स्वामी**–मंगल
13. **लग्न नक्षत्र स्वामी**–केतु
14. **नक्षत्र चरण स्वामी**–चंद्रमा
15. **लग्न स्वामी से सम्बन्ध**–मित्र
16. **लग्न नक्षत्र से सम्बन्ध**–शत्रु
17. **नक्षत्र चरण स्वामी से सम्बन्ध**–शत्रुता
18. **प्रधान विशेषता**–'पादे चतुर्थके भोगी दीर्घायु: जायते नर:'

–जातक सारदीप

अश्विनी नक्षत्र में जन्मे व्यक्ति गुण, बुद्धि, विद्या से युक्त, धन, ऐश्वर्य से सम्पन्न, विजयी, यशस्वी व सुखी होते हैं। ये अंतर्मुखी व धैर्यशील होते हैं। दूसरे लोगों की बातों पर आसानी से विश्वास नहीं करते। अश्विनी नक्षत्र के चतुर्थ चरण में जन्म होने के कारण जातक भोगी होगा एवं दीर्घायु को प्राप्त करेगा।

लग्न बारह से तेरह अंश के भीतर होने से उदित अंशों में है, बलवान है। जन्म नक्षत्र स्वामी केतु लग्नेश मंगल का मित्र है। नक्षत्र चरण स्वामी चन्द्रमा, केतु से शत्रुभाव रखता है। फलत: इस कुण्डली वाला जातक थोड़ा उद्विग्न व अशान्त रहेगा। इस जातक को मंगल व केतु की दशा शुभफल देगी। चन्द्रमा की दशा में जातक अशान्त व उद्विग्न रहेगा।

मेष लग्न, अंश 13 से 14

1. **लग्न नक्षत्र**–भरणी
2. **नक्षत्र पद**–1
3. **नक्षत्र अंश**–13/20 से 16/40 तक
4. **वर्ण**–क्षत्रिय
5. **वश्य**–चतुष्पद
6. **योनि**–गज
7. **गण**–मानव
8. **नाड़ी**–मध्य
9. **नक्षत्र देवता**–यम
10. **वर्णाक्षर**–ली
11. **वर्ग**–हरिण
12. **लग्न स्वामी**–मंगल
13. **लग्न नक्षत्र स्वामी**–शुक्र
14. **नक्षत्र चरण स्वामी**–सूर्य
15. **लग्न स्वामी से सम्बन्ध**–सम
16. **लग्न नक्षत्र से सम्बन्ध**–शत्रु
17. **नक्षत्र चरण स्वामी से सम्बन्ध**–शत्रुता
18. **प्रधान विशेषता**–'त्यागी याम्याद्यापदे स्याद्'

–जातक सारदीप

भरणी नक्षत्र में जन्मे व्यक्ति पूर्वाग्रही, स्थिर अथवा 'रिजर्व नेचर' के होते हैं। ऐसे जातक योजनाबद्ध तरीके से काम करना पसन्द करते हैं व धुन के धनी होते है। ऐसे जातक प्राय: नैतिक मूल्यों की रक्षा करते हुए सैद्धान्तिक जीवन जीना पसन्द करते हैं। भरणी नक्षत्र के प्रथम चरण में जन्म होने के कारण जातक त्यागी होता है तथा खर्चीले स्वभाव का होता है।

लग्न तेरह से चौदह अंश के भीतर होने से बलवान है। मध्यबली है। जन्म नक्षत्र स्वामी शुक्र लग्नेश मंगल से सम भाव रखता है। नक्षत्र चरण स्वामी सूर्य शुक्र का शत्रु है। फलत: जातक में 70% आशावादी विचार एवं 30% निराशावादी विचार होंगे। जातक को मंगल व शुक्र की दशा शुभ फलदाई होगी परन्तु सूर्य की दशा में जातक थोड़ा परेशान रहेगा।

मेषलग्न, अंश 14 से 15

1. **लग्न नक्षत्र**–भरणी
2. **नक्षत्र पद**–1
3. **नक्षत्र अंश**–13/20 से 16/40 तक
4. **वर्ण**–क्षत्रिय
5. **वश्य**–चतुष्पद
6. **योनि**–गज
7. **गण**–मानव
8. **नाड़ी**–मध्य
9. **नक्षत्र देवता**–यम
10. **वर्णाक्षर**–ली

11. **वर्ग**–हरिण
12. **लग्न स्वामी**–मंगल
13. **लग्न नक्षत्र स्वामी**–शुक्र
14. **नक्षत्र चरण स्वामी**–सूर्य
15. **लग्न स्वामी से सम्बन्ध**–सम
16. **लग्न नक्षत्र से सम्बन्ध**–शत्रु
17. **नक्षत्र चरण स्वामी से सम्बन्ध**–शत्रुता
18. **प्रधान विशेषता**–'त्यागी याम्याद्यापदे स्याद्'

–जातक सारदीप

भरणी नक्षत्र में जन्मे व्यक्ति पूर्वाग्रही, स्थिर अथवा 'रिजर्व नेचर' के होते हैं। ऐसे जातक योजनाबद्ध तरीके से काम करना पसन्द करते हैं व धुन के धनी होते है। ऐसे जातक प्राय: नैतिक मूल्यों की रक्षा करते हुए सैद्धान्तिक जीवन जीना पसन्द करते हैं। भरणी नक्षत्र के प्रथम चरण में जन्म होने के कारण जातक त्यागी होता है तथा खर्चीले स्वभाव का होता है।

लग्न चौदह से पंद्रह अंश के भीतर होने से मध्यम बली है। जन्म नक्षत्र का स्वामी शुक्र, लग्नेश मंगल से सम भाव रखता है। नक्षत्र चरण का स्वामी सूर्य शुक्र का शत्रु है। फलत: जातक में 30% निराशावादी एवं 70% आशावादी विचार होंगे। जातक को मंगल व शुक्र की दशा शुभ फलदाई साबित होगी। परन्तु सूर्य की दशा में जातक थोड़ा परेशान होगा।

मेषलग्न, अंश 15 से 16

1. **लग्न नक्षत्र**–भरणी
2. **नक्षत्र पद**–1
3. **नक्षत्र अंश**–13/20 से 16/40 तक
4. **वर्ण**–क्षत्रिय
5. **वश्य**–चतुष्पद
6. **योनि**–गज
7. **गण**–गज
8. **नाड़ी**–मध्य
9. **नक्षत्र देवता**–यम
10. **वर्णाक्षर**–ली
11. **वर्ग**–हरिण
12. **लग्न स्वामी**–मंगल
13. **लग्न नक्षत्र स्वामी**–शुक्र
14. **नक्षत्र चरण स्वामी**–सूर्य
15. **लग्न स्वामी से सम्बन्ध**–सम
16. **लग्न नक्षत्र से सम्बन्ध**–शत्रु
17. **नक्षत्र चरण स्वामी से सम्बन्ध**–शत्रुता
18. **प्रधान विशेषता**–'त्यागी याम्याद्यापदे स्याद्'

–जातक सारदीप

भरणी नक्षत्र में जन्मे व्यक्ति पूर्वाग्रही, स्थिर अथवा 'रिजर्व नेचर' के होते हैं। ऐसे जातक योजनाबद्ध तरीके से काम करना पसन्द करते हैं व धुन के धनी होते हैं। ऐसे जातक प्राय: नैतिक मूल्यों की रक्षा करते हुए सैद्धान्तिक जीवन जीना पसन्द करते हैं। भरणी नक्षत्र के प्रथम चरण में जन्म होने के कारण जातक त्यागी होता है तथा खर्चीले स्वभाव का होता है।

लग्न पंद्रह से सोलह अंश के भीतर होने से मध्यम बली है। जन्म नक्षत्र का स्वामी शुक्र, लग्नेश मंगल के समभाव रखता है। नक्षत्र चरण स्वामी सूर्य शुक्र का शत्रु है। फलत: जातक

में 30% निराशावादी एवं 70% आशावादी विचार होंगे। जातक को मंगल व शुक्र की दशा शुभ फलदाई साबित होगी। परन्तु सूर्य की दशा में जातक थोड़ा परेशान होगा।

मेषलग्न, अंश 16 से 17

1. **लग्न नक्षत्र**–भरणी
2. **नक्षत्र पद**–2
3. **नक्षत्र अंश**–16/40 से 20/40 तक
4. **वर्ण**–क्षत्रिय
5. **वश्य**–चतुष्पद
6. **योनि**–गज
7. **गण**–मानव
8. **नाड़ी**–मध्य
9. **नक्षत्र देवता**–यम
10. **वर्णाक्षर**–ली
11. **वर्ग**–हरिण
12. **लग्न स्वामी**–मंगल
13. **लग्न नक्षत्र स्वामी**–शुक्र
14. **नक्षत्र चरण स्वामी**–चन्द्र
15. **लग्न स्वामी से सम्बन्ध**–सम
16. **लग्न नक्षत्र से सम्बन्ध**–शत्रु
17. **नक्षत्र चरण स्वामी से सम्बन्ध**–शत्रुता
18. **प्रधान विशेषता**–'द्वितीये धनवान् सुखी।'

–जातक सारदीप

भरणी नक्षत्र में जन्मे व्यक्ति पूर्वाग्रही, स्थिर अथवा 'रिजर्व नेचर' के होते हैं। ऐसे जातक योजनाबद्ध तरीके से काम करना पसन्द करते हैं व धुन के धनी होते हैं। ऐसे जातक प्राय: नैतिक मूल्यों की रक्षा करते हुए सैद्धान्तिक जीवन जीना पसन्द करते हैं। भरणी नक्षत्र के द्वितीय चरण में जन्म होने के कारण जातक धनवान व सुखी होगा।

लग्न सोलह से सत्रह अंशों वाला होने के कारण मध्यम बली है। जन्म नक्षत्र स्वामी शुक्र लग्नेश मंगल के समभाव रखता है। परन्तु नक्षत्र चरण स्वामी चन्द्रमा शुक्र से शत्रुभाव रखता है। फलत: ऐसे जातक को जीवन में सफलता संघर्ष के बाद मिलती है। जातक को मंगल की दशा श्रेष्ठ है। शुक्र की दशा साधारण परन्तु चन्द्रमा की दशा व अंतर्दशा संघर्षकारी साबित होगी।

मेषलग्न, अंश 17 से 18

1. **लग्न नक्षत्र**–भरणी
2. **नक्षत्र पद**–2
3. **नक्षत्र अंश**–16/40 से 20/40 तक
4. **वर्ण**–क्षत्रिय
5. **वश्य**–चतुष्पद
6. **योनि**–गज
7. **गण**–मानव
8. **नाड़ी**–मध्य
9. **नक्षत्र देवता**–यम
10. **वर्णाक्षर**–लू
11. **वर्ग**–हरिण
12. **लग्न स्वामी**–मंगल
13. **लग्न नक्षत्र स्वामी**–शुक्र
14. **नक्षत्र चरण स्वामी**–चन्द्र

15. **लग्न स्वामी से सम्बन्ध**–सम 16. **लग्न नक्षत्र से सम्बन्ध**–महाशत्रु

17. **नक्षत्र चरण स्वामी से सम्बन्ध**–शत्रुता

18. **प्रधान विशेषता**–'द्वितीये धनवान् सुखी।'

–जातक सारदीप

भरणी नक्षत्र में जन्मे व्यक्ति पूर्वाग्रही, स्थिर अथवा 'रिजर्व नेचर' के होते हैं। ऐसे जातक योजनाबद्ध तरीके से काम करना पसन्द करते हैं व धुन के धनी होते हैं। ऐसे जातक प्राय: नैतिक मूल्यों की रक्षा करते हुए सैद्धान्तिक जीवन जीना पसन्द करते हैं। भरणी नक्षत्र के द्वितीय चरण में जन्म होने के कारण जातक धनवान व सुखी व्यक्ति होगा।

लग्न सत्रह से अठारह अंश के भीतर होने के कारण मध्यबली है। लग्न नक्षत्र शुक्र नक्षत्र शुक्र लग्नेश मंगल से सम है। नक्षत्र चरण स्वामी चन्द्र शुक्र का महाशत्रु है फलत: जातक का दिमाग थोड़ा खुराफाती होगा। वह जीवन में सफल व्यक्ति तो होगा पर कभी-कभी दिमाग से अशान्त या बैचेन रहेगा। ऐसे जातक को मंगल व शुक्र की दशा ठीक जाएगी परन्तु चन्द्र की दशा मानसिक पीड़ा देगी।

मेषलग्न, अंश 19 से 20

1. **लग्न नक्षत्र**–भरणी 2. **नक्षत्र पद**–2

3. **नक्षत्र अंश**–16/40 से 20/0 तक 4. **वर्ण**–क्षत्रिय

5. **वश्य**–चतुष्पद 6. **योनि**–गज

7. **गण**–मानव 8. **नाड़ी**–मध्य

9. **नक्षत्र देवता**–यम 10. **वर्णाक्षर**–लू

11. **वर्ग**–हरिण 12. **लग्न स्वामी**–मंगल

13. **लग्न नक्षत्र स्वामी**–शुक्र 14. **नक्षत्र चरण स्वामी**–चन्द्र

15. **लग्न स्वामी से सम्बन्ध**–सम 16. **लग्न नक्षत्र से सम्बन्ध**–महाशत्रु

17. **नक्षत्र चरण स्वामी से सम्बन्ध**–शत्रुता

18. **प्रधान विशेषता**–'द्वितीये धनवान् सुखी।'

–जातक सारदीप

भरणी नक्षत्र में जन्मे व्यक्ति पूर्वाग्रही, स्थिर अथवा 'रिजर्व नेचर' के होते हैं। ऐसे जातक योजनाबद्ध तरीके से काम करना पसन्द करते हैं व धुन के धनी होते हैं। ऐसे जातक प्राय: नैतिक मूल्यों की रक्षा करते हुए सैद्धान्तिक जीवन जीना पसन्द करते हैं। भरणी नक्षत्र के द्वितीय चरण में जन्म होने के कारण जातक धनवान व सुखी व्यक्ति होगा।

लग्न उन्नीस से बीस अंशों के भीतर होने के कारण मध्यम बली है। लग्न नक्षत्र शुक्र, लग्नेश मंगल में सम है। नक्षत्र चरण स्वामी चन्द्र शुक्र का महाशत्रु है। फलत: जातक का दिमाग थोड़ा खुराफाती होगा। वह जीवन में सफल व्यक्ति तो होगा पर कभी-कभी दिमाग से अशांत

या बेचैन रहेगा। ऐसे जातक को मंगल व शुक्र की दिशा ठीक जाएगी परन्तु चन्द्र की दिशा मानसिक पीड़ा देगी।

मेषलग्न, अंश 20 से 21

1. **लग्न नक्षत्र**–भरणी	2. **नक्षत्र पद**–3
3. **नक्षत्र अंश**–20/0 से 23/20 तक	4. **वर्ण**–क्षत्रिय
5. **वश्य**–चतुष्पद	6. **योनि**–गज
7. **गण**–मानव	8. **नाड़ी**–मध्य
9. **नक्षत्र देवता**–यम	10. **वर्णाक्षर**–ले
11. **वर्ग**–हरिण	12. **लग्न स्वामी**–मंगल
13. **लग्न नक्षत्र स्वामी**–शुक्र	14. **नक्षत्र चरण स्वामी**–शुक्र
15. **लग्न स्वामी से सम्बन्ध**–सम	16. **लग्न नक्षत्र से सम्बन्ध**–उत्तम

17. **नक्षत्र चरण स्वामी से सम्बन्ध**–अच्छा
18. **प्रधान विशेषता**–'तृतीये क्रूर कर्मी च।'

–जातक सारदीप

भरणी नक्षत्र में जन्मे व्यक्ति पूर्वाग्राही, स्थिर अथवा 'रिजर्व नेचर' के होते हैं। ऐसे जातक योजनाबद्ध तरीके से काम करना पसन्द करते हैं व धुन के धनी होते हैं। ऐसे जातक प्राय: नैतिक मूल्यों की रक्षा करते हुए सैद्धान्तिक जीवन जीना पसन्द करते हैं। भरणी नक्षत्र के तृतीय चरण में जन्म होने के कारण जातक क्रूर (निर्दयी) होगा तथा साहसपूर्ण, जोखिम भरे कार्य करने में रुचि रखेगा।

लग्न बीस से इक्कीस अंशों के भीतर होने से मध्यम बली है। लग्न नक्षत्र स्वामी शुक्र लग्नेश मंगल से समभाव रखता है तथा नक्षत्र चरण स्वामी भी शुक्र होने से शुक्र का तत्त्व बढ़ गया है। ऐसे जातक थोड़े रंगीन मिजाज के होंगे। इन्हें मंगल व शुक्र की दशा उत्तम फल देने वाली साबित होगी।

मेषलग्न, अंश 21 से 22

1. **लग्न नक्षत्र**–भरणी	2. **नक्षत्र पद**–3
3. **नक्षत्र अंश**–20/0 से 23/20 तक	4. **वर्ण**–क्षत्रिय
5. **वश्य**–चतुष्पद	6. **योनि**–गज
7. **गण**–मानव	8. **नाड़ी**–मध्य
9. **नक्षत्र देवता**–यम	10. **वर्णाक्षर**–ले
11. **वर्ग**–हरिण	12. **लग्न स्वामी**–मंगल
13. **लग्न नक्षत्र स्वामी**–शुक्र	14. **नक्षत्र चरण स्वामी**–शुक्र
15. **लग्न स्वामी से सम्बन्ध**–सम	16. **लग्न नक्षत्र से सम्बन्ध**–उत्तम

17. **नक्षत्र चरण स्वामी से सम्बन्ध**–अच्छा

18. **प्रधान विशेषता**–'तृतीये क्रूर कर्मी च।'

–जातक सारदीप

भरणी नक्षत्र में जन्मे व्यक्ति पूर्वाग्राही, स्थिर अथवा 'रिजर्व नेचर' के होते हैं। ऐसे जातक योजनाबद्ध तरीके से काम करना पसन्द करते हैं व धुन के धनी होते हैं। ऐसे जातक प्राय: नैतिक मूल्यों की रक्षा करते हुए सैद्धान्तिक जीवन जीना पसन्द करते हैं। भरणी नक्षत्र के तृतीय चरण में जन्म होने के कारण जातक क्रूर (निर्दयी) होगा तथा साहसपूर्ण, जोखिम भरे कार्य करने में रुचि रखेगा।

लग्न इक्कीस से बाईस अंशों के भीतर होने से मध्यम बली है। लग्न नक्षत्र स्वामी शुक्र लग्नेश मंगल से समभाव रखता है तथा नक्षत्र चरण स्वामी भी शुक्र होने से शुक्र का तत्त्व बढ़ गया है। ऐसे जातक थोड़े रंगीन मिजाज के होंगे। इन्हें मंगल व शुक्र की दशा उत्तम फल देने वाली साबित होगी।

मेषलग्न, अंश 22 से 23

1. **लग्न नक्षत्र**–भरणी
2. **नक्षत्र पद**–3
3. **नक्षत्र अंश**–20/0 से 23/20 तक
4. **वर्ण**–क्षत्रिय
5. **वश्य**–चतुष्पद
6. **योनि**–गज
7. **गण**–मानव
8. **नाड़ी**–मध्य
9. **नक्षत्र देवता**–यम
10. **वर्णाक्षर**–लू
11. **वर्ग**–हरिण
12. **लग्न स्वामी**–मंगल
13. **लग्न नक्षत्र स्वामी**–शुक्र
14. **नक्षत्र चरण स्वामी**–शुक्र
15. **लग्न स्वामी से सम्बन्ध**–सम
16. **लग्न नक्षत्र से सम्बन्ध**–उत्तम
17. **नक्षत्र चरण स्वामी से सम्बन्ध**–अच्छा
18. **प्रधान विशेषता**–'तृतीये क्रूर कर्मी च।'

–जातक सारदीप

भरणी नक्षत्र में जन्मे व्यक्ति पूर्वाग्राही, स्थिर अथवा 'रिजर्व नेचर' के होते हैं। ऐसे जातक योजनाबद्ध तरीके से काम करना पसन्द करते हैं व धुन के धनी होते हैं। ऐसे जातक प्राय: नैतिक मूल्यों की रक्षा करते हुए सैद्धान्तिक जीवन जीना पसन्द करते है। भरणी नक्षत्र के तृतीय चरण में जन्म होने के कारण जातक क्रूर (निर्दयी) होगा तथा साहसपूर्ण, जोखिम भरे कार्य करने में रुचि रखेगा।

लग्न बाईस से तेईस अंशों के भीतर होने से मध्यमबली है। लग्न नक्षत्र स्वामी शुक्र, लग्नेश मंगल से समभाव रखता है तथा नक्षत्र चरण स्वामी भी शुक्र का तत्त्व बढ़ गया है। ऐसे

जातक थोड़े रंगीन मिजाज के होंगे। इन्हें मंगल व शुक्र की दिशा उत्तम फल देने वाली साबित होगी।

मेषलग्न, अंश 23 से 24

1. **लग्न नक्षत्र**–भरणी
2. **नक्षत्र पद**–4
3. **नक्षत्र अंश**–23/20 से 26/40 तक
4. **वर्ण**–क्षत्रिय
5. **वश्य**–चतुष्पद
6. **योनि**–गज
7. **गण**–मानव
8. **नाड़ी**–मध्य
9. **नक्षत्र देवता**–यम
10. **वर्णाक्षर**–लो
11. **वर्ग**–हरिण
12. **लग्न स्वामी**–मंगल
13. **लग्न नक्षत्र स्वामी**–शुक्र
14. **नक्षत्र चरण स्वामी**–मंगल
15. **लग्न स्वामी से सम्बन्ध**–सम
16. **लग्न नक्षत्र से सम्बन्ध**–सम
17. **नक्षत्र चरण स्वामी से सम्बन्ध**–सम
18. **प्रधान विशेषता**–'चतुर्थेऽसौ दरिद्रभाक्।'

–जातक सारदीप

भरणी नक्षत्र में जन्मे व्यक्ति पूर्वाग्राही, स्थिर अथवा 'रिजर्व नेचर' के होते हैं। ऐसे जातक योजनाबद्ध तरीके से काम करना पसन्द करते हैं। ऐसे जातक धुन के धनी होते हैं। ऐसे जातक प्राय: नैतिक मूल्यों की रक्षा करते हुए सैद्धान्तिक जीवन जीना पसन्द करते हैं। भरणी नक्षत्र के चतुर्थ चरण में जन्म होने के कारण जातक के पास सब कुछ होते हुए भी धन की कमी महसूस करता रहेगा।

लग्न तेईस अंश से चौबीस अंशों के भीतर होने के कारण अवरोह अवस्था का है। लग्न नक्षत्र स्वामी शुक्र लग्नेश मंगल से सम भाव रख रहा है। नक्षत्र चरण स्वामी भी मंगल अत: मंगल का प्रभाव इस जातक पर विशेष रहेगा। फलत: जातक को मंगल की दशा, अंतरदशा उत्तम फल देगी। जबकि शुक्र की दशा साधारण ही रहेगी।

मेषलग्न, अंश 24 से 25

1. **लग्न नक्षत्र**–भरणी
2. **नक्षत्र पद**–4
3. **नक्षत्र अंश**–23/20 से 26/40 तक
4. **वर्ण**–क्षत्रिय
5. **वश्य**–चतुष्पद
6. **योनि**–गज
7. **गण**–मानव
8. **नाड़ी**–मध्य
9. **नक्षत्र देवता**–यम
10. **वर्णाक्षर**–लो
11. **वर्ग**–हरिण
12. **लग्न स्वामी**–मंगल

13. **लग्न नक्षत्र स्वामी**–शुक्र
14. **नक्षत्र चरण स्वामी**–मंगल
15. **लग्न स्वामी से सम्बन्ध**–सम
16. **लग्न नक्षत्र से सम्बन्ध**–सम
17. **नक्षत्र चरण स्वामी से सम्बन्ध**–अच्छा
18. **प्रधान विशेषता**–'चतुर्थेऽसौ दरिद्रभाक्।'

–जातक सारदीप

भरणी नक्षत्र में जन्मे व्यक्ति पूर्वाग्राही, स्थिर अथवा 'रिजर्व नेचर' के होते हैं। ऐसे जातक योजनाबद्ध तरीके से काम करना पसन्द करते हैं। ऐसे जातक धुन के धनी होते हैं। ऐसे जातक प्राय: नैतिक मूल्यों की रक्षा करते हुए सैद्धान्तिक जीवन जीना पसन्द करते हैं। भरणी नक्षत्र के चतुर्थ चरण में जन्म होने के कारण जातक के पास सब कुछ होते हुए भी वह धन की कमी महसूस करता रहेगा।

लग्न चौबीस से पचीस अंशों के भीतर होने से अवरोही अवस्था में है। लग्न नक्षत्र स्वामी शुक्र, लग्नेश मंगल से समभाव रखता है। नक्षत्र चरण स्वामी मंगल है। मंगल तत्त्व यहां प्रमुख होने से जातक बहादुर व साहसी होगा। इन्हें मंगल की दशा व शुक्र की दशा अच्छी जाएगी।

मेषलग्न, अंश 25 से 26

1. **लग्न नक्षत्र**–भरणी
2. **नक्षत्र पद**–4
3. **नक्षत्र अंश**–23/20 से 26/40 तक
4. **वर्ण**–क्षत्रिय
5. **वश्य**–चतुष्पद
6. **योनि**–गज
7. **गण**–मानव
8. **नाड़ी**–मध्य
9. **नक्षत्र देवता**–यम
10. **वर्णाक्षर**–लो
11. **वर्ग**–हरिण
12. **लग्न स्वामी**–मंगल
13. **लग्न नक्षत्र स्वामी**–शुक्र
14. **नक्षत्र चरण स्वामी**–मंगल
15. **लग्न स्वामी से सम्बन्ध**–सम
16. **लग्न नक्षत्र से सम्बन्ध**–सम
17. **नक्षत्र चरण स्वामी से सम्बन्ध**–सम
18. **प्रधान विशेषता**–'चतुर्थेऽसौ दरिद्रभाक्।'

–जातक सारदीप

भरणी नक्षत्र में जन्मे व्यक्ति पूर्वाग्राही, स्थिर अथवा 'रिजर्व नेचर' के होते हैं। ऐसे जातक योजनाबद्ध तरीके से काम करना पसन्द करते हैं। ऐसे जातक धुन के धनी होते हैं। ऐसे जातक प्राय: नैतिक मूल्यों की रक्षा करते हुए सैद्धान्तिक जीवन जीना पसन्द करते हैं। भरणी नक्षत्र के चतुर्थ चरण में जन्म होने के कारण जातक के पास सबकुछ होते हुए भी धन की कमी महसूस करता रहेगा।

लग्न पचीस से छब्बीस अंशों के भीतर होने से अवरोही अवस्था का है। लग्न नक्षत्र स्वामी शुक्र, लग्नेश मंगल से समभाव रखता है। नक्षत्र चरण स्वामी मंगल है। मंगल तत्त्व यहां प्रमुख होने से जातक बहादुर व साहसी होगा। इन्हें मंगल व शुक्र की दशा अच्छी जाएगी।

मेषलग्न, अंश 26 से 27

1. **लग्न नक्षत्र**–भरणी
2. **नक्षत्र पद**–4
3. **नक्षत्र अंश**–23/20 से 26/40 तक
4. **वर्ण**–क्षत्रिय
5. **वश्य**–चतुष्पद
6. **योनि**–गज
7. **गण**–मानव
8. **नाड़ी**–मध्य
9. **नक्षत्र देवता**–यम
10. **वर्णाक्षर**–लो
11. **वर्ग**–हरिण
12. **लग्न स्वामी**–मंगल
13. **लग्न नक्षत्र स्वामी**–शुक्र
14. **नक्षत्र चरण स्वामी**–मंगल
15. **लग्न स्वामी से सम्बन्ध**–सम
16. **लग्न नक्षत्र से सम्बन्ध**–सम
17. **नक्षत्र चरण स्वामी से सम्बन्ध**–अच्छा
18. **प्रधान विशेषता**–'चतुर्थेऽसौ दरिद्रभाक्।'

–जातक सारदीप

भरणी नक्षत्र में जन्मे व्यक्ति पूर्वाग्राही, स्थिर अथवा 'रिजर्व नेचर' के होते हैं। ऐसे जातक योजनाबद्ध तरीके से काम करना पसन्द करते हैं। ऐसे जातक धुन के धनी होते हैं। ऐसे जातक प्राय: नैतिक मूल्यों की रक्षा करते हुए सैद्धान्तिक जीवन जीना पसन्द करते हैं। भरणी नक्षत्र के चतुर्थ चरण में जन्म होने के कारण जातक के पास सबकुछ होते हुए भी धन की कमी महसूस करता रहेगा।

लग्न छब्बीस से सत्ताईस अंशों के भीतर होने से अवरोही अवस्था का है। लग्न नक्षत्र स्वामी शुक्र, लग्नेश मंगल से समभाव रखता है। नक्षत्र चरण स्वामी मंगल है। मंगल तत्त्व यहां प्रमुख होने से जातक बहादुर व साहसी होगा। इन्हें मंगल की दशा व शुक्र की दशा अच्छी जाएगी।

मेषलग्न, अंश 27 से 28

1. **लग्न नक्षत्र**–कृत्तिका
2. **नक्षत्र पद**–1
3. **नक्षत्र अंश**–24/40 से 30/0 तक
4. **वर्ण**–क्षत्रिय
5. **वश्य**–चतुष्पद
6. **योनि**–मेष
7. **गण**–राक्षस
8. **नाड़ी**–अन्त्य
9. **नक्षत्र देवता**–अग्नि
10. **वर्णाक्षर**–अ
11. **वर्ग**–गरुड़
12. **लग्न स्वामी**–मंगल
13. **लग्न नक्षत्र स्वामी**–सूर्य
14. **नक्षत्र चरण स्वामी**–गुरु
15. **लग्न स्वामी से सम्बन्ध**–सम
16. **लग्न नक्षत्र से सम्बन्ध**–सम
17. **नक्षत्र चरण स्वामी से सम्बन्ध**–मित्रता

18. **प्रधान विशेषता**–'बहुलनक्षत्रप्रभवं बलं लभते जुष्टम्।'

–जातक सारदीप

कृत्तिका नक्षत्र में जन्मा 'तेजस्वी बहुलोद्भव: प्रभुसमो' व्यक्ति तेजस्वी, राजा के समान पराक्रमी, पढ़ालिखा, विद्या एवं धन से युक्त जातक होता है। कृत्तिका नक्षत्र के चतुर्थ चरण में जन्मे व्यक्ति का भाग्योदय जन्मस्थान से हटकर दूरस्थ प्रदेशों में होता है। **'हीरा वो जो खान से निकल गया, इंसान सो जो वतन से निकल गया'** वाली कहावत इन पर शत-प्रतिशत लागू होती है। जातक विदेश जाकर भी खूब धन कमा सकता है।

लग्न सत्ताईस से अट्ठाईस अंशों वाला होकर अवरोही अवस्था का है परन्तु मेषलग्न का स्वामी मंगल तो अट्ठाईस अंशों में जाकर ही पूर्ण उच्चता (श्रेष्ठता) को प्राप्त करता है। फलत: इस अवस्था में आप लग्न मंगल की रहस्यमय शक्ति से परिपूर्ण होकर बलवान हो गया है। फलत: मंगल की दशा, सूर्य एवं गुरु की दशा, अंतर्दशा जातक को अत्यन्त शुभफलदायक होगी। यह जातक मंगल की रहस्यमय शक्ति का स्वामी होगा।

मेषलग्न, अंश 28 से 29

1. **लग्न नक्षत्र**–कृत्तिका
2. **नक्षत्र पद**–1
3. **नक्षत्र अंश**–24/40 से 30/0 तक
4. **वर्ण**–क्षत्रिय
5. **वश्य**–चतुष्पद
6. **योनि**–मेष
7. **गण**–राक्षस
8. **नाड़ी**–अन्त्य
9. **नक्षत्र देवता**–अग्नि
10. **वर्णाक्षर**–अ
11. **वर्ग**–गरुड़
12. **लग्न स्वामी**–मंगल
13. **लग्न नक्षत्र स्वामी**–सूर्य
14. **नक्षत्र चरण स्वामी**–गुरु
15. **लग्न स्वामी से सम्बन्ध**–सम
16. **लग्न नक्षत्र से सम्बन्ध**–मित्र
17. **नक्षत्र चरण स्वामी से सम्बन्ध**–मित्रता
18. **प्रधान विशेषता**–'बहुलनक्षत्रप्रभवं बलं लभते जुष्टम्।'

–जातक सारदीप

कृत्तिका नक्षत्र में जन्मा 'तेजस्वी बहुलोद्भव: प्रभुसमो' व्यक्ति तेजस्वी, राजा के समान पराक्रमी, पढ़ा-लिखा, विद्या एवं धन से युक्त जातक होता है। कृत्तिका नक्षत्र के चतुर्थ चरण में जन्मे व्यक्ति का भाग्योदय जन्मस्थान से हटकर दूरस्थ प्रदेशों में होता है। **'हीरा वो जो खान से निकल गया, इंसान सो जो वतन से निकल गया'** वाली कहावत इन पर शत-प्रतिशत लागू होती है। जातक विदेश जाकर भी खूब धन कमा सकता है।

लग्न अट्ठाईस से उनतीस अंशों वाला होकर अवरोही अवस्था का है। परन्तु मेषलग्न का स्वामी मंगल तो अट्ठाईस अंशों में जाकर ही पूर्ण उच्चता (श्रेष्ठता) को प्राप्त करता है। फलत: इस अवस्था में आप लग्न मंगल की रहस्यमय शक्ति में परिपूर्ण होकर बलवान हो गया

है। फलतः मंगल की दशा, सूर्य एवं गुरु की दशा, अंतर्दशा जातक को अत्यन्त शुभफलदायक होगी। यह जातक मंगल की रहस्यमय शक्ति का स्वामी होगा।

मेषलग्न, अंश 29 से 30

1. लग्न नक्षत्र–कृत्तिका
2. नक्षत्र पद–1
3. नक्षत्र अंश–26/40 से 30/0 तक
4. वर्ण–क्षत्रिय
5. वश्य–चतुष्पद
6. योनि–मेष
7. गण–राक्षस
8. नाड़ी–अन्त्य
9. नक्षत्र देवता–अग्नि
10. वर्णाक्षर–अ
11. वर्ग–क्षत्रीय
12. लग्न स्वामी–मंगल
13. लग्न नक्षत्र स्वामी–सूर्य
14. नक्षत्र चरण स्वामी–गुरु
15. लग्न स्वामी से सम्बन्ध–सम
16. लग्न नक्षत्र से सम्बन्ध–सम
17. नक्षत्र चरण स्वामी से सम्बन्ध–सम
18. प्रधान विशेषता–'बहुलनक्षत्रप्रभवं बलं लभते जुष्टम्।'

–जातक सारदीप

कृत्तिका नक्षत्र में जन्मा 'तेजस्वी बहुलोद्भवः प्रभुसमो' व्यक्ति तेजस्वी, राजा के समान पराक्रमी, पढ़ा-लिखा, विद्या एवं धन से युक्त जातक होता है। कृत्तिका नक्षत्र के चतुर्थ चरण में जन्मे व्यक्ति का भाग्योदय जन्मस्थान से हटकर दूरस्थ प्रदेशों में होता है। **'हीरा वो जो खान से निकल गया, इंसान सो जो वतन से निकल गया'** वाली कहावत इन पर शत-प्रतिशत लागू होती है। जातक विदेश जाकर भी खूब धन कमा सकता है।

लग्न उनतीस से तीस अंशों वाला होकर अवरोह की अन्तिम अवस्था में है। फलतः लग्न निर्बल अवस्था में है। जब लग्न ही निर्बल हो तो अन्य शुभ ग्रह क्या भला कर पाएंगे? वाली कहावत इन पर चरितार्थ होती है। निर्बल लग्न वाला व्यक्ति जब अन्य कोई विशेष ग्रहस्थिति न हो, शरीर व भाग्य से कमजोर रहता है।

❑❑❑

मेषलग्न और आयुष्य योग

1. मेषलग्न वाले के लिए शुक्र मारकेश होकर भी मारक नहीं, शनि घातक है परन्तु शुक्र अरिष्ट फलदायक है। बुध अशुभफलदायक होकर कभी-कभी मारक का काम करता है। आयुष्य प्रदाता ग्रह मंगल है।
2. मेषलग्न में जन्म लेने वाले व्यक्ति की मृत्यु मुखरोग, कीटाणुजन्म रोग, अपने ही घर में या, अपने ही कुल में उत्पन्न मनुष्य द्वारा सम्भव होती है।
3. मेषलग्न में जन्म लेने वाले मनुष्य की आयु 75 वर्ष के आसपास होती है। जन्म के उपरान्त प्रथम माह में कष्ट, 13 वर्ष की आयु में अल्पकष्ट, 18 वर्ष में जलभय, 50 वर्ष की आयु में अंग रोग, 60 वर्ष की आयु में असाध्य बीमारी होने का भय रहता है।
4. मेषलग्न में कर्क का सूर्य चौथे, शनि मीन का बारहवें, मंगल सातवें, एवं पूर्ण बली चन्द्रमा यदि बारहवें हो तो व्यक्ति चिरंजीवी होता है।
5. मेषलग्न में मेष का नवमांश हो, नवमांश में गुरु और शुक्र लग्न में हो, चन्द्रमा वृष या धनु के नवमांश में हो, मंगल सिहांसनांश में हो तो व्यक्ति यशस्वी एवं चीरंजीवी होता है।
6. मेषलग्न में सूर्य दसवें, गुरु कर्क राशि में, मंगल, शनि इत्यादि पापग्रह तीसरे, छठे या एकादश में हो तो जातक ऋषि-मुनियों की तरह यशस्वी, दीर्घजीवी एवं चिरायु होता है।
7. मेषलग्न में सूर्य एवं मंगल हो, गुरु केन्द्र में हो तो व्यक्ति सौ वर्ष का स्वस्थ आयु भोगता है।
8. मेषलग्न में सूर्य एवं मंगल आठवें हो तथा कर्क का गुरु चौथे हो तो जातक सौ वर्ष की स्वस्थ शतायु को भोगता है।
9. मेषलग्न में सिंह का चन्द्रमा पंचम में हो, त्रिकोण में गुरु एवं दशम में मंगल हो तो व्यक्ति दीर्घायु होता है।
10. मेषलग्न में मंगल एवं शनि दशम भाव में हो तो जातक स्वस्थ व सौ वर्ष से ऊपर की दीर्घायु को भोगता है।
11. मेषलग्न में मंगल लग्न में हो तथा गुरु व शुक्र से देखते हों तो जातक सौ वर्ष की स्वस्थ आयु को प्राप्त करता है।
12. मेषलग्न में चन्द्रमा छठे कन्या राशि का हो, अष्टम स्थान में कोई पापग्रह न हो तथा सभी शुभग्रह केन्द्रवर्ती हों तो जातक 86 वर्ष की स्वस्थ आयु को भोगता है।

13. मेषलग्न में उच्च का गुरु केन्द्र में हो, बुध त्रिकोण में हो तथा मंगल बलवान हो तो जातक 80 वर्ष की स्वस्थ आयु प्राप्त करता है।
14. मेषलग्न में लग्नेश मंगल लग्न में हो, सभी शुभग्रह केन्द्र में हों तो जातक 75 वर्ष की स्वस्थ आयु को प्राप्त करता है।
15. मेषलग्न में मंगल हो, मंगल पांचवे सिंह का तथा सूर्य सातवें तुला का हो तो जातक 70 वर्ष की निरोग आयु को प्राप्त करता है।
16. मेषलग्न में शनि+मंगल+सूर्य हो, चन्द्रमा द्वादश में तथा गुरु बलहीन हो तो ऐसा जातक 70 वर्ष तक जीता है।
17. मेषलग्न में चन्द्रमा+सूर्य दशम भाव में, शनि नीच का लग्न में, गुरु अन्य का चतुर्थ भाव में हो तो एक प्रकार के उच्च राजयोग की सृष्टि होती है पर ऐसा जातक मात्र 69 वर्ष तक ही जी पाता है।
18. यदि शनि लग्न में, कर्क का चन्द्रमा चौथे, मंगल सातवें और सूर्य दसवें किसी भी अन्य शुभ ग्रह के साथ हो तो ऐसा जातक राजा तुल्य ऐश्वर्य को भोगता हुआ 60 वर्ष की आयु में गुजर जाता है।
19. मेषलग्न में अष्टमेश मंगल सातवें हो तथा चन्द्रमा छठे या आठवें स्थान में पापग्रहों के साथ हो तो व्यक्ति 58 वर्ष की आयु में गुजर जाता है।
20. शनि लग्न में मंगल किसी भी अन्य ग्रह के साथ हो, चन्द्रमा आठवें या द्वादश स्थान में हो तो ऐसा जातक सैद्धान्तिक विद्वान् होता हुआ 52 वर्ष की आयु में गुजर जाता है।
21. मेषलग्न में बलवान चन्द्रमा लग्न में हो पर सूर्य से 120 अंश दूर हो तो जातक राजातुल्य ऐश्वर्य को भोगता हुआ 48 वर्ष की आयु में गुजर जाता है।
22. मेषलग्न में लग्नेश मंगल अष्टम भाव में पापग्रहों के साथ हो और छठे स्थान में बुध पापग्रहों के साथ हो शुभग्रहों से दृष्ट न हो तो जातक मात्र 45 वर्ष तक ही जीता है।
23. मेष (चर) लग्न में चन्द्रमा कन्या या वृश्चिक राशि का शुभग्रहों से दृष्ट न हो, कोई भी शुभ ग्रह केन्द्र में न हो तो जातक मात्र 33 वर्ष तक जीता है।
24. मेषलग्न में शनि+मंगल हो, चन्द्रमा आठवें एवं गुरु छठे हो तो जातक 32 वर्ष की अल्पायु को प्राप्त करता है।
25. मेषलग्न के द्वितीय व द्वादश भाव में पापग्रह हो, लग्नेश निर्बल हो, तो लग्न, द्वितीय व द्वादश भाव शुभग्रहों से दृष्ट न हो तो जातक 32 वर्ष की अल्पायु को प्राप्त करता है।
26. मेष का गुरु एवं मीन का मंगल परस्पर एक-दूसरे के घर में बैठने वाला बालारिष्ट योग बनता है ऐसे जातक की मृत्यु 12 वर्ष के भीतर होती है।
27. मेषलग्न के चौथे राहु तथा चन्द्रमा आठवें शुभ ग्रहों से दृष्ट न हो तो बालारिष्ट योग बनाता है ऐसा जातक आठ वर्ष के पूर्व मृत्यु को प्राप्त होता है।

28. मेषलग्न में अष्टमेश मंगल छठे स्थान में षष्टेश बुध के साथ हो, शनि सप्तम में अन्य पापग्रहों के साथ हो, अष्टम स्थान में भी पापग्रह हो तो जातक 31 वर्ष की आयु में ही शल्य चिकित्सा या गुप्तरोग के कारण मृत्यु को प्राप्त करता है।
29. मेषलग्न में मंगल हो, गुरु बारहवें हो, शुक्र छठे स्थान में नीच का हो, शुभ ग्रहों को लग्न पर दृष्टि न हो तो उपाय न करने पर ऐसे जातक की एक माह में मृत्यु हो जाती है।
30. मेषलग्न में सूर्य+चन्द्रमा यदि कन्या राशि में, शुभ ग्रहों से दृष्ट न हो, तो बालारिष्ट योग बनता हैं तथा बालक की नौ वर्ष की आयु में मृत्यु होती है।
31. मेषलग्न में गुरु लग्नस्थ हो, चन्द्रमा छठे या आठवें, शुभ ग्रहों के दृष्ट न हो तो बालारिष्ट योग बनता है। ऐसे जातक की आयु आठ वर्ष की आयु में होती है।
32. मेषलग्न में सूर्य द्वादश में, चन्द्रमा छठे या आठवें, शुभ ग्रहों से दृष्ट न हो तो जातक की तत्काल मृत्यु होती है।
33. मेषलग्न में लग्न या पंचम भाव में सूर्य+राहु+शनि+मंगल+गुरु इन पांच ग्रहों की युति हो, चन्द्रमा निर्बल हो तो जातक शीघ्र मर जाता है।
34. मेषलग्न के सप्तम भाव में सूर्य के साथ राहु या केतु हो तो ऐसा बालक मातृघातक होता है।
35. मेषलग्न के चतुर्थ भाव में मंगल के साथ राहु या केतु हो तो ऐसा बालक मातृघातक होता है।
36. मेषलग्न में लग्नस्थ शनि के साथ राहु या केतु हो तो ऐसा जातक मातृघातक होता हैं।

❑❑❑

मेषलग्न और धनयोग

मेषलग्न में जन्म लेने वाले जातकों के लिए धनप्रदाता ग्रह शुक्र है। धनेश शुक्र की शुभाशुभ स्थिति से धन स्थान से सम्बन्ध जोड़ने वाले ग्रहों की स्थिति एवं योगायोग, शुक्र एवं धनस्थान पर पड़ने वाले ग्रहों की दृष्टि सम्बन्ध से जातक की आर्थिक स्थिति, आय के स्रोतों तथा चल सम्पत्ति को पता चलता है। इसके अतिरिक्त पंचमेश सूर्य, भाग्येश गुरु एवं लाभेश शनि एवं लग्नेश मंगल अनुकूल स्थितियां मेषलग्न वालों के लिए धन ऐश्वर्य एव वैभव को बढ़ाने में पूर्णरूप से सक्षम होती है।

वैसे मेषलग्न के लिए शनि, बुध और शुक्र अशुभफल देते हैं। बुध परमपापी है। गुरु और रवि शुभ फल देते हैं। अशुभ योग के संयोग में गुरु निश्चित रूप से अशुभ फल देगा। शुक्र मारक स्थान का अधिपति होकर भी घातक नहीं है पर अरिष्ट फलदायक है। शनि इत्यादि पापग्रह इस लग्न के लिए घातक होते हैं। मंगल लग्नेश व अष्टमेश होने पर भी लग्नेश होने के कारण अशुभ फल नहीं देगा। मंगल स्वगृही हो तो उत्तम फल देगा।

शुभयुति–शनि+गुरु

शुभ योग–सूर्य स्वगृही, शुक्र स्वगृही, क्षीण चन्द्र, मंगल अच्छी स्थिति में।

अशुभ युति–मंगल+बुध

राजयोग कारक–रवि, गुरु, चन्द्र

लक्ष्मी योग–शनि नवम में, गुरु सप्तम में, शुक्र पंचम में, सूर्य तृतीय में।

सफल योग– 1. सू.+मं. 2. सू.+चं. 3. सू.+शु.,
4. सू.+श. 5. मं.+गु. 6. चं.+गु.

निष्फल योग–1. गु.+श., 2. गु+शुक्र

विशेष योगायोग

1. मेषलग्न में गुरु कर्क या धनु राशि में हो तो जातक अल्प प्रयत्न से ही खूब धन कमाता है। धन के मामले में ऐसा व्यक्ति भाग्यशाली कहलाता है।
2. मेषलग्न में शुक्र, वृष, तुला या मीन का हो तो व्यक्ति धनाढ्य होता है। लक्ष्मी उसका पीछा नहीं छोड़ती।
3. मेषलग्न में मंगल एवं शुक्र परस्पर परिवर्तन योग करके बैठे हो अर्थात् मंगल वृष या तुलाराशि में हो तथा शुक्र, मेष राशि में हो तो जातक स्वयं के पुरुषार्थ या पराक्रम से

धनवान बनता है, इसमें कोई सन्देह नहीं।

4. मेषलग्न में शुक्र एवं शनि परस्पर स्थान परिवर्तन करके बैठे हों अर्थात् शुक्र के घर में शनि तथा शनि के घर में शुक्र हो तो ऐसा व्यक्ति महाभाग्यशाली होता है तथा जीवन में अत्यधिक धन अर्जित करता है।
5. मेषलग्न हो, चन्द्रमा लग्न में मंगल के साथ हो तथा शनि केन्द्र या त्रिकोण में हो तो जातक 28 एवं 32 वर्ष की आयु के मध्य धन कमाता है तथा कीचड़ में कमल की तरह, साधारण परिवार में जन्म लेता हुआ धीरे-धीरे खूब धन कमाता हुआ आगे बढ़ता है।
6. मेषलग्न में सूर्य सिंह का पंचम भाव में हो तथा लाभस्थान में कुम्भ का गुरु स्वगृहाभिलाषी हो तो जातक महाधनी होता है। ऐसा व्यक्ति धनशाली व्यक्तियों में अग्रगण्य होता है।
7. मेषलग्न में मंगल, शनि, शुक्र और बुध इन चार ग्रहों की युति हो तो जातक महाधनी होता है।
8. मेषलग्न में सिंह का सूर्य पंचम में हो, लाभ में शनि चन्द्रमा गुरु में से कोई ग्रह को तो व्यक्ति महालक्ष्मीवान होता है तथा अतुल सम्पत्ति एवं ऐश्वर्य को भोगता है।
9. मेषलग्न में मंगल, सूर्य, शुक्र और चन्द्रमा से युत या दृष्ट हो तो व्यक्ति महालक्ष्मीशाली होता है तथा राजलक्ष्मी को भोगता है।
10. मेषलग्न में मंगल मकर या कुम्भ राशि में हो तथा शनि लग्न में अर्थात् मेष राशि में हो तो जातक आयु के 33वें वर्ष में पांच लाख रुपए कमा लेता है तथा शत्रुओं का नाश करते हुए एवं अर्जित धनलक्ष्मी को भोगता है। ऐसे व्यक्ति को जीवन में अचानक रुपया मिलता है।
11. मेषलग्न हो उसमें मंगल, शुक्र, गुरु तथा शनि अपनी उच्च व स्वराशियों में हो तो जातक करोड़पति होता है।
12. मेषलग्न में मंगल हो साथ में बुध, शुक्र व शनि हो तो जातक करोड़पति होता है।
13. मेषलग्न में धनेश शुक्र यदि छठे, आठवें या बारहवें स्थान में चला गया है तो ''धनहीन योग'' की सृष्टि करता है। जिस प्रकार घड़े में छिद्र होने के कारण उसमें पानी नहीं ठहर सकता, ठीक उसी प्रकार से ऐसे जातक के पास धन नहीं ठहर पाता। सदैव रुपयों की कमी बनी रहती है। इस योग से निवृत्ति हेतु गले में शुक्र यन्त्र धारण करना चाहिए। पाठक चाहे तो ''शुक्र यंत्र'' हमारे कार्यालय से प्राप्त कर सकते हैं।
14. मेषलग्न में शुक्र आठवें हो परन्तु सूर्य यदि लग्न को देखता हो तो ऐसे व्यक्ति को भूमि में गढ़े हुए धन की प्राप्ति होती है। अथवा लॉटरी से रुपया मिल सकता है।
15. मेषलग्न हो, मंगल कर्मेश भाग्येश पांचवें हो तो जातक लक्ष्याधिपति बनता है।
16. मेष राशिस्थ लग्न की कुण्डली में सूर्य स्व का हो, गुरु चंद्र की युति ग्यारहवें हो तो जातक लक्ष्मीवान होता है।
17. मेषलग्न हो, चन्द्रमा जहां स्थित है यहां से 1, 4, 7, 10 में गुरु हो तो जातक भूमिपति होता है, मेयर बनता है।

18. लग्नेश 5, 9 भाव में, शुक्र ग्याहरवे एवं द्वितीयेश पर शुभ ग्रहों की दृष्टि हो तो लक्ष्मी योग होता है।
19. मेषस्थ शुक्र हो, उसे सभी ग्रह देखते हों तो गणपति योग बनता है, जातक महापराक्रमी, धनवान गुणवान एवं प्रभावशाली होता है।
20. चन्द्रमा एवं मंगल एक साथ 1, 4, 7, 10 त्रिकोण या 2, 11 भाव में हो तो जातक धनवान होता है।
21. चन्द्र-मंगल योग हो, लाभेश चतुर्थ भाव में, धनेश चतुर्थभाव में हो, चतुर्थेश शुभ स्थान में हो तो यकायक धन की प्राप्ति होती है।
22. दूसरे घर का स्वामी शुक्र पंचम में पांचवे घर का स्वामी दूसरे या दूसरे का स्वामी 11वें व 11वें का स्वामी दूसरे हो या पाचवें क़ा स्वामी पांचवें, नवंमवें का स्वामी नवमंवे हो तो विशेष धन योग होता है।
23. चन्द्रमा में 3/6/10/11वें स्थान में शुभ ग्रह हो तो वसुमतियोग बनता है। इसके कारण व्यक्ति युवावस्था में ही लखपति हो जाता है।
24. मेषलग्न में मंगल मेष या मकर राशि में हो तो "रुचक योग" बनता है। ऐसा जातक राजा तुल्य ऐश्वर्य को भोगता हुआ अथाह भूमि, सम्पत्ति व धन का स्वामी होता है।
25. मेषलग्न में सुखेश चन्द्रमा, लाभेश शनि यदि नवमस्थान में हो तथा नवम भाव मंगल से दृष्ट हो तो व्यक्ति को अनायास गुप्त धन की प्राप्ति होगी।
26. मेषलग्न में गुरु+चन्द्र की युति वृष, कर्क, सिंह या धनु राशि में हो इस प्रकार के गजकेसरी योग के कारण व्यक्ति को अनायास उत्तम धन की प्राप्ति होती है। ऐसे व्यक्ति को लॉटरी, शेयर बाजार या अन्य व्यापरिक स्रोत से अकल्पनीय धन मिलता है।
27. मेषलग्न में धनेश शुक्र अष्टम में एवं अष्टमेश मंगल व धनस्थान में परस्पर परिवर्तन करके बैठे हों तो ऐसा जातक गलत तरीके से धन कमाता है। ऐसा व्यक्ति ताश, जुआ, मटका, घुड़रेस, स्मगलिंग एवं अनैतिक कार्यों से धन अर्जित करता है।
28. मेषलग्न में तृतीयेश बुध लाभस्थान में एवं लाभेश शनि तृतीय स्थान में परस्पर परिवर्तन करके बैठे हों तो ऐसे व्यक्ति को भाई, मित्र एवं भागीदारों के द्वारा धन की प्राप्ति होती है।
29. मेषलग्न में बलवान शुक्र के साथ यदि चतुर्येश चन्द्र की युति हो तो व्यक्ति को माता के द्वारा धन की प्राप्ति होती है।
30. मेषलग्न में यदि बलवान शुक्र की पंचमेश सूर्य से युति हो, द्वितीय भाव शुभ ग्रहों से दृष्ट हो तो ऐसे व्यक्ति को पुत्र द्वारा धन की प्राप्ति होती है। पुत्र जन्म के बाद ही जातक का भाग्योदय होता है।
31. मेषलग्न में बलवान शुक्र की यदि षष्टेश बुध से युति हो तथा धनेश शुक्र, शनि या मंगल से दृष्ट हो तो ऐसे जातक को शत्रुओं के द्वारा धन की प्राप्ति होती है। ऐसा जातक

कोर्ट-कचहरी में शत्रुओं को हराता है तथा शत्रुओं के कारण ही उसे धन व यश की प्राप्ति होती है।

32. मेषलग्न में बलवान शुक्र की गुरु से युति हो तो जातक का भाग्योदय विवाह के बाद होता है तथा उसे पत्नी, ससुराल पक्ष से धन की प्राप्ति होती है।

33. मेषलग्न में बलवान शुक्र नवमेश गुरु से युति हो तो ऐसा जातक राजा से, राज्य सरकार से, सरकारी अधिकारियों एवं ठेके से काफी धन कमाता है।

34. मेषलग्न में बलवान शुक्र की दशमेश शनि से युति हो तो जातक को पैतृक सम्पत्ति पिता द्वारा संरक्षित धन की प्राप्ति होती है अथवा पिता का व्यवसाय जातक के भाग्योदय में सहायक होता है।

35. मेषलग्न में दशम भवन का स्वामी शनि यदि छठे, आठवें या बारहवें स्थान में हो तो जातक को परिश्रम का पूरा लाभ नहीं मिलता, जन्म स्थान में नहीं कमाता तथा धन की सदैव कमी बनी रहती है।

36. मेषलग्न में लग्नेश मंगल यदि छठे, आठवें या बारहवें स्थान में हो एवं सूर्य तुला राशि का सातवें (केन्द्र) स्थान में हो तो व्यक्ति कर्जदार होता है तथा धन के मामले में कमजोर होता है।

37. धनस्थान में पाप ग्रह हो तथा लाभेश शनि यदि छठे, आठवें या बारहवें स्थान में हो तो व्यक्ति दरिद्र होता है।

38. मेषलग्न में केन्द्र स्थानों को छोड़कर चन्द्रमा गुरु से यदि छठे, आठवें या बारहवें स्थान में हो तो संकट योग बनता है जिसके कारण व्यक्ति को सदैव धन का अभाव बना रहता है।

39. मेषलग्न में धनेश मंगल अस्त हो, नीचराशि (कर्क) में हो, तथा धनस्थान एवं अष्टम स्थान में कोई पाप ग्रह हो तो व्यक्ति सदैव ऋणग्रस्त रहता है, कर्ज उसके सिर से उतरता नहीं।

40. मेषलग्न में लाभेश शनि यदि छठे, आठवें या बारहवें स्थान में हो तथा लाभेश अस्तगत हो, पाप पीड़ित हो तो जातक महादरिद्री होता है।

41. मेषलग्न में अष्टमेश मंगल वक्री होकर कहीं भी बैठा हो या अष्टम स्थान में कोई भी ग्रह वक्री होकर बैठा हो तो अकस्मात धनहानि का योग बनता है। अर्थात् ऐसे व्यक्ति को धन के मामले में परिस्थितिवश अचानक भारी नुकसान हो सकता है। अत: सावधान रहे।

42. मेषलग्न में अष्टमेश मंगल शत्रुक्षेत्री, नीच राशिगत या अस्त हो तो अचानक धन की हानि होती है।

❏❏❏

ज्योतिष में कैंसर योग

1. कर्क, वृश्चिक, मीन, मकर एवं तुला राशियों में से कोई दो राशियां यदि षष्ठेश, अष्टमेश एवं द्वादशेश के प्रभाव में हो, पापग्रसित हो तो जातक को कैंसर होता है।
2. सूर्य से छठे, आठवें एवं द्वादश स्थान के स्वामी का सम्बन्ध राहु, केतु से होने पर व्यक्ति को कैंसर होता है।
3. कर्कलग्न के अधिकांश लोगों को कैंसर होता है। कर्कलग्न में गुरु मुख्य रूप से कैंसर रोग का कारक है। गुरु कैंसर में वृद्धि कराता है। शनि, मंगल और गुरु इन तीनों का सम्बन्ध छठे, आठवें, बारहवें तथा द्वितीय स्थान के स्वामियों से होने पर जातक की मृत्यु कैंसर रोग से होती है।
4. जब मंगल या शनि के साथ नेपच्यून, प्लूटो, यूरेनस कोई भी ग्रह हो तथा मंगल शनि का परस्पर दृष्टि सम्बन्ध हो तो व्यक्ति को कैंसर होता है।
5. राहु एवं शनि की अप्रिय (मलिन) स्थिति भी कैंसर रोग की सृष्टि करती है।
6. शनि या मंगल छठे या आठवें स्थान में राहु, केतु के साथ हो तो व्यक्ति को कैंसर होने की सम्भावना रहती है।
7. द्वितीयेश आठवें हो, तथा अष्टमेश लग्न में चन्द्रमा के साथ हो, षष्ठेश 6, 8, 12वें स्थानों में पापग्रह के साथ हो तो ऐसे जातक की मृत्यु ''ब्लड कैंसर'' से होती है।
8. षष्ठेश पापग्रहों के साथ लग्न, आठवें या दसवें स्थान में बैठा हो तथा पापदृष्ट हो तो जातक को कैंसर जैसी लाईलाज बीमारी होती है।
9. सूर्य छठे, आठवें, द्वादश स्थान में पापग्रहों के साथ हो तो जातक को पेट या आंतों में अलसर होता है। यदि राहु का प्रभाव लग्न या सूर्य के साथ हो तो जातक को कैंसर होता है।
10. सूर्य पापग्रहों के साथ कहीं भी हो, षष्ठेश छठे स्थान में पापग्रस्त हो, लग्नेश या लग्न पापग्रह के प्रभाव में हो तो व्यक्ति को कैंसर होता है।
11. चन्द्रमा क्षीण बली होकर पापग्रहों की राशि में, छठे, आठवें, बारहवें हो तथा लग्न अथवा चन्द्र शनि+मंगल से दृष्ट हो तो जातक को कैंसर की संभावना रहती है।

12. षष्टेश नीच का होकर छठे, आठवें या बारहवें हो तथा चन्द्रमा और लग्न पापग्रहों के मध्य या पापग्रस्त हो तो जातक को असाध्य बीमारी होती है।
13. द्वितीय भाव में पापग्रह हो, द्वितीयेश पापग्रह से युत होकर छठे, आठवें या बारहवें भाव में हो, लग्न एवं लग्नेश निर्बल हो तो जातक को कैंसर होता है।

❑❑❑

कैंसर योग पर उदाहरण कुण्डलियां

रक्त कैंसर, जन्म-12/5/1930, समय 23.15, स्थान-मुम्बई

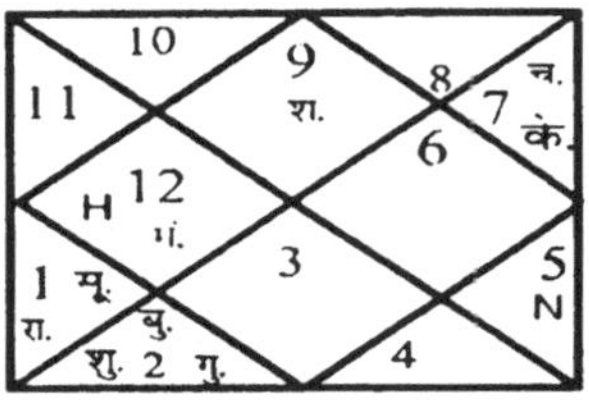

लग्न में पापग्रह है, लग्नेश गुरु षष्ठेश के साथ छठे स्थान में है। सप्तमेश बुध छठे है। सूर्य भी पापग्रसित है। चन्द्रमा भी पापग्रसित है। फलतः जातक को रक्त कैंसर हुआ। कैंसर का पता चलते ही जातक ने बहुत ईलाज कराया परन्तु छः महीने में ही जातक की मुम्बई अस्पताल में ही मृत्यु हो गई।

रक्त कैंसर (बालारिष्ट), जन्म-5/7/1980, समय-23.00, स्थान-मुम्बई

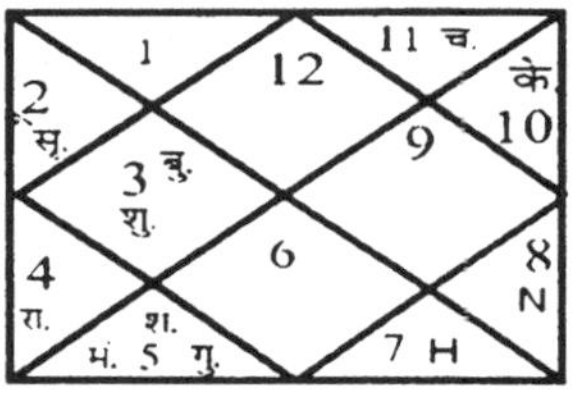

लग्नेश पापग्रह के साथ एवं पापमध्य होकर छठे स्थान में है। चन्द्रमा क्षीण बली होकर पापग्रह की राशि में बैठ कर द्वादश भाव में है। चन्द्रमा की राशि पापग्रसित है तथा चन्द्रमा के साथ षडाष्टक योग में स्थित है। चन्द्रमा द्वादशश एवं मारकेश पापी ग्रहों (शनि+मंगल) से दृष्ट है। हर्षल आठवें है। इस बालक को दो वर्ष की आयु 6 जून 1982 को पहली बार पता चला कि इसे रक्त कैंसर है। फौरन ईलाज शुरू किया परन्तु ईलाज के दौरान ही टाटा अस्पताल मुम्बई में 8 मार्च 85 को बालक की मृत्यु हो गई। इस प्रकार यह बालक मात्र पांच वर्ष से कम की आयु को ही भोग पाया। रक्त कैंसर तो एक विशेष रोग का नाम है परन्तु मृत्यु के जिम्मेदार कुण्डली में उपस्थित ''बालारिष्ट योग'' है। इसके लिए आप मेरी पुस्तक ''ज्योतिष और आयुष्य योग'' अवश्य देखें।

गुप्तांग में कैंसर, जन्म-3/4/1926, समय-7.30 प्रातः, स्थान-पूना

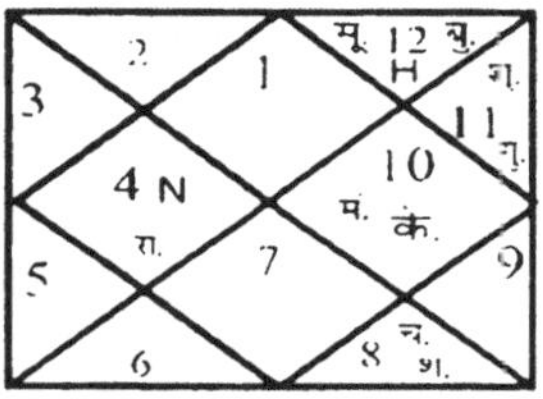

यह एक महिला की कुण्डली है। षष्ठेश बुध सूर्य के साथ नीच का होकर द्वादश स्थान में है। चन्द्रमा पापग्रह के साथ नीच का होकर आठवें है। लग्नेश मंगल पापग्रस्त है। सप्तमेश शुक्र नीचाभिलाषी है। उपरोक्त सभी योगायोग अकाल मृत्यु के लिए पर्याप्त हैं। इस महिला को मध्यम आयु में गुप्तांग में तकलीफ हुई। शीघ्र ईलाज कराया। डॉक्टर ने गुप्तांग ही निकाल कर नष्ट कर दिया। कैंसर की एक गांठ दाएं स्तन पर निकली। दायां स्तन ही काट दिया। महिला

बच गई, आज भी जीवित है। स्मरण रहे कि दाएं स्तन पर चन्द्रमा की राशि पापग्रस्त थी।

यह महिला बची क्यों? ज्योतिष की दृष्टि में यह जानना बहुत जरूरी है रोग के साथ-साथ आयुष्य योग भी देखें, तभी रोगी की आयु का पता चलेगा। यहां लग्नेश मंगल दिगबली व उच्च का होकर केन्द्रस्थ हैं तथा लग्नेश लग्न को देख रहा है। फिर इस महिला को अभिमंत्रित मंगल यंत्र भी दिया गया। इसके लिए आप हमारी पुस्तक ''ज्योतिष और आयुष्य'' योग पढ़ें।

स्तन कैंसर, जन्म 24/7/1962, समय-6.00 प्रातः, स्थान-जयपुर

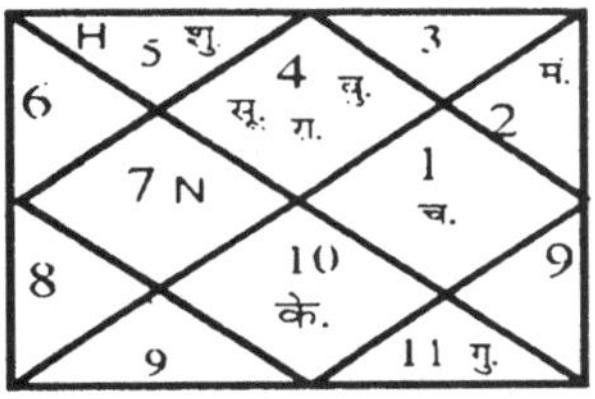

यह एक पच्चीस वर्षीय युवती की कुण्डली है। एक बार उसके सीने में दर्द उठा, एक छोटी फुन्सी स्तन पर दिखलाई दी, जांच कराने पर पता चला कि यह तो कैंसर है। जयपुर में इसका ईलाज हुआ। युवती जीवित है, विवाहित है एवं गृहस्थ सुख भोग रही है। अब कुण्डली क्या कहती है यह देखें।

सबसे पहली बात कर्कलग्न में जन्म है। लग्न में सूर्य, राहु इत्यादि पापग्रह हैं। लग्न पापग्रहों से दृष्ट है। षष्ठेश गुरु आठवें पापग्रगह की राशि में है। परन्तु चन्द्रमा उच्चाभिलाषी होकर केन्द्रस्थ होने एवं अन्य शुभ दृष्टि सम्बन्धों से युवती बच गई।

कैंसर से मृत्यु, जन्म-24/11/1904, समय-20.00, स्थान-मुम्बई

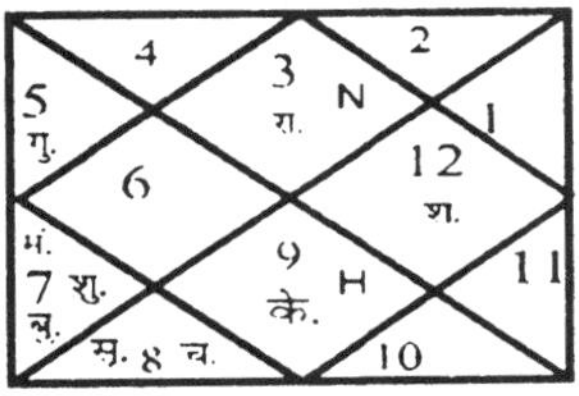

मिथुनलग्न में जन्मे प्रस्तुत जातक के फेफड़ों में कैंसर था। जातक लगातार धूम्रपान करने वाला था तथा सन् 1954 में कैंसर के द्वारा मृत्यु को प्राप्त हुआ। द्वितीयेश चन्द्रमा बलहीन नीच का होकर छठे पड़ा है। वृश्चिक का सूर्य दो पापग्रहों के मध्य पड़ा है षष्ठेश मंगल सूर्य+चन्द्र से बारहवें स्थान पर है। षष्ठेश मंगल ने द्वादशेश शुक्र से युति की है। लग्नेश ने षष्ठेश से युति की, लग्न पापग्रस्त है। अष्टमेश शनि नीचाभिलाषी है। डॉक्टरों ने इसे धूम्रपान न करने की सख्त हिदायत दी पर जातक माना नहीं और अपनी बुरी आदत के कारण मारा गया।

सम्भोग से कैंसर, जन्म-9/10/1951, समय-21.00, स्थान-जोधपुर

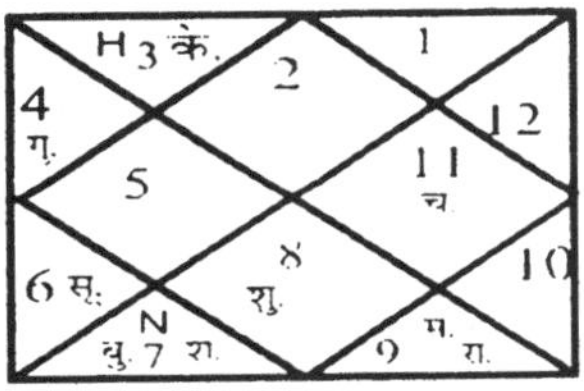

यह एक अत्यन्त सुन्दर युवती की कुण्डली है। यह युवती अत्यधिक कामुक थी तथा विवाहित होते हुए इसका परपुरुषों से संसर्ग था। अत्यधिक सम्भोग के कारण इसकी योनि में कैंसर हो गया। ईलाज के लिये मुम्बई गई। वहां इसका गुप्तांग शरीर से निकाल दिया गया। कैंसर थैरेपी हुई पर ईलाज के दौरान ही यह युवती मृत्यु को प्राप्त हुई। आइए इसका ज्योतिषीय विश्लेषण करें।

मंगल और राहु आठवें स्त्री के स्वेच्छाचारिणी एवं परपुरुषगामी बनाता है। षष्ठेश शुक्र सातवें, सप्तमेश, आठवे गुप्तांग में रोग देता है। चन्द्रमा पाप राशि में पापग्रह से दृष्ट जातक की मनस्थिति को बतलाता है। द्वितीयेश पापग्रह से युत होकर षष्ठम स्थान में है। द्वितीय भाव पापग्रस्त है। उच्च के गुरु ने इस रोग को बढ़ाया अत: कैंसर से मृत्यु हुई।

गोपनीयता भंग न हो इसलिए यहां सभी जातकों के नाम गुप्त रखे गए हैं। प्रबुद्ध पाठक इसके लिए मुझे क्षमा करेंगे। ज्योतिष में निरन्तर शोध प्रवृत्ति बढ़ाने हेतु व प्रमाणिकता की दृष्टि से कहीं कुछ कुण्डलियों में नामों का भी उल्लेख प्रसंगवश कर दिया गया है। इस संदर्भ में किसी यजमान को कोई कष्ट पहुंचा हो तो उसके लिए भी अत्यन्त विनम्र शब्दों में क्षमायाचना चाहता हूं। उपरोक्त जन्म कुण्डलियां संयोगवश किसी अन्य व्यक्ति की कुण्डली से मिल जाए तो उसके लिए लेखक, सम्पादक व प्रकाशक जिम्मेदार नहीं हैं।

❑❑❑

मूक योग पर उदाहरण कुण्डलियां

श्री जसराज अन्याव, जन्म-24/7/1934, इष्ट-3/10, स्थान-बालोतरा

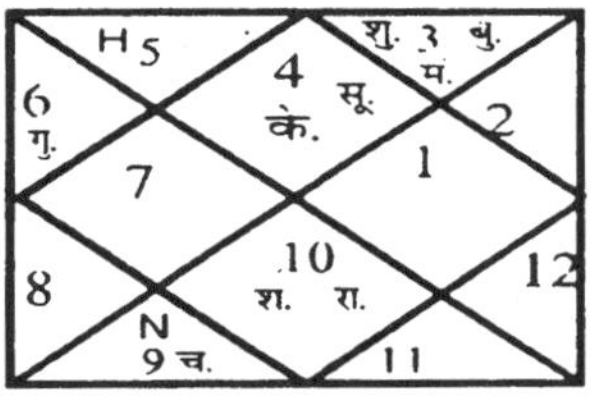

प्रस्तुत जातक जन्म से मूक (गूंगा) है। आप देखेंगे कि इस कुण्डली में वाणी का अधिपति सूर्य पापपीड़ित है। वाणीकारक बुध व्यय भाव में हो तथा कमजोर चन्द्रमा बुध को देख रहा है। फलत: जातक करोड़पति होते हुए भी गूंगा है। जीवन में सभी प्रकार के इलाज कराने पर भी मूकत्व दूर नहीं हुआ। जातकतत्त्व के सभी सूत्र इस कुण्डली पर सही रूप से घटित हो रहे हैं। जो कि ज्योतिष शास्त्र की प्रमाणिकता को स्पष्टत: उजागर कर रहे हैं। इस जातक के दो पुत्र, दो कन्याएं हैं। जिसमें से एक पुत्र, एक कन्या मूक है बाकी दो सही हैं। ज्योतिष प्रेमियों के हितार्थ मेरे व्यक्तिगत गोपनीय संकलन में से ये दोनों कुण्डलियां भी अध्ययन हेतु प्रस्तुत कर रहा हूं। जो इस प्रकार हैं।

श्री रोशन अन्याव, जन्म-23/9/1960, समय-5.50 शाम, स्थान-बालोतरा

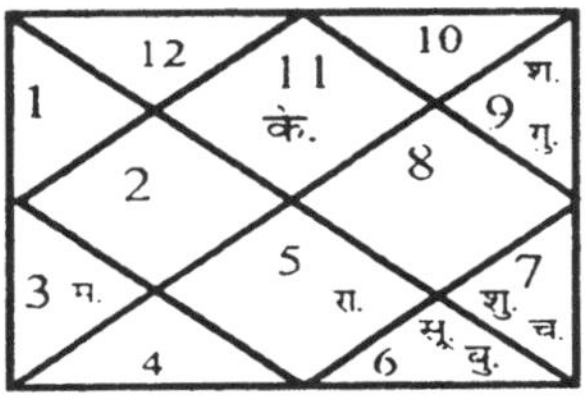

इस कुण्डली में वाणी (द्वितीय भाव) की अधिपति गुरु पापग्रस्त है। वाणी का कारक बुध आठवें है। खड्ढे में गिरा हुआ अष्टमेश व सप्तमेश सूर्य (पापग्रह) पूर्ण दृष्टि से द्वितीय स्थान (वाणी भाव) को देख रहे हैं। फलत: जातक गूंगा (मूक) है। धन स्थान का स्वामी गुरु स्वगृही होकर लाभ में उत्तम दृष्टियां वाला है सो जातक को धन की कमी नहीं है।

श्रीमति निर्मला जैन, जन्म-30/3/1963, समय-9.48, स्थान-बालोतरा

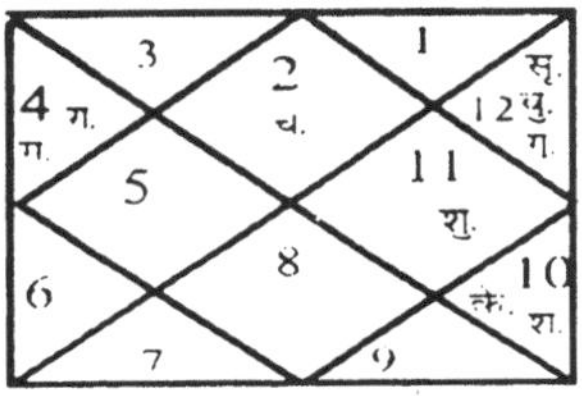

प्रस्तुत कुण्डली में द्वितीयेश एवं अष्टमेश की युति लाभ स्थान में है। अत: यह महिला भी जन्म से मूक (गूंगी) है। साथ ही वाणी का अधिपति बुध नीच राशिगत भी है। ज्योतिष विद्यार्थियों के लिए मूक योग का यह अनुपम उदाहरण है। जातक पारिजात का श्लोक भी काफी अंशों तक इस कुण्डली में फलित हो रहा है। द्वितीयेश की गुरु से युति होने पर जातक मूक होता है। यह बात भी यहां लागू हो रही है।

❑❑❑

मेषलग्न और विवाहयोग

1. मेषलग्न हो, मंगल सप्तम भाव में, शनि लग्न में हो तो जातक अवश्य ही दूसरा विवाह करता है।
2.. यदि पाप ग्रह षष्ठेश, धनेश और लग्नेश से युक्त होकर सप्तम भाव में हो तो जातक परस्त्रीगामी होता है।
3. गुरु-बुध सप्तम भात्र में हो तो जातक कई स्त्रियों के साथ संभोग करता है।
4. मेषलग्न हो, शुक्र व सूर्य प्रथम या सप्तम भावस्थ हों तो जातक की स्त्री बन्ध्या होती है।
5. मेषलग्न हो, शुक्र स्व का सप्तम भवन में हो तो निश्चय ही पति से वियोग भोगना पड़ता है। अर्थात् पति-पत्नी में विच्छेद होता है।
6. मेषलग्न में शनि लग्नस्थ चन्द्रमा के साथ हो तथा सप्तम भाव में सूर्य हो ऐसे जातक के विवाह में भयंकर बाधा आती है विलम्ब से विवाह तो निश्चित है। अविवाह की स्थिति भी बन सकती है।
7. मेषलग्न में शनि द्वादशस्थ हो, द्वितीयभाव में सूर्य हो और लग्नेश मंगल निर्बल हो तो जातक का विवाह नहीं होता।
8. मेषलग्न में शनि छठे हो, सूर्य अष्टम में हो एवं सप्तमेश शुक्र बलहीन हो तो जातक का विवाह नहीं होता।
9. मेषलग्न में सूर्य और शनि के साथ सप्तमेश शुक्र भी हो तो जातक का विवाह नहीं होता।
10. मेषलग्न में शुक्र कर्क या सिंह राशि में हो तथा सूर्य या चन्द्रमा शुक्र से द्वितीय या द्वादश स्थान में हो तो जातक का विवाह नहीं होता ।
11. मेषलग्न में सप्तमेश शुक्र के साथ सूर्य चन्द्रमा स्थित हो तो ऐसे में शुक्र अत्यन्त पापी हो जाता है। ऐसी स्थिति में प्रथम तो जातक का विवाह नहीं होता। यदि विवाह हो भी जाए तो जातक को अविवाहित की तरह जीवन यापन करना पड़ता है।
12. राहु या केतु सप्तम भाव या नवम भाव के क्रूर ग्रहों से युक्त होकर बैठे हों तो निश्चय ही जातक का विवाह विलम्ब से होता है। ऐसा जातक प्राय: अंतर्जातीय विवाह करता है।
13. मेषलग्न में द्वितीयेश शुक्र वक्री हो या द्वितीय भाव मे कोई ग्रह वक्री हो तो जातक के विवाह में अत्यधिक अवरोध उत्पन्न होता है।

14. मेषलग्न में सप्तमेश शुक्र वक्री हो, सप्तम भाव में कोई भी ग्रह वक्री हो या वक्री ग्रहों की सप्तम भाव पर दृष्टि हो तो जातक के विवाह में अनेक अवरोध आते हैं। विवाह समय पर सम्पन्न नहीं होता।
15. मेषलग्न तथा चन्द्रमा एवं शुक्र लग्न में स्थित हो और उन्हें पापग्रह देखते हों तो ऐसी स्त्री परपुरुष गामिनी होती है तथा उसकी माता या मातातुल्य किसी वृद्ध स्त्री का इस कार्य में पूर्ण सहयोग रहता है।
16. मेषलग्न में राहु यदि आठवें स्थान में हो तो ऐसी स्त्री वैधव्य दु:ख को भोगती है।
17. मेषलग्न में जिस स्त्री की कुण्डली में चन्द्रमा आठवें हो तो वह स्त्री पति सुख से हीन होती है। प्राय: ऐसी स्त्री विवाह के आठवें वर्ष में विधवा होती है।
19. मेषलग्न में सातवें सूर्य शुभ ग्रहों से दृष्ट न हो, तो स्त्री पति द्वारा त्याग दी जाती है उसका प्राय: तलाक होता है।
19. मेषलग्न में चन्द्रमा यदि चर (मेष, कर्क, तुला, मकर) राशि में हो, केन्द्र में पाप ग्रह, शुभ ग्रहों से दृष्ट न हो तो ऐसी स्त्री विवाह के पूर्व पर पुरुषों से संसर्ग करती है।
20. मेषलग्न में सूर्य आठवें शुभ ग्रहों से दृष्ट न हो तो ऐसी स्त्री नित नए अलंकार व वस्त्र पहन कर परपुरुषों का संग करती है तथा कुल की मर्यादाएं तोड़ देती है।
21. मेषलग्न में सप्तमेश यदि चर राशि में हो तो स्त्री का पति परदेश में रहने वाला होगा। ऐसे में बुध व शनि यदि सप्तम में हों तो स्त्री का पति नपुंसक होगा।
22. मेषलग्न में मंगल आठवें हो तो ऐसी स्त्री मृगनयनी एवं कुटिल होती है। ऐसी स्त्री प्रेम विवाह करती है तथा स्वच्छन्द यौनाचार में विश्वास रखती है।
23. मेषलग्न में मंगल हो, सप्तमेश शुक्र, आठवें हो, सप्तम भाव में बुध हो तो ऐसी स्त्री एक के बाद दूसरा पति और दूसरे के बाद तीसरा पति करती है। इसमें आत्मनिर्णय की कमी रहती है।
24. मेषलग्न में शुक्र सप्तम में हो, शुभ ग्रह उसे देखते हों तो जातक की पत्नी अत्यन्त सुन्दर, स्त्री-धर्म परायण एवं पतिव्रता होती है तथा विवाह के बाद पति के भाग्य को चमकाती है।
25. मेषलग्न में षष्टेश बुध राहु के साथ होकर यदि लग्नेश मंगल से किसी प्रकार का संबंध करे तो ऐसा जातक नपुंसक होता है।
26. मेषलग्न में चन्द्रमा मेष का वृश्चिक राशि में हो और इन्हीं राशियों का त्रिशांश भी हो तो ऐसी कन्या विवाह से पूर्व पर पुरुष से संसर्ग करती है।
27. मेषलग्न में शुक्र चन्द्रमा साथ में कहीं भी बैठें, पापग्रहों से दृष्ट हो ऐसी स्त्री व्याभिचारणी होती है।
28. मेषलग्न में चन्द्रमा यदि (1/3/5/7/9/11) राशि में हो तो ऐसी स्त्री पुरुष की तरह कठोर स्वभाव वाली एवं साहसिक मनोवृत्ति वाली होती है।

29. मेषलग्न में यदि सूर्य, मंगल, गुरु, चन्द्र, बुध व शुक्र बलवान हो तो ऐसी स्त्री गलत सोहबत या परिस्थित वश पर पुरुष की अंकशयिनी बन सकती है।

30. मेषलग्न में सप्तमेश शुक्र यदि चर राशि (1/4/7/10) में हो तो ऐसी स्त्री का पति निरन्तर प्रवास में रहता है।

31. मेषलग्न में चन्द्रमा एवं शुक्र लग्नस्थ पापग्रह से दृष्ट हों, तो ऐसी स्त्री अपनी माता सहित परपुरुष गामिनी होती है।

32. मेषलग्न में चन्द्र और शुक्र लग्नस्थ हों तथा पंचम स्थान पर पापग्रहों की दृष्टि हो तो वह नारी बन्ध्या होती है।

33. मेषलग्न में लग्नस्थ मंगल स्वगृही हो तो जातक के द्विभार्यायोग बनता है। ऐसा जातक दो नारियों से रमण करता है।

34. मेषलग्न में शुक्र यदि द्वितीय या द्वादश स्थान में हो तो ऐसा जातक जीवन में अनेक स्त्रियों के साथ रमण करता है।

35. मेषलग्न में सूर्य सातवें हो तो ऐसे जातक की पत्नी अल्पजीवी होती है।

□□□

मेषलग्न एवं संतान योग

1. वैसे मेषलग्न अन्य सन्तति वाला है परन्तु पंचमेश सूर्य आठवें हो तो जातक के अल्प सन्तति होती है।
2. मेषलग्न में पंचमेश सूर्य अस्त या पापग्रस्त होकर छठे, आठवें या बारहवें स्थान में हो तो जातक के पुत्र नहीं होता।
3. मेषलग्न में पंचमेश सूर्य लग्न (मेष राशि) में हो तथा गुरु से युत या दृष्ट हो तो जातक के प्रथम पुत्र होता है।
4. मेषलग्न में मंगल हो, पंचम से सूर्य एवं आठवें गुरु हो तो जातक के बहुत काल के बाद (जवानी बीत जाने पर) बहुत प्रयत्न करने पर पुत्र होता है।
5. मेषलग्न में शनि हो, अष्टम में गुरु एवं मंगल, बारहवें हो तो जातक के बहुत काल के बाद (जवानी बीत जाने पर) बहुत प्रयत्न करने पर पुत्र होता है।
6. मेषलग्न में चन्द्रमा ग्यारहवें हो, लग्न में पापग्रह हों, गुरु से पांचवें स्थान में भी पापग्रह हो तो व्यक्ति की जवानी बीत जाने पर, बहुत प्रयत्न करने पर पुत्र होता है।
7. मेषलग्न में पंचमेश सूर्य लग्न में हो तथा लग्नेश मंगल पंचम स्थान में परस्पर परिवर्तन करके बैठे हों तो जातक दूसरे की संतान गोद लेता है।
8. राहु, सूर्य एवं मंगल पंचम भाव में हों तो ऐसे जातक को शल्यचिकित्सा द्वारा कष्ट से पुत्र सन्तान की प्राप्ति होती है। आज की भाषा में ऐसे बालक को, ''सिजेरियन चाइल्ड'' कहते हैं।
9. मेषलग्न में पंचमेश कमजोर हो तथा राहु एकादश में हो तो जातक को वृद्धावस्था में सन्तान की प्राप्ति होती है।
10. पंचम स्थान में राहु, केतु या शनि इत्यादि पापग्रह हो तो गर्भपात अवश्य होता है।
11. मेषलग्न में लग्नेश मंगल द्वितीय स्थान में हो तथा पंचमेश, सूर्य पापग्रस्त या पापपीड़ित हो तो जातक के पुत्र उत्पन्न होने के बाद नष्ट हो जाता है।
12. मेषलग्न में शनि+मंगल पंचम भाव में बैठे हों और पंचमेश सूर्य छठे चला गया हो तो जातक को पुत्र का सुख नहीं मिलता। पुत्र उत्पन्न जरूर होता है पर कुछ कालान्तर के बाद मृत्यु को प्राप्त हो जाता है।
13. मेषलग्न में पंचमेश सूर्य बारहवें शुभग्रहों से युत या दृष्ट हो तो जातक की वृद्धावस्था

में पुत्र की अकाल मृत्यु होती है। जिससे जातक को संसार से विरक्ति होकर वैराग्य की प्राप्ति होगी।

14. पंचमेश यदि वृष, कर्क, कन्या या तुला राशि में हो तो जातक को प्रथम सन्तति के रूप में कन्या रत्न की प्राप्ति होती है।
15. मेषलग्न में पंचमेश सूर्य की सप्तमेश शुक्र से युति हो तो जातक को प्रथम सन्तति के रूप में कन्या रत्न की प्राप्ति होती है।
16. समराशि (2, 4, 6, 8, 10, 12) में गया हुआ बुध कन्या सन्तति की बाहुल्यता देता है। यदि चन्द्रमा और शुक्र का भी पंचम भाव पर प्रभाव हो तो यह योग अधिक पुष्ट हो जाता है।
17. पंचमेश सूर्य निर्बल हो, लग्नेश मंगल निर्बल हो तथा पंचम भाव में राहु हो तो जातक के सर्पदोष के कारण पुत्र सन्तान नहीं होती।
18. पंचम भाव में राहु हो और एकादश स्थान में स्थित केतु के मध्य सारे ग्रह हों तो पद्मनामक ''कालसर्प योग'' के कारण जातक के पुत्र सन्तान नहीं होती। ऐसे जातक को वंश वृद्धि की चिन्ता एवं मानसिक तनाव रहता है।
19. सूर्य अष्टम हो, पंचम भाव में शनि हो, पंचमेश राहु से युत हो तो जातक को पितृदोष होता है तथा पितृशाप के कारण पुत्र सन्तान नहीं होती।
20. लग्न में मंगल, अष्टम में शनि, पंचम में सूर्य एवं बारहवें स्थान में राहु या केतु हो तो ''वंशविच्छेद योग'' बनता है। ऐसे जातक के स्वयं का वंश समाप्त हो जाता है। आगे पीढ़ियां नहीं चलती।
21. मेषलग्न के चतुर्थभाव में पापग्रह हो तथा चन्द्रमा जहां बैठा हो उससे आठवें स्थान में पापग्रह हो तो वंशविच्छेद योग बनता है। ऐसे जातक के स्वयं का वंश समाप्त हो जाता, उसके आगे पीढ़ियां नहीं चलतीं।
22. तीन केन्द्रों में पापग्रह हों तो व्यक्ति को ''इलाख्य नामक'' सर्पयोग बनता है। इस दोष के कारण जातक को पुत्र संतान का सुख नहीं मिलता। दोष निवृत्ति पर शान्ति हो जाती है।
23. मेषलग्न में पंचमेश प्रथम, षष्ठ या द्वादश भाव में हो तथा पंचम भाव शुभ ग्रहों से दृष्ट न हो तो ''अनपत्य योग'' बनता है ऐसे जातक को निर्बीज पृथ्वी की तरह सन्तान उत्पन्न नहीं होती पर उपाय से दोष शान्त हो जाता है।
24. पंचम भाव मंगल बुध की युति हो तो जातक के जुड़वा सन्तान होती है। पुत्र या पुत्री की कोई शर्त नहीं।
25. जिस स्त्री की जन्म कुण्डली में सूर्य लग्न में और शनि यदि सातवें हो, अथवा सूर्य+शनि युति सातवें हो, तथा दशम भाव पर गुरु की दृष्टि हो तो ''अनगर्भा योग'' बनता है ऐसी स्त्री गर्भधारण योग्य नहीं होती।

26. जिस स्त्री की जन्म कुण्डली में शनि+मंगल छठे या चौथे स्थान में हो तो ''अनगर्भा योग'' बनता है ऐसे स्त्री गर्भधारण करने योग्य नहीं होती।
27. शुभ ग्रहों के साथ सूर्य+चन्द्रमा यदि पंचम स्थान में हो तो ''कुलवर्द्धन योग'' बनता है। ऐंसी स्त्री दीर्घजीवी, धनी एवं ऐश्वर्यशाली सन्तानों को उत्पन्न करती है।
28. पंचमेश मिथुन या कन्या राशि में हो, बुध से युत हो, पंचमेश और पंचम भाव पर पुरुष ग्रहों की दृष्टि न हो तो जातक को ''केवल कन्या योग'' होता है। पुत्र सन्तान नहीं होती।
29. मेषलग्न हो, सप्तम भाव, शुक्र, शनि व राहु के प्रभाव में हो अर्थात् लग्न में शुक्र, दूसरे शनि व 12वें राहु हो तो जातक के सन्तान नहीं होती।
30. मेंषलग्न में पंचमेश सूर्य द्वितीय स्थान में लग्नेश मंगल के साथ हो तथा कुम्भ का शनि पूर्ण दृष्टि से पंचम भाव की ओर देख रहा हो तो ऐसे जातक के पुत्र ही पुत्र (कम से कम पांच पुत्र) होते हैं। कोई कन्या सन्तति नहीं होती।

उदाहरण–मुरलीधर दवे 6/6/1936 समय 04.15 स्थान दुन्दाडा (बाड़मेर)

❑❑❑

मेषलग्न और राजयोग

1. पूर्ण मेषलग्न में जिसका जन्म हो और सूर्य लग्न में उच्च का हो, उच्च का गुरु कर्क के चतुर्थ भाव में बैठा हो, उच्च का मंगल मकर के दशम भाव में हो। जातक राजा के समान ऐश्वर्य एवं वैभव को भोगता है।
2. मेषलग्न में सूर्य-गुरु के उच्च होने पर तुला का शनि सप्तम में उच्च हो तो जातक राजा के समान ऐश्वर्य एवं वैभव को भोगता है।
3. मेषलग्न में सूर्य-मंगल-शनि तीनों ग्रह उच्च के हों तो, जातक राजा के समान ऐश्वर्य एवं वैभव को भोगता है।
4. मेषलग्न में सूर्य, गुरु, मंगल और शनि चारों ही उच्च के हों तो, जातक राजा के समान ऐश्वर्य एवं वैभव को भोगता है।
5. मेषलग्न में सूर्य, गुरु उच्च हों और स्वगृही चन्द्रमा गुरु के साथ हो तो, जातक राजा के समान ऐश्वर्य एवं वैभव को भोगता है।
6. मेषलग्न में सूर्य-शनि उच्च के हों, चन्द्रमा स्वगृही हो तो, जातक राजा के समान ऐश्वर्य एवं वैभव को भोगता है।
7. मेषलग्न में सूर्य मंगल उच्च के हों चन्द्रमा स्वगृही हो तो, जातक राजा के समान ऐश्वर्य एवं वैभव को भोगता है।
8. मेषलग्न में सूर्य उच्च का व चन्द्रमा स्वगृही हो तो जातक राजा के समान ऐश्वर्य एवं वैभव को भोगता है।
9. मेषलग्न में शुक्र स्वगृही सूर्य, बुध के साथ मंगल उच्च का दशम हो तो, जातक राजा के समान ऐश्वर्य एव वैभव को भोगता है।
10. मेषलग्न में उच्च का मंगल, नीच का सूर्य बुध के साथ, कर्क का शनि हो तो, जातक राजा के समान ऐश्वर्य एवं वैभव को भोगता है।
11. मेषलग्न में गुरु भाग्य स्थान में, सूर्य, बुध सप्तम में, मंगल रिपु भाव में हो तो, जातक राजा के समान ऐश्वर्य एवं वैभव को भोगता है।
12. मेषलग्न में सूर्य, बुध, शुक्र सप्तम में गुरु भाग्य स्थान में हो तो जातक राजा के समान ऐश्वर्य एवं वैभव को भोगता है।

13. मेषलग्न में सूर्य-शुक्र सप्तम में मंगल दशम में शनि चतुर्थ में हो, तो जातक राजा के समान ऐश्वर्य एवं वैभव को भोगता है।
14. मेषलग्न में सूर्य सप्तम में, गुरु नवम में, मंगल दशम में, शनि चतुर्थ में हो, जातक राजा के समान ऐश्वर्य एवं वैभव को भोगता है।
15. मेषलग्न में शुक्र सूर्य सप्तम में मंगल दशम में गुरु पंचम भाव में हो तो, जातक राजा के समान ऐश्वर्य एवं वैभव को भोगता है।
16. मेषलग्न में सूर्य-शुक्र सप्तम में, शनि एकादश में और गुरु पंचम स्थान में हो तो जातक राजा के समान ऐश्वर्य एवं वैभव को भोगता है।
17. मेषलग्न में सूर्य-शुक्र बुध सप्तम में शनि चतुर्थ में हो, जातक राजा के समान ऐश्वर्य एवं वैभव को भोगता है।
18. मेषलग्न में सूर्य-बुध सप्तम में, शनि एकादश में, गुरु पंचम में हो तो, जातक राजा के समान ऐश्वर्य एवं वैभव को भोगता है।
19. मेषलग्न में सूर्य-बुध सप्तम में, शनि एकादश में, गुरु पंचम में हो तो जातक राजा के समान ऐश्वर्य एवं वैभव को भोगता है।
20. मेषका मंगल लग्न में उच्च का गुरु चतुर्थ में हो तो जातक राजा के समान ऐश्वर्य एवं वैभव को भोगता है।
21. मेषलग्न में शुक्र-बुध सप्तम में, मंगल दशम में गुरु पंचम में हो तो, जातक राजा के समान ऐश्वर्य एवं वैभव को भोगता है।
22. मेषलग्न में शुक्र-बुध सप्तम, शनि एकादश में मंगल रिपु भाव में हो तो, जातक राजा के समान ऐश्वर्य एवं वैभव को भोगता है।
23. मेषलग्न में बुध सप्तम में मंगल दशम में शनि एकादश में गुरु पंचम में हो तो जातक राजा के समान ऐश्वर्य एवं वैभव को भोगता है।
24. मेषलग्न में बुध, शुक्र सप्तम में, शनि एकादश में गुरु पंचम में हो तो, जातक राजा के समान ऐश्वर्य एवं वैभव को भोगता है।
25. मेषलग्न में सूर्य, बुध, शुक्र, सप्तम में, मंगल दश में गुरु पंचम में हो तो जातक राजा के समान ऐश्वर्य एवं वैभव को भोगता है।
26. मेषलग्न में शुक्र सप्तम में, मंगल दशम में, शनि चतुर्थ में, गुरु पंचम में हो तो जातक राजा के समान ऐश्वर्य एवं वैभव को भोगता है।
27. मेषलग्न में सूर्य, बुध-शुक्र सप्तम में, मंगल दशम में शनि एकादश में हो तो, जातक राजा के समान ऐश्वर्य एवं वैभव को भोगता है।
28. मेषलग्न में सूर्य, शुक्र सप्तम में, गुरु नवम, मंगल दशम में, शनि चतुर्थ में हो तो, जातक राजा के समान ऐश्वर्य एवं वैभव को भोगता है।
29. मेषलग्न में सूर्य, बुध सप्तम में, गुरु नवम में, शनि एकादश में, मंगल छठे स्थान में हो तो जातक राजा के समान ऐश्वर्य एवं वैभव को भोगता है।

30. मेषलग्न में सूर्य, शुक्र, बुध सप्तम में, मंगल दश में, शनि चतुर्थ में, गुरु पंचम में हो तो जातक राजा के समान ऐश्वर्य एवं वैभव को भोगता है।

31. मेषलग्न में सूर्य-बुध-शुक्र सप्तम में, शनि एकादश में, गुरु पंचम में हो तो जातक राजा के समान ऐश्वर्य एवं वैभव को भोगता है।

32. मेषलग्न में शनि बुध सप्तम में, शनि एकादश में, मंगल छठे भाव में हो तो या मेष का मंगल लग्न में हो तो जातक राजा के समान ऐश्वर्य एवं वैभव को भोगता है।

33. मेषलग्न में उच्च का गुरु चतुर्थ में हो तो मेष का गुरु लग्न में, स्वगृही चन्द्रमा चतुर्थ में, मकर का शुक्र दशम में हो तो जातक राजा के समान ऐश्वर्य एवं वैभव को भोगता है।

34. मेष का सूर्य गुरु लग्न में, मकर का मंगल दशम में तथा चन्द्रमा, शुक्र और बुध भाग्य स्थान में हो तो जातक राजा के समान ऐश्वर्य एवं वैभव को भोगता है।

35. मेषलग्न में उच्च का सूर्य लग्न में, उच्च का गुरु चतुर्थ में, उच्च का शनि चन्द्रमा के साथ सप्तम भाव में हो तो मनुष्य निश्चय से बड़ा आदमी होता है और राजा का पुत्र एवं अपने पिता का राज्याधिपति पाता है।

36. मेषलग्न में उच्च का सूर्य, गुरु के साथ लग्न में हो, वृष का शुक्र दूसरे स्थान धन भाव में हो, शनि उच्च का तुला में मंगल के साथ सप्तम स्थान में हो और मीन का चन्द्रमा बुध के साथ द्वादश भाव में हो तो मनुष्य भाग्यवान तथा राज्य का स्वामी होता है।

37. मेष का सूर्य लग्न में, वृष का चन्द्रमा धन में, मिथुन का राहु परोक्रम में और कर्क का गुरु चतुर्थ में हो तो मनुष्य सरकारी नौकरी में बहुत बड़े पद को प्राप्त करता है।

38. मेषलग्न हो, लग्न में ही चन्द्रमा हो तथा चंद्र व मंगल की युति हो तो जातक अवश्य ही संसद सदस्य बनता है।

39. मेषलग्न हो तथा सूर्य उच्च का (मेष में) हो। गुरु स्वराशिस्थ नवम भावस्थ हो एवं कर्मेश मंगल उच्च का अर्थात् मंगल कुंभ का हो जो जातक राज्यपाल बनता है।

40. मेषलग्न हो तथा मंगल-गुरु का सम्बन्ध हो तो वह जातक केन्द्रीय मंत्री बन कर कई विदेश-यात्राएं करता है।

41. मेषलग्न हो, लग्न में सूर्य, मंगल, शनि, केतु इनमें से कोई हो तथा गुरु भाग्य भवन में हो तो जातक अवश्य केन्द्रीय मंत्री बनता है।

42. मेषलग्न वाले जातक की कुण्डली में 11वें भवन में यदि चन्द्रमा एवं गुरु हो, उन पर शुभ ग्रहों की दृष्टि हो तो जातक उच्च शासनाधिकारी बन कर मान पाता है।

43. चन्द्रमा लग्न में स्थित हो, शनि एकादश भाव में, सूर्य स्वराशिस्थ सन्तान भवन (5) में तथा गुरु मृत्यु भाव (8) में हो तो जातक उच्च पदासीन होता है।

44. लग्नेश व राशि लग्न में होकर 9वें चन्द्रमा हो तो जातक शासन में विरोधी दल का नेतृत्व करता है।

45. मेष लग्नस्थ जातक को पाप ग्रह नहीं देखता हो तो भी जातक उच्च पद प्राप्त करता है।
46. मेषलग्न हो तथा कर्मेश मंगल हो, छठे बुध, व्यय भाव में शुक्र हो तो जातक एम.एल.ए. बनता है।
47. मेष स्थित चन्द्रमा को गुरु पूर्ण दृष्टि से देखता हो तो जातक उच्च पद की प्राप्ति करता है।
48. मेषलग्न हो तथा बुध चौथे, गुरु सातवें, शुक्र 10वें भावस्थ हो तो जातक एम.पी. बनता है।
49. मेषलग्न हो तथा समस्त शुभ ग्रह केन्द में स्थित हों तो जातक राज्यपाल बनता है।
50. मेषलग्न हो। चतुर्थेश चौथे एवं भाग्येश 10वें हो तो एवं लग्नेश बलवान हो तो जातक सेना में उच्च पद की प्राप्ति करता है।
51. मेषलग्न हो, लग्नेश लग्न को देखता हो, भाग्येश गुरु, केन्द्र या त्रिकोण में (5, 9) हो तो जातक को उच्च पद की प्राप्ति हाती है।
52. मेषलग्न हो, चतुर्थेश, पंचमेश अर्थात् सूर्य, चंद्र का योग हो तो प्रबल राजयोग बनता है।
53. जन्म लग्न मेष हो, मंगल लग्नाधिपति 5वें घर में हो तो लग्नेश की दशा में निश्चय ही राजयोग, अभ्युदयादि होता है।
54. मेषलग्न में उच्च का गुरु और मंगल तथा मेषलग्न में मंगल और गुरु हो, तो राजयोग होता है।
55. सिंह मेषलग्न में सिंह का सूर्य, गुरु, कुंभ का शनि, वृष का चन्द्रमा, वृश्चिक का मंगल, मिथुन का बुध और मेषलग्न में हो तो राजयोग होता है।

❑❑❑

मेषलग्न में आशीर्वादात्मक कुण्डली का मंगल दर्शन

॥ देवाधिदेव महादेव की कुण्डली॥

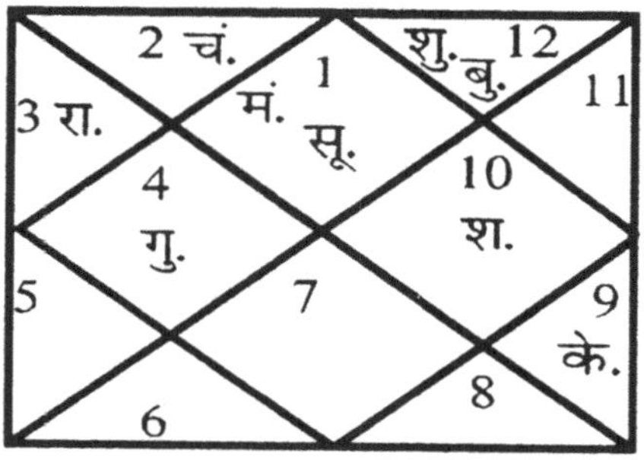

वन्दे देवमुमापतिं सुरगुरुं, वन्दे जगत्कारणम्।
वन्दे पन्नगभूषणं मृगधरं, वन्दे पशूनांपतिम्।
वन्दे सूर्य शशांक वह्नि नयनं, वन्दे मुकुन्दं प्रियम्।
वन्दे भक्तजनाश्रयं च वरदे वन्दे शिवं शंकरम्॥

इस संसार के आदिकारण, पार्वती के पति, समस्त देवताओं के गुरु बाघाम्बर पहनने वाले मणिधारी सर्पों के आभूषणों से सुशोभित भगवान विष्णु के परमप्रिय उपास्यदेव, सूर्य व चन्द्रमा रूपी नेत्रों को धारण करने वाले, समस्त संसार के अग्नितत्त्व को तीसरे नेत्र में स्थापित करने वाले, भक्तों के आश्रयदाता भगवान शंकर की समस्त संसार के प्राणियों का मंगल (कल्याण) करने वाले, परम सुन्दर एवं शान्ति करने वाले शंकर स्वरूप को बारम्बार नमस्कार है। ऐसे देवाधिदेव महादेव दीर्घकाल तक इस जातक की रक्षा करें।

❑❑❑

मेष लग्न में सूर्य की स्थिति

मेष लग्न में सूर्य की स्थिति प्रथम स्थान में

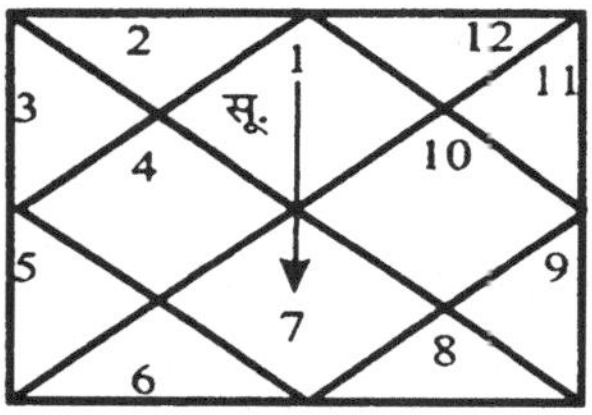

मेषलग्न में सूर्य पंचमेश (त्रिकोणपति) होने के कारण शुभफलदाई है। लग्न (प्रथम स्थान) में सूर्य मेष राशि में होने से उच्च का होगा। भृगुसूत्र के अनुसार–**'स्वोच्चे कीर्तिमान्'** जातक राजा के समान कीर्तिवान, परोपकारी एवं यशस्वी होता है। ऐसा जातक स्वतंत्र विचारों वाला एवं आरोग्यवान होता है। साधारण परिवार में जन्म लेकर भी उच्च पद को प्राप्त करता है। सिरदर्द की शिकायत रहती है। दिमाग गर्म रहता है।

निशानी–सतयुगी राजा, हकीम, लालबत्ती का हकदार।

दशा–सूर्य की दशा बहुत अच्छा फल देगी।

अनुभव–भोजसंहिता के अनुसार ऐसा जातक प्रशासनिक अधिकारी होता है। इसका पिता समाज में प्रतिष्ठित व्यक्ति होता है।

सूर्य का अन्य ग्रहों से सम्बन्ध–

1. **सूर्य+चन्द्र**–सूर्य के साथ यदि चन्द्रमा हो तो जातक का जन्म वैशाख कृष्ण अमावस्या प्रातः 6 से 8 बजे के मध्य होगा। जातक धनी व सुखी होगा। उसकी पत्नी सुन्दर होगी। यह युति प्रबल राजयोग कारक है।
2. **सूर्य+मंगल– किम्बहुना योग**–सूर्य के साथ यदि लग्नेश मंगल हो तो, 'रुचक योग' भी बनेगा। जातक राजा होगा। विधायक, सांसद, मंत्री या श्रेष्ठ राजनीतिज्ञ होगा। यह युति प्रबल राजयोग कारक है।
3. **सूर्य+बुध**–सूर्य के साथ बुध हो तो 'बुधादित्य योग' बनेगा। यह एक प्रकार का राजयोग है।
4. **सूर्य+गुरु**–सूर्य के साथ भाग्येश गुरु जातक को भाग्यशाली बनाएगा। जातक को सही भाग्योदय प्रथम पुत्र जन्म के बाद होगा।

5. **सूर्य+शुक्र**–सूर्य के साथ स्वगृहाभिलाषी होगा। ऐसे जातक की पत्नी सुन्दर होगी व तेज स्वभाव की होगी।
6. **सूर्य+शनि–नीचभंग राजयोग**–सूर्य के साथ यदि शनि हो तो नीचभंग राजयोग बनेगा। इससे शनि का नीचत्व भंग हो जाता है। जातक राजा होगा। विधायक, सांसद, मंत्री या श्रेष्ठ राजनीतिज्ञ होता है।
7. **सूर्य+राहु**–सूर्य के साथ राहु विद्या में बाधा डालेगा। राजकाज में भी बाधा आएगी।
8. **सूर्य+केतु**–जातक को तेजस्वी वक्ता बनाएगा। ऐसा जातक पराक्रमी होगा।
9. सूर्य लग्न में तथा चन्द्रमा चौथे हो तो यह भी एक उत्तम राजयोग की सृष्टि करेगा। ऐसे जातक का जन्म वैशाख शुक्ल अष्टमी प्रातः 6 से 8 बजे के मध्य को होगा।
10. सूर्य लग्न में तथा मंगल दसवें, गुरु चौथे या नवमें हो तो यह जबरदस्त राजयोग होगा। व्यक्ति मिनिस्टर (राजा) होगा। लालबत्ती का स्वामी होगा।

प्रथम भाव में सूर्य का उपचार–

1. माणिक रत्न का लॉकेट "सूर्य यंत्र" साथ जड़वाकर पहने।
2. यदि जातक अपने पैतृक मकान में हैण्डपम्प लगाए तो सूर्य का दुष्प्रभाव नष्ट होगा।
3. परोपकार एवं सेवा का कार्य अधिक करे।

मेषलग्न में सूर्य की स्थिति द्वितीय स्थान में

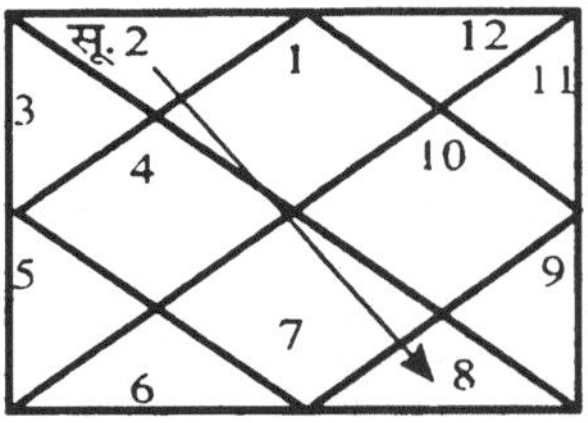

मेषलग्न में सूर्य पंचमेश (त्रिकोणपति) होने के कारण शुभफलदाई है। द्वितीय स्थान में सूर्य वृषभ राशि में होगा। ऐसा जातक समाज में इज्जत-मान पाने वाला, दस्तकार, फैक्ट्री का मालिक, राजदरबार (सरकार) से मान-सम्मान पाने वाला यशस्वी जातक होता है। ऐसा व्यक्ति भाग्यशाली होता है पर अपने कुटुम्ब के सदस्यों से वैमनस्य रखता है। इस जातक का धन शुभ मार्ग, शुभ कार्य में खर्च होता है। गृह द्वार पर (घोड़े) बड़े-बड़े वाहन खड़े होकर घर की शोभा बढ़ाते हैं।

निशानी–अपने भुजा बल का स्वामी। प्रथम पुत्र जन्म के बाद जातक का भाग्योदय होगा।

अनुभव–भोजसंहिता के अनुसार जातक की वाणी अभिमानी व कटाक्ष वाली होती है।

दशा–सूर्य की दशा बहुत अच्छी जाएगी। धन की प्राप्ति होगी। सन्तति सुख भी मिलेगा।

सूर्य का अन्य ग्रहों से सम्बन्ध–

1. **सूर्य+चन्द्र**–सूर्य के साथ यदि चन्द्रमा हो तो जातक को **'माता की सम्पत्ति'** मिलेगी। जातक धनवान होगा। उसका पुत्र भी धनवान होगा। ऐसे जातक का जन्म ज्येष्ठ कृष्ण अमावस्या रात्रि 4 बजे के आसपास होगा। यह युति प्रबल राजयोग कारक है।

2 **सूर्य+मंगल**–सूर्य के साथ यदि लग्नेश मंगल हो तो जातक स्व पराक्रम से खूब धन कमाएगा। जातक का परिश्रम सार्थक रहेगा।

3. **सूर्य+बुध**–सूर्य के साथ बुध हो तो **'बुधादित्य योग'** बनेगा। यह पंचमेश सूर्य की षष्टेश+तृतीयेश बुध के साथ युति होगी। बुध स्वगृही होगा। ऐसा जातक पराक्रमी होगा परन्तु धीरे-धीरे, अटक-अटक कर बोलेगा।

4 **सूर्य+गुरु**–जातक भाग्यशुक होगा। तीर्थयात्रा धार्मिक कार्य में रुपया कमाएगा।

5. **सूर्य+शुक्र**–सूर्य के साथ यदि शुक्र हो तो **'पुत्रमूल धनयोग'** बनेगा। जातक पुत्र द्वारा धन, यश व कीर्ति को प्राप्त करेगा।

6. **सूर्य+शनि**–सूर्य के साथ शनि, पिता की मृत्यु के बाद जातक का भाग्योदय कराता है।

7. **सूर्य+राहु**–सूर्य के साथ राहु धन के घड़े में छेद, धन की बरकत नहीं। पुत्र खर्चीले स्वभाव का होगा।

8 **सूर्य+केतु**–जातक की वाणी घमण्डी होगी पर अचानक बोला गया वचन सत्य हो जाएगा।

द्वितीय भाव में सूर्य का उपचार–

1. मुफ्त का माल नहीं खाना चाहिए
2 मुफ्त का दान नहीं ले।
3. नारियल का तेल या बादाम का तेल धर्म स्थान पर चढावे।
4 आदित्य हृदय स्तोत्र का नित्य पाठ करें।

मेषलग्न में सूर्य की स्थिति तृतीय स्थान में

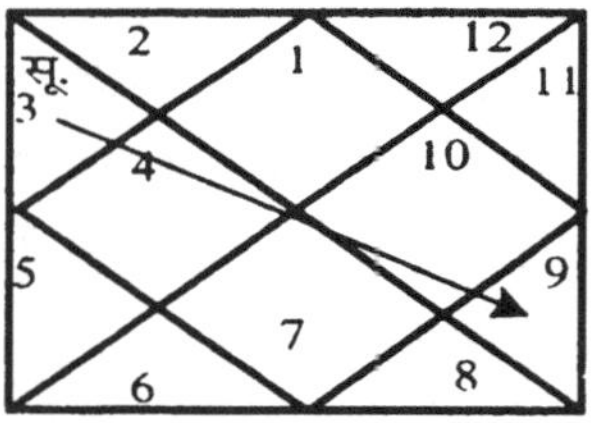

मेषलग्न में सूर्य पंचमेश (त्रिकोणपति) होने के कारण शुभफलदाई है। तृतीय स्थान में सूर्य मिथुन राशि में मित्रक्षेत्री होगा। राजदरबार (सरकार) में मुकदमे में हमेशा जीत पाने वाला, दृढ़ निश्चयी, भाइयों-कुटम्बियों में मान पाने वाला, पिता की सम्पत्ति पाने वाला, गणित का जानकार ज्योतिष का विद्वान एवं महान पराक्रमी होगा।

अनुभव–'भोज संहिता' के अनुसार ऐसे जातक के मित्र धनी होते हैं। भाई प्रभावशाली पद पर होते हैं। जातक साहसी होगा। उसे धर्मगुरु के रूप में यश मिलेगा।

निशानी–धन का राजा, स्वयं कमाकर खाने वाला 'अनुजरहित' ज्येष्ठनाश: (भृगुसूत्र) घर में आप बड़ा होगा। ज्येष्ठ भाई का नाश होगा।

दशा–सूर्य की दशा उत्तम फल देगी।

सूर्य का अन्य ग्रहों से सम्बन्ध–

1. **सूर्य+चन्द्र**–सूर्य के साथ यदि चन्द्रमा हो तो जातक का जन्म आषाढ़ कृष्ण अमावस्या

रात्रि को 2 से 4 बजे के बीच होगा। जातक पराक्रमी होगा पर पीठ पीछे इसकी बुराई होती रहेगी पर जातक मित्रों को वशीभूत करने में समर्थ होगा।

2. **सूर्य+मंगल**–ऐसा जातक पराक्रमी होगा। पर भाइयों में नहीं बनेगी।
3. **सूर्य+बुध–बुधादित्य योग**–पंचमेश व तृतीयेश की युति मित्रों से लाभ दिलाएगी। कुटम्ब-परिवार में प्रतिष्ठा रहती है। जातक महान पराक्रमी होता है। ऐसा जातक बहु प्रजावान सन्तति वाला होता है।
4. **सूर्य+गुरु**–जातक भाग्यशाली होगा एवं भाइयों की मदद के आगे बढ़ेगा। मित्रों की मदद रहेगी।
5. **सूर्य+शुक्र**– धनेश एवं पंचमेश की युति विवाह के बाद धन प्राप्ति कराएगी। दूसरा भाग्योदय प्रथम सन्तति के बाद होगा।
6. **सूर्य+शनि**– सूर्य शनि की युति भाइयों में मनमुटाव उत्पन्न कराएगी।
7. **सूर्य+राहु**–सूर्य राहु परिजनों में विग्रह कराएगा पर जातक जबरदस्त पराक्रमी होगा।
8. **सूर्य+केतु**–जातक कीर्तिवान् होगा। कुटुम्बीजनों के लिए त्याग करेगा, पर उसका फल नहीं मिलेगा।

तृतीय भाव में सूर्य का उपचार–

1. नित्य माता का आशीर्वाद लेना चाहिए।
2. माता न हो तो सास, मौसी या बुआ की सेवा कर आशीर्वाद लें।
3. अपना चाल-चलन ठीक रखे।
4. माणिक्य युक्त 'सूर्य यंत्र' धारण करें।

मेषलग्न में सूर्य की स्थिति चतुर्थ स्थान में

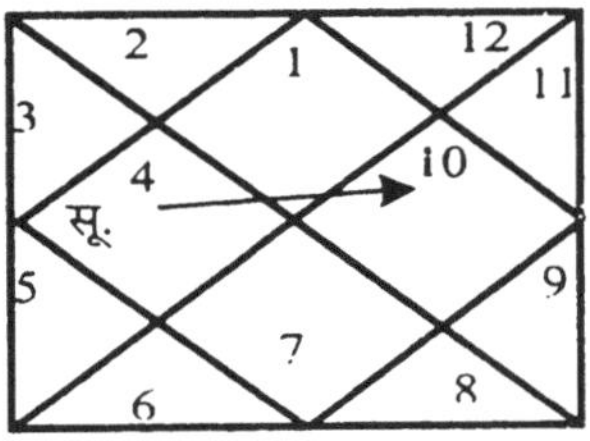

मेषलग्न में सूर्य पंचमेश (त्रिकोणपति) होने के कारण शुभफल दाई है। चतुर्थ स्थान में सूर्य कर्क राशि का होगा। ऐसा जातक राजदरबार में मान-सम्मान पाने वाला, समुद्री यात्रा या विदेश यात्रा से लाभ कमाने वाला, माता-पिता का भक्त, जमीन-जायदाद का स्वामी होता है। जातक को थोड़ा सहयोग मिलने पर सरकारी नौकरी मिल सकती है। जातक पढ़ा-लिख कर उच्च शैक्षणिक डिग्री को प्राप्त करेगा।

अनुभव–भोज संहिता के अनुसार कर्कस्थ सूर्य यदि चतुर्थ में हो तो जातक विद्यावान् होगा। उसको सरकारी नौकरी मिल सकती है।

निशानी–दूसरों के लिए जोड़-जोड़ कर मरे।

दशा–सूर्य की दशा सुख में वृद्धि करेगी। राज्य में लाभ मिलेगा। सन्तति सुख मिलेगा। विद्या में वजीफा मिलेगा।

सूर्य का अन्य ग्रहों से सम्बन्ध–

1. **सूर्य+चन्द्र**–सूर्य के साथ यदि चन्द्रमा हो तो जातक का जन्म श्रावण कृष्ण अमावस्या की मध्य रात्रि का होगा। जातक को माता की सम्पत्ति एवं उत्तम वाहन का सुख मिलेगा। यह युति प्रबल राजयोग कारक है।
2. **सूर्य+मंगल**–जातक की माता का स्वास्थ्य गड़बड़ रहेगा। सुख-संसाधनों में कुछ न कुछ कमी बनी रहेगी।
3. **सूर्य+बुध**–सूर्य के साथ यदि बुध हो तो **'बुधादित्य योग'** बनेगा। यह पंचमेश सूर्य के साथ तृतीयेश+षष्टेश बुध की युति केन्द्रस्थान में होगी। यहां बुध शत्रुक्षेत्री होगा। जातक का पुत्र सुखी होगा, उत्तम मकान बनाएगा।
4. **सूर्य+गुरु**–सूर्य के साथ गुरु हो तो **'हंसयोग'** के कारण जातक राजनीति में सक्रिय होकर उच्च पद को प्राप्त करेगा। जातक के पिता दीर्घजीवी होंगे। यदि यहां चन्द्रमा भी हो तो जातक लालबत्ती की गाड़ी का स्वामी (हकदार) होगा।
5. **सूर्य+शुक्र**–धनेश+पंचमेश की युति में विवाह धन की प्राप्ति होगी। प्रथम सन्तति के बाद धन और बढ़ेगा।
6. **सूर्य+शनि**–जातक के स्वयं का भगोरथ पिता की मृत्यु के बाद होगा। राजपथ में लाभ होगा।
7. **सूर्य+राहु**–जातक का पिता बीमार रहेगा। या पिता का साथ कम मिलेगा।
8. **सूर्य+केतु**–सूर्य के साथ यदि राहु, केतु या शनि हो तो जातक की सन्तानों में केवल एक कन्या ही जीवित रह पाएगी।

चतुर्थ भाव में सूर्य का उपचार–

1. अंधों का भोजन दे।
2. शरीर पर सोना पहने।
3. सूर्य की मूर्ति या 'सुवर्ण फूल' गले में धारण करे।
4. अभिमंत्रित माणिक्य 'सूर्य यंत्र' के साथ गले में धारण करें।

मेषलग्न में सूर्य की स्थिति पंचम स्थान में

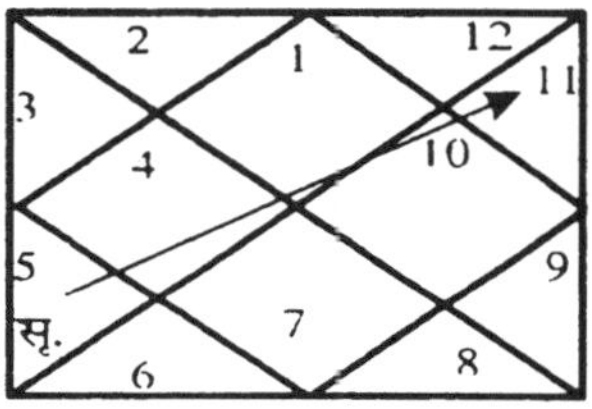

मेषलग्न में सूर्य पंचमेश (त्रिकोणपति) होने के कारण शुभफलदाई है। पांचवे स्थान में सूर्य सिंह राशि में होने से स्वगृही होगा। जातक राजा व राजा के समान प्रतापी होगा। सरकार से सम्मानित होगा। उच्च शिक्षा प्राप्त करेगा। जातक ज्योतिष, तंत्र इत्यादि गुप्त विद्याओं का जानकार होगा। जातक का भाग्योदय सन्तान (पुत्र) प्राप्ति के बाद होगा।

अनुभव–पंचमेश पंचम भाव में स्वगृही होने से 'भोज संहिता' के अनुसार जातक को

ईश्वरीय अनुकम्पा प्राप्त होती रहेगी। यह 'पूर्वपुण्य' का भी भाव है। जातक की सन्तति सम्पन्न होगी। जातक को सरकारी नौकरी मिल सकती है।

निशानी—परिवार तरक्की का मालिक।

दशा—सूर्य की दशा अति उत्तम फल देगी। जातक का भाग्योदय होगा। सरकारी क्षेत्र में सफलता, कोर्ट कचहरी में विजय मिलेगी।

सूर्य का अन्य ग्रहों से सम्बन्ध—

1. **सूर्य+चन्द्र**—सूर्य के साथ यदि चन्द्रमा हो तो जातक का जन्म भाद्रकृष्ण अमावस्या की रात्रि 10 बजे के लगभग होता है। जातक की माता भाग्योदय में सहायक होगी। यह युति प्रबल राजयोग कारक है।
2. **सूर्य+मंगल**—यदि लग्नेश मंगल साथ हो तो तीन पुत्रों की सम्भावना रहती है। जातक शस्त्रविद्या का जानकार होता है। जातक शत्रुओं का नाश करने में पूर्ण सक्षम होता है। यहां सूर्य के साथ मंगल की युति प्रबल राजयोग कारक है।
3. **सूर्य+बुध**— के साथ बुध हो तो **'बुधादित्ययोग'** बनेगा। यह पंचमेश सूर्य की तृतीयेश+षष्ठेश बुध के साथ युति पंचम भाव में होगी जहां सूर्य स्वगृही होगा। यह युति राजयोग प्रदाता साबित होगी। मित्रों की वजह से जातक को सफलता मिलती रहेगी।
4. **सूर्य+गुरु**—प्रथम पुत्र होगा। जातक का पुत्र धनी होगा। स्वयं आध्यात्मिक विद्या का ज्ञाता होगा।
5. **सूर्य+शुक्र**—विद्या से भाग्य चमकेगा। जातक का पुत्र धनी होगा।
6. **सूर्य+शनि**—जातक का भाग्योदय पिता की मृत्यु के बाद होगा। सम्भवतः पुत्र सन्तति भी।
7. **सूर्य+राहु**—पितृदोष से जातक ग्रसित रहेगा। परिश्रम का फल नहीं जातक जादू-टोनों में विश्वास रखेगा।
8. **सूर्य+केतु**—जातक भूतविद्या का जानकार होगा। जातक जादू-टोनों में विश्वास रखेगा।
9. सूर्य के साथ राहु या केतु हो सर्प के शाप से पुत्र सन्तान का नाश होता है 'राहुकेतु युते सर्पशापात् सुतक्षमः' (भृगुसूत्र) परन्तु काल सर्पशान्ति से सन्तान होगी।

पंचम भाव में सूर्य का उपचार—

1. अपने वायदे-वचन के प्रति पाबन्द रहे।
2. अपनी खानदानी परम्परा को नष्ट न करे।
3. लाल मुंह के बन्दरों को गुड़-चना, फल खिलावे।
4. बजरंग बाण का पाठ करें।

मेषलग्न में सूर्य की स्थिति षष्टम स्थान में

मेषलग्न में सूर्य पंचमेश (त्रिकोणपति) होने के कारण शुभफलदाई है। षष्टम् स्थान में सूर्य कन्या राशि का होकर मित्र क्षेत्री होता है। जातक बहुत बड़े परिवार वाला, राजदरबार

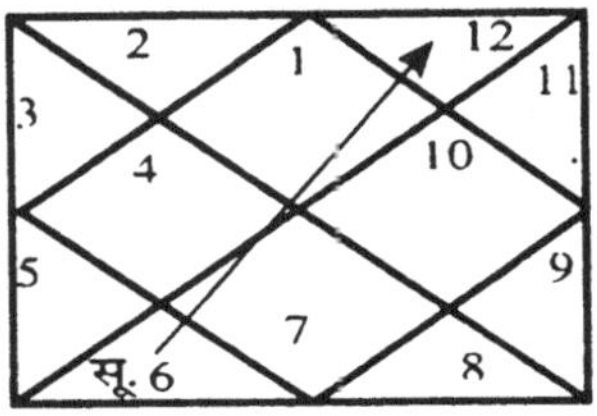

(सरकार) में सम्मान पाने वाला, मुकदमे में विजयी होगा। जातक का जन्म पिता के लिए शुभ परन्तु खुद के पुत्र सन्तति में बाधा '**पुत्रहीन योग**' के कारण हो सकता है। विद्या के लिए भी संघर्ष करना पड़ेगा पर सूर्य उपासना, आदित्यहृदयस्रोत्र के पाठ से सब ठीक होगा।

अनुभव–सूर्य की यह स्थिति 'सत्यजातकम्' के अनुसार जातक को कुटुम्ब विवाह की ओर प्रेरित करती है। सरकारी व्यक्ति के साथ झगड़ा जातक को तकलीफ में डाल सकता है।

निशानी–धन से बेफिक्र, भाग्य से सन्तुष्ट। जातक का जन्म पिता के घर से बाहर (ननिहाल) में होता है।

दशा–सूर्य की दशा मिश्रित फल देगी।

सूर्य का अन्य ग्रहों से सम्बन्ध–

1. **सूर्य+चन्द्र**–यदि सूर्य के साथ चन्द्रमा हो तो जातक का जन्म अश्विन कृष्ण अमावस्या, रात्रि 9 से 8 बजे के मध्य होगा। जातक अभाग्यशाली होगा। पुत्र सुख की कमी, मातृसुख की कमी महसूस करेगा।
2. **सूर्य+मंगल**–सूर्य के साथ मंगल '**विपरीत राजयोग**' बनायेगा। जातक धनी होगा।
3. **सूर्य+बुध**–सूर्य के साथ यदि बुध हो तो पंचमेश सूर्य की तृतीयेश+षष्टेश बुध के साथ युति राजयोगकारक है। यहां बुध उच्च का होगा। जातक के गुप्त शत्रु बहुत होंगे। विद्या एवं पुत्र सुख में रुकावट महसूस होगी। जातक अटक-अटक कर बोलेगा। ऐसा जातक अपने कुटुम्ब में ही विवाह करेगा।
4. **सूर्य+गुरु**–सूर्य के साथ गुरु '**विपरीत राजयोग**' बनाएगा। जातक धनी होगा।
5. **सूर्य+शुक्र**–सूर्य के साथ शुक्र पत्नी में नित्य कलह, आर्थिक तंगी को दिग्दर्शित करता है।
6. **सूर्य+शनि**–यदि साथ में शनि हो तो खुद की जाति में बहुत शत्रु होंगे। जातक षड्यंत्र का शिकार होगा। पिता-पुत्र की नहीं बनेगी।
7. **सूर्य+राहु**–सूर्य के साथ राहु पितृदोष को बताता है। परिश्रम का लाभ नहीं शत्रु तंग करेंगे।
8. **सूर्य+केतु**–सूर्य के साथ केतु संघर्षमय स्थिति, दुर्घटना योग से पांव में चोट पंहुचाएगा।
9. सूर्य के साथ राहु, केतु हों तो बीस वर्ष की आयु में नेत्र टेढ़े हो जाएंगे या नेत्र दोष होगा। शुभ ग्रह देखे तो दोष नहीं होगा। जातक सन्तानहीन हो सकता है। अथवा अदालत में दण्डित भी हो सकता है।

षष्टम भाव में सूर्य का उपचार–

1. बन्दर को चने देना चाहिए।
2. भूरी.च्यूंटी को सतनाजा सप्तधान डालना चाहिए।

3. माता के पांव धोकर आशीर्वाद लेना।
4. सूर्य को लाल पुष्प या कुंकुम डालकर अर्घ्य दे।
5. शत्रुनाश के लिए आदित्य हृदय स्तोत्र का नित्य पाठ करें।
6. नेत्रपीड़ा की निवृति हेतु 'नेत्रोपनिषद' का पाठ करें।

मेषलग्न में सूर्य की स्थिति सप्तम स्थान में

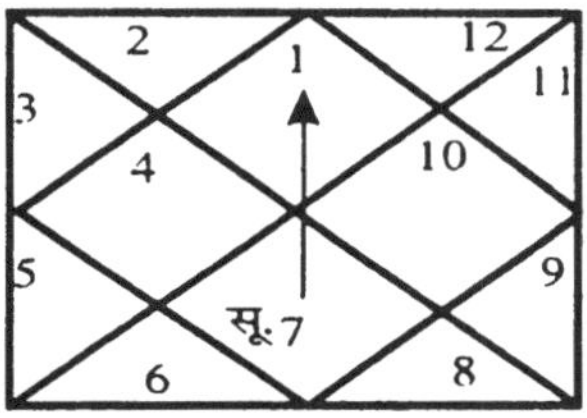

मेषलग्न में सूर्य पंचमेश (त्रिकोणपति) होने के कारण शुभफलदाई है। सप्तम स्थान में सूर्य तुला राशि के नीच का होगा। जातक अभिमानी होगा। उसका विवाह विलम्ब से होगा। पच्चीसवें वर्ष जातक देशान्तर में जाएगा। विवाह के बाद किस्मत चमकेगी। जातक मुकदमे में समझौता करने वाला होता है।

अनुभव–ऐसे जातक का पुत्र विदेश जाकर धनी, मानी व दानी होता है। भोज संहिता के अनुसार पंचमेश नीच का होकर यदि सप्तम भाव में हो तो जातक अपनी पत्नी को शक की नजर, नीची नजर से देखेगा।

निशानी–कम कबीला, डरता-डरता रहे।

दशा–सूर्य की दशा उत्तम फल देगी। जातक 24 वर्ष की आयु के बाद उन्नति पथ पर आगे बढ़ना शुरू हो जाएगा।

सूर्य का अन्य ग्रहों से सम्बन्ध–

1. **सूर्य+चन्द्र**–सूर्य के साथ यदि चन्द्रमा हो तो जातक का जन्म कार्तिक कृष्ण अमावस्या को सायं 6 से 7 बजे के मध्य होगा। जातक सुखी व सम्पन्न व्यक्ति होगा। यह युति राजयोग कारक है।
2. **सूर्य+मंगल**– की युति यहां राजयोग कारक साबित होगी। लग्नेश का लग्न को देखना बहुत बड़ी बात है। जातक को परिश्रम का लाभ मिलेगा।
3. **सूर्य+बुध**–यदि सूर्य के साथ बुध हो तो **'बुधादित्य योग'** बनेगा। वस्तुत: यह पंचमेश सूर्य की तृतीयेश+षष्टेश बुध के साथ युति होगी। युति केन्द्रवर्ती होने से जातक राज्यतुल्य एंश्वर्य को भोगेगा। जातक के मित्र शक्तिशाली होंगे। जातक को परिजनों एवं मित्रों से लाभ मिलता रहेगा।
4. **सूर्य+गुरु**– यहां भाग्येश+पंचमेश की युति जातक का भाग्योदय विवाह के बाद एवं दूसरा भाग्योदय प्रथम पुत्र के बाद होगा।
5. **सूर्य+शुक्र**–सूर्य के साथ यदि शुक्र हो तो भी नीचभंग राजयोग बनेगा। **'पुत्रमूल धनयोग'** के कारण जातक को पुत्र द्वारा धन, यश व कीर्ति की प्राप्ति होगी। ससुराल से धन मिलेगा। विवाह के तत्काल बाद किस्मत चमकेगी।

6. **सूर्य+शनि–नीच भंग राजयोग**–सूर्य के साथ शनि हो तो सूर्य का नीचत्व भंग होकर नीचभंग राजयोग बनेगा। जातक राजा तुल्य ऐश्वर्य को प्राप्त करेगा। मुकदमे में जीत मिलेगी।
7. **सूर्य+राहु**–पत्नी से झगड़ा, गृहस्थ जीवन कलहपूर्ण रहेगा। पत्नी घमण्डी होगी।
8. **सूर्य+केतु**–दाम्पत्य जीवन में विवाद की स्थिति रहेगी।
9. यदि सूर्य के साथ राहु, केतु हो तो जातक अभक्ष्य भक्षण करेगा। अपनी स्त्री से द्वेष करेंगा। उसके दो पत्नियां होंगी।

सप्तम भाव में सूर्य का उपचार–

1. रात को रोटी आदि पकाने के बाद आग गैस, चूल्हा स्टोव से दूध बहावे या छींटे दे।
2. रविवार के दिन जमीन में तांबे के टुकड़े दबाना चाहिए।
3. भोजन करने के पूर्व भोजन का कुछ अंश आहुति के रूप में अग्नि में डाले तो सूर्य का दोष कम होगा।
4. माणिक सहित शुद्ध स्वर्ण-पत्र पर मण्डित सूर्य की मूर्ति गले में धारण करें।

मेषलग्न में सूर्य की स्थिति अष्टम स्थान में

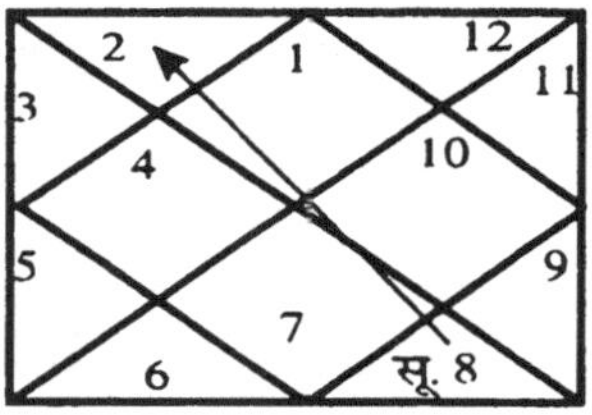

मेषलग्न में सूर्य पंचमेश (त्रिकोणपति) होने के कारण शुभफलदाई है। अष्टम स्थान में सूर्य वृश्चिक राशि का होगा। ऐसा जातक अल्पपुत्र व नेत्ररोगी होगा। उजड़े हुए को बसाने वाला, दूसरों का सच्चा हमदर्द होगा। जातक तपस्वी होगा एवं गुप्त विद्याओं का जानकार होगा।

अनुभव–पंचमेश सूर्य यदि अष्टम स्थान में हो तो जातक का पुत्र दुर्भाग्यशाली होगा। जातक की वाणी में कटुता रहेगी।

निशानी–तपस्वी राजा, सांच को आंच।

सूर्य का अन्य ग्रहों से सम्बन्ध–

1. **सूर्य+चन्द्र**–सूर्य के साथ यदि चन्द्रमा हो तो जातक का जन्म मार्गशीर्ष कृष्ण अमावस्या का सायं 4 से 6 बजे के मध्य का होगा। जातक की माता को कष्ट होगा। चन्द्रमा यहां नीच का होने से सुख में भी कमी आएगी। वाहन दुर्घटनाग्रस्त होगा।
2. **सूर्य+मंगल**–सूर्य-मंगल युति यहां निरर्थक होगी। यदि इन दोनों के साथ राहु भी हो तो जातक को किसी कीमत पर वैवाहिक सुख नहीं मिलेगा। प्रथम तो सन्तति नहीं होगी, अगर होगी तो कपूत होगी। सूर्य के साथ यदि मंगल हो तो दसवें वर्ष में सिर पर चोट लगेगी। जातक अल्पसन्तति व अल्पायु होगा। सूर्य की उपासना, श्री हनुमान जी की उपासना से आयु बढ़ेगी।

3. **सूर्य+बुध**–सूर्य के साथ बुध हो तो **'बुधादित्ययोग'** बनेगा पर यह पंचमेश सूर्य की युति तृतीयेश+षष्टेश बुध के साथ अष्टम भाव में होगी। जातक अटक-अटक कर बोलेगा, पराक्रम भंग होगा फिर भी कोई काम जीवन में रुका हुआ नहीं होगा। जातक प्रभावशाली होगा।
4. **सूर्य+गुरु**–गुरु के कारण **'विपरीत राजयोग'** बनेगा। जातक धनवान होगा पर दुश्मन बहुत होंगे।
5. **सूर्य+शुक्र**–सप्तमेश आठवें शत्रु ग्रह के साथ होने में विलम्ब विवाह का योग बनेगा। गृहस्थ जीवन में कलह-संघर्ष का साम्राज्य रहेगा। धन की तंगी रहेगी।
6. **सूर्य+शनि**–सूर्य के साथ शनि व्यापार में नुकसान दिलाएगा। दुर्घटना योग भी बनता है। पैरों में चोट पंहुच सकती है।
7. **सूर्य+राहु**–यह युति दुर्घटना कारक है। जातक की हड्डिया जरूर टूटेगी। दुश्मनों द्वारा शारीरिक चोट सम्भव है।
8. **सूर्य+केतु**–सूर्य केतु की युति षड्यंत्र की द्योतक है। जातक के विद्याध्यन में बाधा आएगी एवं सन्तान कहने में नहीं रहेगी।

अष्टमभाव में सूर्य का उपचार:

1. दक्षिण दिशा के दरवाजे वाले मकान में नहीं रहना चाहिए
2. मकान में प्रवेश द्वार वास्तुदोष नाशक गणपति लगावे।
3. ससुराल के घर में न रहे।
4. बड़े भाई और गाय की सेवा करने से सूर्य का अशुभत्व नष्ट होगा।
5. सूर्य का स्वर्णफूल गले में धारण करे।
6. चोरी ठगी से दूर रहे अन्यथा नुकसान उठाना पड़ेगा।
7. शत्रुमय नाश हेतु आदित्य हृदय-स्तोत्र का नित्य पाठ करे।
8. नेत्रपीड़ा से बचने हेतु 'नेत्रोपनिषद्' का पाठ करे।

मेषलग्न में सूर्य की स्थिति नवम स्थान में

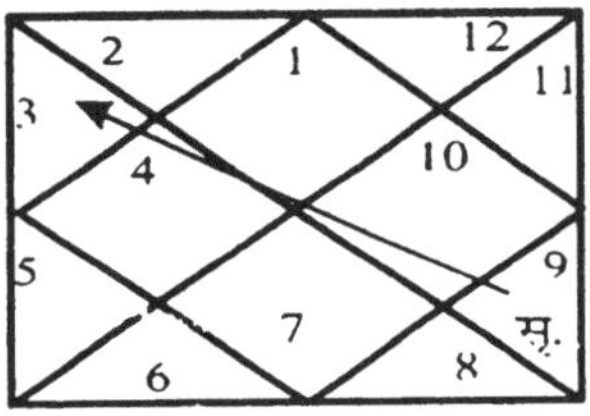

मेषलग्न में सूर्य पंचमेश (त्रिकोणपति) होने के कारण शुभफलदाई है। नवम स्थान में सूर्य धनु राशि का होगा। ऐसा जातक राज दरबार में लाभ पाने वाला, धार्मिक कार्य में रुचि रखने वाला 'सूर्यादि देवता भक्त:' होता है। जातक मेहनत से अपनी किस्मत का सितारा चमकाने वाला, दीर्घायु प्राप्त करने वाला, परिवार का पोषक होता है।

अनुभव–पंचमेश सूर्य नवम स्थान में होने से जातक का पिता महान दानी व यशस्वी होगा। जातक को देवकृपा मिलती रहेगी।

पुत्रेशे नवम याने शोभनं समुदीरितम्।
तत्रैव शुभयोगश्चेत् तथापि कीर्तिमान्भवेत्

–सत्यजातकम अनु./09

'भोज संहिता' के अनुसार जातक को पिता की सम्पत्ति मिलेगी।

निशानी–लम्बी उम्र, सूर्य ग्रहण के बाद का सूर्य, जातक साहसी होगा।

दशा–सूर्य की दशा बहुत अच्छा फल देगी।

सूर्य का अन्य ग्रहों से सम्बन्ध–

1. **सूर्य+चन्द्र**–सूर्य के साथ चन्द्रमा हो तो जातक का जन्म पौष कृष्ण अमावस्या दोपहर 2 से 4 बजे के मध्य होगा। जातक को माता-पिता दोनों का सुख व प्यार मिलेगा। पिता की सम्पत्ति मिलेगी। यह युति राजयोग कारक होगी।
2. **सूर्य+मंगल**–सूर्य के साथ मंगल हो तो यह युति राजयोग कारक है। यदि यहां गुरु भी हो तो जातक लालबत्ती वाली गाड़ी का हकदार होगा।
3. **सूर्य+बुध**–सूर्य के साथ यदि बधु हो तो '**बुधादित्य योग**' बनेगा। पंचमेश सूर्य की तृतीयेश+षष्टेश बुध के साथ युति भाग्य स्थान में होगी जहां बुध अपने घर को पूर्ण दृष्टि से देखेगा। जातक परमभाग्यशाली होगा तथा कुटुम्ब-परिवार का शुभचिन्तक व सहायक होगा।
4. **सूर्य+गुरु**–सूर्य के साथ गुरु होने से जातक महान पराक्रमी होगा। जातक का पिता दीर्घायु वाला, जातक को पिता की सम्पत्ति मिलेगी। ऐसा जातक पैतृक व्यवसाय में रुचि रखता है।
5. **सूर्य+शुक्र**–जातक धनवान होगा तथा पत्नी व सन्तान की तरफ से सुखी होगा।
6. **सूर्य+शनि**–जातक का भाग्योदय पिता की मृत्यु के बाद होगा। जातक स्वतंत्र व्यापार में आगे बढ़ेगा।
7. **सूर्य+राहु**–पिता की सम्पत्ति में बाधा या पिता की अल्पायु में मृत्यु सम्भव है। कोर्ट-केस में पराजय सम्भव है।
8. **सूर्य+केतु**–पिता की सम्पत्ति को लेकर विवाद सम्भव है।

नवम भाव में सूर्य का उपचार–

1. पीतल के बर्तनों का प्रयोग भोजनशाला में करे।
2. स्वर्ण-पत्र पर सूर्य देव की मूर्ति बनाकर गले में धारण करे।
3. सूर्य भगवान को नित्य अर्घ्य दे।
4. आदित्य हृदय स्तोत्र का नित्य पाठ करें।
5. पिता की सेवा करे।

मेषलग्न में सूर्य की स्थिति दशम स्थान में

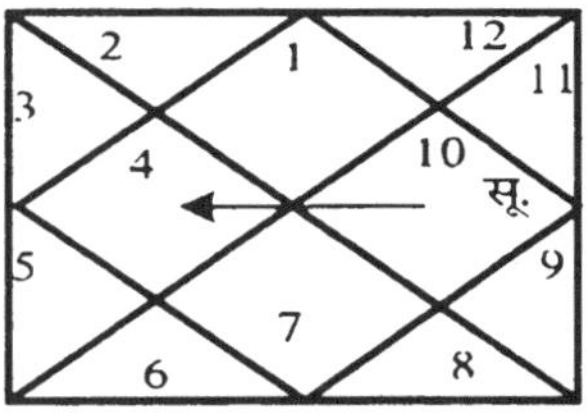

मेषलग्न में सूर्य पंचमेश (त्रिकोणपति) होने के कारण शुभफलदाई है। दशम स्थान में सूर्य मकर राशि का शत्रुक्षेत्री होगा। जातक राजा, राजा तुल्य प्रतापी होगा। बड़ा नेता होगा। बड़े मकान व बड़े वाहन का स्वामी होगा। अठ्ठारहवें वर्ष में विद्या की लाईन पकड़ कर जातक ख्यातिवान होगा। जातक की सन्तति उत्तम होगी। जातक को कमाने हेतु बहुत परिश्रम करना पड़ेगा।

अनुभव–सत्यजातकम् के अनुसार पंचमेश सूर्य यदि दशम भाव में हो

पुत्रेशे दशमयाते पुण्यकृत्स भविष्यति।
धर्मशालामन्दिराणां जीर्णोद्धारमाचरेत्॥ *–सत्यजातकम् य.5/9*

ऐसा जातक किसी मन्दिर, धर्मशाला एवं परोपकार के महान कार्य अपने हाथ से करता है।

निशानी–धन का मालिक मगर वहमी।

दशा–सूर्य की दशा अच्छा फल देगी। राज (सरकार) में मान-सम्मान मिलेगा। सन्तान पक्ष में भी लाभ होगा।

सूर्य का अन्य ग्रहों से सम्बन्ध–

1. **सूर्य+चन्द्र**– सूर्य के साथ यदि चन्द्रमा हो तो जातक का जन्म माघकृष्ण अमावस्या को मध्य दिन में होगा। यहां से चन्द्रमा अपने ही घर को पूर्ण दृष्टि में देखेगा फलत: जातक को उत्तम वाहन, मकान व नौकर चाकर का पूर्ण सुख मिलेगा। यह युति राजयोगकारक है।
2. **सूर्य+मंगल**– यदि सूर्य के साथ मंगल हो तो **'रुचक योग'** के कारण जातक निश्चय ही राजा (राज्याधिकारी) आई. एस., आर. एस. अफसर होगा। यहां यदि शनि भी हो तो जातक लालबत्ती की गाड़ी का मालिक होगा।
3. **सूर्य+बुध**–सूर्य के साथ यदि बुध हो तो **'बुधादित्य योग'** बनेगा। सूर्य की तृतीयेश+षष्टेश बुध के साथ युति होगी। युति केन्द्र में होने में बलवान है। जातक राजा तुल्य ऐश्वर्य भोगेगा। यहां चन्द्रमा अपने घर को पूर्ण दृष्टि में देखेगा फलत: माता की सम्पत्ति मिलेगी। वाहन सुख मिलेगा। खेती की जमीन से लाभ होगा। राज (सरकार) में सम्मान होगा।
4. **सूर्य+गुरु**–यहां गुरु जातक को राजकीय सम्मान दिलाएगा। जातक को पिता की सम्पत्ति मिलेगी।
5. **सूर्य+शुक्र**–जातक को पत्नी व संतान का पूर्ण सुख मिलेगा। जातक परिवार का नाम रोशन करेगा।
6. **सूर्य+शनि**–यहां शनि के कारण **'शशयोग'** बनेगा। जातक राजा के समान पराक्रमी एवं वैभवशाली होगा परन्तु किस्मत पिता की मृत्यु के बाद चमकेगी।

7. **सूर्य+राहु**–सूर्य के साथ राहु सरकार से दण्ड दिला सकता है।
8. **सूर्य+केतु**–ऐसे जातक को सरकारी व्यक्ति धोखा देंगे।

दशम भाव में सूर्य का उपचार–

1. ऐसा जातक नीले, काले कपड़े न पहने न ही इस रंग के रुमाल भी पास में रखे।
2. बुजुर्गी मकान में हैण्डपम्प लगावे।
3. भूरी भैस या भूरा बछड़ा पाले।
4. नंगी सिर न रहे। शिखा रखे या लाल, सफेद, पीले रंग की टोपी या साफा बांधे।
5. नेवला पाले।

मेषलग्न में सूर्य की स्थिति एकादश स्थान में

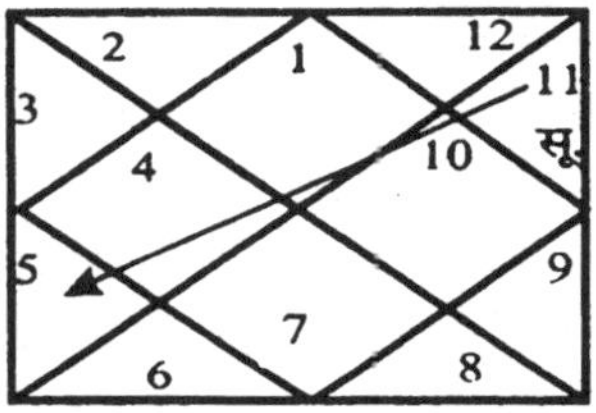

मेषलग्न में सूर्य पंचमेश (त्रिकोणपति) होने के कारण शुभफलदाई है। एकादश स्थान में सूर्य कुम्भ राशि में शत्रुक्षेत्री होगा। ऐसा जातक गुप्त व रहस्यमय विद्याओं का जानकार विख्यात तान्त्रिक व ज्योतिषी होता है। ऐसा जातक शाकाहारी, ईमानदार, भाई बन्धुओं का सेवक होता है। डॉक्टरी या मेडिकल लाईन में रुचि रखने वाला होता है। जातक धनवान होता है तथा बुरे कामों से दूर रहने वाला होता है तथा दूसरों के लिए अपना सबकुछ दांव में लगा देता है।

निशानी–पूर्ण धर्मी, मगर अपनी ही ऐश पसन्द।

अनुभव–पंचमेश यदि लाभस्थान में हो तो जातक अपने पुत्र से धन, यश, कीर्ति अर्जित करेगा। उसके मित्र प्रभावशाली व धनवान होंगे। उसे व्यापार में अचानक भारी लाभ होगा।

दशा–भोज संहिता के अनुसार सूर्य की महादशा शुभ फल देगी।

सूर्य का अन्य ग्रहों से सम्बन्ध–

1. **सूर्य+चन्द्र**–सूर्य के साथ चन्द्रमा हो तो जातक का जन्म फाल्गुण कृष्ण अमावस्या को प्रात: 9 से 11 बजे के मध्य होगा। सूर्य शत्रुक्षेत्री होकर अपने घर को पूर्ण दृष्टि से देखेगा। जातक प्रजावान होगा। उसके पुत्र व पुत्री दोनों सन्तति होंगी। सन्तान आज्ञाकारी होगी। जातक उच्च शैक्षणिक डिग्री प्राप्त करेगा। विद्या फलवती होगी।
2. **सूर्य+मंगल**–सूर्य+मंगल युति यहां राजयोग कारक है। यदि यहां शनि भी हो तो जातक लाल बत्ती की गाड़ी का उम्मीदवार होगा।
3. **सूर्य+बुध**–सूर्य के साथ यदि बुध हो तो **'बुधादित्य योग'** बनेगा। पंचमेश सूर्य की तृतीयेश +षष्ठेश बुध के साथ एकादश स्थान में युति सार्थक होगी। सूर्य यद्यपि शत्रुक्षेत्री है तथापि जातक को पुत्र सन्तति का लाभ देगा। जातक प्रजावान होगा।
4. यदि सूर्य के साथ बुध हो तो जातक को कुष्ठ रोग होने की सम्भावना रहती है। शुभ दृष्टि हो तो निवृत्ति होगी।

'षष्ठेशयुते कुष्ठरोगयुतः शुभदृष्टियुते निवृत्तिः' (भृगुसूत्र)

5. **सूर्य+गुरु**–सूर्य के साथ गुरु जातक को आध्यात्मिक विद्या का धनी बनाएगा। जातक को उच्च शैक्षणिक उपाधि एवं पुत्र सुख मिलेगा।
6. **सूर्य+शुक्र**–सूर्य के साथ शुक्र जातक की रुचि कला-संगीत, फिल्म क्षेत्र में बढ़ाएगा एवं उसमें सफलता भी देगा।
7. **सूर्य+शनि**–सूर्य के साथ यदि शनि हो तो जातक को देवता की कृपा से सिद्धि मिलती है। उसे पूर्ण शय्यासुख मिलता है। यदि अन्य बाधा (ऑपरेशन इत्यादि) न हो तो पांच पुत्रों की प्राप्ति होती है। पच्चीसवें वर्ष में वाहन मिलता है।
8. **सूर्य+राहु**–सूर्य के साथ व्यापार में नुकसान कराएगा। एक बार सम्पूर्ण व्यापार बदलना पड़ेगा।
9. **सूर्य+केतु**–सूर्य के साथ केतु सरकारी पराजय, उद्योग में घाटे का संकेत देता है।

एकादश भाव में सूर्य का उपचार–

1. शराब, मांस-मछली खाना छोड़ दें।
2. सुवर्ण पत्र पर सूर्य की मूर्ति बनवाकर गले में धारण करें।
3. मूली का दान रात्रि में सिरहाने रखकर सुबह मंदिर में देना।
4. झूठा खाना व झूठ बोलना दोनों से परहेज रखे।
5. जीवित बकरा कसाई से छुड़ावे। जीवनदान करें।

मेषलग्न में सूर्य की स्थिति द्वादश स्थान में

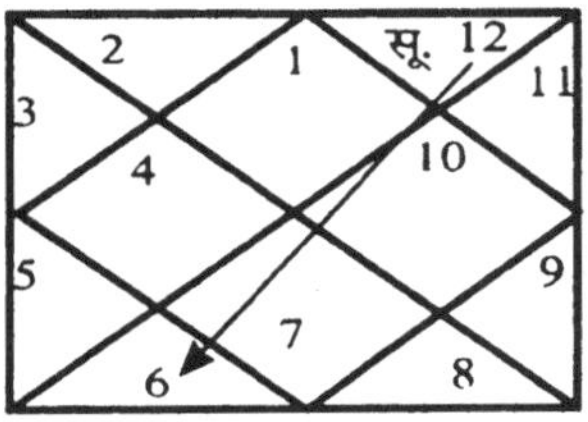

मेषलग्न में सूर्य पंचमेश (त्रिकोणपति) होने के कारण शुभफलदाई है। द्वादश स्थान में सूर्य मीन राशि का होने से मित्रक्षेत्री है। ऐसा जातक विदेशी व्यापार में रुचि रखने वाला (Export-Import) होता है। जातक विदेश यात्राएं करता है। जन्मभूमि से दूरस्थ प्रदेशों-विदेशों में कमाता है। जातक गूढ़ व रहस्यमय विद्याओं का जानकार होता है।

अनुभव–सत्यजातकम् के अनुसार–'पुत्रेशे द्वादशस्थे ब्रह्मध्यान परो भवेत्।'

पंचमेश यदि द्वादश स्थान में हो तो जातक पुत्र के दुःख (मृत्यु) से संन्यासी हो जाता है। सूर्य बारहवें टेक्स व फाईन के रूप में जातक को दण्ड दिलाता है। 'भोज संहिता' के अनुसार यदि सरकारी अधिकारी में झगड़ा हुआ तो जातक को जेल भी हो सकती है।

निशानी–सुख की नींद, मगर पराई आग में जल मरने वाला।

दशा–सूर्य की दशा मिश्रित फलकारी होगी।

सूर्य का अन्य ग्रहों से सम्बन्ध–

1. **सूर्य+चन्द्र**–सूर्य के साथ यदि चन्द्रमा हो तो जातक का जन्म चैत्र कृष्ण अमावस्या दिन

को 7.30-9 बजे के मध्य होगा। जातक को नेत्रपीड़ा हो सकती है। खासकर वामनेत्र (left eye) में। जातक खर्चीले स्वभाव का होगा।

2. **सूर्य+मंगल**–सूर्य के साथ मंगल **'लग्नभंग योग'** एवं **'विपरीतराज योग'** दोनों बनाएगा। फलत: जातक धनवान होगा। परन्तु प्रथम प्रयास में सफलता नहीं मिलेगी।
3. **सूर्य+बुध**–सूर्य के साथ यदि बुध हो तो **'बुधादित्य योग'** बनेगा। पंचमेश सूर्य की तृतीयेश+षष्ठेश के साथ युति बारहवें स्थान में है। दोनों की दृष्टि छठे स्थान पर है फलत: रोग व शत्रु का नाश करने में यह युति फलदायक है। जातक यात्राओं में ज्यादा रहता है।
4. **सूर्य+गुरु**–सूर्य के साथ यदि गुरु हो तो स्वगृही होगा जातक धार्मिक यात्राओं, तीर्थ यात्राओं, परोपकार के कार्य, धर्मशाला, मन्दिर निर्माण व प्रतिष्ठा पर रुपया खर्च करता है।
5. **सूर्य+शुक्र**–सूर्य के साथ यदि शुक्र हो तो जातक के पुत्र या शिष्य बलवान होते हैं। जिनके कारण वह विदेश जाता है।
6. **सूर्य+शनि**–सूर्य के साथ यदि शनि हो तो जातक का बिना आंगन का मकान होता है। दिमागी खराबी का तनाव अधिक रहेगा।
7. **सूर्य+राहु**–विद्या बाधा, संतान में बाधा आएगी। उपाय कराना जरूरी है।
8. **सूर्य+केतु**–जातक को व्यर्थ का यात्राएं बहुत होगी। पुत्र संतान को लेकर चिन्ता बनी रहेगी।

द्वादश भाव में सूर्य का उपचार–

1. मशीनरी के काम न करें।
2. मकान में आंगन जरूर रखना एवं सूर्य की रोशनी आनी चाहिए।
3. भूरी चींटी को कीडी नगरा देवें।
4. बिजली का सामान मुफ्त न लेना, बिजली चोरी न करना।
5. गले में सुवर्णफूल पहने।
6. रविवार के नियमित व्रत करे।
7. माणिक्य युक्त 'सूर्य यंत्र' गले में पहने।
8. गुड़ की 11 डलियां रविवार के दिन चलते पानी में बहावे।
9. घर का आंगन खुला रखें तो सूर्य देवता प्रसन्न रहेंगे।
10. रविवार के दिन चारपाई या पलंग के पायों में सात तांबें की कील लगावें। नींद अच्छी आएगी।

❑❑❑

मेषलग्न में चन्द्रमा की स्थिति

मेषलग्न में चन्द्रमा की स्थिति प्रथम भाव में

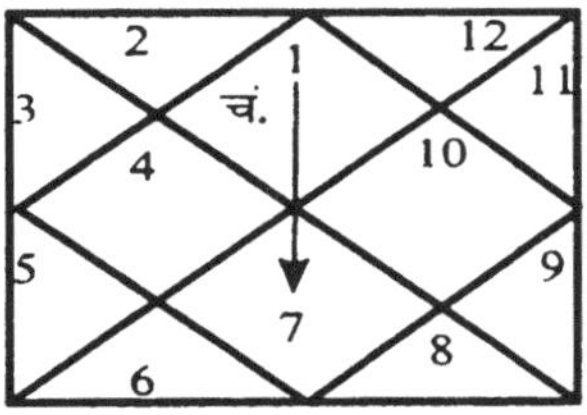

मेषलग्न में चन्द्रमा केन्द्राधिपति होने के कारण, लग्नेश मंगल का मित्र होने के कारण शुभफलदाई है। चन्द्रमा यहां मेष राशि होकर लग्न में बैठा है। उच्चाभिलाषी है एवं सप्तम भाव को पूर्ण दृष्टि से देख रहा है।

ऐसा जातक धनवान होता हुआ माता का सेवक होता है। स्त्री व माता की सलाह मानकर चलने वाला, चाल-चलन का नेक जातक होता है। जातक योग क्रोधी होगा।

निशानी–जातक के घर की रसोई में चांदी के बर्तन होते हैं। चन्द्रमा की चांदनी जातक को प्रिय लगेगी। जातक शास्त्रज्ञ होगा।

दृष्टि–चन्द्रमा अपनी सातवीं दृष्टि से शुक्र की तुला राशि को मित्र दृष्टि से देखेगा। जातक की पत्नी सुन्दर होगी। जातक को सम्पूर्ण स्त्री सुख मिलेगा।

विशेष–माता के जीवित रहने तक जर दौलत का स्वामी होगा।

दशा–'भोजसंहिता' के अनुसार चन्द्रमा की दशा शुभ फल देगी। चूंकि चन्द्रमा उच्चाभिलाषी होगा अत: जातक चन्द्रमा की दशा में विशेष महत्वाकांक्षी होगा।

चन्द्रमा का अन्य ग्रहों से सम्बन्ध–

1. **चन्द्र+सूर्य**–यदि चन्द्र के साथ सूर्य हो तो जातक का जन्म वैशाख कृष्ण अमावस्या की प्रात: का होगा तथा जातक उच्च राज्याधिकारी होगा क्योंकि सूर्य यहां त्रिकोणाधिपति होकर उच्च का होगा।
2. **चन्द्र+मंगल**–चन्द्रमा के साथ मंगल होने से **'महालक्ष्मी योग'** एवं **'कचक योग'** बनेगा। 28 वर्ष की आयु में जातक धन कमाना शुरू कर देगा। ऐसा जातक राजा के समान ऐश्वर्यशाली एवं वैभवशाली होगा।

   'लग्नेशे बलरहिते व्याधिवान्' लग्नेश मंगल यदि बलरहित है तो जातक सदैव रोग से ग्रसित रहेगा।

   'लग्नेश शुभदृष्टे आरोग्यवान्' लग्न या लग्नेश मंगल पर शुभ ग्रहों की दृष्टि होगी तो जातक सदैव हष्टपुष्ट व आरोग्यवान होगा।

3. **चन्द्र+बुध**–चन्द्रमा के साथ बुध जातक का जीवन संघर्षमय बनाएगा। भाई-बहनों से विचार कम मिलेंगे।

4. **चन्द्र+गुरु** –गुरु+चन्द्र की युति लग्न में **'गजकेसरी योग'** के साथ जबरदस्त राजयोग प्रदाता होगी।

5. **चन्द्र+शुक्र**–चन्द्रमा के साथ शुक्र होने से जातक स्वयं सुन्दर होगा एवं उसका जीवन साथी भी सुन्दर होगा। जातक सुखी जीवन जीएगा। जातक के पास दो गाड़ियां होगी।

6. **चन्द्र+शनि**–चन्द्रमा के साथ शनि नीच का होगा। ऐसा जातक व्यापारी होगा पर उसकी सोच नकारात्मक होगी। जातक ईर्ष्यालु स्वभाव का होगा।

7. **चन्द्र+राहु**–चन्द्रमा के साथ राहु होने से जातक झगड़ालू (लड़ाकू) स्वभाव का होगा। हठी होगा, बात का धनी होगा। विचारों में उतार-चढ़ाव ज्यादा आएंगे।

8. **चन्द्र+केतु**–चन्द्रमा के साथ केतु होने से जातक थोड़ा क्रोधी स्वभाव का होगा। पत्नी से विचारधारा कम मिलेगी।

प्रथम भाव में चन्द्रमा का उपचार–

1. चांदी के बर्तन में खाना-पीना करें, तो भाग्य पलटेगा।
2. बट के वृक्ष को सोमवार के दिन कभी-कभी पानी डालें।
3. माता की सेवा करे एवं माता से आशीर्वाद रूप में (चावल, चांदी) लेना।
4. विवाह 24 वर्ष के बाद ही करना चाहिए।
5. यदि मानसिक तनाव ज्यादा है तो पलंग के चारों पायों में चार तांबे की कीले सोमवार को लगा दे तो जातक को अच्छी नींद आएगी।

मेषलग्न में चन्द्रमा की स्थिति द्वितीय भाव में

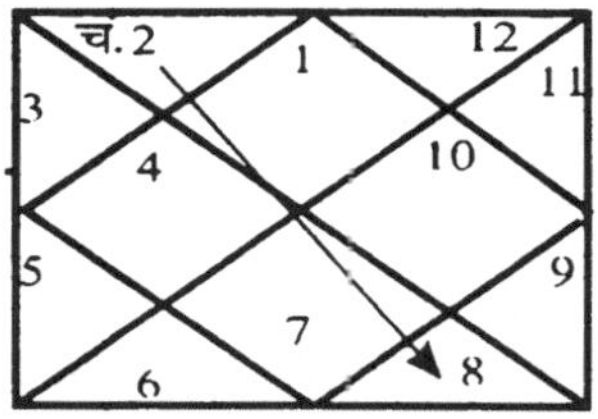

मेषलग्न में चन्द्रमा केन्द्राधिपति होने के कारण एवं लग्नेश मंगल का मित्र होने के कारण शुभफलदाई है। चन्द्रमा वृष राशि में होकर दूसरे स्थान में होने से उच्च का होगा। उच्च के चन्द्रमा की दृष्टि अष्टम स्थान पर होगी। ऐसा व्यक्ति सकारात्मक विचारों वाला, रोते हुए को हंसाने वाला, मीठी वाणी बोलने वाला, विनम्र स्वभाव का व्यक्ति होता है। 24 वर्ष की आयु में जातक कमाना शुरू कर देगा। अपनी खुद की माया स्वयं पैदा करेगा।

निशानी–जन्म छत पर होगा। सफेद वस्तुओं के व्यापार से लाभ होगा। जातक को पिता या ससुराल से धन सम्पत्ति मिलेगी।

विशेष–'भावाधियं बलयुते अनेक वाहन सिद्धिः' चतुर्थ भाव का स्वामी होकर बलवान होने से जातक के पास उत्तम वाहन होता है।

दशा–भोजसंहिता के अनुसार चन्द्रमा की दशा जातक को धनवान व सुखी बनाएगी। चन्द्रमा की दशा में 'मोती', 'चन्द्रयन्त्र' के साथ पहनने से ज्यादा अनुकूल फल मिलेंगे।

दृष्टि–उच्च के चन्द्रमा की पूर्ण दृष्टि अष्टम भाव में अपनी नीच वृश्चिक राशि पर होगी। यह दृष्टि जातक को दीर्घायु प्रदान करेगी। रोग से लड़ने की शक्ति देगी।

चन्द्रमा का अन्य ग्रहों से सम्बन्ध–

1. **चन्द्र+सूर्य**–चन्द्रमा के साथ सूर्य हो तो जातक का जन्म ज्येष्ठ कृष्ण अमावस्या ब्रह्ममुहूर्त 4 से 5 के मध्य होगा। जातक का भाग्योदय पुत्र जन्म के बाद होगा। यह युति प्रबल राजयोग कारक है।
2. **चन्द्र+मंगल**–चन्द्रमा के साथ मंगल हो तो **'महालक्ष्मी योग'** बनेगा। जातक अपने परिश्रम से खूब धन कमाएगा।
3. **चन्द्र+बुध**–चन्द्रमा के साथ बुध धन के मामले में थोड़ा संघर्ष रहेगा। जातक अपनी बात को खुद ही काट देगा।
4. **चन्द्र+गुरु**–चन्द्रमा के साथ गुरु होने पर **'गजकेसरी योग'** बनेगा। सुखेश व भाग्येश की युति जातक को सफल व्यक्ति बनाएगी।
5. **चन्द्र+शुक्र**–यदि चन्द्रमा के साथ शुक्र हो तो **'किम्बहुना योग'** बनता है। अर्थात् इससे अधिक और क्या? चन्द्रमा उच्च का एवं शुक्र स्वगृही। बलवान धनेश की चतुर्थेश से युति होने पर **'मातृमूलधन योग'** बनता है अर्थात् जातक को माता या ननिहाल की सम्पत्ति मिलती है। जातक अत्यधिक धनवान होता है।
6. **चन्द्र+शनि**–चन्द्रमा के साथ शनि होने से जातक धनवान होगा। सुखेश दसमेश के प्रति जातक को बड़ा व्यापारी बनाएगी।
7. **चन्द्र+राहु**–चन्द्रमा के साथ राहु होने से जातक की वाणी छल प्रपंच वाली होगी। धन के घड़े में छेद होने धन संग्रह में बाधा आएगी।
8. **चन्द्र+केतु**–चन्द्रमा के साथ केतु होने से धनसंग्रह में बाधा रहती है। जातक मधुर वक्ता होते हुए वाणी व्यंग्यात्मक एवं दम्भपूर्ण होती है।

   यदि चन्द्रमा पूर्ण बली हो तो जातक बहुत धनवान होगा।

   इस चन्द्रमा के साथ कोई भी शुभग्रह हो तो 'शुभयुते बहुविद्यवान' जातक उच्च शैक्षणिक डिग्री प्राप्त करेगा। शास्त्रों का ज्ञाता होगा। यदि पापग्रह हो 'पापयुते विद्याहीन:' तो विद्या में रुकावट आएगी।

द्वितीय भाव में चन्द्रमा का उपचार–

1. माता का आशीर्वाद पैरी पैना कहकर लेना।
2. माता की सेवा करे एवं माता से आशीर्वाद रूप में (चावल, चांदी) लेना।
3. घर में घंटी, शंख न रखना।

4. मकान की नींव में चांदी का सिक्का दबाना।
5. मानसिक तनाव ज्यादा हो तो मोती के साथ 'चंद्र यंत्र' पहने।

मेषलग्न में चन्द्रमा की स्थिति तृतीय भाव में

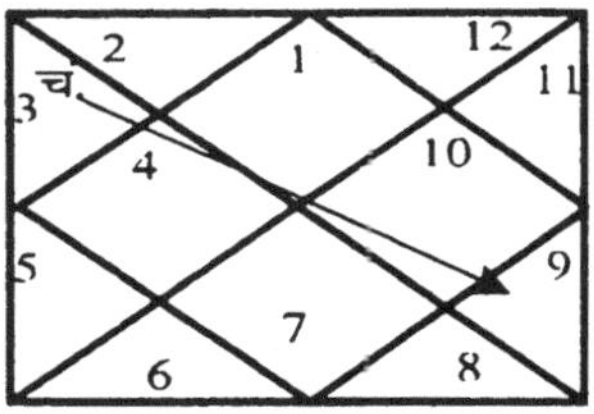

मेषलग्न में चन्द्रमा केन्द्राधिपति होने के कारण एवं लग्नेश मंगल का मित्र होने के कारण शुभफलदाई है। तृतीय स्थान में चन्द्रमा मिथुन राशि में शत्रुक्षेत्री होगा। यहां चन्द्रमा व्यथित रहेगा। ऐसा जातक लम्बी यात्राएं करने वाला, भाई-बहन का पालन-पोषण करने वाला। जातक कल्पना शक्ति से कमाने वाला, लेखक, फिल्म डायरेक्टर, अच्छा तैराक व खिलाड़ी हो सकता है। भाग्य स्थान पर चन्द्रमा की दृष्टि होने के कारण आयु के 16 एवं 24 वर्ष महत्वपूर्ण होंगे।

निशानी–जातक लम्बी उम्र का मालिक होगा।

अनुभव–जातक के पीठ पीछे बुराई होगी। जातक के परिजन एवं मित्र विश्वासनीय नहीं होंगे।

दृष्टि–यहां मिथुन राशि गत चन्द्रमा की दृष्टि भाग्य भवन में धनु राशि पर होगी। चन्द्रमा की यह दृष्टि जातक के भाग्योदय में सहायक होगी। जातक को पिता की सम्पत्ति मिल सकती है।

दशा–भोजसंहिता के अनुसार चन्द्रमा की दशा अच्छी जाएगी परन्तु 30% प्रतिकूल फल भी मिलेंगे।

चन्द्रमा का अन्य ग्रहों से सम्बन्ध–

1. **चन्द्र+सूर्य**–चन्द्रमा के साथ यदि सूर्य हो तो जातक का जन्म आषाढ़ कृष्ण अमावस्या की रात्रि दो बजे के आस-पास होगा। जातक को भाइयों की मदद रहेगी।
2. **चन्द्र+मंगल**–यदि चन्द्र के साथ मंगल हो तो **'लक्ष्मी योग'** बनेगा। जातक 28 वर्ष बाद धनवान होगा।
3. **चन्द्र+बुध**–चन्द्रमा के साथ यदि बुध हो तो कुटुम्ब में कलह रहेगा। परस्पर शत्रुग्रहों की युति से मित्र एवं कुटुम्बी पीठ पीछे बहुत बुराई करेंगे। जातक की बहनों की संख्या अधिक होगी।
4. **चन्द्र+गुरु**–चन्द्रमा के साथ यदि गुरु हो तो **'गजकेसरी योग'** बनेगा फलत: जातक को पिता का धन मिलेगा। पत्नी ससुराल से लाभ, व्यापार से लाभ होगा।
5. **चन्द्र+शुक्र**–धनेश+सप्तमेश शुक्र की युति मित्रों से लाभ दिलाएगी। जातक सुखी होगा। जातक अपने पुरुषार्थ में अपना मकान बनाएगा।

6. **चन्द्र+शनि**–सुखेश एवं दसमेश+लाभेश की युति में जातक को माता की सम्पत्ति मिलेगी। जातक सुखी होगा।
7. **चन्द्र+राहु**–सुखेश चन्द्र के साथ राहु होने से मकान के प्रति विवाद रहेगा। पूर्ण सुख में कुछ न कुछ कमी महसूस होती रहेगी।
8. **चन्द्र+केतु**–सुखेश चन्द्र के साथ केतु होने से जातक महान पराक्रमी होगा।

तृतीय भाव में चन्द्रमा का उपचार–

1. लड़की के जन्म पर चन्द्र की चीजों दूध, चावल, चांदी का दान करना।
2. घर आये मेहमान को दूध पिलाना।
3. लड़के के जन्म पर सूर्य की चीजों कनक, तांबा का दान करना।
4. कंवारी कन्याओं का पूजन करना।

मेषलग्न में चन्द्रमा की स्थिति चतुर्थ भाव में

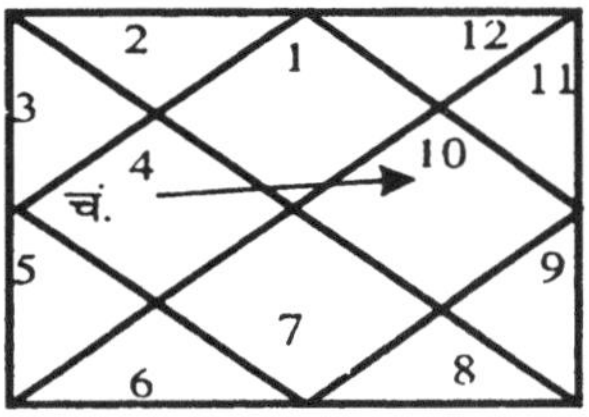

मेषलग्न में चन्द्रमा केन्द्राधिपति होने के कारण एवं लग्नेश मंगल का मित्र होने के कारण शुभफलदाई है। चन्द्रमा चौथे स्थान में कर्क राशि का होकर स्वगृही होगा तथा दशम भाव को पूर्ण दृष्टि से देखेगा। ऐसा जातक बुजुर्गों के व्यापार से लाभ कमाने वाला, जमीन जायदाद का स्वामी होता है। ऐसे जातक के पास 'अनेक वाहन सिद्धि' अनेक उत्तम वाहन होते हैं।

यामिनीनाथ योग–यहां चन्द्रमा केन्द्रवर्ती होने से जातक की पत्नी एवं पुत्री आज्ञाकारी होगी। जातक जलीय पदार्थ से धन कमाएगा। यात्रा से धन कमाएगा। जातक सेल्समैन के रूप में ज्यादा सफल होगा। जातक उद्योगपति होगा। वस्त्र-व्यवसाय से कमाएगा।

निशानी–खर्चने पर और बढने वाली आय की नदी जातक स्वयं सुन्दर होगा।

अनुभव–भोजसंहिता के अनुसार जातक अच्छी शिक्षा प्राप्त करेगा। उसके दांत श्वेत व चमकीले होंगे। जातक का हृदय मजबूत होगा।

दृष्टि–स्वगृही चन्द्रमा की पूर्ण दृष्टि शनि की मकर राशि (दशम भाव) पर होगी। यह दृष्टि जातक को राज्य (सरकार) से लाभ दिलाने में सहायक है।

दशा–चन्द्रमा की दशा अत्यन्त शुभफल देगी।

चन्द्रमा का अन्य ग्रहों से सम्बन्ध–

1. **चन्द्र+सूर्य**–यदि चन्द्रमा के साथ सूर्य हो तो जातक का जन्म श्रावणकृष्ण अमावस्या रात्रि 12 बजे के लगभग होगा। जातक बड़ा उद्योगपति होगा।
2. **चन्द्र+मंगल**–नीचभंग राजयोग यदि चन्द्रमा के साथ मंगल हो तो **'नीचभंग राजयोग'** की

सृष्टि होगी। **'महालक्ष्मी योग'** भी बनेगा। जातक को भूमि-भवन लाभ होगा। वह भूस्वामी होगा। धनवान होगा। यहां मांगलिक दोष समाप्त होगा।

3. **चन्द्र+बुध**–चन्द्र, बुंध की युति से जातक पुराना वाहन खरीदेगा एवं पुराने मकान में रहेगा। पर मध्य आयु के बाद वाहन भी दो होंगे एव मकान भी दो होंगे।
4. **चन्द्र+गुरु–किम्बहुना योग**–चन्द्रमा के साथ यदि गुरु हो तो यह योग बनेगा अर्थात् चन्द्रमा स्वगृही एवं गुरु उच्च का इससे अधिक और क्या चाहिए? यह स्थिति केसरी योग, गजकेसरी योग एवं हंस योग बनाती है। जातक राजातुल्य ऐश्वर्य एवं प्रभाव वाला होगा।
5. **चन्द्र+शुक्र**–ऐसे जातक को माता की सम्पत्ति मिलेगी। जातक के पास उत्तम श्रेणी का वाहन होगा। जिस मकान में वो रहेगा, वह सुन्दर होगा।
6. **चन्द्र+शनि**–चन्द्रमा के साथ शनि यहां राजयोग बनाता है। जातक ठेकेदारी के काम में धन कमाएगा। **पद्मसिहासन योग** भी बनता है।
7. **चन्द्र+राहु**–चन्द्रमा के साथ राहु माता की अचानक मृत्यु एवं अचानक वाहन दुर्घटना का संकेत भी देता है।
8. **चन्द्र+केतु**–चन्द्रमा के साथ केतु हृदयरोग, फेफड़ों में बीमारी देगा।
9. **सूर्य+चन्द्र+गुरु** की युति चतुर्थ भाव में सर्वोच्च राजयोग बनाती है।

चतुर्थ भाव में चन्द्रमा का उपचार:

1. सुबह काम करते समय दूध का कुम्भ रखना।
2. दूध का दान देना या घर आए मेहमान को दूध या खीर खिलाना।
3. व्यापार माता के साथ हिस्सादारी में करना।
4. विशेष शनियोग हेतु नवरत्नजड़ित 'चन्द्रयंत्र' पहने।

मेषलग्न में चन्द्रमा की स्थिति पंचम भाव में

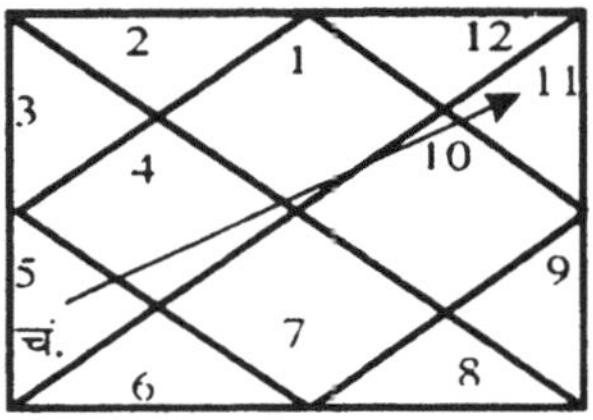

मेषलग्न में चन्द्रमा केन्द्राधिपति होने के कारण एवं लग्नेश मंगल का मित्र होने के कारण शुभफलदाई है। पंचम स्थान में चन्द्रमा सिंह राशि में होगा। जिसका स्वामी सूर्य त्रिकोणधिपति होने से मेषलग्न वालों के लिए योगकारक होकर शुभफलदाई हैं। जातक राजा की किस्मत वाला होता है तथा राजदरबार में बड़ी भारी इज्जत पाता है। जातक धर्मात्मा होता, परोपकारी होता है। जातक की संतान बहुत तरक्की करे। चन्द्रमा की दृष्टि लाभ स्थान पर होने से जातक की सलाह लाभकारी होगी। जातक लम्बी आयु वाला होगा।

विशेष–ऐसा जातक हठ पर आने पर किसी के आगे झुकेगा नहीं। चुतुष्पादलाभ द्वीयम् जातक के पास पशु या चार पहियों का वाहन होगा। स्त्री दो हो सकती हैं।

निशानी–बच्चों के दूध की माता व आत्मिक प्रेम की नदी अथवा जुड़वा बच्चे घर में हों। साधारण अवस्था में जातक की स्वयं का एक पुत्र, एक कन्या होगी।

अनुभव–जातक अधैर्यशाली, शीघ्र भड़कने वाला, क्रोधी होगा।

दृष्टि–पंचमस्थ चन्द्रमा की दृष्टि शनि की कुम्भ राशि (लाभ स्थान) पर होगी। यह दृष्टि व्यापार-व्यवसाय के लिए लाभप्रद है।

दशा–चन्द्रमा की दशा जातक को प्रजावान बनाएगी। उसे व्यापार-व्यवसाय में लाभ होगा। 'भोजसंहिता' के अनुसार दशा का शुभत्व सूर्य की स्थिति पर निर्भर करेगा।

चन्द्रमा का अन्य ग्रहों से सम्बन्ध–

1. **चन्द्र+सूर्य**–यदि चन्द्रमा के साथ सूर्य हो तो जातक को पुत्र एवं पुत्री दोनों की प्राप्ति होगी। दोनों तेजस्वी होगे। ऐसे जातक का जन्म भाद्रकृष्ण अमावस्या को रात्रि दस बजे के आसपास होगा। यह युति प्रबल राजयोग कारक है।
2. **चन्द्र+मंगल**–चन्द्रमा के साथ यदि मंगल हो तो **'लक्ष्मी योग'** बनेगा। जातक लक्ष्मीवान् होगा।
3. **चन्द्र+बुध**–चन्द्रमा के साथ बुध दो कन्या देगा। जातक साइंस का विद्यार्थी होगा। शल्य चिकित्सा में रुचि लेगा। यदि जातक महिला है तो ऑपरेशन से संतान होगी।
4. **चन्द्र+गुरु**–चन्द्रमा के साथ गुरु होने से **'गज केसरी योग'** बनेगा। सुखेश व भाग्येश की युति जातक को भाग्यशाली एवं सफल व्यक्ति बनाएगी।
5. **चन्द्र+शुक्र**–चन्द्रमा के साथ शुक्र माता से, पत्नी से धन दिलाएगा। स्त्री मित्रों से लाभ, जातक को कन्या सन्तति अधिक होगीं।
6. **चन्द्र+शनि**–चन्द्रमा के साथ कन्या सन्तति की बाहुल्यता देगा। पुत्र सन्तति में रुकावट एवं विद्या में भी बाधा डालेगा।
7. **चन्द्र+राहु**–चन्द्रमा के साथ राहु माता के श्राप से वंशवृद्धि में रुकावट बताता है। विद्या में बाधा का संकेत देता है।
8. **चन्द्र+केतु**–चन्द्रमा के साथ केतु विद्या में संघर्ष एवं मातृ-पितृ दोष से जातक को कष्ट होने का संकेत देता है।

पंचम भाव में चन्द्रमा का उपचार–

1. जंगल-पहाड़ की सैर करेगा तो उत्तम रहेगा।
2. कोई भी नया काम प्रारम्भ करने के पहले परिपक्व व्यक्ति से सलाह लेकर काम करें।
3. मोती युक्त 'चन्द्र यंत्र' धारण करे।

मेषलग्न में चन्द्रमा की स्थिति षष्टम भाव में

मेषलग्न में चन्द्रमा केन्द्राधिपति होने के कारण एवं लग्नेश मंगल का मित्र होने के कारण शुभफलदाई है। यहां छठे भाव में चन्द्रमा कन्या राशि में होने से शत्रुक्षेत्री होगा। व्यथित व

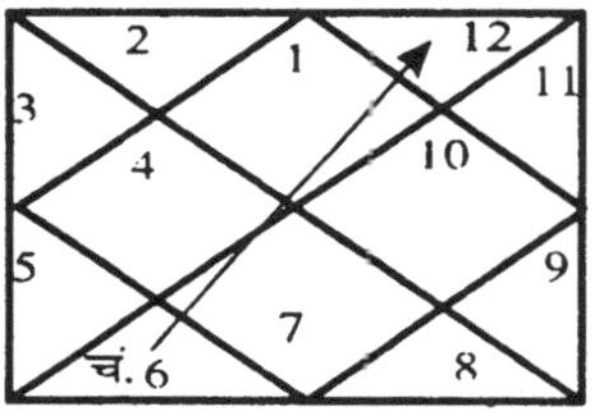

दु:खी होगा। ऐसे जातक का जन्म वृद्धा, बहन व लड़की के लिए शुभ होता है। जातक परोपकारी एवं दयालु होता है। तड़पते के मुंह में पानी डालने वाला, सच्चा हमदर्द होता है। जातक के नौकरी या व्यापार में बारम्बार बदलाव आता रहता है। चन्द्रमा की दृष्टि खर्च (व्यय) स्थान पर होने के कारण जातक खर्चीले स्वभाव का होगा। यात्राएं अधिक करेगा। विदेश भी जाएगा।

निशानी–धोखे की माता एवं खारा कड़वा पानी जातक की माता अल्पायु होगी या बीमार रहेगी। जातक नकारात्मक सोच वाला होगा। जातक को रक्तचाप होगा।

अनुभव–जातक रोगी होगा। जातक की मां रोगी होगी। मंगल की स्थिति इस पर ज्यादा रोशनी डालेगी। जातक निराशावादी होगा।

दृष्टि–यहां से चन्द्रमा नीचराशिगत होकर मीन राशि (द्वादश भाव) को देखेगा। चन्द्रमा की यह दृष्टि द्वादश भाव के शुभफलों में वृद्धि करेगा। बाहरी यात्राएं सार्थक रहेंगी।

दशा–चन्द्रमा की दशा प्रतिकूल रहेगी। 'भोजसंहिता' के अनुसार बुध की शुभ स्थिति एवं चन्द्रमा पर शुभ ग्रहों की दृष्टि प्रतिकूलता में कमी लाएगी। यदि चन्द्रमा की राशि (चतुर्थ स्थान) पर शुभग्रह हो तो भी चन्द्रमा की दशा में शुभत्व आएगा।

चन्द्रमा का अन्य ग्रहों से सम्बन्ध–

1. **चन्द्र+सूर्य**–चन्द्रमा के साथ यदि सूर्य हो तो जातक का जन्म अश्विन कृष्ण अमावस्या की रात्रि 8 बजे के आसपास होगा। जातक को सन्तान सम्बन्धी चिन्ता रहेगी। विद्या में रुकावट आएगी। सरस्वती का मन्त्र धारण करने से लाभ होगा।
2. **चन्द्र+मंगल**–चन्द्रमा के साथ **लग्नभंग योग** के साथ **विपरीत राजयोग** भी बनाता है। ऐसा जातक धनी होगा। सुखी होगा पर मानसिक अशांन्ति रहेगी।
3. **चन्द्र+बुध**–यदि चन्द्रमा के साथ बुध हो तो **'पराक्रमभंग योग'** बनेगा। जातक षड्यन्त्र का शिकार होगा। मित्र व रिश्तेदार दगा देंगे। जिससे कीर्तिभंग होगी। जातक बदनाम होगा।
4. **चन्द्र+गुरु**–चन्द्रमा के साथ गुरु हो तो **'गजकेसरी योग'** बनेगा। परन्तु भाग्यभंग योग, सुखभंग योग के कारण यह युति ज्यादा सार्थक नहीं होगी।
5. **चन्द्र+शुक्र**–यदि चन्द्रमा के साथ शुक्र नीच का हो तो 'षट्त्रिंशद् वर्षे विधवासंगमी' हो 36वें वर्ष में विधवा स्त्री के साथ सम्भोग करेगा।
6. **चन्द्र+शनि**–चन्द्रमा के साथ **'राजभंग योग'** एवं **'लग्नभंग योग'** बनाएगा। ऐसा जातक मानसिक तनाव में रहेगा तथा धंधे को लेकर परेशान रहेगा।
7. **चन्द्र+राहु**–राहु की स्थिति यहां शुभद है। पर गृहणयोग के कारण जातक सदैव तनावग्रस्त रहेगा।

8. **चन्द्र+केतु**–केतु की युति के कारण हल्की दुर्घटना का योग बनता है। तेज वाहन स्वयं न चलावे।
9. यदि चन्द्रमा के साथ राहु या केतु हो तो जातक को धन कमाने हेतु बहुत संघर्ष करना पड़ेगा। जातक रोगी होगा।

षष्टम भाव में चन्द्रमा का उपचार–

1. अपना भेद किसी को न बताओ
2. घर में खरगोश की पालना करें।
3. मंत्रपूत मोती जड़ा हुआ 'चन्द्र यंत्र' गले में धारण करें।

मेषलग्न में चन्द्रमा की स्थिति सप्तम भाव में

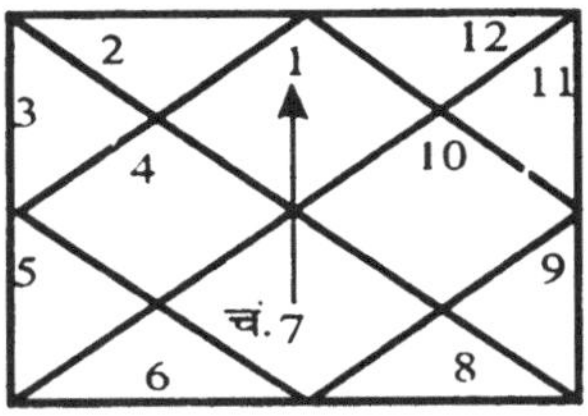

मेषलग्न में चन्द्रमा केन्द्राधिपति होने के कारण एवं चन्द्रमा लग्नेश मंगल का मित्र होने के कारण शुभ फलदाई है। चन्द्रमा यहां सप्तम भाव में तुला राशि का होगा। जातक धन-दौलत की कमी न पाने वाला, किसी के आगे हाथ न फैलाएं। स्त्री सुन्दर और शुभलक्षणों से युत होगी। चन्द्रमा यदि पूर्णबली है तो जातक के पत्नी जीवन भर साथ निभाएगी। 'क्षीणचन्द्रे कलत्रनाश:' चन्द्रमा यदि निर्बल है तो पत्नी की छोटी आयु में मृत्यु होगी।

दृष्टि–चन्द्रमा की पूर्ण दृष्टि लग्न पर है फलत: ऐसे जातक को परिश्रम का लाभ होगा। उसकी विद्या फलवती होगी। 24 वर्ष के बाद जातक आगे बढ़ेगा। जातक नित नए विषय की खोज करेगा।

निशानी–बच्चों की माता खुद लक्ष्मी अवतार, जातक ज्योतिष या अध्यात्म विद्या का ज्ञाता होगा। जातक मौत के समय अपने घर पर होगा। सूर्य, चन्द्र दोनों की दृष्टि लग्न पर होने से जातक की माता व पुत्र दोनों तेजस्वी होगें।

अनुभव–'भोजसंहिता' के अनुसार चन्द्रमा की यह स्थिति जातक को गुप्त धन देगी एवं ऐसे जातक को स्त्री-मित्रों से ज्यादा लाभ होगा। जातक को ससुराल में भूमि मिलेगी।

दशा–चन्द्रमा की दशा शुभफल देगी। शुक्र की अच्छी स्थिति शुभत्व में वृद्धि करेगी।

चन्द्रमा का अन्य ग्रहों से सम्बन्ध–

1. **चन्द्र+सूर्य**–यदि चन्द्रमा के साथ सूर्य हो तो जातक का जन्म कार्तिककृष्ण अमावस्या की सायं काल सूर्यास्त के समय का होगा। जातक प्रशासनिक कार्यो में रुचि लेगा तथा अच्छा प्रशासक, प्रबन्धक एवं वक्ता साबित होगा।
2. **चन्द्र+मंगल**–चन्द्रमा के साथ मंगल हो तो **'महालक्ष्मी योग'** बनेगा। लग्नाधिपति योग के कारण जातक खूब धन कमाएगा। यहां मांगलिक दोष समाप्त होगा।

3. **चन्द्र+बुध**–ऐसे जातक का जीवनसाथी सुन्दर होगा। जातक स्वयं अपने कुल का नाम रोशन करेगा। पराक्रमी होगा।

4. **चन्द्र+गुरु**–चन्द्रमा के साथ गुरु होने से **'गजकेसरी योग'** बनेगा। सुखेश चन्द्रमा की भाग्येश गुरु के साथ यह युति जातक का पराक्रम बढ़ाएगी। जातक के व्यक्तित्व में निखार आएगा। उसे व्यापार-व्यवसाय में लाभ होगा।

5. **चन्द्र+शुक्र**–यदि चन्द्रमा के साथ शुक्र है तो जातक के दो स्त्री होंगी। 'भावाधिये बलयुते स्त्रीद्वयम्' तथा अनेक स्त्रियों से सम्पर्क होगा।

6. **चन्द्र+शनि**–चन्द्रमा के साथ शनि उच्च का होने से **'शशयोग'** बनेगा। जातक राजा तुल्य ऐश्वर्य, वैद्य, वर्चस्व को प्राप्त करेगा। माता एवं पत्नी से सुखी होगा।

7. **चन्द्र+राहु**–चन्द्रमा के साथ राहु जीवन साथी में मतभेद, माता को पीड़ा देगा।

8. **चन्द्र+केतु**–चन्द्रमा के साथ केतु जीवन साथी के साथ मारपीट एवं माता को चोट पंहुचाता है।

9. यदि चन्द्रमा के साथ अन्य शुभ ग्रह है तो राजा की कृपा से धन लाभ होगा 'राजप्रसाद लाभः' जातक को राजकीय सम्मान मिलेगा।

10. यदि चन्द्रमा के साथ राहु या केतु है तो जातक के माता की मृत्यु वाहन से होगी। (सत्यजातकम् अ. 7/श्लोक 7)

सप्तम भाव में चन्द्रमा का उपचार–

1. विवाह के दिन ससुराल से पत्नी के वजन का दूध, पानी या चावल लाना या पहले लाकर खाना।
2. चांदी के बर्तन में खाना-पीना शुभ रहेगा।
3. क्लेश दूर करने के लिए 'चन्द्र यंत्र' धारण करें।

मेषलग्न में चन्द्रमा की स्थिति अष्टम भाव में

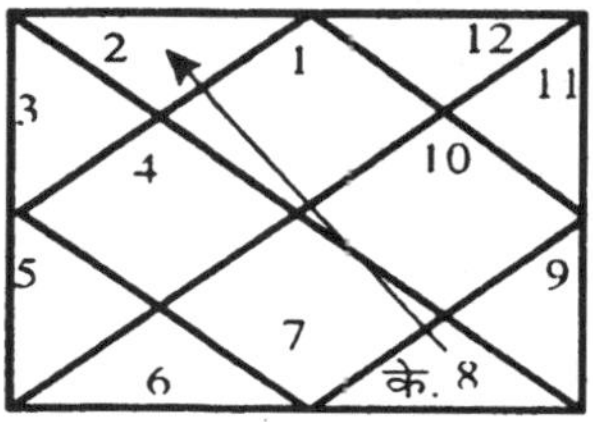

मेषलग्न में चन्द्रमा केन्द्राधिपति होने के कारण एवं लग्नेश मंगल का मित्र होने के कारण शुभफलदाई है। चन्द्रमा अष्टम भाव में वृश्चिक राशि का होगा जो कि इसकी नीचराशि है। जातक माता-पिता का सेवक होगा। इसे बुजुर्गों की सम्पत्ति मिलेगी। ससुराल से सम्बन्ध स्थापित होने के बाद किस्मत चमकेगी। जातक यात्राओं एवं जलीय संसाधनों से धन कमाएगा।

दृष्टि–चन्द्रमा में खड्डे होते हुए भी उसकी दृष्टि उच्च की धन स्थान पर है। जातक महत्वाकांक्षी होगा एवं यदि लग्नेश मंगल बलवान हो तो जातक खूब धन कमाएगा।

निशानी–मुर्दा माता, जला दूध। अपनी किस्मत आप चमकाए।

अनुभव–'भोजसंहिता' के अनुसार जातक भगड़ालू **व** ईर्ष्यालु होगा। तिक्त (खट्टा) व चटपटा भोजन पसन्द करेगा। जातक अपनी शक्ति का उपयोग नकारात्मक रूप से करेगा। ऐसे जातक की जमीन पर दूसरे लोग कब्जा करेंगे।

दशा–चन्द्रमा की दशा मिश्रित फल देगी।

चन्द्रमा का अन्य ग्रहों से सम्बन्ध–

1. **चन्द्र+सूर्य**–चन्द्रमा के साथ सूर्य हो तो जातक का जन्म मार्गशीर्ष कृष्ण अमावस्या को सायं 4 से 6 के मध्य होगा। जातक की माता को कष्ट होगा या जातक को भूमि का नुकसान होगा। जातक को वाहन दुर्घटना का भी भय बना रहेगा।
2. **चन्द्र+मंगल**–यदि चन्द्र के साथ मंगल हो तो **'नीचभंगराज योग'** एवं क्रमशः **'महालक्ष्मी योग'** की सृष्टि होगी तो चन्द्रमा का नीचत्व भंग हो जाएगा। जातक धन एवं पृथ्वी का स्वामी होगा। धनवान पुरुष होगा।
3. **चन्द्र+बुध**–चन्द्रमा के साथ विषभोजन का भय देता है। बदहजमी की शिकायत रहेगी। बुध यहां **विपरीतराज योग** की सृष्टि भी करता है। ऐसा जातक धनी होगा।
4. **चन्द्र+गुरु**–चन्द्रमा के साथ गुरु **'गजकेसरी योग'** बनाएगा। परन्तु यह युति ज्यादा सार्थक नहीं होगी। जातक पारिजात के अनुसार ऐसे जातक की मृत्यु **'क्षयरोग'** से होगी। गुरु यहां **'विपरीत राजयोग'** बना रहा है। जातक धनी होगा।
5. **चन्द्र+शुक्र**–चन्द्रमा के साथ शुक्र **'राजभंग योग'** एवं **'लाभभंग योग'** बनाएगा। ऐसा जातक ईर्ष्यालु होगा। उसे ठेकेदारी में नुकसान भी होगा।
6. **चन्द्र+शनि**–चन्द्रमा के साथ शनि **'राजभंग योग'** एवं **'लाभभंग योग'** बनायेगा। ऐसा जातक ईर्ष्यालु होगा। उसे ठेकेदारी में नुकसान भी होगा।
7. **चन्द्र+राहु**–चन्द्रमा के साथ राहु गुप्तांग में बीमारी एवं दुर्घटना योग बनाता है। जातक के माता की अचानक मृत्यु घातक बीमारी से होगी।
8. **चन्द्र+केतु**–चन्द्रमा के साथ केतु जातक को शल्यचिकित्सा का भय देगा। जीवन में आपरेशन जरूर होगा। हृदय रोग का भय रहेगा।
9. शुक्र की स्थिति यदि अच्छी हो तो विवाह के बाद किस्मत चमकेगी। यदि धनस्थान में शुक्र हो तो जातक उत्तम वाहन (लक्जरी कार) उत्तम भवन (तीन मंजिला) एवं उत्तम नौकर-चाकर के सुखों से मुक्त होकर माता, मौसी या सासु की सेवा करेगा।

अष्टम भाव में चन्द्रमा का उपचार–

1. श्राद्ध या बुजुर्गों के नाम पर दान देना।
2. पनीर/दूध के पानी का इस्तेमाल करना, दूध पीना निषेध।
3. अस्पताल या शमशान में कुआं या हैण्डपम्प लगाना।
4. 'चन्द्र यंत्र' धारण करना।
5. बच्चों व बुजुर्गों के पांव धोयें।

मेषलग्न में चन्द्रमा की स्थिति नवम भाव में

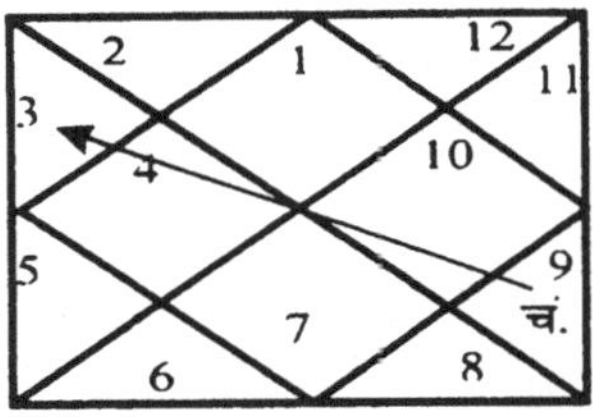

मेषलग्न में चन्द्रमा केन्द्राधिपति होने के कारण लग्नेश मंगल का मित्र होने के कारण शुभफलदाई है। नवम स्थान में चन्द्रमा धनु राशि में होगा जो उसे मित्र ग्रह की शुभराशि है। ऐसा जातक बहुत बड़ा धर्मात्मा, पुण्यात्मा एवं ज्ञानी होता है। 'बहुश्रुतवान् पुण्यवान' ऐसा जातक तीर्थयात्रएं करता है। जातक ईमानदार एवं व्यवहारिक होता है तथा समाज में, राजनीति से उच्च पद प्रतिष्ठा को प्राप्त करता है।

दृष्टि–धनराशि गत चन्द्रमा की पूर्ण दृष्टि पराक्रम स्थान पर है। जातक अपने भाई-बहनों एवं परिजनों से बहुत स्नेह रखेगा। जातक जनसम्पर्क सघन होगा। उसे पत्रकारिता एवं नित नए विषयों के अनुसंधान की रुचि रहेगी।

निशानी–दु:खियों का रक्षक, समुद्र। ऐसे जातक के पुत्र सन्तति जरूर होगी। सन्तान सुपुत्र कहलाएगा।

अनुभव–जातक को सच्चाई की बात पर तुरन्त क्रोध आएगा परन्तु क्रोध क्षणिक होगा।

दशा–'भोजसंहिता' के अनुसार चन्द्रमा की दशा अत्यन्त शुभफल देगी। यदि गुरु की स्थिति इस कुण्डली में शुभ हो तो दशा का शुभत्व 20% और बढ़ जाएगा।

चन्द्रमा का अन्य ग्रहों से सम्बन्ध–

1. **चन्द्र+सूर्य**–चन्द्रमा के साथ सूर्य हो तो जातक का जन्म पौष कृष्ण अमावस्या की दोपहर में 2 से 4 बजे के मध्य होगा। जातक को माता-पिता दोनों का सुख मिलेगा। खासकर पैतृक सम्पत्ति मिलने का योग है। यह युति प्रबल राजयोग कारक है।
2. **चन्द्र+मंगल**–चन्द्रमा के साथ मंगल हो अथवा चन्द्रमा के सामने मंगल हो तो **'लक्ष्मीयोग'** बनेगा। जातक खूब धन कमाएगा।
3. **चन्द्र+बुध**–चन्द्रमा के साथ बुध जातक को महान पराक्रमी बनाएगा। मित्रों से लाभ रहेगा।
4. **चन्द्र+गुरु**–यदि चन्द्रमा के साथ गुरु हो तो **'गजकेसरी योग'** बनेगा। नवम भाव में गुरु स्वगृही होकर बलवान रहेगा। फलत: दोनों शुभ ग्रहों की दृष्टि लग्न स्थान, पराक्रम स्थान एवं पंचम भाव पर रहेगी। फलत: प्रथम सन्तति के बाद जातक का विशेष भाग्योदय होगा। राजनीति में जीत होगी। सन्तान आज्ञाकारी होगी। जातक को पिता की सम्पत्ति मिलेगी।
5. **चन्द्र+शुक्र**–चन्द्रमा के साथ शुक्र होने से जातक को माता-पिता द्वारा रक्षित धन मिलता है। उत्तम वाहन का योग बनता है।

6. **चन्द्र+शनि**–चन्द्रमा के साथ शनि होने से जातक महत्वाकांक्षी होगा। व्यापार में खूब धन कमाएगा।

7. **चन्द्र+राहु**–चन्द्रमा के साथ राहु भाग्योदय हेतु संघर्ष कराएगा पर किस्मत मेहनत के बाद चमकेगी।

8. **चन्द्र+केतु**–चन्द्रमा के साथ केतु जातक सफलता देता है पर सफलता प्रथम प्रयास से नहीं मिलती।

नवम भाव में चन्द्रमा का उपचार–

1. धर्म-कर्म और तीर्थ यात्रा में रुचि लें।
2. 'चन्द्र यंत्र' धारण करना।

मेष लग्न में चन्द्रमा की स्थिति दशम भाव में

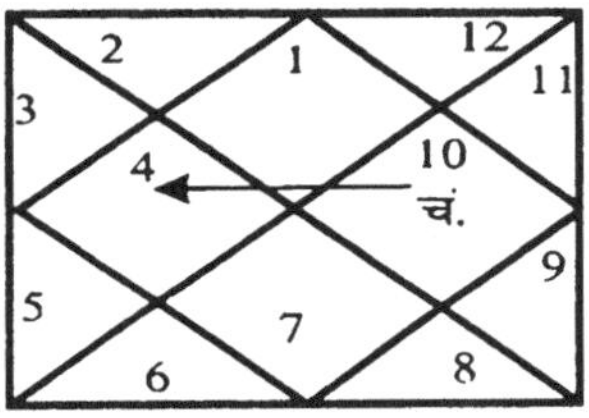

मेषलग्न में चन्द्रमा केन्द्राधिपति होने के कारण एवं लग्नेश मंगल का मित्र होने के कारण शुभफलदाई है। दशम भाव में चन्द्रमा मकर राशि में होगा। मकर राशि का स्वामी शनि मेषलग्न वालों के लिए अशुभ फलकर्त्ता है। फिर भी ऐसा व्यक्ति भंवर में फंसी हुई नैया को पार लगाने वाला होता है। ऐसा व्यक्ति परिश्रमी, कार्यशील, धार्मिक, साहसी, धनवान एवं महत्वाकांक्षी होता है।

दृष्टि–मकर राशि गत चन्द्रमा की पूर्ण दृष्टि चतुर्थ भाव अपने स्वयं के घर पर होने से जातक को उत्तम वाहन एवं भवन की प्राप्ति होती है। उसे सभी कार्यों में बराबर सफलता मिलती है।

निशानी–जहरीला पानी, जातक घूमता रहेगा। यात्राओं में ज्यादा रस लेगा।

दशा–चन्द्रमा की दशा बहुत अच्छी जाएगी। 'भोजसंहिता' के अनुसार यदि शनि की स्थिति शुभ हो तो शुभत्व 20% और बढ़ जाएगा।

चन्द्रमा का अन्य ग्रहों से सम्बन्ध–

1. **चन्द्र+सूर्य**–चन्द्रमा के साथ सूर्य हो तो जातक का जन्म माघ कृष्ण अमावस्या को मध्य दिन में होगा। यहां से चन्द्रमा अपने घर को पूर्ण दृष्टि से देखेगा। फलतः जातक को उत्तम वाहन मकान का, नौकर-चाकर का पूर्ण सुख मिलेगा। जातक को सन्तानें पढ़ी-लिखी होंगी। यह युति प्रबल राजयोग कारक है।

2. **चन्द्र+मंगल**–यदि चन्द्रमा के साथ मंगल हो तो जातक महाधनी होगा। **'रुचक योग'**, **'महालक्ष्मी योग'** के कारण जातक बड़ी भूमि-भाव एवं सम्पत्ति का स्वामी होगा। राजातुल्य ऐश्वर्य को भोगेगा। यदि यहां गुरु चौथे व सूर्य लग्न में हो तो जातक मिनिस्टर होगा। लाल बत्ती के गाड़ी का स्वामी होगा।

3. **चन्द्र+बुध**–चन्द्रमा के साथ बुध जातक को पराक्रमी बनाएगा। जातक अपने कुल का नाम दीपक के समान रोशन करेगा।

4. **चन्द्र+गुरु**–यदि चन्द्रमा के साथ गुरु हो तो **'गजकेसरी योग'** बनेगा। दोनों शुभ ग्रहों की दृष्टि धनस्थान, चतुर्थभाव एवं षष्टम् स्थान पर होगी। ऐसे जातक को ननिहाल व माता की सम्पत्ति मिलेगी। जातक धनवान होगा। दीर्घजीवी होगा।

5. **चन्द्र+शुक्र**–चन्द्रमा के साथ शुक्र जातक को चार पहियों का वाहन देगा।

6. **चन्द्र+शनि**–यदि चन्द्रमा के साथ शनि हो तो **'शशयोग' पद्मसिहांसन योग'** योग के कारण जातक साधारण परिवार में जन्म लेकर भी कीचड़ में कमल की तरह उच्च पद व प्रतिष्ठा को प्राप्त करेगा।

7. **चन्द्र+राहु**–चन्द्रमा के साथ राहु व्यापार में नुकसान देगा। माता को बीमारी व कष्ट देगा।

8. **चन्द्र+केतु**–चन्द्रमा के साथ केतु जातक को हृदय रोग या भारी बीमारी देगा पर उससे बचाव होता रहेगा।

दशम भाव में चन्द्रमा का उपचार–

1. रात को दूध नहीं पीना, क्योंकि यह दूध जहर का काम करेगा।
2. 'चन्द्र यंत्र' धारण करना।

मेषलग्न में चन्द्रमा की स्थिति एकादश भाव में

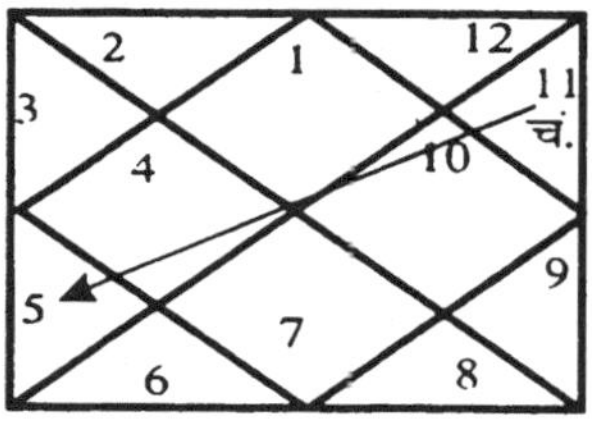

मेषलग्न में चन्द्रमा केन्द्राधिपति होने के कारण एवं मंगल का मित्र होने के कारण शुभफलदाई है। एकादश स्थान में स्थित चन्द्रमा कुम्भ राशि में होगा। कुम्भ राशि का स्वामी शनि मेषलग्न के लिए अशुभ फलकारी माना गया है। ऐसा जातक उदार हृदय एवं मधुर व्यवहार वाला होता है। जातक राज्याधिकारी, वकील, सामाजिक कार्यकर्त्ता, मकान-वाहन सुख से युक्त दूरदर्शी होता है।

दृष्टि–कुम्भ राशि में स्थित चन्द्रमा की पूर्व दृष्टि पंचम भाव पर है। फलत: जातक को विद्या में सफलता मिलेगी। जो भी कार्य हाथ में लेगे, उसमें सफलता मिलेगी।

निशानी–सब कुछ होते हुए भी न के बराबर। कन्या सन्तति जरूर होगी।

अनुभव–जातक हवाई यात्रा अवश्य करेगा क्योंकि चन्द्रमा वायुभाजक राशि में होकर लाभस्थान में है।

दशा–चन्द्रमा की दशा में जातक प्रजावान होगा। विद्यावान होगा। भोजसंहिता के अनुसार उसे चन्द्र सम्बन्धी शुभ फलों की प्राप्ति होगी।

चन्द्रमा का अन्य ग्रहों से सम्बन्ध–

1. **चन्द्र+सूर्य**–चन्द्रमा के साथ सूर्य हो तो जातक का जन्म फाल्गुन कृष्ण अमावस्या को प्रात: 9 से 11 बजे के मध्य होगा। सूर्य शत्रुक्षेत्री होकर अपने घर को पूर्ण दृष्टि से देखेगा। जातक प्रजावान होगा। उसे पुत्र-पुत्री दोनों प्रकार की सन्तति मिलेगी। जातक की सन्तानें उच्च शिक्षा प्राप्त करेगी।
2. **चन्द्र+मंगल**–चन्द्रमा के साथ मंगल **'लक्ष्मी योग'** बनाता है। जातक व्यापार में उच्च पद की प्राप्त करेगा, उद्योगपति होगा।
3. **चन्द्र+बुध**–चन्द्रमा के साथ बुध कन्या सन्तति की बाहुल्यता देगा। जातक लंगोट का कच्चा होगा।
4. **चन्द्र+गुरु**–यदि चन्द्रमा के साथ गुरु हो तो **'गजकेसरी योग'** बनेगा दोनों शुभ ग्रहों की दृष्टि पराक्रम स्थान, पंचम स्थान एवं सप्तम स्थान पर होने से जातक का प्रथम भाग्योदय विवाह के बाद, दूसरा भाग्योदय प्रथम सन्तति के बाद होगा। जातक अपने परिजनों व मित्रों के प्रति समर्पित भाव रखेगा।
5. **चन्द्र+शुक्र**–चन्द्रमा के साथ शुक्र कन्या सन्तति की बाहुलता देगा। जातक बड़े उद्योग का स्वामी होगा। जातक विलासी होगा। धनी होगा।
6. **चन्द्र+शनि**–यदि चन्द्रमा के साथ शनि हो तो जातक धनवान होगा। व्यापारी होगा। उसके कन्या सन्तति जरूर होगी।
7. **चन्द्र+राहु**–चन्द्रमा के साथ राहु होने से जातक अपनी उम्र में बड़ी स्त्री के साथ संभोग करेगा।
8. **चन्द्र+केतु**–चन्द्रमा के साथ केतु जातक को भगम्या स्त्री से रमण कराएगा।
9. यदि चन्द्रमा के साथ अन्य पापग्रह हो तो–'पापयुते सप्तविशंति वर्षे विधवासंगमेन जन विरोधी' विधवा स्त्री के सम्भोग से जनविरोध का सामना करना पड़ेगा।

एकादश भाव में चन्द्रमा का उपचार–

1. भैरों के मंदिर में दूध देना।
2. बच्चों को 121 पेडे या रेवडी बांटना।
3. 'चन्द्र यंत्र' धारण करना।

मेषलग्न में चन्द्रमा की स्थिति द्वादश भाव में

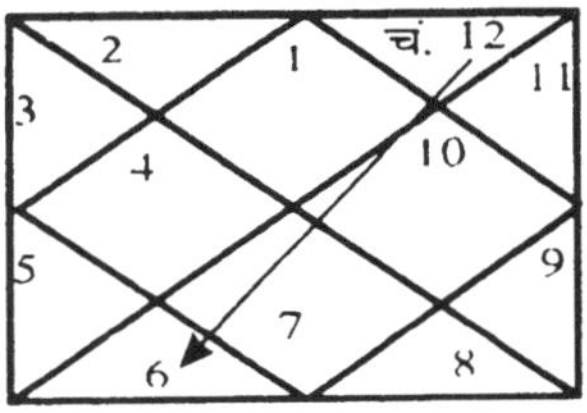

मेषलग्न में चन्द्रमा केन्द्राधिपति होने के कारण एवं लग्नेश मंगल का मित्र होने के कारण शुभफलदाई है। यहां चन्द्रमा बारहवें स्थान पर होने से मीन राशि में होगा। मीन राशि का स्वामी गुरु मेषलग्न के लिए योगकारक होकर चन्द्रमा का मित्र है। ऐसा जातक राजदरबार, कोर्ट-कचहरी में विजय पान

वाला, ज्योतिष, तन्त्र-मन्त्र, गुप्त विद्याओं को जाने वाला, बुजुर्गों का नाम रोशन करने वाला, विदेशों में जाकर अपनी किस्मत चमकाने वाला परम तेजस्वी व्यक्ति होता है।

दृष्टि–मीन राशिगत चन्द्रमा की दृष्टि छठे भाव में होने पर से जातक को दीर्घायु बनाता है। ऐसा जातक अपने शत्रुओं का नाश करने में पूर्ण सक्षम होता है।

निशानी–तूफान में बस्तियां उजाड़ने वाला दरिया।

अनुभव–जातक विदेश यात्रा, समुद्री यात्रा अवश्य करेगा। भोजसंहिता के अनुसार बाएं नेत्र की रोशनी जरूर कम होगी। ज्यादा प्रतिकूल स्थिति में एक आंख नष्ट भी हो सकती है। व्ययभाव गते चन्द्रः वामचक्षु नश्यति।

दशा–चन्द्रमा की दशा मिश्रित फल देगी। 50% शुभ 50% अशुभ। यदि गुरु की स्थिति शुभ हो तो दशा पूर्णतः अनुकूल हो जाएगी। यदि चन्द्रमा की राशि (चतुर्थ स्थान) में शुभ ग्रह तो दशा 60% शुभ फलदाई होगी। यदि चन्द्रमा शुभ ग्रह से दृष्ट हो तो 70% शुभफल देगा। चन्द्रमा यदि पाप पीड़ित हुआ तो 40% प्रतिकूल फल देगा।

चन्द्रमा का अन्य ग्रहों से सम्बन्ध–

1. **चन्द्र+सूर्य**–चन्द्रमा के साथ सूर्य हो तो जातक का जन्म चैत्र कृष्ण अमावस्या के दिन को 7.30 से 9.30 बजे के मध्य होगा। जातक को नेत्र पीड़ा होगी। जातक काना भी हो सकता है पर खर्चीले स्वभाव का अवश्य होगा।
2. **चन्द्र+मंगल**–चन्द्र+मंगल युति से **'लक्ष्मी योग'** बनेगा। जातक धनवान होगा। इस युति के मांगलिक दोष भी समाप्त हो जाएगा।
3. **चन्द्र+बुध**–चन्द्रमा के साथ बुध **'विपरीतराज योग'** की सृष्टि करेगा। जातक धनवान होगा एवं धार्मिक कार्यों में धन स्वयं करेगा।
4. **चन्द्र+गुरु**–यदि चन्द्रमा के साथ गुरु हो तो **'गजकेसरी योग'** बनता है। गुरु यहां स्वगृही होगा। दोनों शुभग्रहों की दृष्टि चतुर्थ भाव, षष्टम भाव एवं अष्टम भाव पर होगी। फलतः जातक दो मंजिला भवन 32 वर्ष की आयु में बनायेगा। जातक दीर्घजीवी होगा एवं अपने शत्रुओं का मान-मर्दन करने में सक्षम होगा।
5. **चन्द्र+शुक्र**–यदि चन्द्रमा के साथ शुक्र हो तो **'मातृमूलधन योग'** की सृष्टि होगी। माता, मकान, वाहन द्वारा धन प्राप्ति होगी जातक अनेक नौकरों का स्वामी होगा।
6. **चन्द्र+शनि**–चन्द्रमा के साथ शनि **'राजभंग योग'** एवं **लाभभंग योग** बनाता है। जातक का धन खर्च होता रहेगा।
7. **चन्द्र+राहु**–चन्द्रमा के साथ राहु यात्रा व्यय कराएगा। जातक पंखचक होगा।
8. **चन्द्र+केतु**–चन्द्रमा के साथ केतु जातक हवाई यात्रा करेगा। पर जबान का सच्चा नहीं होगा।
9. चन्द्रमा बारहवें और शुक्र द्वितीय स्थान में हो तो जातक की दोनों आंखों की रोशनी चली जाएगी।

द्वादश भाव में चन्द्रमा का उपचार–

1. चावल, चांदी, दूध आदि का दान करना।
2. सच्चा मोती दूध रंग धारण करना, मोती के अभाव में चांदी धारण या चंद्र यंत्र पहनना।
3. दूध का बर्तन रात को सिरहाने रखकर सुबह वटवृक्ष में डालना।
4. सोमवार का व्रत रखना।
5. शिवजी की उपासना करना।

❑❑❑

मेषलग्न में मंगल की स्थिति

मेषलग्न में मंगल की स्थिति प्रथम भाव में

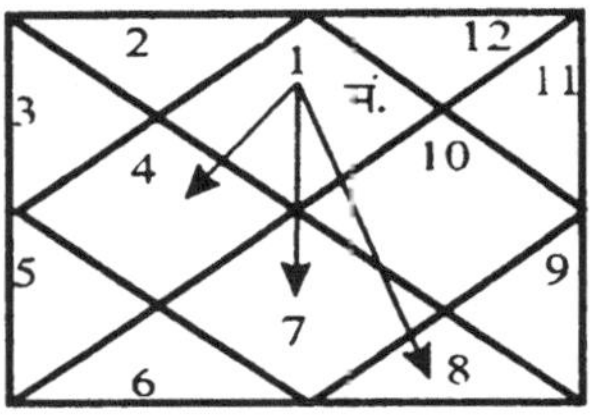

मेषलग्न में मंगल लग्नेश व अष्टमेश होता है पर यहां लग्नेश होने से मंगल को अष्टमेश को दोष नहीं लगेगा। ऐसा व्यक्ति बहुत ही शक्तिशाली, प्रसिद्ध एवं नेतृत्व शक्ति युक्त सफल नेता या प्रशासक होता है।

रुचकयोग–मेषलग्न में मंगल स्वगृही लग्न में होने के कारण 'रुचक योग' बना।

परिणाम (Result) –ऐसा व्यक्ति जिला, शहर या गांव का प्रमुख होता है। जहां सभा इत्यादि में बैठता है, वहां की अध्यक्षता करता है। उत्तम भवन एवं वाहन का सुख उसे सहज में ही प्रप्त होता है। जीवन में सभी प्रकार के भौतिक ऐश्वर्य व संसाधनों की प्राप्ति बलपूर्वक प्राप्त करता है। मंगल की प्रधानता के कारण जातक शूरवीर व साहसी होता तथा आगे बढ़ने की तीव्र महत्वाकांक्षा इनमें कूट-कूट कर भरी होती है।

लग्न में बैठकर बलवान मंगल चौथे स्थान, सातवें स्थान एवं आठवें स्थान को पूर्ण दृष्टि से देख रहा है। फलतः यह दृष्टि जातक की आयु, मातृसुख एवं विवाह सुख के लिए संतोषप्रद है। **'लग्नेभौमः क्रोधी'** लग्न में मंगल होने में व्यक्ति क्रोधी होगा।

मांगलिक कुण्डली–मंगल की यह स्थिति कुण्डली को मांगलिक बनाती है। ऐसे पुरुष या स्त्री का जीवन साथी भी मांगलिक होना चाहिए। तभी विवाह सुख, गृहस्थ सुख स्थाई रहेगा अन्यथा दोनों में से एक खण्डित होगा।

निशानी–ऐसा जातक **'इंसाफ की तलवार'** होता है। जबान से निकला शब्द पत्थर की लकीर होती है। अपने वचन के लिए जातक मर मिटता है। छोटे-बड़े भाइयों की शर्त नहीं पर आप अकेला भाई नहीं होगा। चेहरे पर लाल मस्सा, शस्त्रचोट या चेचक के निशान होंगे।

व्यवसाय–प्रायः ऐसा जातक पुलिस, प्रशासन, मिल्टरी में नौकरी अथवा टैक्नीकल व मैकेनिकल व्यक्ति होता है। इन्हें प्रायः भूमि-भवन के निर्माण कार्य, लकड़ी, मशीनरी, ठेकेदारी से लाभ होता है।

भाग्योदय–भाग्योदय प्रायः 28 वर्ष की आयु में होता है। विवाह के तत्काल बाद होता है अथवा मंगल की दशा, अंर्तदशा में होता है।

दशा–'भोजसंहिता' के अनुसार मंगल की दशा अति उत्तम फल देगी।

मंगल का अन्य ग्रहों से सम्बन्ध–

1. **मंगल+चन्द्र–महालक्ष्मीयोग**–मंगल के साथ चन्द्रमा हो तो **'महालक्ष्मी योग'** बनेगा। जातक महाधनवान होगा। यहां मांगलिक दोष भी समाप्त होगा।
2. **मंगल+सूर्य–किम्बहुनायोग**–यदि यहां मंगल के साथ सूर्य हो तो **'किम्बहुना योग'** बनता है। इससे अधिक और क्या? सूर्य यहां उच्च का होने से जातक को एक तेजस्वी पुत्र होगा। जातक राजातुल्य ऐश्वर्यशाली होगा।
3. **मंगल+बुध**–मंगल के साथ यहां बुध होने से जातक महान पराक्रमी होगा। षष्टेश लग्नेश की युति गुप्त रोग व गुप्त शत्रुओं से भय देता रहेगा।
4. **मंगल+गुरु**–मंगल के साथ भाग्येश गुरु होने से जातक परम भाग्यशाली होगा। पर खर्चीले स्वभाव का होगा।
5. **मंगल+शुक्र**–धनेश व अष्टमेश की युति शत्रुओं से धन दिलाएगी। जातक रंगीन मिजाज का होगा किन्तु परम साहसी होगा।
6. **मंगल+शनि–नीचभंग राजयोग**–यदि यहां मंगल के साथ शनि हो तो **'नीचभंग राजयोग'** बनेगा। शनि का नीचत्व भंग होगा। शनि एवं मंगल परस्पर शत्रु होते हुए भी यहां अत्यन्त शुभफल देंगे। जातक दुस्साहसी एवं हठी होगा तथा राजतुल्य ऐश्वर्य भोगेगा। महिमा मण्डित होगा।
7. **मंगल+राहु**–ऐसा जातक परम तेजस्वी योद्धा होगा।
8. **मंगल+केतु**–ऐसा जातक जीवन के प्रत्येक क्षेत्र में विजयी रहेगा। कीर्तिवन्त होगा।

प्रथम भाव में मंगल का उपचार–

1. झूठ बोलने से जातक की ताकत कमजोर होगी।
2. मुफ्त का माल करवाना न दान लेना।
3. हाथी दांत का सामान घर में न रखे।

मेषलग्न में मंगल की स्थिति द्वितीय स्थान में

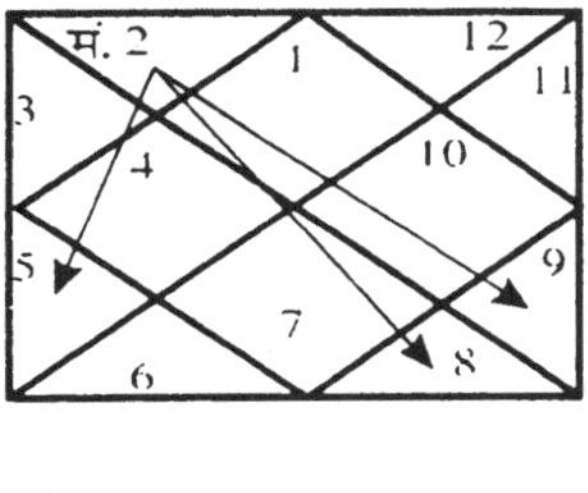

मेषलग्न में मंगल लग्नेश व अष्टमेश होता है पर मंगल को यहां अष्टमेश का दोष नहीं है। लग्नेश धनस्थान में होने से जातक धनवान होगा। जीवन में सभी प्रकार की सुख सुविधाओं को अपने प्रयत्न (पुरुषार्थ) से प्राप्त करने में सफल होगा।

निशानी–दूसरों को पालने वाला, जन्म से बड़ा भाई होगा या 28 वर्ष तक यह जन्मषयी वाला खुद बड़ा भाई बन जाएगा।

दृष्टि–मंगल की दृष्टि पंचम भाव, अष्टम भाव, एवं भाग्य (नवम) भाव पर है। फलतः जातक के कम से कम दो पुत्र (ऑपरेशन न हो तो) तीन पुत्र होते हैं। पुत्र जन्म के बाद जातक का भाग्योदय होता है।

जातक गुप्त विद्याओं, ज्योतिष मन्त्र-तन्त्र-मन्त्र का जानकार होता है। जातक साधक होगा।

दशा–'भोजसंहिता' के अनुसार मंगल की दशा अति उत्तम फल देगी। इस दशा में जातक का सम्पूर्ण भाग्योदय होगा।

मंगल का अन्य ग्रहों से सम्बन्ध–

1. **मंगल+चन्द्र**–मंगल के साथ यदि चन्द्रमा हो तो **'महालक्ष्मी योग'** बनेगा। जातक महाधनी होगा। इसे माता की सम्पत्ति मिलेगी। मकान-वाहन का सुख उत्तम होगा। यहां मांगलिक दोष समाप्त होगा।
2. **मंगल+सूर्य**–पंचमेश लग्नेश की युति धनस्थान में व्यक्ति को महाधनी बनाएगी। ऐसा विद्या व हुनर के माध्यम से आगे बढ़ता है।
3. **मंगल+बुध**–तृतीयेश धनस्थान में लग्नेश के साथ हो तो व्यक्ति अपना पराक्रम बढ़ाने में, इष्ट-मित्रों में धन खर्च करता है।
4. **मंगल+गुरु**–भाग्येश, लग्नेश की युति धनस्थान में व्यक्ति को पुरुषार्थ के द्वारा धन दिलाती है। खासकर मध्यम आयु में व्यक्ति धनी होता है।
5. **मंगल+शुक्र**–मंगल के साथ यदि यहां शुक्र हो तो बलवान धनेश की लग्नेश के साथ युति के कारण जातक स्वपराक्रम से अर्जित धन-वैभव को भोगेगा। भाग्योदय विवाह के बाद होगा।
6. **मंगल+शनि**–दसमेश, लाभेश शनि की लग्नेश से युति धनस्थान में होने से व्यक्ति व्यापार से खूब धन कमाता है पर धन खर्च होता चला जाता है।
7. **मंगल+राहु**–यदि मंगल के साथ राहु हो तो पत्नी की मृत्यु पहले होगी।
8. **मंगल+केतु**–मंगल के साथ केतु धनस्थान में जातक के जीवन में स्थाई धन के एकत्र में बाधक है।

द्वितीय भाव में मंगल का उपचार–

1. लाल या नारंगी रंग का सुगंधित रुमाल पास रखना।
2. बच्चों को दोपहर समय चना-गुड़ बांटना।
3. घर में मृगछाला (हिरण की खाल) रखें।
4. मूंगा युक्त 'मंगल यंत्र' धारण करें।
5. ऋणमोचन मंगल स्तोत्र पढ़े।

मेषलग्न में मंगल की स्थिति तृतीय स्थान में

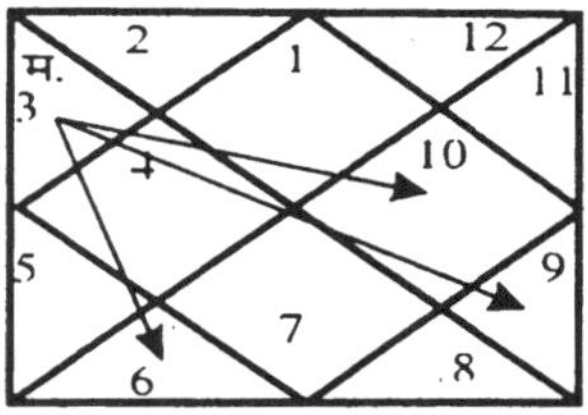

मेषलग्न में मंगल लग्नेश व अष्टमेश होता है पर लग्नेश को अष्टमेश का दोष नहीं लगता। मंगल मिथुन राशि में है। जो इसकी मित्र राशि नहीं है। मंगल यहां मिश्रित फलकारी है।

दृष्टि–तृतीय स्थान में मंगल होने से इसकी दृष्टि छठे भाव, नवमभाव एवं दशम भाव पर होगी। ऐसा जातक अपने शत्रुओं का नाश करने में सक्षम होता है। भाग्योदय 28 वर्ष के बाद एवं पिता का सम्पत्ति भी 32 वर्ष बाद मिलेगी।

निशानी–चिड़िया घर का कैदी शेर, जिसको अपनी ताकत का पता नहीं। बहन-भाई जरूर होंगे।

अनुभव–'भोजसंहिता' के अनुसार मिथुनराशिगत तृतीयस्थ मंगल जातक को महान पराक्रमी बनाता है। परन्तु जातक कुछ डरपोक किस्म का होता है। भाई-बहन के साथ सम्बन्ध अच्छे नहीं होते क्योंकि मंगल बुध का शत्रु है।

दशा–मंगल की महादशा से जातक का सम्पूर्ण भाग्योदय होगा।

मंगल का अन्य ग्रहों से सम्बन्ध–

1. **मंगल+चन्द्र**–मंगल के साथ यदि चन्द्रमा हो तो **लक्ष्मी योग** बनेगा। जातक धनवान होगा। उसके नजदीकी रिश्तेदार भी धनवान होंगे।
2. **मंगल+सूर्य**–मंगल के साथ पंचमेश सूर्य की प्रति व्यक्ति को पराक्रमी बनाएगा। इष्ट मित्रों से, राजदरबार से जातक लाभान्वित होता रहेगा।
3. **मंगल+बुध**–मंगल के साथ स्वगृही बुध, जातक को महान पराक्रमी बनाता है। जातक व्यवहार कुशल एवं यशस्वी होगा।
4. **मंगल+गुरु**–मंगल के साथ गुरु होने से कुटम्बी, मित्रों द्वारा धन व यश की प्राप्ति सम्भव है।
5. **मंगल+शुक्र**–मंगल के साथ, धनेश+सप्तमेश शुक्र विवाह के बाद जातक का पराक्रम बढ़ाएगा।
6. **मंगल+शनि**– मंगल के साथ शनि के कारण जातक पराक्रमी तो होगा पर भाइयों में नहीं बनेगी। मित्रों से झगड़ा रहेगा।
7. **मंगल+राहु**–मंगल के साथ राहु मित्रों से दगा मिलेगा। कुटम्बीजनों से विवाद बना रहेगा।
8. **मंगल+केतु**–मंगल के साथ केतु व्यक्ति को धर्म ध्वज बनाएगा। कुटुम्बीजनों में विरोध रहेगा।

तृतीय भाव में मंगल का उपचार–

1. हाथी दांत पास रखे।
2. चांदी का छल्ला बायें हाथ में पहने।
3. ध्यान रहे तोंद न बढ़े।

मेषलग्न में मंगल की स्थिति चतुर्थ स्थान में

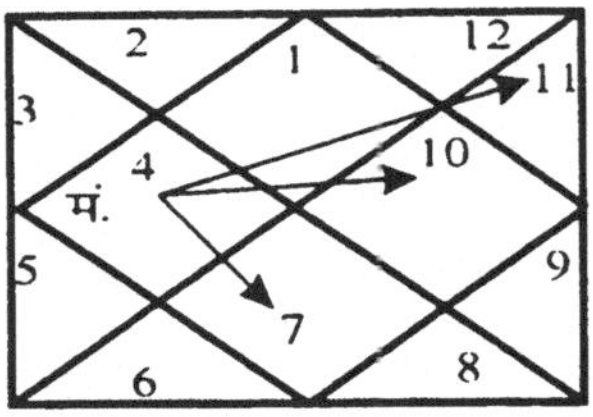

मेषलग्न में मंगल लग्नेश व अष्टमेश होता है पर लग्नेश को अष्टमेश का दोष नहीं लगता। मंगल यहां कर्क राशि में है जो उसके मित्र की राशि है। ऐसा व्यक्ति पराक्रमी एवं निडर होगा। जातक दूसरों का हितैषी, वाहन सुख वाला होता है। बालक के जन्म से माता को तकलीफ होती है।

निशानी–भाई की स्त्री धनी, अपनी मां, नानी, सास सब पर मौत तक भारी पड़ेगी। आप बेशक जन्म से छोटा हो मगर इस पत्री वाला 28 साल की आयु तक खुद बड़ा भाई हो जाएगा।

दृष्टि–कर्कस्थ मंगल की दृष्टि सप्तमभाव, दशम (राज्य) भाव एवं एकादश भाव पर है। ऐसे जातक का विवाह के बाद भाग्योदय होगा। जातक नौकरी या व्यवसाय जो भी करे, उससे 28 से 32 वर्ष के भीतर खूब तरक्की होगी। जातक न्यायप्रिय एवं सच्चाई का साथ देने वाला व्यक्ति होगा।

अनुभव–ऐसे जातक का तत्काल भाग्योदय विवाह के बाद होगा।

दशा–'भोजसंहिता' के अनुसार मंगल की महादशा उत्तम फलकारी साबित होगी।

मंगल का अन्य ग्रहों से सम्बन्ध–

1. **मंगल+चन्द्र–नीचभंग राजयोग**–यदि यहां मंगल के साथ चन्द्रमा हो तो **'नीचभंग राजयोग'** के साथ-साथ **'यामिनीनाथ योग'** एवं **'महालक्ष्मी योग'** बनेगा। जातक को माता की सम्पत्ति स्नेह विशेष मिलेगा। जातक पृथ्वीपति (land lord) होगा। **'महालक्ष्मी योग'** यहां ज्यादा मुखरित होगा तथा मांगलिक दोष भी समाप्त होगा।
2. **मंगल+सूर्य**–पंचमेश सूर्य केन्द्र में होने से जातक विद्यावान् होगा। मां बीमार रहेगी परन्तु घर सुख-सुविधाओं से भरपूर होगा।
3. **मंगल+बुध**–मंगल के साथ बुध यहां शत्रुक्षेत्री होगा। जातक की माता अल्पायु होगी। जातक स्वयं को हृदय सम्बंधी शल्य चिकित्सा करानी पड़ेगी।
4. **मंगल+गुरु–नीचभंग राजयोग**–यदि यहां मंगल के साथ उच्च का गुरु हो तो नीचभंग राजयोग बनेगा मंगल का नीचत्व समाप्त होगा। जातक राजा तुल्य ऐश्वर्य को भोगेगा। 'हंस योग' के कारण जातक गांव का प्रमुख होकर ऊंची प्रतिष्ठा प्राप्त करेगा।
5. **मंगल+शुक्र**–मंगल के साथ शुक्र जातक को एकाधिक वाहन एवं नौकरों का सुख देगा।

6. **मंगल+शनि**–मंगल के साथ शनि जातक को सरकारी नौकरी या ठेकेदारी में लाभ दिलाएगा।
7. **मंगल+राहु**–माता की अल्पायु में मृत्यु का संकेत देता है।
8. **मंगल+केतु**–माता को गम्भीर बीमारी एवं जातक के लिए भी शल्य चिकित्सा का योग बनाता है।
9. **मंगल+गुरु**+चन्द्रमा की युति कर्क राशि में हो तो यह प्रबल राजयोग होगा जातक लालबत्ती की गाड़ी का हकदार होगा।

चर्तुथ भाव में मंगल का उपचार–

1. घर में दक्षिणी दरवाजा, कीकर, बेर, बबूल या केक्टस हो तो फौरन हटाए।
2. काला, काना, नि:स्तान, गंजा या विकलांग से दूर रहे।
3. दूध में मीठा डालकर बरगद के वृक्ष में चढ़ाये 28 मंगलवार तक।
4. संतान की रक्षा के लिए मिट्टी के पात्र में शहद या मंगलवार के दिन वीरान जगह में दबा दें।
5. पेट, मस्से या चर्मरोग जैसी बीमारी से बचने के लिए 28 मंगलवार तक गीली मिट्टी का तिलक लगाये।

मेषलग्न में मंगल की स्थिति पंचम स्थान में

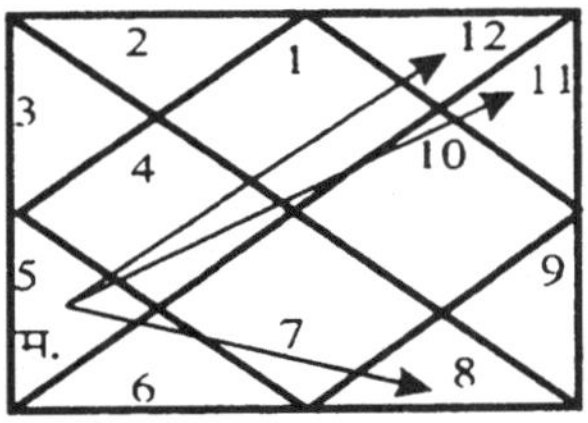

मेषलग्न में मंगल लग्नेश व अष्टमेश होता है पर लग्नेश को अष्टमेश का दोष नहीं लगता। मंगल यहां सिंह राशि में है। जिसका स्वामी सूर्य शुभफलदायक है। जातक पहलवानी, व्यायाम में रुचि रखने वाला शरीर-बल पर ज्यादा ध्यान देने वाला होगा। जातक स्वभाव से क्रोधी होगा पर क्रोध क्षणिक होगा।

निशानी–रईसों का बाप-दादा। तृतीय भाव में बुध हो तो दो भाई। प्रथम पुत्र होगा।

दृष्टि–सिंहस्थ मंगल की अग्नि दृष्टि अष्टम भाव, लाभभाव एवं व्ययभाव पर होगी। फलत: जातक की आयु लम्बी होगी। व्यापार में लाभ होगा। जातक महत्वाकांक्षी होगा तथा अपनी महत्वाकांक्षा की पूर्ति हेतु धन का अपव्यय करेगा। धैर्य की कमी होगी। पर जातक शूरवीर व साहसी होगा।

अनुभव–'भोजसंहिता' के अनुसार सिंहस्थ मंगल पंचमभाव में मित्र के घर में होगा। जातक को जीवन में उच्च पद या सफलता अवश्य मिलेगी।

दशा–'भोजसंहिता' के अनुसार मंगल की महादशा शुभफलदायक होगी। इस दशा में यात्रा में लाभ, व्यापार-व्यवसाय में लाभ होगा। उत्तम धन की प्राप्ति होगी।

मंगल का अन्य ग्रहों से सम्बन्ध–

1. **मंगल+चन्द्र**–यदि मंगल के साथ चन्द्रमा हो तो **'लक्ष्मी योग'** बनेगा। जातक धनवान होगा।
2. **मंगल+सूर्य**–यदि यहां मंगल के साथ सूर्य हो तो जातक के प्रथम पुत्र उत्पन्न होगा। पुत्र तेजस्वी होगा। जातक का जन्म श्रावण-भाद्रपक्ष माह की रात्रि को दस बजे के लगभग होगा।
3. **मंगल+बुध**–मंगल के साथ बुध जातक को पुत्र के अलावा दो कन्या सन्तति देगा।
4. **मंगल+गुरु**–मंगल के साथ भाग्येश गुरु जातक को तीन से पांच पुत्र देगा। प्रथम पुत्र होगा।
5. **मंगल+शुक्र**–मंगल के साथ शुक्र जातक पुत्र के अलावा कन्या सन्तति की बाहुल्यता भी देगा।
6. **मंगल+शनि**–मंगल के साथ शनि जातक को उद्योगपति बनाएगा। जातक विदेशी भाषा पढ़ेगा एवं तकनीकी विशेषज्ञ होगा।
7. **मंगल+राहु**–मंगल के मध्य राहु विद्या में बाधा। प्रथम सन्तति का गर्भपात भी करा सकता है।
8. **मंगल+केतु**–मंगल के साथ केतु जातक की सन्तति शल्य चिकित्सा से कराएगा।

पंचम भाव में मंगल का उपचार–

1. नीम का वृक्ष लगावे।
2. रात को सिरहाने पानी रखे, सुबह किसी गमले आदि में डाले।
3. अपना चरित्र चाल-चलन ठीक रखे।

मेषलग्न में मंगल की स्थिति षष्टम् स्थान में

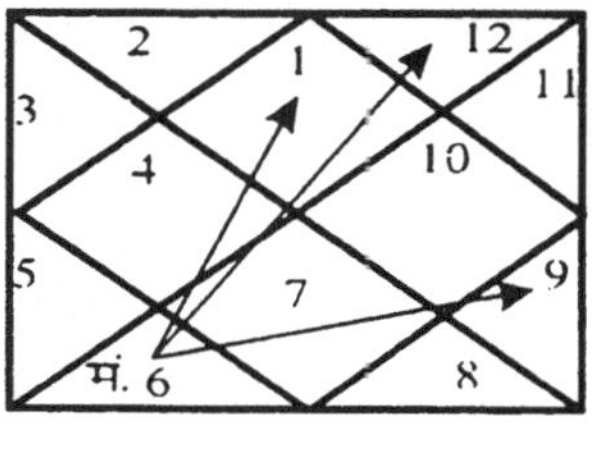

मेषलग्न में मंगल लग्नेश व अष्टमेश होता है पर लग्नेश को अष्टमेश का दोष नहीं लगता। यहां छठे स्थान में मंगल कन्या राशि होकर नपुसंक होगा। बुध की राशि में मंगल प्रसन्न नहीं रहता। जातक का जीवन संघर्षमय रहता है। जातक शत्रु से-परेशान रहता है। शरीर में रोग की सम्भावना रहती है। पशु व वाहन के कारोबार में जातक नुकसान उठाता है।

निशानी–साधु-साध्वी का स्वभाव जो अपने आपको कष्ट देना ज्यादा पसन्द करते हैं एक अकेला ही धर्मवीर होगा। सत्यजातकम् के अनुसार ऐसा व्यक्ति सेना का अधिकारी होगा। पुत्र का जन्म 34 वर्ष की आयु के बाद होगा।

दृष्टि–कन्या राशि में स्थित मंगल की दृष्टि भाग्य भवन, व्यय भवन एवं लग्न स्थान पर

पड़ेगी। फलत: भाग्योदय हेतु काफी संघर्ष करना पड़ेगा। यात्राओं से रुपया खर्च होगा। जीवन में दुर्घटना का भय रहेगा। जातक अपने व्यक्तित्व के निखार हेतु रुपया खर्च करेगा।

लग्नभंग योग–लग्नेश छठे जाने से यह योग बना। फलत: ऐसे जातक को अपने आपको स्थापित करने के लिए काफी परिश्रम करना पड़ेगा।

विपरीतराज योग–अष्टमेश मंगल छठे होने से विमल नामक विपरीत राजयोग बनेगा। जातक के पास उत्तम वाहन, भौतिक ऐश्वर्य की कमी नहीं रहेगी।

अनुभव–'बुधक्षेत्र युते कुष्ठरोग' यदि इस मंगल पर शुभग्रह की दृष्टि न हो तो जातक को कुष्ठरोग या चर्मरोग होने की सम्भावना रहती है।

दशा–मंगल की दशा मिश्रित फल देगी। 'भोजसंहिता' के अनुसार यदि बुध की स्थिति अच्छी हो तो मंगल की दशा शुभफल देगी। मंगल शुभग्रहों में दृष्ट हो तो 60% उत्तम फल मिलेगा।

मंगल का अन्य ग्रहों से सम्बन्ध–

1. **मंगल+चन्द्र**–यहां चन्द्र+मंगल की युति ज्यादा सार्थक नहीं होगी फिर भी जातक धनवान होगा। जातक को रक्त चाप रहेगा।
2. **मंगल+सूर्य**–मंगल के साथ सूर्य **'विद्या बाधा योग' 'सन्तति हीन योग'** भी बनाता है।
3. **मंगल+बुध**–मंगल के साथ यदि बुध हो तो जातक का पराक्रम निश्चित रूप से भंग होगा। जातक असावधान रहा तो उसे जेल भी हो सकती है।
4. **मंगल+गुरु**–मंगल के साथ गुरु **'भाग्यभंग योग'** बनाता है परन्तु व्यमेश छठे होने से विपरीत राजयोग भी बना। जातक धनवान होगा। उत्तम वाहन, भवन का स्वामी होगा।
5. **मंगल+शुक्र**–मंगल के साथ शुक्र **'धनहीन योग' 'विवाहभंग योग'** बनाएगा। जातक का जीवन संघर्षमय होगा। दाम्पत्य सुख चिन्ताजनक रहेगा।
6. **मंगल+शनि**–मंगल के साथ शनि **'राजभंग योग' 'लाभभंग योग'** बनाएगा। जातक को सरकारी नौकरी नहीं मिलेगी। ठेकेदारी में नुकसान होगा।
7. **मंगल+राहु**–मंगल के साथ राहु जातक शत्रुओं का सम्पूर्ण नाश करने में समर्थ होगा। शत्रु भयभीत रहेंगे।
8. **मंगल+केतु**–मंगल के साथ केतु होने से जातक शुद्ध में सदैव विजयी रहेगा।

षष्टम भाव में मंगल का उपचार–

1. संतान के जन्म पर मीठे की जगह नमक बांटना (मीठे को नमकीन बनाकर बांटे)।
2. घर में हर वक्त दो बोरी अनाज रखना।
3. बजरंग बाण का पाठ करें।

मेषलग्न में मंगल की स्थिति सप्तम स्थान में

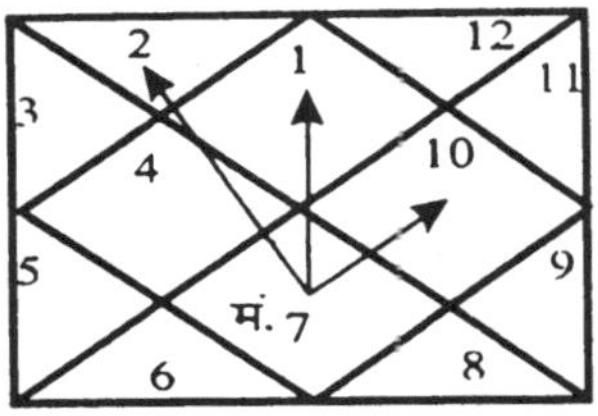

मेषलग्न में मंगल लग्नेश व अष्टमेश होता है पर लग्नेश को अष्टमेश का दोष नहीं होता। मंगल यहां तुला राशि में है। तुला राशि में मंगल प्रसन्न नहीं रहता क्योंकि शुक्र मेषलग्न में मुख्य मारक ग्रह है। ऐसा जातक **इंसाफ तौलने वाला**, दण्ड देने वाला 'जज' होता है। राज्य में अधिकार पाता है तथा इच्छित वस्तु को पाकर ही दम लेता है।

निशानी–विष्णु की तरह पोषक, भाई की औलाद को पालने वाला। जातक के जन्म से घर-परिवार बढ़े। पर जातक की पत्नी झगड़ालू होगी।

दृष्टि–तुला राशि गत मंगल की दृष्टि राज्यभाव, लग्नस्थान एवं धनस्थान पर होगी। फलत: राज में पाशा, व्यक्तित्व का रौब जमाने में, एवं धन कमाने में जातक को बराबर सफलता मिलेगी।

जातकतत्त्व अ. 3/85 के अनुसार **'द्यूते बलवति भौमे क्रोधी'** सातवें स्थान में बलवान मंगल हो तो जातक क्रोधी होगा।

अनुभव–तुलाराशि गत मंगल सप्तम में होने यह कुण्डली 'मांगलिक' कहलाएगी। जातक का चरित्र संदिग्ध होगा। उसके विवाह हेतु जीवन साथी की जन्मकुण्डली भी मांगलिक होनी चाहिए, तभी पूर्ण विवाह सुख मिलेगा।

दशा–'भोजसंहिता' के अनुसार मंगल की महादशा अति उत्तम फल देगी। मंगल की दशा जातक को धनवान बनाएगी। राज (सरकार) से लाभ दिलाएगी। मंगल की दशा-अंर्तदशा में जातक के व्यक्तित्व का बहुमुखी विकास होगा।

मंगल का अन्य ग्रहों से सम्बन्ध–

1. **मंगल+चन्द्र**–मंगल के साथ चन्द्रमा हो तो **'महालक्ष्मी योग'** बनेगा। तथा मांगलिक दोष भी समाप्त होगा। जातक धनाढ्य होगा।
2. **मंगल+सूर्य**–मंगल के साथ सूर्य नीच का होगा। ऐसे जातक की पत्नी तेज स्वभाव की होती है।
3. **मंगल+बुध**–मंगल के साथ बुध जातक के जीवनसाथी को स्थाई रोग देता है।
4. **मंगल+गुरु**–मंगल के साथ भाग्येश गुरु की युति जातक का भाग्योदय विवाह के बाद कराती है।
5. **मंगल+शुक्र**–मंगल के साथ यदि शुक्र हो तो जातक का भाग्योदय विवाह के तत्काल बाद होगा। पत्नी रम्भा के समान सुन्दर होगी। **'मालव्ययोग'** के कारण जातक राजातुल्य ऐश्वर्य को भोगेगा।
6. **मंगल+शनि**–यदि मंगल की शनि से युति हो या शनि से दृष्टि सम्बन्ध भी हो तो जातक

व्यभिचारी होगा। उसका अनेक स्त्रियों से सम्बन्ध होंगे। 'मन्दयुते दृष्टे शिश्नचुम्बन परः' द्विभार्या योग बनता है।

7. **मंगल+राहु**–मंगल के साथ राहु हो तो पत्नी की मृत्यु पहले होगी।
8. **मंगल+केतु**–मंगल के साथ केतु हो तो जातक अधैर्यशाली होकर रजस्वला स्त्री के साथ भी सम्भोग करेगा।

सप्तम भाव में मंगल का उपचार–

1. बहन, लड़की, साली को मीठा खिलाना।
2. भाई की संतान को पालने से शुभ फल मिलेगा।
3. बेलदार पौधें घर में न लगावे।
4. जातक दही एवं लस्सी का अधिक उपयोग करे।

मेषलग्न में मंगल की स्थिति अष्टम स्थान में

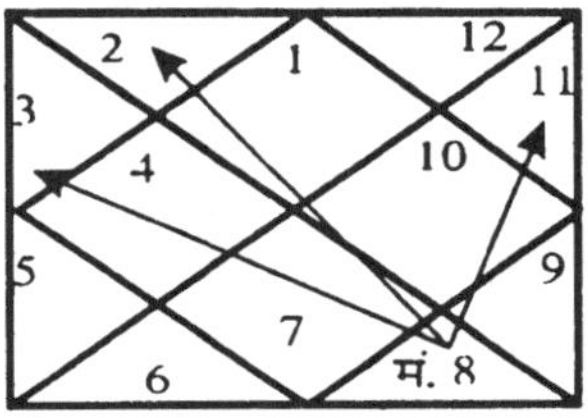

मेषलग्न में मंगल लग्नेश व अष्टमेश होता है पर लग्नेश को अष्टमेश का दोष नहीं लगता। यहां अष्टम स्थान में मंगल स्वगृही है। ऐसा व्यक्ति दीर्घजीवी एवं कठोर परिश्रमी होता है। ऐसा जातक युद्ध में शत्रु को जीतने वाला एवं स्त्री को काम में सन्तुष्ट करने वाला होता है। विपत्तियों को हंसकर झेलने वाला, साहसी जातक होता है।

निशानी–मौत का फन्दा 1, 4, 8, 12 वर्ष की आयु बल्कि 15 वर्ष की आयु के बाद दूसरा भाई होगा। कई बार तो जातक अकेला ही रह जाता है। जीवन में लड़ाई-झगड़े का माहौल सदैव बना रहेगा।

अनुभव–अष्टमेश अष्टम स्थान में स्वगृही हो तो '**सरल योग**' नामक विपरीत राजयोग बनता है। जातक दीर्घजीवी, विद्वान एवं ख्यातिप्राप्त व्यक्ति होता है। जातक की भाषा कठोर होगी।

दृष्टि–अष्टमस्थ मंगल की दृष्टि लाभस्थान, धनस्थान एवं पराक्रम स्थान पर पड़ेगी। भला व्यक्ति गड्ढे में गिरा हुआ भी अपने आत्मीय जनों का भला करता है। फलतः मंगल इस जातक को व्यापार में लाभ देगा। 28 वर्ष के बाद यथेष्ट धन देगा तथा मित्रों व कुटम्बीजनों में पराक्रम (कीर्ति) बढ़ाएगा।

लग्नभंग योग–लग्नेश होकर मंगल आठवें जाने से यह योग बना। फलतः जातक को अपने आपको स्थापित करने के लिए काफी संघर्ष करना पड़ेगा।

दशा–'भोजसंहिता' के अनुसार मंगल की महादशा मिश्रित फल देगी। यदि मंगल शुभग्रह से दृष्ट हो तो मंगल की दशा शुभफल देगी।

मंगल का अन्य ग्रहों से सम्बन्ध–

1. **मंगल+चन्द्र**–यदि मंगल के साथ चन्द्रमा हो तो **'नीचभंग राजयोग'** बनेगा। चन्द्र+मंगल की युति से **'महालक्ष्मी योग'** भी बनेगा। जातक खूब पैसे वाला होगा। यहां मांगलिक दोष भी समाप्त होगा।
2. **मंगल+सूर्य**–मंगल के साथ सूर्य **'विद्याभंग योग'** बनाता है। ऐसे जातक के विद्या में बाधा, सन्तति में बाधा आती है।
3. **मंगल+बुध**–मंगल के साथ बुध जहां **'पराक्रमभंग योग'** बनाता है वही षष्टेश का अष्टम स्थान में जाने से विपरीत राजयोग बना। जातक धनवान, ऐश्वर्यवान होगा।
4. **मंगल+गुरु**–मंगल के साथ गुरु जहां **'भाग्यभंग योग'** बनाएगा। वहीं व्यमेश का अष्टम स्थान में जाने से विपरीत राजयोग भी बनेगा। जातक धनवान एवं ऐश्वर्यवान होगा।
5. **मंगल+शुक्र**–मंगल के साथ शुक्र **'धनहीन योग' 'विवाहभंगयोग'** भी कराता है। जातक का जीवन संघर्षमय होगा। वैवाहिक सुख भी विवादास्पद रहेगा।
6. **मंगल+शनि**–मंगल के साथ शनि **राजभंग योग** एव **'लाभभंग योग'** बनाता है। जातक को व्यापार-व्यवसाय में नुकसान होगा।
7. **मंगल+राहु**–यदि मंगल के साथ राहु हो तो पत्नी की मृत्यु पहले होगी।
8. **मंगल+केतु**–मंगल के साथ केतु जीवनदायी को स्थाई बीमारी या कष्ट देता है।

अष्टम भाव में मंगल का उपचार–

1. दक्षिण का दरवाजा घर में न रखे।
2. विधवा औरतों का आशीर्वाद समय-समय पर लें।
3. मीठी रोटी या लड्डू कुत्ते को खिलावे।
4. रोटी पकाने के समय तवे पर पानी के छींटे दे।
5. बंजरग बाण का नियमित पाठ करें।

मेषलग्न में मंगल की स्थिति नवम स्थान में

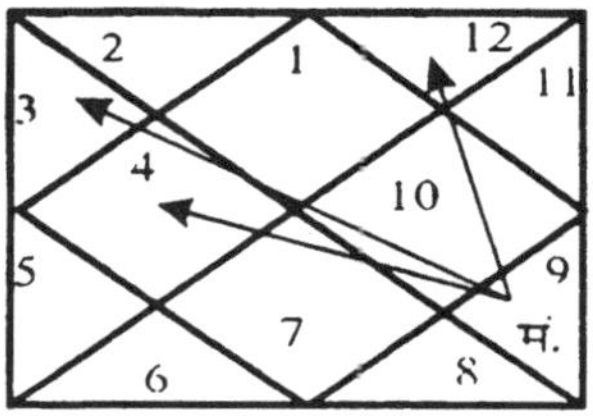

मेषलग्न में मंगल लग्नेश व अष्टमेश होता है। लग्नेश को अष्टमेश का दोष नहीं लगता। मंगल यहां धनु राशि में बैठकर भाग्यभवन में होगा। धनु राशि में मंगल हर्षित रहता है तथा अग्निसंज्ञक राशि में रहकर भी उद्‌ण्ड नहीं होता। ऐसा जातक राज्याधिकारी, भाग्यशाली एवं स्वाभिमानी होता है। अपनी किस्मत आप चमकाता है। ऐसा जातक युद्ध के मैदान में, कोर्ट-कचहरी में विजय पाने वाला, शत्रुओं का मानमर्दन करने में सक्षम होता है। मंगल यहां उच्चाभिलाषी है अत: जातक बहुत महत्वाकांक्षी होगा।

निशानी–तख्त शाही खजाना। **जितने बाबा के भाई, उतने ही खुद के भाई।**

दृष्टि–धनु राशि में स्थित मंगल यहां व्ययभाव, पराक्रम एवं चतुर्थ भाव को पूर्ण दृष्टि से देखेगा। फलतः जातक यात्राओं द्वारा धनार्जन करेगा। मित्रों से एवं सघन जनसम्पर्क से लाभ होगा। जातक को वाहन का सुख, माता या माता की सम्पत्ति का सुख मिलेगा।

अनुभव–धनुराशि गत नवम भावस्थ मंगल जातक को जमीन का लाभ देता है। जातक को पिता के धंधे में रुचि होगी।

दशा–'भोजसंहिता' के अनुसार मंगल की महादशा शुभफल देगी।

मंगल का अन्य ग्रहों से सम्बन्ध–

1. **मंगल+चन्द्र**–मंगल के साथ चन्द्रमा **'महालक्ष्मी योग'** बनाएगा। जातक धनवान होगा। यदि यहां गुरु भी हो तो जातक लालबत्ती की गाड़ी का हकदार होगा।
2. **मंगल+सूर्य**–मंगल के साथ सूर्य जातक को महाभाग्यशाली बनाएगा। जातक का भाग्योदय प्रथम सन्तति के बाद होगा।
3. **मंगल+बुध**–मंगल के साथ बुध जातक को महान पराक्रमी बनाएगा। जातक व्यापार प्रिय होगा।
4. **मंगल+गुरु**–यदि मंगल के साथ गुरु हो तो जातक कूटनीतिज्ञ एवं राजनीतिज्ञ होता है। वह चुनाव जीतता है तथा राजनीति में विधायक सांसद या मन्त्री का पद प्राप्त करने में सफल होता है।
5. **मंगल+शुक्र**–मंगल के साथ शुक्र जातक को महाधनी बनाएगा। जातक के विवाह के बाद महाधनी होगा।
6. **मंगल+शनि**–मंगल के साथ शनि जातक को ठेकेदारी से लाभ दिलाएगा।
7. **मंगल+राहु**–मंगल के साथ राहु भाग्योदय में हल्की रुकावट का संकेत देता है।
8. **मंगल+केतु**–मंगल के साथ केतु व्यापार में सफलतादायक है।

नवम भाव में मंगल का उपचार–

1. भाई की पत्नी की सेवा करें।
2. भाई की आज्ञा मानने से सबकुछ ठीक रहेगा।
3. सुगंधित लाल रुमाल हर वक्त जेब में रखें।
4. 'मंगल यंत्र' गले में धारण करे तो मंगल अनुकूल होगा।

मेषलग्न में मंगल की स्थिति दशम स्थान में

मेषलग्न में मंगल लग्नेश व अष्टमेश है। पर यहां मंगल को अष्टमेश का दोष नहीं लगता।

दिक्बली एवं कुलदीपक योग–मंगल दशम स्थान में होने से दिक्बली है। मंगल दशम

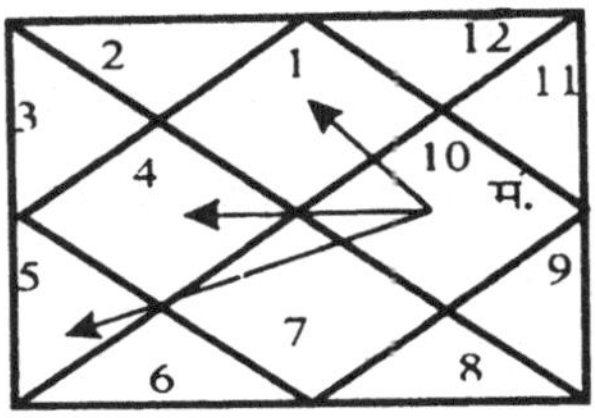

में होने से **'कुलदीपक योग'** भी बना। ऐसे बालक के जन्म लेते ही घर में धन व कीर्ति की वृद्धि होती है। बालक कुटुम्ब परिवार का नाम दीपक के समान रोशन करता है।

रुचक योग–मेषलग्न में दशम भाव में मंगल उच्च का होने से यह योग बना।

परिणाम–इस योग में जन्म लेने वाला व्यक्ति जिला, शहर या गांव का मुखिया होता है। उत्तम भवन एवं वाहन का सुख उसे सहज में प्राप्त होता है। ऐसा जातक जीवन में सभी प्रकार के भौतिक संसाधनों एवं ऐश्वर्य की प्राप्ति बलपूर्वक करता है। जातक शूरवीर व साहसी होता है तथा शत्रुओं का मानमर्दन करने में सक्षम होता है।

दृष्टि–बलवान मंगल की दृष्टि लग्नस्थान, चतुर्थस्थान एवं पंचम स्थान पर होने से जातक के तीन तेजस्वी पुत्र होते हैं।

निशानी–ब्रह्म तुल्य राजा। पत्री में यदि शनि ग्रह शुभ हो तो जितने ताये-चाचे उतने स्वयं के भाई। जातक के जन्म से धन-परिवार बढ़े।

दशा–'भोजसंहिता' के अनुसार मंगल की महादशा अत्यन्त शुभफल देगी।

व्यवसाय–जातक पुलिस, मिल्टरी या प्रशासन में होगा। उच्च श्रेणी का ठेकेदार, विद्युत व्यवसायी, मैकेनिकल, इंजीनियरिंग कार्यों में दक्ष, भूमि-भवन के क्रय-विक्रय से लाभ कमाने वाला, साहसी होता है।

भाग्योदय–जातक का भाग्योदय मंगल की दशा-अंतर्दशा में होगा। 28 वर्ष की आयु में होगा। प्रथम पुत्र के बाद भाग्योदय होगा। 32 वर्ष की आयु में भी पुनः भाग्योदय होगा।

मंगल का अन्य ग्रहों से सम्बन्ध–

1. **मंगल+चन्द्र**–यदि यहां मंगल के साथ चन्द्रमा हो तो **'यामिनीनाथ योग'** एवं **'महालक्ष्मी योग'** बनेगा। जातक के पास दो-तीन उत्तम वाहन एवं श्रेष्ठ बंगले होंगे।
2. **मंगल+सूर्य**–मंगल के साथ सूर्य जातक को उच्च राज्याधिकारी बनाएगा।
3. **मंगल+बुध**–मंगल के साथ बुध जातक को महान् पराक्रमी बनाएगा।
4. **मंगल+गुरु–नीचभंगराजयोग**–यदि मंगल के साथ गुरु हो, तो गुरु का नीचत्व अंग हो जाएगा। जातक भाग्य पग-पग पर उसकी सहायता करेगा। जातक परोपकारी एवं दयालु होगा।
5. **मंगल+शुक्र**–यदि मंगल के साथ शुक्र हो तो जातक खुद तो बहुत कमाएगा ही परन्तु स्त्री से धन मिलेगा। स्त्री जातक के लिए लक्की साबित होगी।
6. **मंगल+शनि–किम्बहुना योग**–यदि मंगल के साथ शनि हो तो **'किम्बहुना योग'** बनेगा। अर्थात् इससे अधिक और क्या? शनि यहां राज्येश+लाभेश होकर स्वगृही होगा। जातक राजातुल्य ऐश्वर्य को भोगेगा परन्तु दम्भी व हठी होगा। यदि यहां गुरु भी हो तो जातक लालबत्ती की गाड़ी वाला होगा।

7. **मंगल+राहु**–ऐसा व्यक्ति निरंकुश राजा होगा। अभिमानी होगा तथा अपने से बड़ा किसी को नहीं समझेगा।
8. **मंगल+केतु**–मंगल के साथ केतु व्यक्ति को शत्रुघ्न्ता, पराक्रमी व शूरवीर बनाता है।
9. यहां चन्द्र+मंगल+शनि+गुरु की युति जातक को निश्चित ही राजा (मिनिस्टर) बनाएगी।

दशम भाव में मंगल का उपचार–

1. काले व्यक्ति, काना, नि:स्तान की सेवा करने से लाभ होगा।
2. घर के स्वर्ण आभूषण बुरे वक्त में न बेचे। बेचने से संतान हानि एवं परिवार में बरबादी की शुरुआत होगी।
3. दूध को आग पर उफनने से बचावे।

मेषलग्न में मंगल की स्थिति एकादश स्थान में

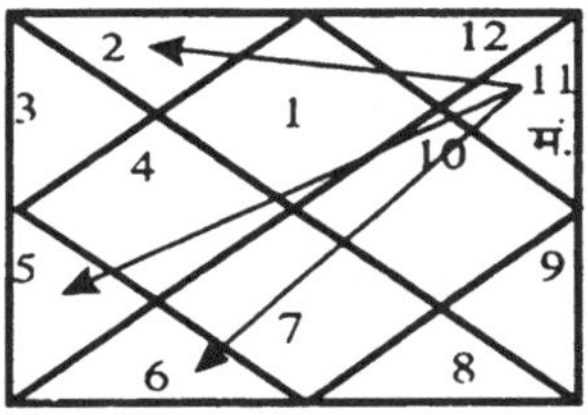

मेषलग्न में मंगल लग्नेश व अष्टमेश होता है। लग्नेश को अष्टमेश का दोष नहीं लगता। मंगल यहां कुम्भ राशि में है। कुम्भ शनि की राशि में है। शनि मेषलग्न हेतु पापफल देने वाला है। फिर भी ऐसा जातक गुरुभक्त एवं उच्च पदाधिकारी होगा। उसे राजनीति में अनायास सफलता मिलती है।

निशानी–फकीरी वेष लग्न से जिस राशि तक गुरु हो, उतने भाई होंगे।

दृष्टि–कुम्भ राशि में स्थित मंगल की दृष्टि धनस्थान, पंचमभाव एवं षष्टम् भाव पर होगी। ऐसा जातक जीवन में यथेष्ट धन कमाता है। प्रथम सन्तति के बाद तीव्रता से भाग्योदय होता है। जातक अपने शत्रुओं को परास्त करता है तथा शत्रुओं को परास्त करने में किसी की सहायता लेना पसन्द नहीं करता है।

अनुभव–कुम्भ राशिगत एकादश स्थान में स्थित मंगल जातक को सरकारी नौकरी दिलाता है पर जातक अपने अधिकारी के साथ तकरार करता है।

दशा–'भोजसंहिता' के अनुसार मंगल की महादशा उत्तमफल देगी।

मंगल का अन्य ग्रहों से सम्बन्ध–

1. **मंगल+चन्द्र**–यहां चन्द्र+मंगल युति **लक्ष्मी योग** बनाएगी। जातक धनवान होगा।
2. **मंगल+सूर्य**–मंगल के साथ सूर्य जातक को विद्या के द्वारा लाखों रुपये कमाने में सफलता देगा।
3. **मंगल+बुध**–मंगल के साथ बुध जातक को मित्रों द्वारा धन दिलाएगा।
4. **मंगल+गुरु**–मंगल के साथ गुरु जातक को महान् उद्योगपति बनाएगा।
5. **मंगल+शुक्र**–मंगल के साथ शुक्र जातक विवाह के बाद महाधनी बनाएगा।

6. **मंगल+शनि**–मंगल के साथ यदि शनि हो तो जातक न्यायाधीश (जज) होगा। स्वत: ही भले-बुरे का लेखा-जोखा करता रहेगा। धन भी न्याय से कमाएगा पर मंगल के कारण दम्भी होगा।
7. **मंगल+राहु**–मंगल के साथ राहु व्यापार में नुकसानदायक है।
8. **मंगल+केतु**–मंगल के साथ केतु उद्योग में तनाव देगा।
9. 'शुभद्वययुते महाराजाधिपत्य योग' यदि इस मंगल के साथ कोई भी दो शुभ ग्रह हो तो जातक महाराजाधिराज के समान ऐश्वर्यशाली होगा।
10. यदि यहां चन्द्र+मंगल+सूर्य+शनि हो तो जातक निश्चित ही (राजा) मिनिस्टर होगा और उसका लड़का राजकुमार (उसके पद का उत्तराधिकारी) होगा।

एकादश भाव में मंगल का उपचार–

1. सिन्दूर या शहद मिट्टी के बर्तन में रखकर श्मशान की जमीन में दबावे।
2. 'मंगल यंत्र' धारण करें।
3. लाल कुत्ता पाले।
4. छोटे बच्चों को घर में रखे।

मेषलग्न में मंगल की स्थिति द्वादश स्थान में

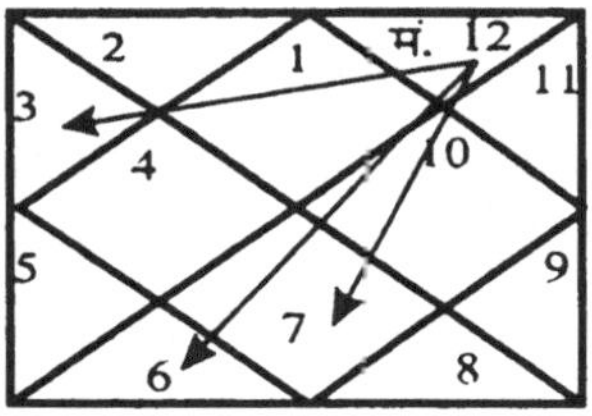

मेषलग्न में मंगल लग्नेश व अष्टमेश होता है, पर लग्नेश मंगल को अष्टमेश का दोष नहीं लगता। मंगल यहां मीन राशि होकर बारहवें स्थान पर होगा। मीन राशि गुरु की राशि है। गुरु मेषलग्न वालों के लिए योगकारक है। फलत: मीन राशि में मंगल हर्षित एवं नियंत्रित रहेगा। ऐसा जातक शत्रुओं को परास्त करने में समर्थ एवं घर का मुखिया होता है। जाताक यात्राएं अधिक करता है एवं बाप-दादाओं की कीर्ति को बढ़ाता है। हाथ खर्चीला होता है। जातक दानी होता है।

निशानी–प्राण जाए पर वचन न जाए। गुरु भक्त होगा। जातक का बड़ा भाई जरूर होगा पर जीवित रहने की कोई शर्त नहीं।

अनुभव–'भोजसंहिता' के अनुसार मंगल द्वादश में जातक का रुपया मुकदमे में, अपराध प्रवृत्ति एवं शत्रुनाश में खर्च कराता है।

दृष्टि–मीन राशि गत मंगल यहां पराक्रम स्थान, छठे स्थान एवं सप्तम भाव को पूर्ण दृष्टि से देखेगा। फलत: ऐसे जातक को मित्रों से लाभ, सघन जनसम्पर्क से लाभ होता है। जातक अपने पराक्रम से शत्रुओं का नाश करता है। उसे पत्नी का सुख मिलता है। पत्नी आज्ञा में रहता है।

दशा–भोजसंहिता के अनुसार जातक को मंगल की महादशा मिश्रित फल देगी। यदि शुभग्रहों की दृष्टि मंगल पर हो तो मंगल की दशा शुभ फल देगी।

मंगल का अन्यग्रहों से सम्बन्ध–

1. **मंगल+चन्द्र**–मंगल के चन्द्र की युति जातक को धनवान बनाएगी। मांगलिक दोष भी नष्ट करेगी।
2. **मंगल+सूर्य**–मंगल के साथ सूर्य **'विद्याभंग योग'** एवं **'संतानहीन योग'** बनाता है। जातक उच्चविद्या प्राप्ति या उत्तम सन्तति प्राप्ति में बाधा महसूस करेगा।
3. **मंगल+बुध**–मंगल के साथ बुध **'विपरीतराज योग'** बनाएगा। ऐसे जातक के पास गाड़ी, बंगला, नौकर-वाहन सबकुछ होगा।
4. **मंगल+गुरु**–मंगल के साथ गुरु **'विपरीतराज योग'** बनाएगा। साथ ही **'भाग्यभंग योग'** के कारण संघर्ष की स्थिति भी उत्पन्न करेगा।
5. **मंगल+शुक्र**–मंगल के साथ शुक्र **'धनहीन योग'** **'विवाहभंग योग'** बनाता है पर द्वादश शुक्र उच्च का विदेश-व्यापार में, स्त्री मित्रों से धन दिलाएगा।
6. यदि गुरु या सूर्य मंगल के साथ हो तो जातक को पुत्र सन्तति का पूर्ण सुख मिलता है। अपने बेटों-पोतों का खिलाएगा एवं उनकी तरक्की होते देखेगा।
7. यदि यहां मंगल के साथ गुरु+बुध की युति हो तो यह भी जबरदस्त राजयोगकारक है।
8. यदि यहां पर चंद्र+मंगल+गुरु+शुक्र की युति हो तो जातक (राजा) मिनिस्टर होगा एवं लालबत्ती का हकदार होगा।

द्वादश भाव में मंगल का उपचार–

1. सूर्य के अर्घ्य की मीठा डालकर जल चढ़ाये।
2. लाल-भूरे कुत्तों को मीठी रोटियां खिलाना।
3. मंदिर में पताशा चढ़ाकर बच्चों को बांटने से अशुभ फल नष्ट होगा।
4. घर में जंग लगा हुआ, हथियार, चाकू, बर्तन न रखें।
5. बंजरग बाण का नियमित पाठ करें।
6. ऋणमोचन मंगल स्तोत्र का पाठ करें।

❑❑❑

मेषलग्न में बुध की स्थिति

मेषलग्न में बुध की स्थिति प्रथम स्थान में

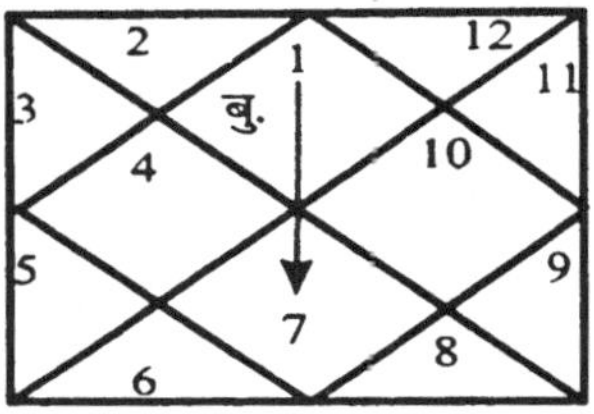

मेषलग्न में बुध तृतीयेश व षष्टेश होने से पापी है। लग्नेश मंगल बुध का मित्र नहीं है। प्रथम स्थान में बुध मेष राशि का होगा। जातक विद्यवान्, विद्वान, उच्च शिक्षित होगा। जातक ज्योतिषी, मंत्र शास्त्र ज्ञाता एवं विदेशी विद्या, कम्प्यूटर से लाभ कमाने वाला होता है। शास्त्र कहते हैं–

हयरथनरनागोद्यानरतैः प्रपूर्णो,
जलधितटनिवासी, रत्नतुल्यं च धान्यम्।
बहुजनकुलमित्रैः सत्यवादी प्रसूतो,
भवति यदि च केंद्री, दैत्यपूज्यो बुधश्च॥ मानसागरी श्लोक8/पृ. 243

निशानी–राजा या हाकिम, खुदगर्ज, शरारती, बदनाम। जातक का जन्म दिन के समय का होगा।

अनुभव–लग्न में बुध वाला जातक व्यापारिक बुद्धि से ओत-प्रोत होता है। प्रायः सी.ए. या अच्छा सलाहकार होता है। जातक को कम्प्यूटर लाईन से लाभ होता है। 'भोजसंहिता' के अनुसार जातक उतावला होगा।

दशा–बुध की दशा उत्तम फल देगी।

बुध का अन्य ग्रहों से सम्बन्ध–

1. **बुध+सूर्य**–बुध के साथ यदि सूर्य हो तो जातक का जन्म वैशाख मास में सूर्योदय के समय का होगा। पंचमेश सूर्य की तृतीयेश+षष्टेश। बुध के साथ लग्न में युति होने के कारण बुधादित्य योग बना। यह एक प्रकार का शक्तिशाली राजयोग है। जातक महान पराक्रमी एवं इन्द्रतुल्य ऐश्वर्य को भोगने वाला, राज्यमंत्री या सांसद होगा।
2. **बुध+चन्द्र**–बुध के साथ यदि सुखेश चन्द्रमा हो तो जातक का जीवन साथी सुन्दर होगा। जातक की माता बीमार रहेगी।
3. **बुध+मंगल**–बुध के साथ मंगल हो तो भोजसंहिता के अनुसार जातक शूरवीर, साहसी होने के साथ-साथ बुद्धिमान भी होगा तथा शत्रु को परास्त करने में बुद्धिबल का प्रयोग करेगा। **'रुचक योग'** के कारण राजा का मंत्री होगा। केबिनेट मिनिस्टर होगा।

4. **बुध+गुरु**–बुध के साथ गुरु होने पर जातक परम भाग्यशाली होगा।
5. **बुध+शुक्र**–बुध के साथ धनेश+सप्तमेश शुक्र हो तो जातक का जीवन साथी अति सुन्दर एवं पुष्ट शरीर वाला होगा। जातक के पास सुन्दर वाहन एवं सुन्दर मोबाईल होगा।
6. **बुध+शनि**–शनि यहां नीच का होगा। पराक्रमेश बुध की लाभेश के साथ युति व्यक्ति को बुद्धिमान होने के साथ-साथ हठी व जिद्दी बनाती है। व्यक्ति नि:सदेंह धनवान होगा।
7. **बुध+राहु**–राहु यहां जातक को लड़ाकू बनाएगा। जातक महान् बुद्धिमान एवं चालाक होगा।
8. **बुध+केतु**–बुध के साथ केतु जातक को युद्ध में विजय दिलाएगा। जातक बुद्धिबल में शत्रुओं को निरुत्तरित कर देगा।

प्रथम भाव में बुध का उपचार–

1. शुभ काम (धर्म-कर्म) करे, मांसाहार न करे।
2. गणपति की उपासना करें।
3. हरे रंग का प्रयोग कम किया करें।

मेषलग्न में बुध की स्थिति द्वितीय स्थान में

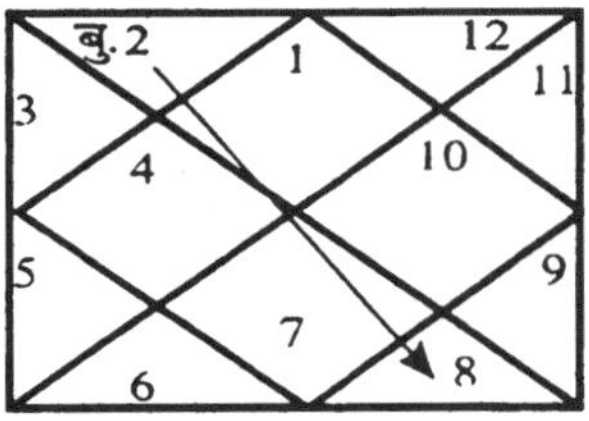

मेषलग्न में बुध तृतीयेश व षष्टेश होने से पापी है। लग्नेश मंगल भी बुध का मित्र नहीं है। द्वितीय स्थान में बुध वृष राशि का होगा। ऐसा जातक सबको तारने वाला, हाजिर जबाब, धनवान-सुखी, वक्ता एवं वाचाल होता है। जातक पुस्तकों के व्यापार से लाभ कमाने वाला, व्यापारी होता है।

अनुभव–भोजसंहिता के अनुसार ऐसा जातक बुद्धि बल से धन कमाएगा। जातक अच्छा वक्ता होगा। बुध यहां स्वगृहाभिलाषी होने से जातक महत्वाकांक्षी होगा। तथा अन्जान व्यक्ति को अपना हितैषी मित्र बनाने में कुशल होगा। जातक मीठी-मधुर वाणी बोलता है।

निशानी–योगी, राजा, मतलब परस्त, ब्रह्मज्ञानी।

दशा–बुध की दशा जातक को धनवान बनाएगी। मित्रों द्वारा लाभ होगा। बुध की दशा में जातक व्यापार द्वारा धन अर्जित करेगा।

बुध का अन्य ग्रहों से सम्बन्ध–

1. **बुध+सूर्य**–बुध के साथ सूर्य होने से 'बुधादित्य योग' बनेगा। यह एक प्रकार का राजयोग है। जो जातक की उन्नति हेतु विविध आमदनी के जरिए खोलेगा।
2. **बुध+चन्द्र**–बुध के साथ यदि चन्द्रमा हो तो जातक अत्यधिक धनी व्यक्ति होगा। वाणी विनम्र होगी पर कभी-कभी अपनी बात को खुद ही काट देगा। विरोधाभाषी बयान देगा। धन का अपव्यय जीवन में होता रहेगा।

3. **बुध+मंगल**–बुध के साथ लग्नेश+अष्टमेश मंगल हो तो जातक स्व पराक्रम से खूब कमायेगा।

4. **बुध+गुरु**–यदि बुध के साथ गुरु हो या बुध गुरु से दृष्ट हो तो जातक गणितशास्त्र, कम्प्यूटर क्षेत्र का विलक्षण विद्वान् होगा।

'गुरुणायुते वीक्षिते वा गणितशास्त्रीधिकारेण सम्पन्नः

5. **बुध+शुक्र**–बुध के साथ यदि शुक्र हो तो **'मित्रमूल धनयोग'** एवं **'शत्रुमूल धनयोग'** की सृष्टि होगी। जातक को मित्रों द्वारा एवं शत्रुओं द्वारा यथेष्ट धन की प्राप्ति होगी।

6. **बुध+शनि**–बुध के साथ दसमेश+लाभेश शनि जातक को निसंदेह धनवान बनाएगा। जातक व्यापारी होगा। वाणी कुटिल एवं व्यंग्यात्मक होगी।

7. **बुध+राहु**–बुध के साथ राहु धन के घड़े में भारी छेद को बताता है। जातक भारी आर्थिक संघर्ष में से गुजरेगा।

8. **बुध+केतु**–बुध के साथ केतु वाणी में लड़खड़ाहट देगा।

9. यदि यहां बुध+चन्द्र+शुक्र+गुरु की युति हो तो जातक (राजा) मिनिस्टर होगा। इसके आवक के अनेक जरिए होने से वह अति धनवान व्यक्ति होगा।

द्वितीय भाव में बुध का उपचार–

1. तोता, भेड़, बकरी न पालना।
2. दूध या चावल मंदिर में देना।
3. गणपति की नित्य उपासना करना।

मेषलग्न में बुध की स्थिति तृतीय स्थान में

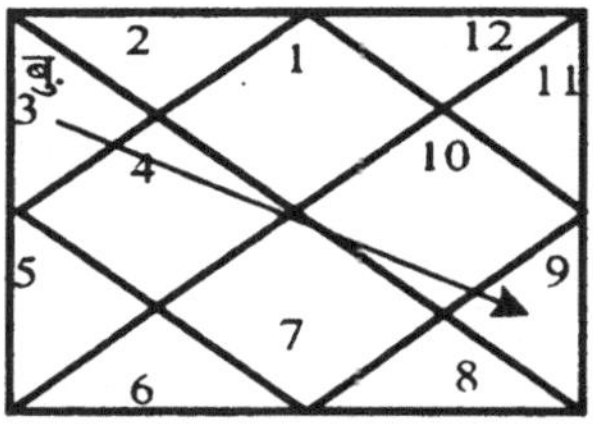

मेषलग्न में बुध तृतीयेश व षष्टेश होने से पापी है। लग्नेश मंगल बुध का मित्र नहीं है। तृतीय स्थान में बुध मिथुन राशि का स्वगृही होगा। ऐसा जातक भाइयों के सुख से युक्त, लम्बी आयुवाला, उच्च शिक्षा वाला व्यक्ति होता है। भृगुसूत्र के अनुसार– भ्रातृवान बहुसौख्यावान् पंचदशवर्षे क्षेत्रपुत्रयुतः ऐसा जातक पच्चीस वर्ष की आयु में धनवान हो जाता है। ऐसा जातक अध्ययन-अध्यापन कार्यों में लाभ प्राप्त करने वाला होता है।

निशानी–थूकने वाला, कोढ़ी मन्दा।

अनुभव–'भोजसंहिता' के अनुसार तृतीयस्थ स्वगृही बुध जातक को कम से कम दो बहिनों का सुख देगा। जातक को स्त्री-मित्र से लाभ होगा। तीसरे भाव में बुध भाइयों मे मतभेद पैदा करता है।

दशा–बुध की दशा बहुत अच्छी जाएगी।

बुध का अन्य ग्रहों से सम्बन्ध–

1. **बुध+सूर्य**–बुध के साथ यदि सूर्य हो तो **'बुधादित्य योग'** बनेगा। यहां तृतीयेश+पंचमेश की युति सार्थक होगी। जातक की सन्तति उत्तम होगी। जातक स्वयं विद्वान्, समाज का प्रतिष्ठित एवं पराक्रमी व्यक्ति होगा।
2. **बुध+चन्द्र**–बुध के साथ यदि चन्द्रमा हो तो जातक की पीठ पीछे निन्दा होगी। मित्र विश्वासनीय नहीं होगे।
3. **बुध+मंगल**–बुध के साथ लग्नेश मंगल जातक को महान् पराक्रमी बनाएगा। जातक को भाई-बहन दोनों का सुख होगा।
4. **बुध+गुरु**–बुध के साथ गुरु जातक को परम सौभाग्यशाली बनाता है। जातक को मित्रों से लाभ होगा।
5. **बुध+शुक्र**–बुध के साथ धनेश शुक्र मित्रों से धन दिलायेगा। जातक की बहन जातक की मददगार होगी।
6. **बुध+शनि**–बुध के साथ राज्येश+लाभेश शनि जातक को महान् पराक्रमी, कुशल व्यापारी एवं यशस्वी समाजसेवी बनाएगा।
7. **बुध+राहु**–बुध के साथ राहु जातक को कुटुम्बीजनों में विवाद कराता है।
8. **बुध+केतु**–बुध के साथ केतु जातक को धर्मध्वज बनाता है। जातक लेखन विद्या व ज्योतिष विद्या का जानकार होगा।
9. यदि यहां बुध के साथ सूर्य+चन्द्र+गुरु हो तो जातक महान पराक्रमी होगा। उसे पैतृक सम्पत्ति (धरोहर) मिलेगी, वह (राजा) मिनिस्टर तुल्य ऐश्वर्य को भोगेगा।

तृतीय भाव में बुध का उपचार–

1. दुर्गा पूजन कर कन्याओं का आशीर्वाद लेना।
2. तोते को चुरी देना या मिर्च खिलाना।
3. रात को मूंग साबित भिगोकर सुबह पक्षियों को डालना।
4. दम की दवाई मुफ्त बांटना।
5. गणपति की आराधना करना।
6. द्वार पर हरे रंग के वास्तुदोष नाशक गणपति लगावे।

मेषलग्न में बुध की स्थिति चतुर्थ स्थान में

मेषलग्न में बुध तृतीयेश व अष्टेश होने से पापी है। लग्नेश मंगल बुध का मित्र नहीं है। बुध चतुर्थ स्थान में कर्क राशि का, शत्रुक्षेमी होगा। शास्त्रों में केन्द्रवर्ती बुध का शुभफल इस प्रकार कहा गया है–

हयरथनरनागोद्यानरत्नैः प्रपूर्णो
जलधितट निवासी रत्नतुल्यं च धान्यम्।

बहुजनकुलमित्रैः सत्यवादी प्रसूतो,
भवति यदि च केन्द्री, दैत्यपूज्यो बुधश्च॥–मानसागरी श्लोक 23/पृ. 243

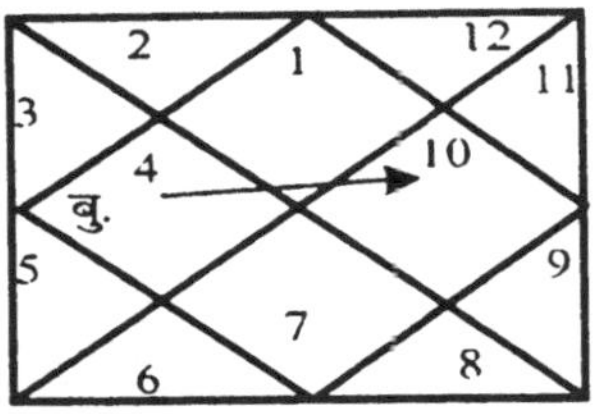

ऐसा जातक अपने 'कुल का दीपक' होता है। दूसरों का कष्ट अपने ऊपर झेलने वाला राज्याधिकारी, लम्बी आयु वाला, उत्तम मकान, उत्तम वाहन से युक्त, धन-धान्य, रत्नों से परिपूर्ण सुखी जातक होता है। ऐसा जातक कम्प्यूटर एवं विदेशी व्यापार से लाभ कमाता है।

निशानी–राजयोग

अनुभव–'भोजसंहिता' के अनुसार जातक की मां बीमार रहेगी। उसे उत्तम वाहन सुख की प्राप्ति होगी। मामा के साथ सम्बन्ध अच्छे नहीं रहेंगे।

दशा–बुध की दशा अच्छी जाएगी।

बुध का अन्य ग्रहों से सम्बन्ध–

1. **बुध+सूर्य**–बुध के साथ सूर्य होने से **'बुधादित्य योग'** बनेगा। यहां तृतीयेश व पंचमेश की युति राजयोग प्रदाता साबित होगी।
2. **बुध+चन्द्र**–बुध के साथ यदि चन्द्रमा हो तो जातक राजा तुल्य ऐश्वर्य को भोगेगा। उसे मां की ननिहाल की सम्पत्ति मिलेगी। जातक को मित्रों से लाभ होगा। उसका पराक्रम तेज रहेगा।
3. **बुध+मंगल**–बुध के साथ नीच का मंगल जातक की माता को बीमार करेगा एवं भूमि में विवाद उत्पन्न करेगा।
4. **बुध+गुरु**–बुध के साथ भाग्येश गुरु उच्च का होकर **'हंसयोग'** बनाएगा। जातक चक्रवर्ती राजा होगा।
5. **बुध+शुक्र**–बुध के साथ धनेश शुक्र जातक को शत्रु से धन दिलाएगा।
6. **बुध+शनि**–बुध के साथ दसमेश+लाभेश शनि होने से जातक बुद्धिबल से, व्यापार से ध न कमाएगा।
7. **बुध+राहु**–बुध के साथ राहु जातक को मातृपक्ष से, मामा से नुकसान कराएगा।
8. **बुध+केतु**–बुध के साथ केतु जातक को शल्य चिकित्सा कराएगा।
9. यदि यहां बुध+सूर्य+चन्द्रमा+गुरु की युति हो तो जातक (राजा) मिनिस्टर होगा। लालबत्ती की गाड़ी का स्वामी होगा एवं पूर्ण ऐश्वर्य को भोगेगा।

चतुर्थ भाव में बुध का उपचार–

1. तोता, बकरी की पालना न करना।
2. 101 पलाश (ढाक) के पत्ते दूध से धोकर जल में प्रवाहित करें।
3. गणपति को नित्य अथवा प्रति बुधवार दूर्वा चढ़ावे।
4. प्रवेश द्वार पर वास्तुदोषनाशक गणपति लगावे।

मेषलग्न में बुध की स्थिति पंचम स्थान में

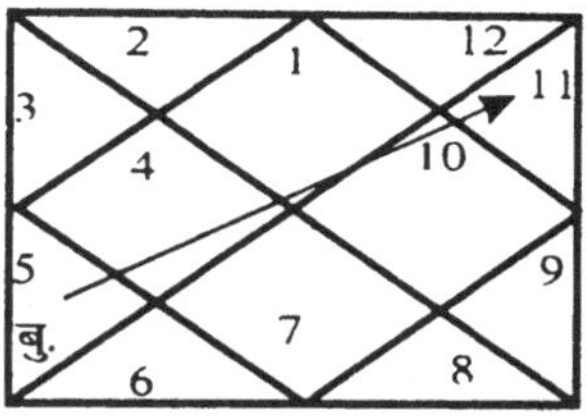

मेषलग्न में बुध तृतीयेश व षष्टेश होने से पापी है। यह लग्नेश मंगल का मित्र नहीं है। पंचम स्थान में बुध सिंह राशि का मित्रक्षेत्री होगा। ऐसा जातक शिक्षित, बुद्धिमान, मुकाबले की परीक्षा में सफलता प्राप्त करने वाला, सी.ए. कानूनी सलाहकार, ज्योतिष, कर्मकाण्ड, आयुर्वेद का पंडित (जानकार) होता है।

अनुभव–भोजसंहिता के अनुसार पंचमस्थ सिंह का बुध एक कन्या सन्तति जातक को अवश्य देगा।

निशानी–मुंह से निकला ब्रह्मवाक्य, उत्तम होगा।

दशा–बुध की दशा अच्छा फल देगी।

बुध का अन्य ग्रहों से सम्बन्ध–

1. **बुध+सूर्य**–यदि बुध के साथ सूर्य हो तो **'बुधादित्य योग'** बनेगा। जातक का पुत्र पराक्रमी होता है। उसे कुटम्बीजनों एवं मित्रों से लाभ होता है। बलवान पंचमेश की तृतीयेश से युति जातक को महान पराक्रमी बनाएगी।
2. **बुध+चन्द्र**–बुध के साथ सुखेश चन्द्रमा उत्तम विद्यायोग कराता है। जातक के तीन कन्याएं होगी। कल्पना शक्ति प्रखर होगी।
3. **बुध+मंगल**–बुध के साथ मंगल प्रथम पुत्र कराता है। जातक तकनीकी विद्या, मैकेनिकल कार्यों का जानकार होगा।
4. **बुध+गुरु**–बुध के साथ गुरु जातक को महान् भाग्यशाली बनाता है। जातक अध्ययन-अध्यापन के कार्य में रुचि लेगा।
5. **बुध+शुक्र**–बुध के साथ धनेश शुक्र स्त्री मित्रों से लाभ दिलाएगा। जातक धनवान होगा।
6. **बुध+शनि**–बुध के साथ दसमेश+लाभेश शनि होने से जातक गूढ़ एवं रहस्यमय विद्याओं का जानकार होगा। बड़ा व्यापारी होगा।
7. **बुध+राहु**–बुध के साथ राहु संतान उत्पत्ति में बाधक है।
8. **बुध+केतु**–बुध के साथ केतु गर्भपात कराएगा। प्रथम सन्तति शल्य चिकित्सा से होगी।
9. यदि यहां बुध+चन्द्र+सूर्य+गुरु की युति हो तो जातक राजातुल्य ऐश्वर्यशाली, पराक्रमी एवं लालबत्ती की गाड़ी का हकदार होगा।

पंचम भाव में बुध का उपचार–

1. चांदी का छल्ला बायें हाथ में पहनना चाहिए।
2. गाय की सेवा करें या नित्य चारा खिलावें।

3. गणपति की उपासना करे।
4. पन्ना रत्न अभिमंत्रित कर धारण करे।

मेषलग्न में बुध की स्थिति षष्टम स्थान में

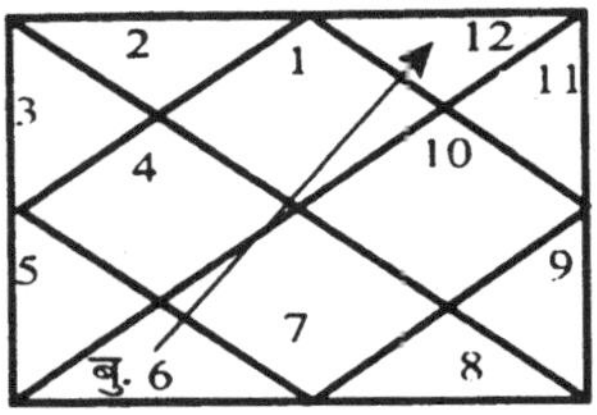

मेषलग्न में बुध तृतीयेश एवं षष्टेश होने से पापी है। बुध लग्नेश मंगल का मित्र नहीं है। षष्टम स्थान में बुध कन्या राशि में उच्च का होता है। जातक को समुद्री यात्रा, हवाई यात्रा से लाभ होता है। जातक उच्च शिक्षित, डॉक्टर, केमिस्ट, आयुर्वेद, ज्योतिष का ज्ञाता होता है। जातक की छापाखाना, पुस्तक, व्यवसाय में रुचि होती है। जातक दम्भी, विवादशूर व राज्यपूज्य होता है। 32 वर्ष के बाद उच्च उन्नति के योग बनेंगे।

अनुभव–यदि छठे घर का स्वामी छठे स्थान में स्वगृही हो तो हर्ष नामक **विपरीतराज योग** बनता है। जातक भाग्यशाली सुखी, अजेय, स्वस्थ व धनी होता है। शत्रु, रोग, ऋण नहीं होगा।

निशानी–गुमनाम योगी एवं दिल का राजा। यदि मंगल 4 या 8 भाव में हो तो माता का साथ बचपन में छूट जाएगा।

अनुभव–यहां बुध पराक्रमेश होकर छठे जाने से **'पराक्रमभंग योग'** बना। जातक के मित्र दगा देंगे। कोई ऐसी घटना घटित होगी। जिससे जातक की कीर्ति भंग होगी। जातक का यश कलंकित होगा।

दशा–बुध की दशा मिश्रित फल देगी। भोजसंहिता के अनुसार जातक धार्मिक यात्राएं, तीर्थ यात्राएं करेगा।

बुध का अन्य ग्रहों से सम्बन्ध–

1. **बुध+सूर्य**–बुध के साथ सूर्य होने से **'बुधादित्य योग'** बनेगा। पंचमेश सूर्य की षष्टेश बुध से युति राजयोग कारक होते हुए भी सन्तान सुख में बाधक है।
2. **बुध+चन्द्र**–बुध के साथ चन्द्रमा **'सुखहीन योग'** की सृष्टि करेगा। जातक को माता सुख, ननिहाल का सुख नहीं मिलेगा।
3. **बुध+मंगल**–बुध के साथ मंगल **'लग्नभंगयोग'** एवं **'विपरीतराज योग'** दोनों बनाएगा। जातक धनी होगा। गाड़ी का सुख होगा।
4. **बुध+गुरु**–बुध के साथ गुरु **'भाग्यभंग योग'** एवं **'विपरीतराज योग'** दोनों बनायेगा। जातक धनी होगा। गाड़ी-बंगले का सुख होगा।
5. **बुध+शुक्र**–बुध के साथ यदि शुक्र हो तो **'नीचभंग राजयोग'** की सृष्टि होगी। शुक्र का नीचत्व समाप्त हो जाएगा। ऐसे में **'मित्रमूल धनयोग'** एवं **'शत्रुमूल धनयोग'** की सृष्टि होगी। जातक को शत्रु द्वारा धन लाभ मित्रों द्वारा धन लाभ एवं बीमा कम्पनी द्वारा धन लाभ की प्राप्ति होगी।

6. **बुध+शनि**–बुध के साथ **'राजभंग योग'** एवं **'लाभभंग योग'** दोनों बनाएगा। जातक को आजीविका की प्राप्ति हेतु काफी संघर्ष करना पड़ेगा।
7. **बुध+राहु**–यहां राहु योगकारक है तथा बुध भी **विपरीत राजयोग** कारक है। अत: जातक महान पराक्रमी एवं धनी होगा।
8. **बुध+केतु**–बुध के साथ केतु जातक को धनी बनाता है परन्तु गुप्त बीमारी की शल्य चिकित्सा भी कराता है। जातक के जीवन में गुप्त शत्रु रहेंगे।

षष्टम भाव में बुध का उपचार–

1. चांदी की अंगूठी बांये हाथ में पहने।
2. गंगा जल बोतल में रखकर (शीशे के ढक्कन वाली) खेती की जमीन में बुधवार के दिन गाढ़े।
3. किसी शुभ कार्य हेतु जाते समय खस का अत्तर लगा कर जावे।
4. दोहती, भानजी को खुश रखे। कन्याओं का आशीर्वाद लें।
5. साबित मूंग या बुध की वस्तुओं का दान करें।
6. 'बुध कवच' का पाठ करें।
7. हरे रंग का सुगंधित रुमाल जेब में रखें।

मेषलग्न में बुध की स्थिति सप्तम स्थान में

मेषलग्न में बुध तृतीयेश व षष्टेश होने से पापी होगा। लग्नेश मंगल बुध का मित्र नहीं है। सप्तम स्थान में बुध तुला राशि में होकर केन्द्रवर्ती होगा। शास्त्रों के अनुसार–

हयरथ नरनागोद्यानरत्नैःप्रपूर्णो,
जलधितट निवासी, रत्नतुल्यं च धान्यम्।
बहुजनकुलमित्रैः सत्यवादी प्रसूतो,
भवति यदि च केन्द्री दैत्यपूज्यो बुधश्च॥–*मानसागरी श्लोक 81/पृ. 243*

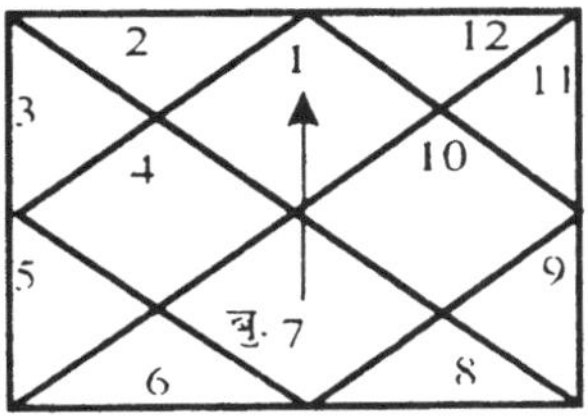

कुलदीपक योग के कारण ऐसा जातक तेजस्वी एवं प्रतिष्ठित होता है। जातक विदेशी व्यापार, कम्प्यूटर-केमिस्टरी, दवाइयों के व्यापार से कमाएगा। जातक का जीवन साथी उच्चशिक्षित होगा। जातक अपनी पसन्द का विवाह करेगा।

निशानी–संसार के लिए पारस।

अनुभव–'भोजसंहिता' के अनुसार सप्तमस्थ तुला राशि का बुध होने से जीवनसाथी विनम्र होगा। ससुराल पक्ष व्यापारवर्गीय होगा। पत्नी बीमार रहेगी।

दशा–बुध की दशा उन्नति देगी। जातक का विवाह होगा। यदि विवाहित है तो गृहस्थ सुख में अपूर्व वृद्धि होगी।

बुध का अन्य ग्रहों से सम्बन्ध–

1. **बुध+सूर्य**–बुध के साथ सूर्य होने से **'बुधादित्य योग'** बनेगा। पंचमेश सूर्य की युति षष्टेश तृतीयेश बुध के साथ केन्द्र में है यह राजयोगकारक है। ऐसा जातक राज्यपूज्य एवं विख्यात कीर्तियुक्त होता है।
2. **बुध+चन्द्र**–बुध के साथ यहां चन्द्रमा होने से जातक का जीवनसाथी सुन्दर, चंचल एवं बुद्धिमान होगा।
3. **बुध+मंगल**–बुध के कारण लग्नेश मंगल होने से कुण्डली 'मांगलोक' बनेगी। ऐसा जातक कठोर परिश्रमी होगा तथा उसे परिश्रम का फल भी मिलेगा परन्तु जीवन साथी में विचार नहीं मिलेंगे।
4. **बुध+गुरु**–बुध के गुरु होने से जीवनसाथी एवं जातक स्वयं भाग्यशाली होगा। पत्नी ध र्मिक, पतिव्रता स्वामीभक्त होगी।
5. **बुध+शुक्र**–बुध के साथ स्वगृही शुक्र **'मालव्य योग'** बनाएगा। ऐसा जातक राजा के समान ऐश्वर्यशाली, वैभवशाली एवं धनी होगा। पत्नी अतिसुन्दर एवं पुष्ट गात्र वाली होगी।
6. **बुध+शनि**–बुध के साथ यहां शनि उच्च का होने से **'शशयोग'** बनेगा। ऐसा जातक राजा के समान परम पराक्रमी, धनवान, गाड़ी-बंगला, नौकर-चाकर से युक्त वैभवशाली मनुष्य होगा।
7. **बुध+राहु**–यहां बुध के साथ राहु जीवनसाथी का बिछोह तलाक अथवा पूर्व मृत्यु का संकेत देता है।
8. **बुध+केतु**–यहां बुध के साथ केतु गृहस्थ सुख में बाधक है। पत्नी-पत्नी के मध्य वैमनस्थता सम्भव है। गुप्त बीमारी भी सम्भव है।
9. यदि बुध के साथ सूर्य+गुरु+मंगल तो जातक राजातुल्य ऐश्वर्य भोगेगा। वह लालबत्ती की गाड़ी का हकदार होगा।
10. यदि यहां बुध+सूर्य+गुरु+मंगल+चन्द्र की युति हो तो जातक राजा (मिनिस्टर) ही होगा एवं लाल बत्ती की गाड़ी का स्वामी आजीवन रहेगा।
11. बुध सातवें एवं शुक्र छठे हो तो जातक की पत्नी स्थाई रूप से बीमार रहेगी।

सप्तम भाव में बुध का उपचार–

1. माता-लड़की के साथ एक जैसा व्यवहार करना।
2. पन्ने की अंगूठी पहनना। (पन्ने के अभाव में पन्नी पहन सकते हैं।)
3. अधिक थूकना या बार-बार थूकना, बंद करे। गुटका न खाये।
4. पन्ना जड़ा हुआ बुध यंत्र धारण करे।
5. गणपति की उपासना करें।

मेषलग्न में बुध की स्थिति अष्टम स्थान में

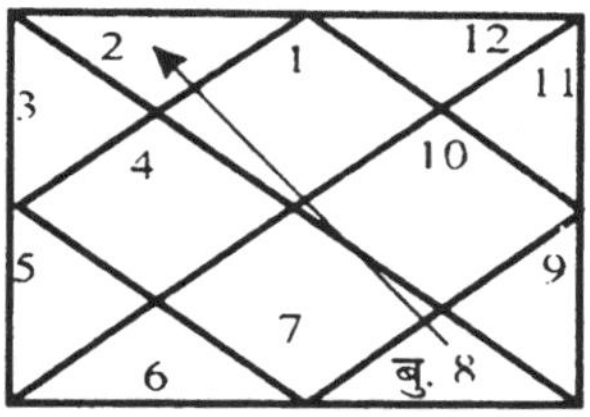

मेषलग्न में बुध तृतीयेश एवं षष्टेश होने से पापी है। बुध लग्नेश मंगल का मित्र नहीं है। अष्टम स्थान में बुध वृश्चिक राशि में होगा। जातक विद्वान्, धनवान, राज्यदरबार (सरकार) से मान-सम्मान, इज्जत पाने वाला, राज्याधिकारी होगा। स्त्री पक्ष से लाभ प्राप्त करने वाला होता है। पच्चीस वर्ष की आयु में अनेक कीर्ति-प्रतिष्ठा व सफलता प्राप्त करने वाला जातक होता है।

निशानी–छुपा तबाही का फन्दा, दो स्त्रियों वाला।

अनुभव–भोजसंहिता के अनुसार वृश्चिक राशि गत अष्टमस्थ बुध कीर्तिभंग कराता है। मित्र दगाबाज साबित होंगे। कोई ऐसी सामाजिक घटना परिवार में घटित होगी जिससे यश कलंकित होगा। साथ ही **विपरीत राजयोग** भी बनाता है। ऐसा जातक धनी होगा।

दशा–बुध की दशा अनिष्ट फल देगी।

बुध का अन्य ग्रहों से सम्बन्ध–

1. **बुध+सूर्य**–बुध के साथ यदि सूर्य हो तो **'बुधादित्य योग'** बनेगा पर यह योग ज्यादा सार्थक नहीं होगा क्योंकि पंचमेश का आठवें जाना **संतानहीन योग** एवं अन्य दुर्योग की सृष्टि भी करता है।
2. **बुध+चन्द्र**–यदि बुध के साथ चन्द्रमा है तो चन्द्र नीच का होगा एवं **'सुखभंग योग'** बनेगा। मातृसुख में कमी आएगी। माता की अकाल मृत्यु होगी।
3. **बुध+मंगल**–यहां बुध के समय मंगल होने कुण्डली मांगलीक होगी पर अष्टमेश अष्टम स्थान में स्वगृही होने से विपरीत राजयोग बनेगा। जातक धनी होगा। गाड़ी-बंगले का स्वामी होगा।
4. **बुध+गुरु**–यहां बुध के साथ गुरु **'भाग्यभंग योग'** बनाता है परन्तु व्यमेश अष्टम में होने से **'विपरीतराज योग'** भी बनता है। ऐसा जातक धनी होगा। भागेदय संघर्ष के बाद होगा।
5. **बुध+शुक्र**–बुध के साथ **'विलम्बविवाह योग'** एवं **'धनहीन योग'** की सृष्टि करता है। ऐसा जातक आर्थिक विषमता का शिकार होता है। समय पर विवाह सुख नहीं मिलता।
6. **बुध+शनि**–बुध के साथ शनि **'राजभंग योग'** एवं **'लाभभंग योग'** बनाता है। ऐसा जातक ठेकेदारी एवं व्यापार में नुकसान उठाता है।
7. **बुध+राहु**–बुध के साथ राहु होने जीवन से गुप्त शत्रुओं का प्रकोप रहेगा। पैर की हड्डी टूटेगी।
8. **बुध+केतु**–बुध के साथ केतु होने से व्यक्ति विषय परिस्थिति में से गुजरेगा। दायें पांव में चोट पंहुचेगी।

अष्टम भाव में बुध का उपचार–

1. लड़का के नाम में चांदी का छल्ला डालना।
2. हरा अण्डरवियर पहने।
3. जन्म दिवस के दिन मिट्टी के बर्तन में शहद या चीनी भरकर वीरान जगह में दबाना।
4. सीढ़ियों की मरम्मत का ध्यान रखना।
5. गणपति की उपासना करें, प्रत्येक बुधवार को दूर्वा एवं लड्डू चढावे।

मेषलग्न में बुध की स्थिति नवम स्थान में

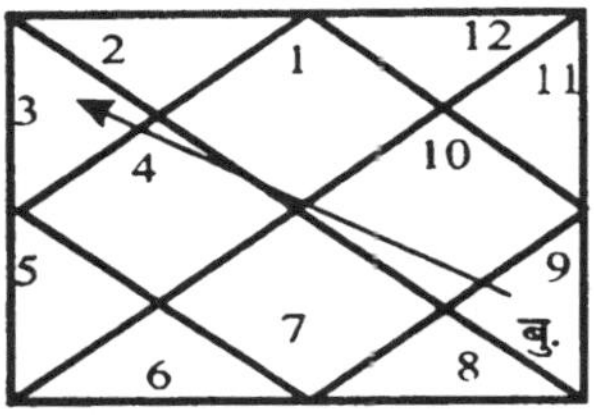

मेषलग्न में बुध तृतीयेश व षष्टेश होने से पापी है। मेषलग्न मे बुध लग्नेश मंगल का मित्र नहीं है। नवम स्थान बुध धनु राशि का होगा। ऐसा जातक परिवार की सेवा करने वाला, धार्मिक कार्य एवं परोपकार के कार्यों में रुचि रखने वाला होता है। भृगुसूत्र के अनुसार–**वेदशास्त्रविशारद संगीतपाठकः** दाक्षिण्यवान्' ऐसा जातक धर्मशास्त्र, नीति, संगीत का ज्ञाता एवं चतुर होता है। ऐसा जातक पिता का भक्त एवं परिजनों का प्यारा होता है।

निशानी–कोढ़ी तथा राजा एक साथ।

अनुभव–'भोज संहिता' के अनुसार धनु राशिगत नवमस्थ बुध जातक का भाग्योदय 32 वर्ष की आयु में कराएगा। मित्रों की मदद से जातक आगे बढ़ेगा। परिजनों का सहयोग रहेगा।

दशा–बुध की दशा उत्तम फल देगी। भाग्योदय कराएगी। यदि गुरु की स्थिति कुण्डली में अच्छी हो तो बुध की दशा का शुभत्व 40% और बढ़ जाएगा।

बुध का अन्य ग्रहों से सम्बन्ध–

1. **बुध+सूर्य**–बुध के साथ सूर्य होने से '**बुधादित्य योग**' बनेगा। पंचमेश तृतीयेश की युति यहां ज्यादा अच्छी तरह से मुखरित होकर जातक को प्रबल राजयोग देती है।
2. **बुध+चन्द्र**–बुध के साथ चन्द्रमा होने से जातक सुखो होगा। उत्तम वाहन एवं भवन का स्वामी होगा। माता सहायक होगी।
3. **बुध+मंगल**–बुध के साथ लग्नेश मंगल होने से जातक महापराक्रमी होगा। मंगल उच्चाभिलाषी होने से जातक महत्वाकांक्षी होगा।
4. **बुध+गुरु**–बुध के साथ यदि गुरु हो तो जातक राजातुल्य ऐश्वर्य भोगेगा। जातक को पुत्र सन्तति अवश्य होगी। प्रथम भाग्योदय 29 से 32 की आयु में हो जाएगी।
5. **बुध+शुक्र**–बुध के साथ शुक्र होने से जातक को पत्नी से, स्त्री-मित्रों से धनलाभ होता रहेगा।
6. **बुध+शनि**–बुध के साथ शनि होने से जातक उच्च श्रेणी का व्यापारी होगा। व्यापार से धन कमाएगा।

7. **बुध+राहु**–बुध के साथ राहु होने से जातक कठोर परिश्रमी होगा तथा संघर्ष के साथ आगे बढ़ेगा। पिता की सम्पत्ति नहीं मिलेगी।
8. **बुध+केतु**–बुध के साथ केतु संघर्ष में सफलता का द्योतक है। पिता से विचार नहीं मिलेंगे।
9. यदि यहां बुध+सूर्य+गुरु+चन्द्रमा हो तो जातक (राजा) मिनिस्टर होगा एवं लालबत्ती की गाड़ी का हकदार होगा।

नवम भाव में बुध का उपचार–

1. शरीर पर चांदी पहने।
2. कौवे को भोजन का हिस्सा देना।
3. गाय की सेवा करें, गायों को घास दे।
4. गणपति की उपासना करें। प्रति बुधवार को लड्डू चढ़ाये।

मेषलग्न में बुध की स्थिति दशम स्थान में

मेषलग्न में बुध तृतीयेश एवं षष्टेश होने से पापी होगा। बुध लग्नेश मंगल का मित्र नहीं है। दशम स्थान में बुध मकर राशि का केन्द्रवर्ती होगा–

हयरथनरनागोद्यानरत्नै द्यप्रपूर्णो,
जलधितटनिवासी रत्नतुल्य च धान्यम्।
बहुतजनकुलमित्रैः सत्यवादी प्रसूतो,
भवति यदि च केन्द्री, दैत्यपूज्यो बुधश्च॥

–मानसागरी श्लोक 8/ पृ. 243

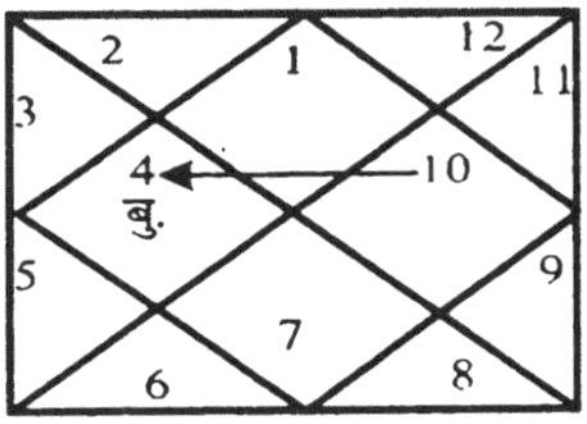

'कुलदीपक योग' के कारण जातक तेजस्वी व यशस्वी होता है। ऐसा जातक शरारती व चालबाज होता है। ऐसा जातक समुद्री यात्रा, हवाई यात्रा से लाभ कमाने वाला, लेखन-सम्पादन में रुचि रखता है। जातक अनेक गुप्त व रहस्यमय विद्याओं का जानकार होता है। 'भृगुसूत्र' के अनुसार ऐसा जातक 'बहुलकीर्तिमान् बहुविद्यवान!' बहुत कीर्तिवाला व धनवान होता है।

निशानी–प्रसन्नता से निर्वाह करने वाला।

अनुभव–'भोज संहिता' के अनुसार से मकरस्थ बुध का दशम भाव में होना शुभ है। 32 वर्ष की आयु में जातक राजा (जिलाधीश) द्वारा सम्मानित होगा। व्यापार-व्यवसाय में लाभकारी स्थितियां बनेंगी। जातक अच्छा गणितज्ञ, लेखक या ज्योतिषी हो सकता है।

दशा–बुध की दशा शुभ फलदायक साबित होगी।

बुध का अन्य ग्रहों से सम्बन्ध–

1. **बुध+सूर्य**–बुध के साथ यदि सूर्य की युति हो तो **'बुधादित्य योग'** बनेगा। पंचमेश+तृतीयेश की यह युति शुभफलदाई एवं प्रबल राजयोग कारक है।
2. **बुध+चन्द्र**–बुध के साथ चन्द्रमा जातक के जीवन में सुख, वैभव, ऐश्वर्य से परिपूर्ण करेगा।
3. **बुध+मंगल**–बुध के साथ मंगल उच्च का होने से **'रुचक योग'** बनेगा। ज़ातक राजा के समान ऐश्वर्यशाली एवं पराक्रमी होगा। व्यक्तित्व आकर्षक होगा।
4. **बुध+गुरु**–बुध के साथ गुरु नीच का होगा। जातक भाग्यशाली होगा पर भाग्य मन्दा होगा। खर्च जीवन में बहुत रहेगा।
5. **बुध+शुक्र**–बुध के साथ शुक्र होने से जातक महाधनी होगा। पत्नी का सुख उत्तम होगा।
6. **बुध+शनि**–बुध के साथ शनि होने से **'शशयोग'** बनेगा। जातक निश्चय ही राजातुल्य पराक्रमी, ऐश्वर्यशाली एवं सम्पन्न होगा।
7. **बुध+राहु**–बुध के साथ राहु जातक को राजपक्ष से दण्ड दिला सकता है।
8. **बुध+केतु**–बुध के साथ केतु जातक को राजकीय वैभव में कटौती कराएगा। सरकारी अधिकारी धोखा देंगे।
9. यदि यहां बुध के साथ सूर्य+मंगल+शनि हो तो जातक (राजा) मिनिस्टर होकर लालबत्ती की गाड़ी का स्वामी होगा।

दशम भाव में बुध का उपचार–

1. जबान का चसका कम करे, मांसाहार व शराब से दूर रहे तो बुध शुभ होगा।

मेषलग्न में बुध की स्थिति एकादश स्थान में

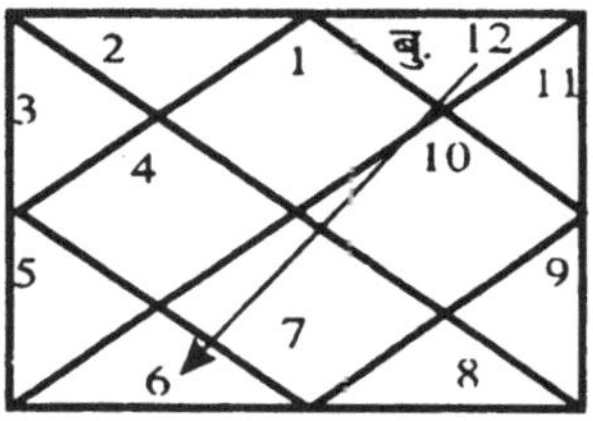

मेषलग्न बुध़ तृतीयेश एवं षष्टेश होने से पापी है। बुध लग्नेश मंगल का मित्र नहीं है। एकादश स्थान में बुध कुम्भ राशि में होगा। जातक की किस्मत 34 वर्ष बाद चमके। ऐसा जातक बहन-भाइयों को पालने वाला, जीवन सम्पूर्ण सुख-सुविधाओं से सम्पन्न होगा। ऐसे व्यक्ति की आमदनी के जरिए अनेक प्रकार के होंगे।

निशानी–धनी जन्म से।

अनुभव–भोज संहिता के अनुसार कुम्भ राशिगत बुध यदि लाभ स्थान में हो तो जातक प्रजावान होगा। उसे पुत्र व पुत्री दोनों प्रकारी की सन्तति का लाभ होगा। सन्तान सत्पुत्र व सुयोग्य होंगे। जातक स्वयं पढ़ा-लिखा होगा।

दशा–बुध की दशा मिश्रित फल देंगी।

बुध का अन्य ग्रहों से सम्बन्ध–

1. **बुध+सूर्य**–बुध के साथ सूर्य होने से **'बुधादित्य योग'** बनेगा। पंचमेश+तृतीयेश की युति कुम्भ राशि में राजयोग कारक है। जातक महान पराक्रमी होगा।
2. **बुध+चन्द्र**–बुध के साथ चन्द्रमा जातक को विद्यावान एवं प्रजावान बनाएगा।
3. **बुध+मंगल**–बुध के साथ मंगल जातक को व्यापार किवां उद्योग में लाभान्वित करेगा।
4. **बुध+गुरु**–बुध के साथ गुरु जातक को पुत्र सन्तति देगा एवं व्यापार में भी लाभ देगा।
5. **बुध+शुक्र**–बुध के साथ शुक्र जातक को धनवान बनाएगा। पत्नी एवं स्त्री-मित्रों से सहायता मिलती रहेगी।
6. **बुध+शनि**–यदि बुध के साथ शनि स्वगृही होने से जातक उद्योगपति होगा। बड़े कारोबार का स्वामी होगा।
7. **बुध+राहु**–बुध के साथ राहु जातक को व्यापार में अचानक नुकसान देगा। ऐसा जातक दो-तीन बार व्यापार बदलेगा।
8. **बुध+केतु**–बुध के साथ केतु जातक को चलते कारोबार में घाटा देगा।
9. यदि यहां बुध+सूर्य+शनि+गुरु की युति हो तो जातक (राजा) मिनिस्टर होगा या उससे कम नहीं होगा। उसके पुत्र भी जातक के समान ही पराक्रमी होंगे।

एकादश भाव में बुध का उपचार–

1. नया कपड़ा दरिया में धोकर गंगा जल का छीटा देकर पहने।
2. बुध यंत्र पन्ना डालकर गले में पहने तो धनहानि से बचाव होता है। पाठक चाहे तो यह यंत्र लेखक से सम्पर्क कर प्राप्त कर सकते हैं।

मेषलग्न में बुध की स्थिति द्वादश स्थान में

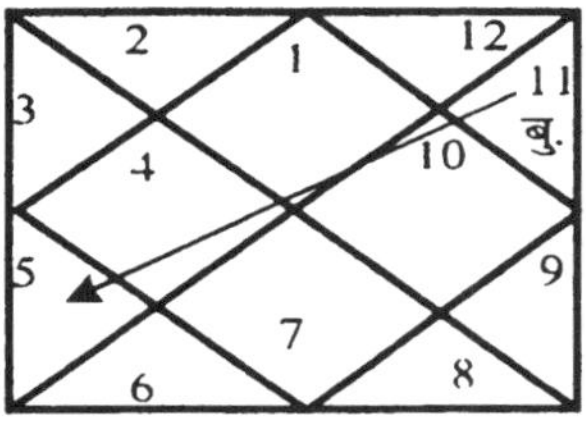

मेषलग्न में बुध तृतीयेश एवं षष्टेश होगा। बुध लग्नेश मंगल का मित्र नहीं है। द्वादश स्थान में बुध 'मीन राशि' का होगा। जो बुध की नीच राशि है। जातक गुप्त विद्याओं का तंत्र-मंत्र, ज्योतिष आयुर्वेद का ज्ञाता होगा। इसके जन्म से परिवार, धन-दौलत की वृद्धि पाने वाला, बुजुर्गों की सम्पत्ति पाने वाला होता है। जातक की बहन, लड़की अपने घर में दु:खी पर ससुराल में सुखी होता है।

विशेष–बुध द्वादश में जातक का रुपया शिक्षा कार्य में खर्च कराता है।

निशानी–नेक, लम्बी आयु, अच्छा जीवन बिताने वाला।

अनुभव–भोजसंहिता के अनुसार मीन राशिगत बुध यदि द्वादश भाव में हो तो जातक Export-Import विदेशी व्यापार में कमाएगा। ऐसे जातक का छोटा भाई नहीं होता है।

दशा—बुध की दशा अनिष्ट फल देगी।

बुध का अन्य ग्रहों से सम्बन्ध—

1. **बुध+सूर्य**—यदि बुध के साथ सूर्य हो तो, **'बुधादित्य योग'** बनेगा। वस्तुत: यह पंचमेश सूर्य की तृतीयेश, षष्ठेश बुध के साथ द्वादश भाव में युति होगी जहां बुध नीच का होगा। यह स्थिति राजयोग प्रदाता है, पर जातक को सन्तान सम्बन्धी चिन्ता भी मिलेगी। कीर्तिभंग योग बनता है।
2. **बुध+चन्द्र**—बुध के साथ चन्द्रमा माता की सम्पत्ति से जातक को वंचित कराएगा। **'सुखहीन योग'** के कारण जातक को आराम कम मिलेगा।
3. **बुध+मंगल**—बुध के साथ मंगल **'लग्नभंग योग'** के साथ कुण्डली को **'मांगलिक'** बनाता है। जातक को परिश्रम का लाभ नहीं मिलेगा।
4. **बुध+गुरु**—बुध के साथ गुरु होने से **'नीचभंग राजयोग'** बनेगा। ऐसा जातक धनी, ऐश्वर्यशाली एवं खर्चीले स्वभाव का होगा।
5. **बुध+शुक्र**—बुध के साथ यदि शुक्र हो तो **'नीचभंग राजयोग'** बनेगा। बुध का नीचत्व समाप्त होगा। जातक राजातुल्य ऐश्वर्य को भोगेगा। सुन्दर स्त्री का पति होगा एवं अन्य स्त्रियां भी उस पर मोहित रहेंगी।
6. **बुध+शनि**—यहां बुध+शनि का युति अथवा बुध+राहु की युति हो तो जातक को जेल जाना पड़ सकता है।
7. **बुध+राहु**—बुध के साथ राहु व्यर्थ की यात्राएं कराएगा। जातक के खर्च इतने बढ़े चढ़े होगे कि कई बार ऋण लेने की नौबत आएगी।
8. **बुध+केतु**— बुध के साथ केतु व्यवहार में कमी लाएगा। जातक के घर चोरी होगी।
9. यदि यहां बुध+शुक्र+गुरु+चन्द्र की युति हो तो जातक (राजा) मिनिस्टर होगा या उससे कम की हस्ती नहीं होगा। जातक अत्यधिक खर्चीले स्वभाव का होगा। धार्मिक, परोपकारी व दयालु होकर नगरसेठ या 'मेयर' होगा।

द्वादश भाव में बुध का उपचार—

1. एक स्टील का छल्ला जल प्रवाह करना एक (एक ही समय) पहनना।
2. कोरा घड़ा जल प्रवाह करना, 12 बार।
3. किया हुआ वायदा पूरा करना, जबान का पक्का रहना।
4. अपनी जबान का शब्द ले डूबेगा (गन्दा शब्द न बोलना)।
5. प्रति बुधवार गणपति का लड्डू चढ़ाना।
6. पन्ना जड़ित 'बुधयंत्र' गले में धारण करना।

❑❑❑

मेषलग्न में गुरु की स्थिति

मेषलग्न में गुरु की स्थिति प्रथम स्थान में

मेषलग्न में शुक्र नवम स्थान का स्वामी (त्रिकोणाधिपति) होने के कारण शुभफलदाई है। इसे व्ययेश होने का दोष नहीं लगता। कहा है–

एको जीवो यदा लग्ने, सर्वयोगस्तदा शुभा।
दीर्घजीवी महाप्रज्ञो, जातको नायको भवेत्॥ –मानसागरी श्लोक 32

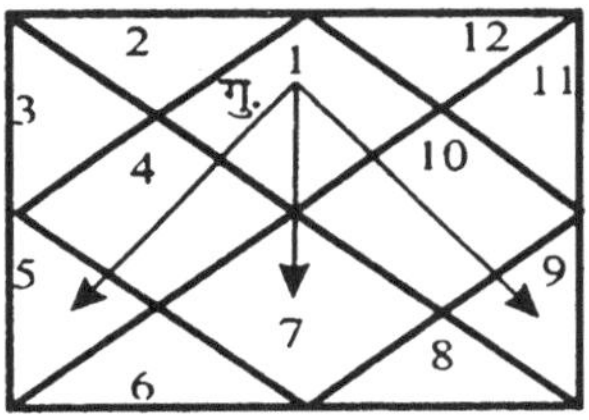

ऐसा जातक बुद्धिमान, उच्च शिक्षा प्राप्त, जज, बैरीस्टर, वकील, सम्पादक, एकाउण्टेंट होता है। जातक परिवार का नाम रोशन करने वाला, कुल का दीपक सबका प्यारा व चहेता होता है। जातक आकर्षक व्यक्तित्व वाला होगा।

निशानी–फकीरी पूर्ण। घर में सभी डिग्री/ डिप्लोमा धारक होंगे। इसके जन्म से पिता की सोई किस्मत जगती है।

दृष्टि–लग्नस्थ गुरु की दृष्टि सन्तान भाव, सप्तम भाव एवं नवम (भाग्य) भाव पर पूर्ण रूप से अमृत वर्षा करेगी। फलत: विवाह के तुरन्त बाद जातक का भाग्योदय होगा। पत्नी सुन्दर एवं कामी होगी। दूसरा भाग्योदय प्रथम सन्तति के बाद होगा। जातक के पुत्र जरूर होगा। जातक को पिता की सम्पत्ति या कारोबार वारिस में मिलेगा।

दशा–गुरु की दशा चंहुओर से उन्नति देगी। भाग्योदय कराएगी।

गुरु का अन्य ग्रहों से सम्बन्ध–

1. **गुरु+सूर्य**–गुरु के साथ सूर्य उच्च का होगा। पंचमेश सूर्य यहां परमयोगकारक होकर भाग्येश के साथ होने से जातक परम भाग्यशाली होगा। धनवान होगा। राज-दरबार में उसका प्रभाव होगा।
2. **गुरु+चन्द्र**–यदि गुरु के साथ चन्द्र हो तो **'गजकेसरी योग'** बनेगा। दोनों शुभग्रह पंचम, सप्तम एवं नवम स्थान को देखेंगे। फलत: विवाह के बाद जातक का भाग्योदय होगा। द्वितीय भाग्योदय प्रथम सन्तति के बाद होगा। आयु के 24 एवं 32 वर्ष महत्वपूर्ण रहेंगे।

3. **गुरु+मंगल**–यदि गुरु के साथ मंगल हो तो '**रुचकयोग**' बनेगा। ऐसा जातक जिला, शहर या गांव का मुखिया धर्मगुरु होता है। उसकी समाज व जाति में बड़ी भारी इज्जत होती है।

4. **गुरु+बुध**–गुरु के साथ पराक्रमेश बुध होने से जातक महान पराक्रमी होगा। महान् धार्मिक एवं बुद्धिशाली होगा।

5. **गुरु+शुक्र**–गुरु के साथ धनेश+सप्तमेश शुक्र होने से जातक धनवान होगा। जातक को परिश्रम का पूरा-पूरा लाभ मिलेगा। जातक कुल में धनिक व्यक्ति होगा।

6. **गुरु+शनि**–गुरु के साथ शनि यहां नीच का होगा। भाग्येश, दसमेश+लाभेश शनि की लग्न में यह प्रति जातक को व्यवहारिक ज्ञान से परिपूर्ण जीवन होगा।

7. **गुरु+राहु**–भाग्येश गुरु के साथ लग्न में राहु की स्थिति जातक को लड़ाकू विमान का स्वभाव का व्यक्तित्व देगी। चाण्डालयोग के कारण व्यक्ति भक्ष्य-यभक्ष्य का भेद नहीं कर पाएगा।

8. **गुरु+केतु**–गुरु के साथ केतु व्यक्ति को झगड़ालू स्वभाव का बनाएगा। जातक युद्ध में सदैव जीतेगा।

9. गुरु+चन्द्र+मंगल+सूर्य की युति लग्न में हो तो जातक (राजा) मिनिस्टर होगा एवं लाल बत्ती की गाड़ी उसके पास रहेगी।

प्रथम भाव में गुरु का उपचार–

1. दान न लेना, अपनी किस्मत पर भरोसा रखना।
2. यदि परिवार में जब कोई डिग्री/डिप्लोमा लेगा गुरु अशुभ न रहेगा।
3. पुखराज रत्न जड़ित गुरु यंत्र गले में धारण करे।

मेषलग्न में गुरु की स्थिति द्वितीय स्थान में

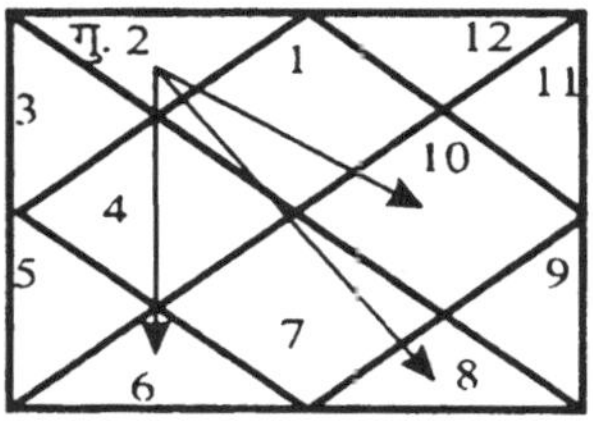

मेषलग्न में गुरु नवमेश (त्रिकोणाधिपति) होने के कारण शुभफलदाई है। द्वितीय स्थान में गुरु वृष राशिगत होगा। जातक धनवान, उच्च शिक्षित ससुराल के सम्बन्ध से तरक्की पाने वाला होता है। जातक को उच्च शैक्षणिक डिग्री मिलती है। ऐसा जातक धार्मिक कार्य, परोपकार के कार्य में अत्यधिक रुचि लेगा।

निशानी–जगत का धर्मगुरु और विद्या का स्वामी। ऐसे जातक को अपनी मौत का पहले पता चल जाता है।

दृष्टि–वृष राशिगत गुरु की पूर्ण दृष्ठि छठे स्थान, आठवें स्थान एवं दसवें स्थान पर होगी। फलत: जातक दीर्घजीवी होता हुआ, शत्रुओं का नाश करेगा। राजनीति में महत्वपूर्ण पद को प्राप्त करेगा।

अनुभव–देवगुरु गुरु की यह स्थिति जातक को उत्तम वाणी देती है। जातक उत्तम वक्ता होता है। जातक को पिता की सम्पत्ति मिलेगी पर साथ में बहुत-सी जिम्मेदारियां भी मिलेंगी।

दशा–'भोजसंहिता' के अनुसार गुरु की यह दशा उत्तम फल देती है। जातक धन प्राप्ति की ओर आगे बढ़ेगा।

गुरु का अन्य ग्रहों से सम्बन्ध–

1. **गुरु+सूर्य**–गुरु के साथ सूर्य वस्तुत: पंचमेश+भाग्येश की युति परम धनदायक है। जातक प्रखर वक्ता होगा। वाणी के माध्यम से धनार्जन करेगा।
2. **गुरु+चन्द्र**–गुरु के साथ यदि चन्द्रमा हो तो **'गजकेसरी योग'** बनेगा परन्तु यहां चन्द्रमा उच्च का होगा। दोनों शुभग्रह छठे स्थान, आठवें स्थान एवं दसवें स्थान का पूर्ण दृष्टि से देखेंगे। फलत: जातक को उच्च वाहन एवं भवन की प्राप्ति होगी। वह दीर्घजीवी होगा एवं राजातुल्य ऐश्वर्य को भोगेगा।
3. **गुरु+मंगल**–गुरु के साथ मंगल वस्तुत: पंचमेश+भाग्येश की युति परम धनदायक है। जातक प्रखर वक्ता होगा। वाणी के माध्यम से धनार्जन करेगा।
4. **गुरु+बुध**–गुरु के साथ पराक्रमेश बुध व्यक्ति को महान पराक्रमी बनाएगा। जातक बडबोला होगा।
5. **गुरु+शुक्र**–गुरु के साथ यदि शुक्र हो तो बलवान धनेश की नवमेश के साथ युति होने से **'भाग्यमूल धनयोग'** की सृष्टि होगी। जातक का भाग्य पग-पग पर जातक की सहायता करेगा। जातक को पिता की सम्पत्ति मिलेगी।
6. **गुरु+शनि**–भाग्येश गुरु के साथ दसमेश+लाभेश शनि की धनस्थान में यह युति लाभदायक रहेगी। जातक व्यापार प्रिय होगा।
7. **गुरु+राहु**–गुरु के साथ धनस्थान में राहु धन के घड़े में छेद के समान है। जातक धन संग्रह के मामले में भागफल रहेगा।
8. **गुरु+केतु**–गुरु के साथ मंगल धनस्थान में केतु होने से जातक फजूलखर्च होगा।
9. गुरु+चन्द्र+शुक्र+मंगल की युति हो तो जातक (राजा) मिनिस्टर होगा। लालबत्ती की गाड़ी उसके पास रहेगी।

द्वितीय भाव में गुरु का उपचार–

1. अपने घर का रास्ता साफ-स्वच्छ रखना।
2. मकान का कच्चा हिस्सा फौरन पक्का बनाए।
3. गुरु यंत्र पुखराज रत्न के साथ गले में धारण करें।

मेषलग्न में गुरु की स्थिति तृतीय स्थान में

मेषलग्न में गुरु नवम एवं द्वादश भाव में स्वामी होकर योगकारक है। तृतीय स्थान में गुरु मिथुन राशि का होगा। ऐसे जातक का जन्म माता-पिता के लिए शुभफलदाई होता है। इसके जन्म से पिता की उन्नति होती है। जातक उच्च शिक्षा पाने वाला, मकान-वाहन, चौपाए के सुख

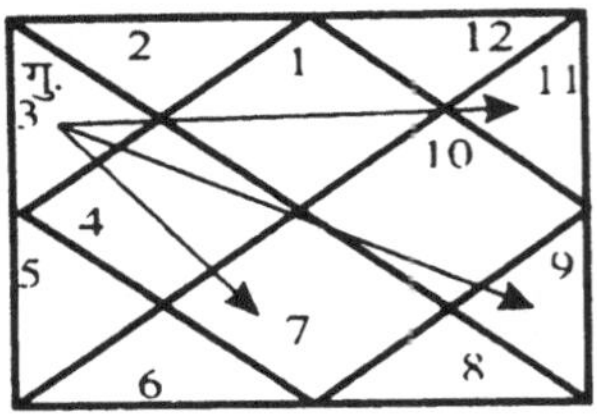

से युक्त, जज, वकील, आई.एस. ,आर.एस, अधिकारी होता है। इसे प्राय: निसन्तान व्यक्ति का धन मिलता है। 'अष्टात्रिंशद्वर्षे यात्रासिद्धः' 38वें वर्ष में हुई यात्रा से सफलता मिलेगी। भाग्य बदलेगा।

निशानी–ज्योतिष और आशीष का स्वामी।

दृष्टि–गुरु की दृष्टि सप्तम स्थान, भाग्य स्थान एवं लाभ स्थान पर होगी। गुरु यहां उच्चाभिलाषी है। फलत: विवाह के तत्काल बाद भाग्योदय होगा। पत्नी-ससुराल उत्तम मिलेंगे। यत्नपूर्वक किए गए व्यापार से लाभ होगा। जातक का जन्म पिता के लिए शुभ।

अनुभव–'भोजसंहिता' के अनुसार ऐसे जातक वृद्धजनों का सेवक होता है। वृद्धों से मित्रता करता है और उनकी सलाह को मान्यता देता है। जातक का पितृपक्ष धनवान होगा। तीसरा गुरु भाई-बहनों के लिए अच्छा होता है।

दशा–गुरु की दशा भाग्योदय कराएगी, विवाह कराएगी। सरकार से लाभ, मान्यता व महत्त्व दिलाएगी।

गुरू का अन्य ग्रहों से सम्बन्ध–

1. **गुरु+सूर्य**–पंचमेश सूर्य के साथ तृतीय स्थान में गुरु होने से जातक महान् पराक्रमी, परोपकारी एव धर्मध्वज होगा।
2. **गुरु+चन्द्र**–यदि गुरु के साथ चन्द्रमा हो तो चन्द्रमा शत्रुक्षेत्री होगा। गजकेसरी योग तो बनेगा पर पीठ पीछे बुराई होगी। राज्यपक्ष से धोखा होगा। असावधानी रखने पर मुकदमा हार जाएंगे।
3. **गुरु+मंगल**–गुरु के साथ लग्नेश+अष्टमेश मंगल पराक्रम स्थान में होने से जातक परम पराक्रमी होगा। जातक को तीन से अधिक भाइयों का सुख होगा। बड़े भाई का सुख भी सम्भव है।
4. **गुरु+बुध**–यदि गुरु के साथ बुध हो तो जातक पराक्रमी होगा। मित्रों से लाभ होगा। जातक का भाग्योदय शीघ्र होगा।
5. **गुरु+शुक्र**–गुरु के साथ धनेश+सप्तमेश शुक्र तृतीय स्थान में होने से जातक को भाई-बहन दोनों का सुख होगा। जातक को स्त्री-मित्रों से विशेष लाभ होगा।
6. **गुरु+शनि**–गुरु के साथ दसमेश शनि यदि तृतीय स्थान में हो तो जातक पराक्रमी होगा।
7. **गुरु+राहु**–तृतीय स्थान में गुरु के साथ राहु जातक के परिवार में विग्रह कराएगा।
8. **गुरु+केतु**–गुरु के साथ तृतीय स्थान में केतु जातक को समाज में यशस्वी बनाएगा।
9. तृतीय स्थान में पापग्रह शनि, राहु, मंगल या केतु हो तो जातक दम्भी व झूठा होगा। 'चोरवंचनवान् दुर्वचन: अनृतप्रिय:।

तृतीय भाव में गुरु का उपचार–

1. केसर-चंदन का तिलक लगावें।
2. दुर्गा-पूजन या कन्याओं को मीठा भोजन देकर आशीर्वाद लें।
3. गुरु यंत्र गले में धारण करें।

मेषलग्न में गुरु की स्थिति चतुर्थ स्थान में

मेषलग्न में गुरु त्रिकेणाधिपति होने से शुभफलदाई है। इसे व्ययेश होने का दोष नहीं है। चतुर्थ स्थान में गुरु कर्म राशि में उच्च का होगा फलतः **हंसयोग, कुलदीपक योग एवं केसरीयोग** बनेगा। शास्त्र कहते हैं–

किं कुर्वन्ति ग्रहाः सर्वे, यस्य केन्द्रे गुरुः।
मत्तमातंगयूथानाम्, एको हन्ति च केसरी॥ –मानसागरी

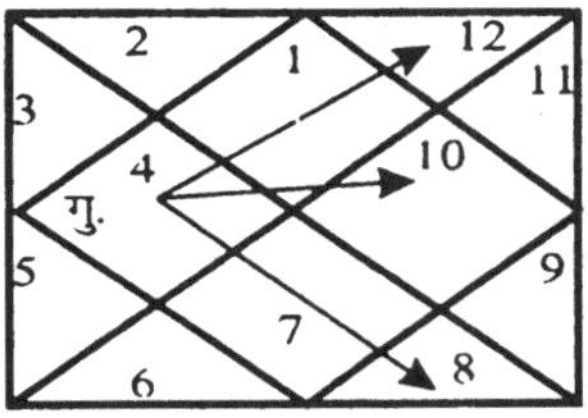

ऐसे जातक के जन्म के साथ ही माता-पिता का भाग्योदय होगा। जातक उच्च शिक्षित व संस्कारी होगा। जातक राजा तुल्य ऐश्वर्यवान, प्रतापी एवं धनवान होगा। ऐसे जातक को अनायास गढ़े धन की प्राप्ति, लॉटरी-सट्टा, शेयर बाजार के उतार- चढ़ाव से धन की प्राप्ति होती है। प्रायः निसन्तान व्यक्ति के धन की प्राप्ति होती है।

निशानी–चन्द्र की राजधानी, जातक को भूमि से लाभ होगा।

दृष्टि–उच्चस्थ गुरु की दृष्टि अष्टम स्थान, दशम स्थान एवं व्यय स्थान पर है फलतः जातक दीर्घायु होगा। राज्य (सरकार) में पद व सम्मान को प्राप्त करेगा। जातक खर्चीले स्वभाव का होगा, परोपकारी एवं दानशील होगा।

दशा–इस जातक को गुरु की दशा-अंतर्दशा में जबरदस्त शुभफलों की प्राप्ति होगी।

गुरु का अन्य ग्रहों से सम्बन्ध–

1. **गुरु+सूर्य**–बलवान भाग्येश के साथ पंचमेश सूर्य यदि सुखस्थान में हो तो जातक को सुख की कमी नहीं रहती। जातक को पिता की सम्पत्ति मिलेगी। जातक का राजयोग विशेष शक्तिशाली है। जातक को सरकार से मदद या पुरस्कार मिलेगा।
2. **गुरु+चन्द्र**–यदि गुरु के साथ चन्द्रमा हो तो गजकेसरी योग के साथ **'किम्बहुना योग'** बनेगा। इससे अधिक और क्या होगा? जातक के पास तीन-चार मंजिला बड़ा भवन होगा। एक से अधिक भवन होंगे, कई वाहन होंगे, 'अश्व वाहनयोग गृहविस्तारवान्' ऐसे जातक के गुरु व चप्द्रमा की दशा, अंतर्दशा में शुभफलों की प्राप्ति होगी। जातक को मातृपक्ष से खूब धन मिलेगा।

3. **गुरु+मंगल**–यदि यहां मंगल हो तो **'नीचभंग राजयोग'** बनेगा। जातक को माता की सम्पत्ति मिलेगी। भूमि से लाभ होगा। मंगल का नीचत्व समाप्त होने से जातक शत्रुओं का मान-मर्दन करने में सक्षम होगा।

4. **गुरु+बुध**–गुरु के साथ पराक्रमेश बुध चतुर्थ भाव में होने से जातक अनेक वाहनों का स्वामी होगा।

5. **गुरु+शुक्र**–गुरु के साथ धनेश+सप्तमेश शुक्र चतुर्थ भाव में होने से जातक सुन्दर भवन एवं वाहन का स्वामी होगा। भवन भी एक से अधिक होगें।

6. **गुरु+शनि**–गुरु के साथ दसमेश+लाभेश शनि चतुर्थ भाव में होने से जातक उच्च दर्जे का व्यापारी होगा।

7. **गुरु+राहु**–यदि यहां गुरु के साथ राहु हो तो **'चाण्डाल योग'** बनेगा जातक अभक्ष्य भोजन करेगा। मातृतुल्य स्त्री या गर्भिणी स्त्री के साथ सम्भोग करेगा। जातक परगृहवास करेगा।

8. **गुरु+केतु**–गुरु के साथ केतु चतुर्थ भाव में होने से जातक के साथ वाहन दुर्घटना सम्भव है।

9. यदि यहां गुरु+चन्द्र+मंगल+सूर्य की युति हो तो जातक (राजा) मंत्री होगा। लालबत्ती की गाड़ी का स्वामी होगा।

चतुर्थ भाव में गुरु का उपचार–

1. लाल बनियान या कच्छा पहनें।
2. बुजुर्गों के व्यापार से लाभ, बुजुर्गों की सेवा करना।
3. धर्म मंदिर में सिर झुकाना, पूजा-पाठ करना।
4. कुल पुरोहित एवं गुरु का आशीर्वाद लेना।
5. पीपल का वृक्ष लगाना या पीपल के वृक्ष को प्रति गुरुवार पानी सीचे।
6. सच्चा पुखराज यंत्र में जड़वाकर गले में धारण करे।
7. राजयोग के लिए माणक+पुखराज+मोती का त्रिशक्ति लॉकेट अभिमंत्रित करके पहने।

मेषलग्न में गुरु की स्थिति पंचम स्थान में

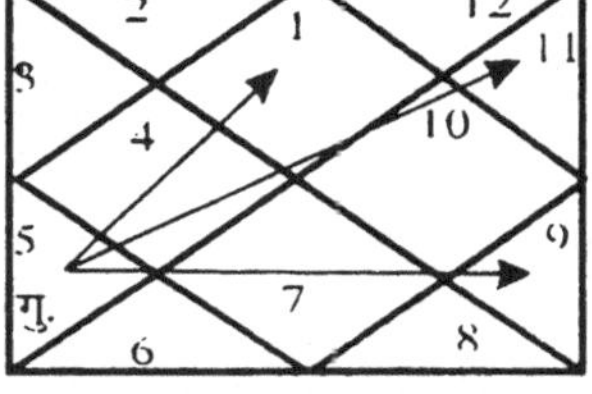

मेषलग्न में गुरु नवम भाव (त्रिकीणाधिपति) होने से शुभफलदाई है। इसे यहां व्ययेश होने का दोष नहीं है। पंचम स्थान में गुरु सिंह राशि का होगा। ऐसे जातक के बाप से पोते तक सभी कुटुम्बी सुखी व धनवान होते हैं। यदि जातक के घर में गुरुवार को सन्तान हो तो सन्तान उत्पत्ति के साथ ही जातक का तत्काल भाग्योदय होता है। भृगुसुत्र के अनुसार– **'बुद्धिचातुर्यवान्, वाग्मीप्रतापी, अन्नदान, प्रियः, कुलप्रियः'** ऐसा जातक अत्यधिक विलक्षण बुद्धि वाला, वाक्यपटु, वक्ता, प्रतापी, अतिथिप्रिय व कुलप्रिय होता है।

अनुभव–नवमेश यदि पंचम में हो तो जातक का पिता प्रतिष्ठित व्यक्ति होगा, सन्तति अल्प होगी।

निशानी–ब्रह्मज्ञानी परन्तु आग का बांस, गुस्से वाला।

दृष्टि–गुरु की दृष्टि यहां भाग्यभवन, लाभस्थान एवं लग्नस्थान पर होगी। फलत: जातक भाग्यशाली होगा प्रथम सन्तति के बाद तीव्रगति से भाग्योदय होगा। व्यापार-व्यवसाय में लाभ होगा। गुरु की दशा में किए गए प्रयत्नों में बराबर सफलता मिलेगी।

दशा–'भोज संहिता' के अनुसार गुरु की दशा बहुत उत्तम फल देगी। भाग्योदय कराएगी। व्यक्तित्व में उन्नति एवं व्यापार में लाभ देगी।

गुरु का अन्य ग्रहों से सम्बन्ध–

1. **गुरु+सूर्य**–भाग्येश गुरु के साथ स्वगृही सूर्य, जातक को अध्यात्म क्षेत्र में सफलता दिलाता है। जातक उच्च शिक्षा प्राप्त, प्रतिष्ठित व्यक्ति होगा। प्रथम पुत्र होगा। पुत्र जन्म के बाद प्रतिष्ठा विशेष रूप से बढ़ेगी।
2. **गुरु+चन्द्र**–गुरु के साथ चन्द्रमा हो तो **'गजकेसरी योग'** बनेगा सुखेश व नवमेश की युति पंचम भाव में शुभफलदाई है। जातक को ननिहाल व माता की सम्पत्ति मिलेगी। पुत्र व पुत्री दोनों होंगे। दोनों आज्ञा में रहेंगे।
3. **गुरु+मंगल**–भाग्येश बृहस्पति के साथ लग्नेश+अष्टमेश मंगल की युति पंचम भाव में प्रथम पुत्र देगा। पुत्रों की संख्या तीन से पांच के मध्य होगी। जातक की संतान भाग्यशाली होगी।
4. **गुरु+बुध**–भाग्येश गुरु के साथ तृतीयेश+षष्टेश बुध की युति जातक को मन्त्र शास्त्र, ज्योतिष व गूढ़ विद्याओं का ज्ञाता बनाएगी। ऐसे जातक को पुत्र एवं कन्या, दोनों प्रकार की सन्तति का लाभ होगा।
5. **गुरु+शुक्र**–गुरु के साथ धनेश+सप्तमेश की युति पंचम स्थान में जातक को आध्यात्म-कला व अभिनय के क्षेत्र में भरपूर सफलता देता है।
6. **गुरु+शनि**–गुरु के साथ दसमेश+लाभेश शनि पंचम स्थान में जातक को व्यवहारिक ज्ञान सम्पन्न बुद्धि देगा। जातक विदेशी भाषा एवं विदेशी कार्यों में रुचि लेगा।
7. **गुरु+राहु**–गुरु के साथ राहु विद्या में बाधा पंहुचायेगा। जातक को पिता की सम्पत्ति नहीं मिलेगी।
8. **गुरु+केतु**–बृहस्पति के साथ केतु विद्याध्ययन में संघर्ष का संकेत देता है।
9. यदि गुरु के साथ राहु या केतु हो तो 'सर्पशापात् सुतक्षय:' सर्प के शाप से पुत्र सन्तान का नाश हो 'शुभदृष्टे परिहार:' यदि शुभग्रह की दृष्टि हो तो परिहार हो जाता है। यदि फिर भी बाधा हो तो **'कालसर्प योग'** की शान्ति से पुत्र सन्तान होगी।
10. यदि यहां गुरु के साथ सूर्य+चन्द्र+मंगल की युति हो तो प्रथम सन्तति उत्पन्न के बाद जातक राजातुल्य ऐश्वर्य व प्रतिष्ठा को प्राप्त करेगा।

पंचम भाव में गुरु का उपचार–

1. लंगर, धर्म स्थान का प्रसाद न लेना।
2. मुफ्त भोजन एवं माल से परहेज रखना।
3. सिर पर चोटी रखना।
4. साधु, सज्जनों की सेवा करना, धर्मशाला-धर्म मंदिर की सफाई सेवा करना।

मेषलग्न में गुरु की स्थिति षष्टम स्थान में

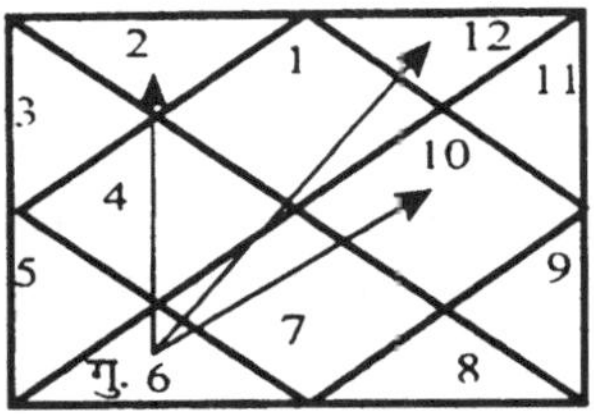

मेषलग्न में गुरु नवम स्थान (त्रिकोणाधिपति) का स्वामी होने से शुभफलदाई है। इसे यहां व्यमेश होने का दोष नहीं लगता। षष्टम् स्थान में गुरु कन्या राशि का होगा। ऐसा जातक चाल-चलन का नेक, राजदरबार (सरकार) में इज्जत-सम्मान पाने वाला, शत्रुओं को परास्त करने वाला, नौकरों-सेवकों से युक्त, सन्तान पक्ष से सुखी जातक होता है। जातक अपने पोते को हाथों में खिलाता है।

दृष्टि–गुरु की दृष्टि दशम भाव, द्वादश भाव एवं धन स्थान पर होगी। फलतः राज्य पक्ष, धन पक्ष, कुछ कमजोर रहेगा। खर्च अधिक होगा एवं धन प्राप्ति हेतु, भाग्योदय हेतु जातक को संघर्ष करना पड़ेगा। गुरु यहां रोग, ऋण व शत्रु में वृद्धि करता है।

निशानी–मुफ्तखोर मगर साधु स्वभाव। जातक उपदेशक व व्याख्याता होता है।

अनुभव–जातक का पिता बीमार रहेगा।

दशा–गुरु की दशा मिश्रित फल देगी। 'भोजसंहिता' के अनुसार दूसरी दशा में उत्तम धन की प्राप्ति होगी।

गुरु का अन्य ग्रहों से सम्बन्ध–

1. **गुरु+सूर्य**–यहां बृहस्पति के साथ सूर्य होने से **'विद्याभंग योग'** बनेगा। जातक को प्रारम्भिक विद्या में रुकावटें आएगी। पुत्र सन्तति में भी बाधा सम्भव है। पर उपाय करने पर शान्ति होगी।
2. **गुरु+चन्द्र**–गुरु के साथ चन्द्रमा होने से **'गजकेसरी योग'** बनेगा. चन्द्रमा यहां शत्रुक्षेत्री होगा। चन्द्रमा षष्टम में होने से सुखभंग योग बना। गुरु षष्टम् में होने से **'भाग्यभंग योग'** बना। ऐसे में गजकेसरी की सार्थकता काफी कमजोर हो गई है।
3. **गुरु+मंगल**–गुरु के साथ लग्नेश मंगल होने से **'लग्नभंग योग'** बनता है परन्तु अष्टमेश छठे जाने से **'विपरीत राजयोग'** की सृष्टि होगी। ऐसा जातक परम तेजस्वी विद्वान एवं धनी जातक होगा।
4. **गुरु+बुध**–गुरु के साथ तृतीयेश बुध होने से **'पराक्रमभंग योग'** बनता है परन्तु षष्टेश

षष्टम स्थान में स्वगृही होने से **'विपरीत राजयोग'** बना। ऐसा जातक धनी होगा। वाचाल एवं प्रबुद्ध होगा। उसके पास चार पहियों की गाड़ी होगी।

5. **गुरु+शुक्र**–गुरु के साथ धनेश शुक्र होने से **'धनहीन योग'** यह शुक्र सप्तमेश होने से **'विलम्बविवाह योग'** भी बनता है। ऐसा जातक धनी होगा। परन्तु धन आएगा व खर्च होता चला जाएगा। विवाह को लेकर भी जातक को परेशानी होगी।
6. **गुरु+शनि**–भाग्येश गुरु के साथ शनि होने से **राज्यभंग योग** एवं **लाभभंग योग** बनाएगा। जातक धनी तो होगा पर जीवन में संघर्ष बहुत रहेगा।
7. **गुरु+राहु**–भाग्येश गुरु के साथ राहु छठे राजयोग प्रदाता है। जातक अपने शत्रुओं के नाश करने में सक्षम होगा।
8. **गुरु+केतु**–गुरु के साथ केतु छठे जातक को गुप्तरोग एवं गुप्त शत्रु देगा पर जातक उनका समूल नाश करने में सक्षम होगा।
9. गुरु के साथ शनि या राहु हो तो जातक महारोग से ग्रसित होगा। शत्रु पिता का धन हरण कर लेंगे।

षष्टम भाव में गुरु का उपचार–

1. संतान के साथ या सलाह से व्यापार करना।
2. धर्म मंदिर के पुजारी को पीले वस्त्र देना।
3. पुखराज रत्न सोने में धारण करे।
4. पीला सुगन्धित रुमाल जेब में रखे।

मेषलग्न में गुरु की स्थिति सप्तम स्थान में

मेषलग्न में गुरु नवम भाव (त्रिकोणाधिपति) का स्वामी होने से शुभफलदाई है। उसे यहां व्ययेश होने का दोष नहीं लगता। सप्तम भाव में गुरु तुला राशि का होगा। फलतः **कुलदीपक योग** केसरी योग की सृष्टि होगी।

किं कुर्वन्ति ग्रहाः सर्वे, यस्य केन्द्रे गुरुः
मत्त मातगं यूथानाम्, एको हन्ति च केसरी॥ –मानसागरी

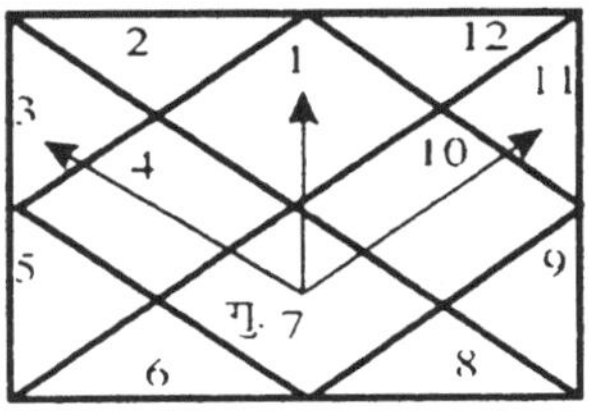

ऐसा जातक भागीदारी के कामों में लाभ कमाने वाला होता है। जातक धनी, मानी व दानी होने के साथ-साथ ज्योतिष शास्त्र, तंत्र-मंत्र, कर्मकाण्ड, आयुर्वेद का ज्ञाता होगा। जातक धार्मिक ग्रंथों का अध्येता, विक्रेता, प्रकाशक होता है। ऐसा जातक मौत के समय घर पर होता है।

अनुभव–'भृगु संहिता' के अनुसार नवमंश यदि सप्तम में हो तो पिता परदेश में कमाएगा। परदेश में जातक का पिता धार्मिक कार्य कराएगा।

निशानी–पिछले जन्म का साधु, राजा जनक की तरह संयासी व ज्ञानी। जातक का भाग्योदय विवाह के तत्काल बाद होगा। जातक की पत्नी पतिव्रता होगी।

दृष्टि–सप्तम भाव में बैठा तुला का गुरु लाभ स्थान, लग्न स्थान और पराक्रम स्थान को देखेगा। फलत: पत्नी पक्ष व ससुराल में लाभ, व्यापार-व्यवसाय में लाभ तथा व्यक्तित्व में बढ़ोतरी होती रहेगी। भाई-बहनों से सम्बन्ध अच्छे रहंगे।

दशा–'भोज संहिता' के अनुसार गुरु की दशा सबसे उत्तम फल देगी। इसकी दशा में जातक का पराक्रम बढ़ेगा। उसके व्यक्तित्व का चहुंमुखी विकास होगा।

गुरु का अन्य ग्रहों से सम्बन्ध–

1. **गुरु+सूर्य**–भाग्येश गुरु के साथ पंचमेश सूर्य होने से जातक को पूर्ण गृहस्थ सुख मिलेगा। जातक का भाग्योदय दो टुकड़ों में होगा। प्रथम विवाह के बाद एवं द्वितीय प्रथम पुत्र सन्तति के बाद जबरदस्त भाग्योदय होगा।
2. **गुरु+चन्द्र**–यदि गुरु के साथ चन्द्रमा हो तो **'गजकेसरी योग'** बनेगा। सुखेश चन्द्रमा एवं भाग्येश गुरु की युति केन्द्र में होने के कारण बहुत शक्तिशाली, प्रभावशाली होगी। जातक का कद राजनीति में ऊंचा होगा।
3. **गुरु+मंगल**–लग्नेश व अष्टमेश मंगल गुरु के साथ होने से जातक का वैवाहिक जीवन सुखी होगा। जातक को परिश्रम का फल मिलेगा।
4. **गुरु+बुध**–भाग्येश गुरु के तृतीयेश+षष्टेश बुध सप्तम में होने से जातक का जीवन साथी सुन्दर होगा। वैवाहिक जीवन सुखी होगा।
5. **गुरु+शुक्र**–यदि गुरु के साथ शुक्र हो तो स्वगृही होगा। बलवान धनेश की भाग्येश से युति होने कारग **'भाग्यमूलधन योग'** **'मालव्य योग'** बना। जातक अपने भाग्य से खूब कमाएगा। उसे पिता की सम्पत्ति या व्यवसाय मिलेगा।
6. **गुरु+शनि**–यदि गुरु के साथ शनि हो तो उच्च का होगा। ऐसे में **'शशयोग'** एवं राज्येश भाग्येश की युति के कारण जातक राज्य सरकार में उच्चपद प्राप्त करेगा। आई.एस. अफसर, आर.एस. अफसर बनेगा।
7. **गुरु+राहु**–भाग्येश गुरु के साथ राहु सप्तम में वैवाहिक सुख में बाधक है।
8. **गुरु+केतु**–भाग्येश गुरु के साथ केतु सप्तम में वैवाहिक जीवन में कटुता देगा।
9. यदि यहां गुरु के साथ+चन्द्र+शनि+शुक्र हो तो जातक (राजा) मिनिस्टर होगा एवं राजातुल्य ऐश्वर्य-वैभव को भोगेगा।

सप्तम भाव में गुरु का उपचार–

1. रत्तियां (चिरमियां) पीले कपड़े में बांधकर रखना।
2. नशेबाज, साधु-फगड़ों से दूर रहना।
3. गुरुवार का व्रत रखें।
4. पुखराज रत्न धारण करे, गुरु यंत्र में।

मेषलग्न में गुरु की स्थिति अष्टम स्थान में

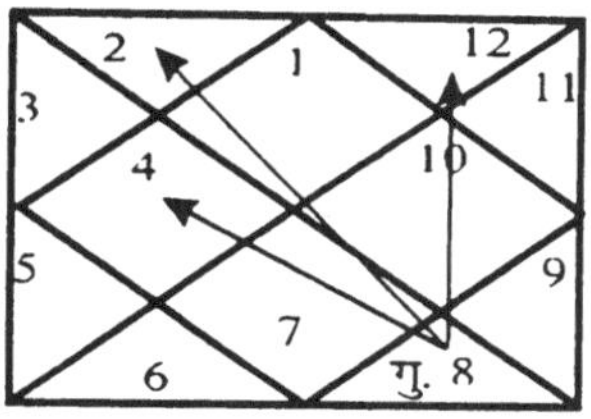

मेषलग्न में गुरु नवम स्थान (त्रिकोण) का स्वामी होने से शुभफलदाई है। इसे व्ययेश होने का दोष नहीं लगेगा। अष्टम स्थान में गुरु वृश्चिक राशि का होगा तथा **'भाग्यभंग योग'** की सृष्टि करेगा परन्तु दु:स्थान का स्वामी दु:स्थान में होना **'विपरीत राजयोगदायक'** एवं शुभ माना गया है।

ऐसा जातक धनवान, हर बात को गुप्त रखने वाला, किसी के अधीन न रहने वाला, जंगल में मंगल करने वाला, दु:खियों की सेवा करने वाला सज्जन व्यक्ति होता है। ऐसा जातक स्त्री पक्ष से धन पाता है पर पिता की सम्पत्ति नहीं मिलती।

दृष्टि—वृश्चिक के गुरु की दृष्टि व्ययभाव, धनभाव एवं चतुर्थभाव पर होगी। फलत: जातक सुख में कमी, धन में कमी महसूस करेग। खर्च पर नियंत्रण रखना पड़ेगा।

अनुभव—'भोज संहिता' के अनुसार यदि नवमेश अष्टम में हो तो जातक की युवावस्था में ही पिता की मृत्यु हो जाएगी। जातक पैतृक सम्पत्ति से वंचित रहेगा।

निशानी—मुसीबत के समय परमात्मा की सहायता का मालिक।

दशा—भोज संहिता के अनुसार गुरु की दशा मिश्रित फलकारी साबित होगी। यदि मंगल की स्थित यहां शुभ है तो गुरु की दशा का शुभत्व 60% बढ़ जाएगा।

गुरु के साथ अन्य ग्रहों का सम्बन्ध

1. **गुरु+सूर्य**—यहां गुरु के साथ सूर्य होने से **'विद्याभंग योग'** बनेगा। जातक को प्रारम्भिक विद्या में बाधा आएगी। लापरवाही रखने पर जातक को राजदण्ड भी मिलेगा।
2. **गुरु+चन्द्र**—गुरु के साथ यदि चन्द्रमा हो तो नीच का होगा। गजकेसरी योग बनेगा परन्तु साथ-साथ सुखभंग योग, भाग्यभंग योग भी बनेगा। फलत: गजकेसरी योग ज्यादा सार्थक नहीं रहेगा।
3. **गुरु+मंगल**—गुरु के साथ मंगल होने से **'लग्नभंग योग'** बनेगा। साथ ही अष्टमेश अष्टम स्थान में स्वगृही होने से **'विपरीत राजयोग'** भी बनेगा। ऐसा जातक धनी होगा। उसके पास चार पहियों वाली गाड़ी होगी, वैभव, ऐश्वर्य होगा परन्तु संघर्ष बना रहेगा।
4. **गुरु+बुध**—भाग्येश गुरु के साथ तृतीय+षष्टेश बुध अष्टम स्थान में **पराक्रमभंग योग** के साथ **विपरीत राजयोग** भी बनाएगा। जातक धनी होगा पर मित्रों में यश नहीं मिलेगा।
5. **गुरु+शुक्र**—भाग्येश गुरु के साथ धनेश+सप्तमेश शुक्र होने से **'धनहीन योग'** एवं **विलम्ब विवाह योग** बनाएगा। जातक का विवाह देरी में होगा। धन आएगा पर खर्च होता चला जाएगा।
6. **गुरु+शनि**—भाग्येश गुरु के साथ दसमेश+लाभेश शनि अष्टम में होने से **'राजभंग योग'** एवं **'लाभभंग योग'** बनता है। जातक को आजीविका हेतु काफी संघर्ष करना पड़ेगा।

7. **गुरु+राहु**–गुरु साथ राहु हो तो '**चाण्डाल योग**' बनेगा। जातक की आमदनी अनैतिक तरीके से होगी।
8. **गुरु+केतु**–भाग्येश गुरु के साथ केतु जातक को अल्पायु एवं दुर्घटना का भय देता है।
9. गुरु के साथ यदि शनि, राहु या केतु इत्यादि पापग्रह हो तो 'विधवासंगमो भवति' जातक विधवा या अपने से बड़ी आयु की स्त्री के साथ संगम करता है।

अष्टम भाव में गुरु का उपचार–

1. शरीर पर सोना पहनने से अच्छा होगा।
2. शुक की चीज घी, दही, आलू, कपूर धर्म स्थान देना फकीर के बर्तन में दान डालना।
3. पुखराज रत्न जड़ित 'गुरु यंत्र' गले में धारण करें।
4. गुरुवार का व्रत रखें।

मेषलग्न में गुरु की स्थिति नवम स्थान में

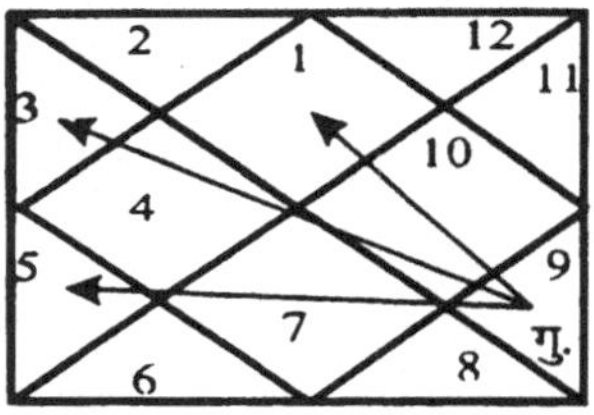

मेषलग्न में गुरु नवम स्थान (त्रिकोण) का स्वामी होने से शुभफलदाई है। इसे व्ययेश होने का दोष नहीं लगता। नवम स्थान में गुरु धनु राशि का स्वगृही होगा। यह गुरु की सबसे उत्तम स्थिति है।

ऐसा व्यक्ति राजातुल्य प्रतापी एवं फकीर तुल्य त्यागी होगा। कभी शाह, कभी मलंग (फकीर), धर्म का प्रचारक होगा। धार्मिक कार्यों में रुचि रखने वाला, धर्मार्थ चीजें बनाने वाला होगा। जातक लेखन, सम्पादन एवं प्रकाशन कार्यों में रुचि रखने वाला होगा।

दृष्टि–स्वगृही गुरु की दृष्टि लग्न स्थान, पराक्रम स्थान एवं सन्तान भाव पर होगी। फलत: जातक को प्रत्येक कर्म, जो काम हाथ में लेगा, सफलता मिलेगी। पराक्रम तेज होगा। भाइयों, परिजनों व मित्रों का पोषक होगा। जातक को सन्तान सुख उत्तम मिलेगा। उसे पुत्र अवश्य होगा। जातक प्रबल भाग्यशाली होगा।

निशानी–योगी एवं धन का त्यागी, सुनहरी खानदान।

दशा–'भोज संहिता' के अनुसार देवगुरु गुरु की दशा अमृत बरसाएगी। अत्यंत लाभकारी साबित होगी। जातक का चहुंमुखी विकास होग।

अनुभव–जातक छोटे भाई-बहनों व सन्तति के ऊपर खूब रुपया खर्च करेगा।

गुरु का अन्य ग्रहों से सम्बन्ध–

1. **गुरु+सूर्य**–गुरु के साथ सूर्य जातक को परम सौभाग्यशाली तेजस्वी जीवन देगा। जातक विद्यावान् होगा। विद्या भाग्योदय में सहायक होगी। जातक पुत्रवान् होगा। पराक्रमी होगा।
2. **गुरु+चन्द्र**–गुरु के साथ यहां चन्द्रमा होने से '**गजकेसरी योग**' बनेगा।

गजकेसरीसंजात: तेजस्वी धनधान्यवान्।
मेधावी गुणसम्पन्नो, राज्यप्राप्तिकरो भवेत्॥

यहां गुरु (नवमेश) का सुखेश (केन्द्रपति) चन्द्रमा से युति अत्यन्त सौभाग्यदायक साबित होगा। जातक को सुन्दर भवन, सुन्दर वाहन का सुख मिलेगा। गुरु के साथ चन्द्रमा हो तो **'गजकेसरी योग'** बनेगा। गुरु स्वगृही होने से बलवान होगा। 'गजकेसरी योग' के कारण राज्य सरकार के उच्चपद मिलेगा। जातक आई.एस., आर.एस. अधिकारी, न्यायाधिकारी या सांसद होगा।

3. **गुरु+मंगल**–गुरु के साथ मंगल होने से जातक बड़ी भू-सम्पत्ति का स्वामी होगा तथा अपने शत्रुओं को परास्त करने में सक्षम होगा।
4. **गुरु+बुध**–भाग्येश गुरु के साथ पराक्रमेश +षष्टेश बुध भाग्यस्थान में जातक को महान् पराक्रमी एवं व्यापारप्रिय बनाएगा।
5. **गुरु+शुक्र**–गुरु के साथ शुक्र प्रबल राजयोग देगा। जातक महान् धनी होगा।
6. **गुरु+शनि**–भाग्येश गुरु के साथ दसमेश+लाभेश शनि भाग्यस्थान में जातक को बहुत बड़ा व्यापारी, ठेकेदार बनाएगी।
7. **गुरु+राहु**–गुरु के साथ राहु भाग्योदय में बाधा का काम करेगा। प्रत्येक नये काम में एक बार बाधा जरूर आएगी।
8. **गुरु+केतु**–गुरु के साथ क़ेतु भाग्य में विशेष चमक लाएगा।
9. यदि गुरु धनु में व शनि तुला में हो तो यह जबरदस्त राजयोग होगा। शश योग व्यक्ति को मिनिस्टर पद पर पहुंचाएगा।
10. यदि यहां गुरु के साथ शुक्र+चन्द्र+मंगल हो तो जातक (राजा) मिनिस्टर होगा एवं लालबत्ती की गाड़ी का हकदार होगा।

अष्टम भाव में गुरु का उपचार–

1. गंगा स्नान करना, प्रत्येक जन्म दिन पर सफलतापूर्वक।
2. तीर्थ यात्रा करना/करवाना।
3. झूठा वायदा न करना।
4. झूठा भोजन न खाना न खिलाना बुफे पार्टी से दूर रहे।
5. किसी के शामिल बैठकर भोजन न करे एवं बफर पार्टी में भाग न ले।
6. पुखराज पहने एवं गुरु की सेवा करे।

मेषलग्न में गुरु की स्थिति दशम स्थान में

मेषलग्न में गुरु नवम (त्रिकोण) स्थान का स्वामी होने से शुभफलदाई है। इसे यहां व्ययेश होने का दोष नहीं लगेगा। दशमस्थान में गुरु मकरराशि का नीच का होगा। फिर भी कुलदीपक योग, केसरी योग की सृष्टि होगी। शास्त्र कहते हैं–

किं कुर्वन्ति ग्रहाः सर्वे, यस्य केन्द्रे गुरुः।
मत्तमातंगयूथानाम्, एको हन्ति च केसरी॥ —मानसागरी

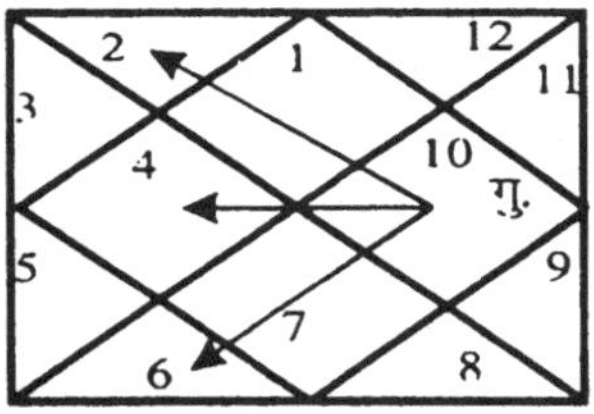

ऐसा जातक नौकर-सेवकों से युक्त, बड़े भवन का स्वामी, चारों पहियों वाली गाड़ी का स्वामी होता है। ऐसा जातक चालाक व होशियार होता है—'योग्यतावान्, प्रौढकीर्ति बहुजनपूज्य' परन्तु गुरु नीच का होने से धन, कीर्ति में कुछ न कुछ कमी रहेगी। मामा से सम्बन्ध अच्छे होगे।

अनुभव—जातक धार्मिक कार्यों में बढ़चढ़ कर रुचि लेगा।

निशानी—पहाड़ी इलाके का गृहस्थी। पिता की सम्पत्ति में विघ्न मिलेगा।

दृष्टि—नीच के गुरु की दृष्टि धन स्थान, सुख स्थान एवं षष्टम भाव पर होगी। फलतः जातक धनवान होगा, सुखी होगा तथा रोग व शत्रु का नाश करने में समर्थ होगा।

दशा—'भोज संहिता' के अनुसार गुरु की दशा अति उत्तम फल देगी। जातक के धन व सुख में अद्वितीय वृद्धि कराएगी।

गुरु का अन्य ग्रहों से सम्बन्ध—

1. **गुरु+सूर्य**—गुरु के साथ सूर्य होने से जातक को राजा द्वारा सम्मान मिलेगा। सरकारी अधिकारी उसकी मदद में रहेगे।
2. **गुरु+चन्द्र**—गुरु के साथ चन्द्रमा होने से चन्द्रमा अपने घर सुख स्थान को पूर्ण दृष्टि में देखेगा। केन्द्रवर्ती चन्द्र+गुरु की युति **'गजेकसरी योग'** की बलवान स्थित को बताती है। जातक उत्तम वाहन, उत्तम भवन का स्वामी होगा। जलीय पदार्थों में कमाई कर सकता है। लाभ प्राप्त कर सकता है। यथा—रत्न, ज्वैलरी, कांच, नमक, शक्कर, पाउडर, सफेद रंग की वस्तु वगैरा।
3. **गुरु+मंगल**—गुरु के साथ मंगल होने से **'नीचभंग राजयोग'** बनेगा। गुरु का नीचत्व यहां समाप्त हो गया। ऐसा जातक राजा, राजमंत्री, सांसद या उनके समकक्ष प्रभावशाली जातक होता है।
4. **गुरु+बुध**—गुरु के साथ बुध होने से जातक महान् पराक्रमी होगा। वाचाल होगा। विद्वान् होगा एवं सरकारी क्षेत्र से सम्मानित होगा।
5. **गुरु+शुक्र**—भाग्येश गुरु के साथ धनेश+सप्तमेश शुक्र दसम भाव में जातक को विशेष राजयोग बनाता है। जातक महान् धनी एवं व्यापारी होगा।
6. **गुरु+शनि**—गुरु के साथ शनि होने से **'नीचभंग राजयोग'** बनेगा तथा **'शश योग'** बनेगा। यहां गुरु का नीचत्व समाप्त हो जाता है। नवमेश व राज्येश, लाभेश की युति जातक को उद्योगपति या बड़ा व्यापारी बनाती है।
7. **गुरु+राहु**—भाग्येश गुरु के साथ राहु दसम में राज्यसुख में बाधक है।

8. **गुरु+केतु**–भाग्येश गुरु के साथ केतु जातक को राजा से सम्मान दिलाएगा।
9. गुरु+मंगल+शनि+चन्द्र की युति हो तो जातक (राजा) मिनिस्टर होगा एवं लाल बत्ती की गाड़ी का हकदार होगा।

दशम भाव में गुरु का उपचार–

1. पीले वस्त्र एवं सोना न पहनना।
2. 40-43 दिन तांबें का पैसा चलते पानी में डाले तो पिता श्री के कष्ट दूर होंगे। यह प्रयोग गुरुवार के प्रारम्भ करें।
3. गुरुवार को व्रत रखे।
4. पुखराज रत्नजड़ित 'गुरु यंत्र' धारण करें।

मेषलग्न में गुरु की स्थिति एकादश स्थान में

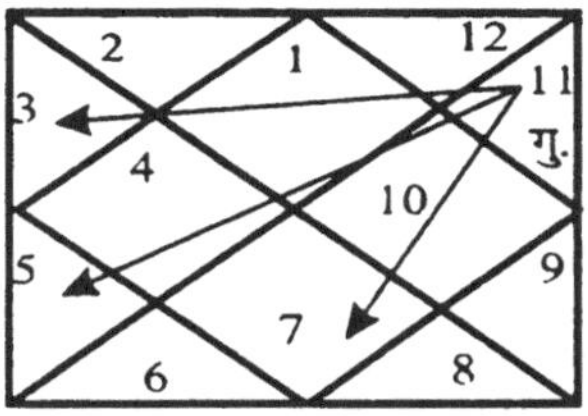

मेषलग्न में गुरु नवम (त्रिकोण) का स्वामी होने से शुभफलदाई है। उसे यहां द्वादशेश होने का दोष नहीं लगता। एकादश स्थान में गुरु कुलराशि का होगा। ऐसा जातक जीवन में सभी प्रकार की सुख-सुविधाओं को पाने वाला, राजदरबार (सराकार) से मान-इज्जत पाने वाला, उत्तम भवन सुख से युक्त, उत्तम मकान सुख से युक्त, होते हुए भी, अपने आप में अकेला व धर्मभीरु होता है।

अनुभव–ऐसे जातक का विवाह के तत्काल बाद भाग्योदय होता है। जातक धनवान होगा।

निशानी–खजूर के पेड़ की भांति अकेला बड़े भाई-बहन न हो। 32वें वर्ष में घर में कार आएगी।

दृष्टि–गुरु की पूर्ण दृष्टि तीसरे स्थान पर, पंचम स्थान पर, एवं सप्तम स्थान पर पड़ेगी। ऐसे जातक का पराक्रम तेज होगा, सन्तान सुख उत्तम होगा। पत्नी धनवान होगी। ससुराल अच्छा होगा।

दशा–'भोज संहिता' के अनुसार गुरु की दशा अत्यन्त शुभफल देगी। जातक के पराक्रम, व्यक्तित्व का चहुमुखी विकास होगा।

गुरु का अन्य ग्रहों से सम्बन्ध–

1. **गुरु+सूर्य**–गुरु के साथ सूर्य होने से जातक को प्रथम सन्तति के रूप में पुत्र रत्न की प्राप्ति होगी। जातक का भाग्योदय विवाह के बाद एवं प्रथम पुत्र प्राप्ति के बाद विशेष रूप में होगा।
2. **गुरु+चन्द्र**–चन्द्रमा यदि गुरु के साथ हो तो **'गजकेसरी योग'** के कारण जातक के भाग्य में अनुपम वृद्धि होगी। जातक का पुत्र धार्मिक एवं संस्कारवान होगा। पत्नी रूपवती सुन्दर होगी।

3. **गुरु+मंगल**–गुरु के साथ लग्नेश+अष्टमेश मंगल होने से जातक को व्यापार में, कृषि-भूमि में लाभ होगा। जातक का भाग्योदय उद्योगपति होगा।
4. **गुरु+बुध**–गुरु के साथ पराक्रमेश+अष्टमेश बुध होने से जातक को व्यापार से लाभ होगा। मित्रों से लाभ होगा एवं शत्रु भी परास्त होकर धन देंगे।
5. **गुरु+शुक्र**–गुरु के साथ धनेश+सप्तमेश शुक्र होने से धन में वृद्धि लाभ में वृद्धि होगी।
6. **गुरु+शनि**–भाग्येश गुरु के साथ स्वगृही शनि जातक को उद्योगपति बनाएगा। उद्योग में लाभ होगा।
7. **गुरु+राहु**–गुरु के साथ राहु लाभ में बाधक है।
8. **गुरु+केतु**–गुरु के साथ केतु व्यापार में बदलाव लाएगा।
9. गुरु के साथ शनि+मंगल+चन्द्र हों तो जातक राजा तुल्य ऐश्वर्य को भोगेगा। अति धनवान होगा।
10. गुरु+शनि+मंगल+चन्द्र+सूर्य पंच ग्रह युति यहां हो तो जातक निश्चिय ही (राजा) मिनिस्टर होगा। लालबत्ती का स्वामी होगा। नगर का प्रमुख व्यक्ति होगा।

एकादश भाव में गुरु का उपचार–

1. पीला सुगंधित रुमाल पास रखे।
2. पिता के वस्त्र, चारपाई, वस्त्र सोना का इस्तेमाल न करे।
3. लावारिश लाश को कफन।
4. केसर-चंदन का तिलक करे।
5. पुखराज रत्न सुवर्ण धातु में अभिमंत्रित करके पहने।

मेषलग्न में गुरु की स्थिति द्वादश स्थान में

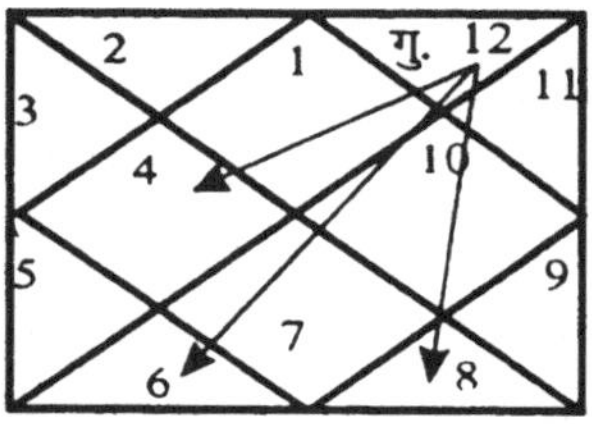

मेषलग्न में गुरु नवम (त्रिकोण) का स्वामी होने से शुभफलदाई है। उसे यहां व्ययेश होने का दोष नहीं लगता। द्वादश स्थान में गुरु मीन राशि का स्वगृही होगा। ऐसा जातक कुलगुरु की तरह सर्वत्र पूजा (आदर) पाने वाला, कर्मकाण्डी पंडित, ज्ञानी होता है। भृगुसुत्र के अनुसार–"**शुभयुते स्वक्षेत्रे स्वर्गलोकप्राप्तिः**" ऐसे जातक को मृत्यु उपरान्त स्वर्गलोक की प्राप्ति होती है। इस कुण्डली वाले जातक को सताने वाला बरबाद हो जाएगा एवं आशीर्वाद पाने वाला तर जाएगा। जातक परोपकारी एवं धनवान होगा।

अनुभव–द्वादश भाव में द्वादशेश स्वगृही हो तो विमल नामक **'विपरीत राजयोग'** बनता है। ऐसा जातक गूढ़ स्वतंत्र विचारों वाला प्रतिष्ठित एवं धनी व्यक्ति होता है। इसे विपरीत राजयोग भी कह सकते हैं।

निशानी–उत्तम ज्ञानी वैरागी। जातक धनसंग्रह में विश्वास रखेगा।

दृष्टि–स्वगृही गुरु की अमृत दृष्टि चतुर्थ भाव, षष्टम भाव एवं अष्टम भाव पर होगा। फलत: सुख में वृद्धि, शत्रुओं का नाश करता हुआ, ऐसा जातक दीर्घजीवी होगा। ऐसे जातक की मृत्यु सुखद होगी।

दशा–'भोजसंहिता' के अनुसार विद्या, उच्च शिक्षा की डिग्री मिलते ही जातक का भाग्योदय होगा। गुरु की दशा में जातक का सर्वागीण विकास होगा।

गुरु का अन्य ग्रहों से सम्बन्ध–

1. **गुरु+सूर्य**–गुरु के साथ पंचमेश सूर्य होने **'विद्याभंग योग'** बनता है। जातक को प्रारम्भिक विद्या में बाधा आएगी।
2. **गुरु+चन्द्र**–यदि गुरु के साथ चन्द्रमा हो तो **'गजकेसरी योग'** बनेगा। वस्तुत सुखेश चन्द्रमा की त्रिकोणपति गुरु से युति अत्यन्त शुभफलदाई होगी। जातक को सभी प्रकार के सुखों की प्राप्ति होगी। राजदरबार में सम्मान मिलेगा। जातक का राजनैतिक वर्चस्व बढ़ेगा। जातक खर्चीले स्वभाव का धर्मात्मा एवं दानी होगा।
3. **गुरु+मंगल**–गुरु के साथ लग्नेश मंगल होने से **'लग्नभंग योग'** बनेगा। परन्तु अष्टमेश मंगल का द्वादश स्थान में जाने से **'विपरीत राजयोग'** बनेगा। जातक धनी होगा। उसके पास चार पहियों की गाड़ी होगी।
4. **गुरु+बुध**–गुरु के साथ पराक्रमेश बुध होने से **पराक्रमभंग योग** बना परन्तु षष्टेश व्यय में होने से **'विपरीत राजयोग'** बना साथ ही नीच का बुध स्वगृही गुरु के साथ होने से **'नीचभंग राजयोग'** भी बना। ऐसा जातक राजा के समान ऐश्वर्यशाली, विद्वान एवं पराक्रमी होगा। उसके पास धन भी होगा।
5. **गुरु+शुक्र**–गुरु के साथ धनेश+सप्तमेश शुक्र **धनहीनयोग** एवं **विलम्ब विवाह योग** बनाता है। ऐसे जातक को धन प्राप्ति हेतु संघर्ष करना पड़ेगा।
6. **गुरु+शनि**–गुरु के साथ दसमेश+लाभेश शनि क्रमश: **राजभंग योग** एवं **लाभभंग योग** बनाएगा। जातक को आजीविका प्राप्ति हेतु काफी संघर्ष करना पड़ेगा।
7. **गुरु+राहु**–गुरु के साथ राहु धार्मिक यात्राएं एवं व्यय के खर्च कराएगा।
8. **गुरु+केतु**–गुरु के साथ केतु खराब स्वप्न दिखाएगा पर सपने सच होंगे।
9. यदि गुरु के साथ शनि, केतु या राहु हो तो जातक की अकालमृत्यु दुर्घटना से होती है। भृगुसूत्र के अनुसार–'पापयुते पापलोक प्राप्ति' जातक की मृत्यु दु:खदाई होगी। बचाव के लिए 'महामृत्युन्जय' का लॉकेट प्राप्त करें।
10. गुरु मीन में और चन्द्र कर्क में हो तो उत्तम राजयोग बनेगा।
11. यदि यहां गुरु+चन्द्रमा+शुक्र+बुध हो तो जातक (राजा) मिनिस्टर होगा। लाल बत्ती की गाड़ी का हकदार होगा।

द्वादश भाव में गुरु का उपचार–

1. झूठी गवाही देना, गबन न करना।
2. किसी के साथ विश्वासघात न करना।
3. गुरु साधु या पीपल की नित्य सेवा करना।
4. गुरुवार का उपवास नियमित करना।
5. पुखराज पहनना, पुखराज के अभाव में हल्दी की गट्ठी पीले रंग के धागे में बांधे या सुनैला धारण करें।
6. चांदी की कटोरी में केसर चंदन का तिलक करना।
7. शुद्ध सोना धारण करना।

❑❑❑

मेषलग्न में शुक्र की स्थिति

मेषलग्न में शुक्र की स्थिति प्रथम स्थान में

मेषलग्न में शुक्र द्वितीयेश व सप्तमेश दो मारक स्थानों का स्वामी होने से परमपापी व अशुभफल देने वाला है। परन्तु ज्योतिषशास्त्र में लग्नस्थ शुक्र को शुभ माना है कहा है–

एकः शुक्रो जन्म समये, लाभसंस्थे च केन्द्रे,
जातौ वै जन्मराशि यदि सहजगते प्राप्यते का त्रिकोणे।
विद्या विज्ञानयुक्तो भवति, द्यरपति विश्वविख्यात कीर्तिः
दानी मानी च शूरो, हयगणसहितै सद्‌गुणैः सेव्यमान॥

–मानसागरी श्लोक 2/पृ. 242

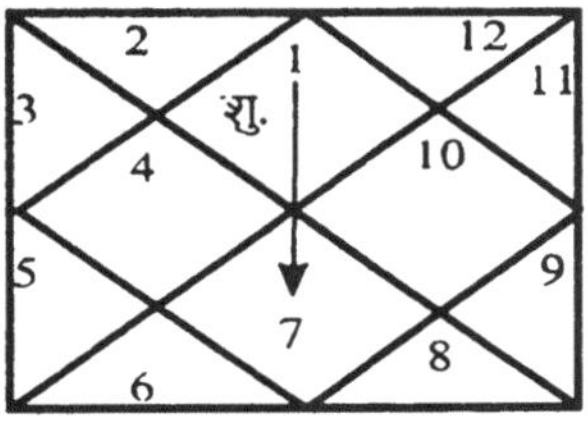

ऐसा जातक दूसरों को पालने वाला पशुधन एवं वाहन सुख से युक्त, दानी- मानी शूरवीर, सुन्दर वस्त्र-आभूषण व स्त्री का शौकीन धनवान व सुखी होता है।

अनुभव–भोज संहिता के अनुसार ऐसा जातक बहुत यात्रा करने वाला यशस्वी पत्रकार होता है। जातक की पत्नी सुन्दर होगी।

निशानी–काग तथा मच्छरेखा की रंग बिरंगी माया।

दशा–शुक्र की दशा अच्छा फल देगी। 'भोज संहिता' के अनुसार व्यक्ति की आर्थिक उन्नति होगी। पत्नी व ससुराल से लाभ होगा।

शुक्र का अन्य ग्रहों से सम्बन्ध–

1. **शुक्र+सूर्य**–शुक्र के साथ यहां पंचमेश सूर्य उच्च का होगा। फलतः **रविकृत राजयोग** बनेगा। जातक K.A.S या IPS अधिकारी होगा।
2. **शुक्र+चन्द्र**–शुक्र के साथ चन्द्रमा जातक को माता की सम्पत्ति दिलाएगा। सुखेश धनेश की युति के कारण जातक के पास चार पहियों वाली गाड़ी होगी।
3. **शुक्र+मंगल**–शुक्र के साथ यदि यहा मंगल हो तो 'रुचक योग' बनेगा। धनेश के साथ लग्नेश की युति होने से जातक स्वपराक्रम सं खूब धन कमाएगा। पत्नी सुन्दर होगी तथा विवाह के बाद जातक उन्नति पथ की ओर तीव्रता से आगे बढ़ेगा।

4. **शुक्र+बुध**–शुक्र के साथ तृतीयेश+षष्टेश की युति जातक को पराक्रमी तो बनाएगी पर जीवन में गुप्त शत्रु बहुत होगा।
5. **शुक्र+गुरु**–शुक्र के साथ भाग्येश गुरु जातक को भाग्यशाली बनाएगा। परन्तु जातक अत्यधिक खर्चीले स्वभाव का व्यक्ति होगा।
6. **शुक्र+शनि**–शुक्र के साथ राज्येश+लाभेश शनि नीच का होगा। ऐसा जातक लप्पट, ध ूर्त एवं व्याभिचारी होगा।
7. **शुक्र+राहु**–शुक्र के साथ राहु जातक को जिद्दी स्वभाव का, रंगीले मिज़ाज का एवं पथभ्रष्ट किन्तु विख्यात व्यक्ति बनाएगा।
8. **शुक्र+केतु**–शुक्र के साथ केतु जातक लड़ाकू बनाएगा। जातक स्वार्थी होगा पर युद्ध में विजय प्राप्त करेगा।
9. शुक्र+सूर्य+मंगल+बुध की युति यदि लग्न में हो तो जातक (राजा) मिनिस्टर होगा। लालबत्ती का मालिक होगा।

प्रथम भाव में शुक्र का उपचार–

1. भोजन का कुछ हिस्सा कुत्ते, कौवे के लिए गौ ग्रास के रूप में निकालना।
2. जौ-सरसों, ज्वार व सतनाजा पशु-पक्षियों को चुगाना।
3. स्त्री के लिए आभूषण बनवाना।
4. शुक्रवार को व्रत-कथा आरती करें।
5. शुक्र के वैदिक मंत्रों की साधना करें।
6. रुपया किसी को उधार न दें, वरना डूब जाएगा।

मेषलग्न में शुक्र की स्थिति द्वितीय स्थान में

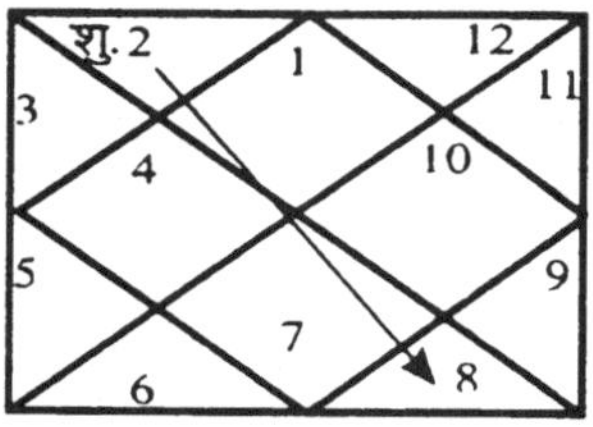

मेषलग्न में शुक्र द्वितीयेश व सप्तमेश दो मारक स्थानों का स्वामी होने से परमपापी व अशुभफल देने वाला है। यहां द्वितीय स्थान में वृष का शुक्र स्वगृही होगा। फलत: जातक व्यापार प्रिय एवं धनवान होगा। सुन्दर पोशाक पहनने वाला, शृंगार सामग्री से लाभ प्राप्त करने वाला, अच्छा (सुस्वादु) भोजन करने व कराने वाला, सुन्दर भवन वाला, 32वें वर्ष में विशेष लाभ, स्त्री सुख प्राप्त करने वाला जातक होता है।

अनुभव–भोज संहिता के अनुसार सप्तमेश यदि द्वितीय स्थान में हो तो जातक को विपरीत लिंगियों से अर्थलाभ होता है। जातक की स्त्री सुन्दर होगी पर शुक्र सप्तम भाव से आठवें स्थान पर होने से जातक को पत्नी से संतोष नहीं होगा।

निशानी–कुटिया उसी गऊघाट। जातक की आंखें सुन्दर होगी। 'नेत्रेविलास धनवान् सुमुख'–भृगुसूत्र चेहरा आकर्षक होगा।

दशा–शुक्र की दशा धन देगी। विवाह कराएगी। पत्नी व ससुराल का सुख, व्यापार में बढ़ोतरी इस दशा में निश्चित सम्भव है।

शुक्र का अन्य ग्रहों से सम्बन्ध–

1. **शुक्र+सूर्य**–शुक्र के साथ पंचमेश सूर्य धनस्थान में जातक को धनवान बनाएगा। धन का संघर्ष रहेगा। पर प्रथम पुत्र जन्म के बाद जातक विशेष रूप से धनवान होगा।
2. **शुक्र+चन्द्र**–यदि शुक्र के साथ चन्द्रमा होने से **'किम्बहुना योग'** बनेगा। जातक राजा-महाराजा तुल्य ऐश्वर्य भोगेगा। दीखने में अत्यधिक सुन्दर होगा। जातक बहुत से मकान व वाहनों का स्वामी होगा। उसके नौकर वफादार होंगे। माता की विशेष कृपा उस पर बनी रहेगी।
3. **शुक्र+मंगल**–शुक्र के साथ मंगल लग्नेश+अष्टमेश होने से व्यक्ति खूब धन कमाएगा पर धन खर्च होता चला जाएगा।
4. **शुक्र+बुध**–बलवान धनेश के साथ पराक्रमेश+षष्टेश बुध की युति जातक को मित्रों द्वारा धन लाभ कराएगी। पत्नी व ससुराल द्वारा भी धन लाभ का संकेत है।
5. **शुक्र+गुरु**–बलवान शुक्र के साथ भाग्येश+खर्चेश गुरु की युति जातक को सौभाग्यशाली बनेगी। जातक को पिता की सम्पत्ति मिलेगी।
6. **शुक्र+शनि**–बलवान धनेश के साथ राज्येश+लाभेश शनि की युति जातक को व्यापार में प्रचुर मात्रा में धन दिलाएगी।
7. **शुक्र+राहु**–बलवान धनेश के साथ धनस्थान में राहु धन के घड़े में छेद करता है। जातक खूब कमाएगा पर धन खर्च होता चला जाएगा। धन संग्रह में परेशानी होगी।
8. **शुक्र+केतु**–बलवान धनेश के साथ धनस्थान में केतु जातक को फिजूल खर्ची बनाएगा। जातक को धन की तंगी महसूस होती रहेगी।
9. शुक्र+चन्द्र+गुरु+मंगल की युति जातक को राजा तुल्य ऐश्वर्यशाली एवं कुबेरतुल्य धनी बनाएगी।

द्वितीय भाव में शुक्र का उपचार–

1. आलू दही का दान करना चाहिए।
2. पशु पालन डेयरी का काम करना चाहिए।
3. श्रीसूक्त, कनकधारा स्तोत्र का पाठ करें।
4. शुक्रवार को व्रत कथा आरती करें।
5. श्रीयंत्र-कनकधारा यंत्र-कुबेर यंत्र को सुनहरी फेम में जड़वाकर नित्य पूजा अर्चना करें।
6. किसी की जमानत न दें, वरना डूब जाएगी।

मेषलग्न में शुक्र की स्थिति तृतीय स्थान में

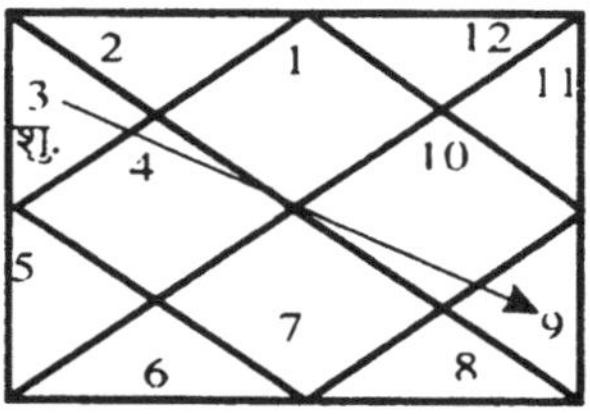

मेषलग्न में शुक्र द्वितीयेश व सप्तमेश दो मारक स्थानों का स्वामी होने से परमपापी व अशुभफल को देने वाला है। शुक्र यहां तृतीय स्थान में मिथुन राशि का होगा। ऐसा व्यक्ति यात्रा से लाभ पाता है। तीर्थ यात्राएं, धार्मिक यात्राएं होंगी। ऐसे जातक पर स्त्रियां विशेष रूप से मुग्ध रहती हैं। जातक कामक्रीडा में विशेष पटु होता है एवं वाणी के द्वारा दूसरों को मोहित करने में समर्थ होता है।

अनुभव–भोज संहिता के अनुसार ऐसे जातक के भाई/मित्र विदेश जाकर धनवान होंगे। इसका लाभ जातक को भी मिलेगा। जातक को पिता की सम्पत्ति मिलेगी।

निशानी–औरत की इज्जत करता–फिर बुरा क्यों।

दशा–शुक्र की दशा में पराक्रम बढ़ेगा। दशा शुभफलदाई होगी।

शुक्र का अन्य ग्रहों से सम्बन्ध–

1. **शुक्र+सूर्य**–शुक्र के साथ सूर्य की युति पंचमेश की धनेश+सप्तमेश के साथ युति कहलाएगी। ऐसा जातक पराक्रमी होगा। धनवान होगा। भौतिक सुख-सुविधाओं से युक्त जीवन जीएगा।
2. **शुक्र+चन्द्र**–शुक्र के साथ सुखेश चन्द्र की युति होने से जातक को भाई-बहनों का सुख है। स्त्री जातक से लाभ होगा।
3. **शुक्र+मंगल**–शुक्र के साथ लग्नेश+अष्टमेश मंगल तृतीय स्थान में होने से जातक महान् पराक्रमी होगा।
4. **शुक्र+बुध**–शुक्र के साथ यदि बुध हो तो बुध यहां स्वगृही होगा। बलवान, धनेश की तृतीयेश के साथ युति होने से **'मित्रमूलधन योग'** बनेगा। फलतः मित्रों के द्वारा धन की प्राप्ति होगी। पराक्रम तेज रहेगा। भृगुसूत्र के अनुसार–'भ्रातृतत्पर क्रियायोगपरः' भाई का धन मिलेगा।
5. **शुक्र+गुरु**–सूर्य के साथ भाग्येश+खर्चेश गुरु होने से जातक को बड़े भाई का सुख रहेगा। जातक की जान-पहचान बड़े लोगों से होगी।
6. **शुक्र+शनि**–शुक्र के साथ राज्येश+लाभेश शनि तृतीय जातक को षड्यंत्रकारी मित्रों से परिचय करेगा। मित्र नकारात्मक विचारों वाले होंगे।
7. **शुक्र+राहु**–शुक्र के साथ राहु भाई बहन व कुटुम्बीजनों से विद्रोह कराएगा।
8. **शुक्र+केतु**–शुक्र के साथ केतु होने से स्त्री मित्र को लेकर बदनामी होगी।

तृतीय भाव में शुक्र का उपचार–

1. राग-रंग, संगीत व गलत खाने-पीने का शौक बंद करें।

2. घर की पत्नी को महत्त्व देने पर गृहस्थी सुखी होगी।
3. शुक्रवार को व्रत-कथा आरती करें।
4. शुक्र के तांत्रिक मंत्रों की साधना करें।
5. शुक्रवार को नमक और खटाई पूर्णत: वर्जित है।

मेषलग्न में शुक्र की स्थिति चतुर्थ स्थान में

मेषलग्न में शुक्र द्वितीयेश व सप्तमेश दो मारक स्थानों का स्वामी होने से परमपाप व अशुभफल देने वाला माना गया है। यहां चतुर्थ स्थान में शुक्र केन्द्रवर्ती होगा। शास्त्रकार कहते हैं–

भवति मदनमूर्तिः वल्लभः कामिनीनाम्,
सकल जनसमर्थो, दीर्घ जन्मा विधेयः।
गज विषय गुणज्ञो, द्रव्यमुख्य प्रधानः,
सधनकनकपूर्णो, दैत्यामो यस्य केन्द्रे॥

–मानसागरी श्लोक 11/पृ.244

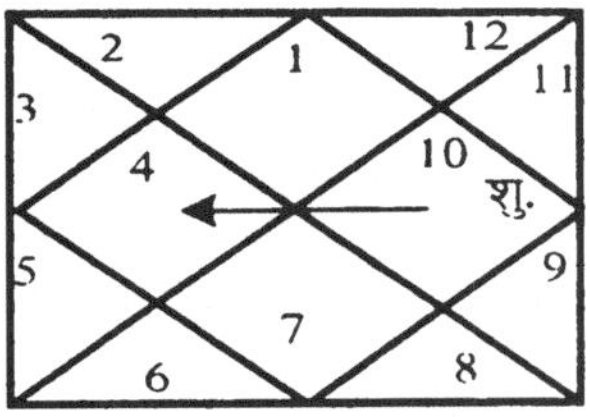

ऐसा जातक उच्च वाहन, जमीन-जायदाद का स्वामी होता है। जातक बुजुर्गों की सम्पत्ति पाने वाला 'कुल का दीपक' सन्तान से सुखी होता है। ऐसा जातक स्त्रियों का प्रिय और एक समय में दो स्त्रियों से कामक्रीड़ा करने वाला, काम कला मर्मज्ञ होता है।

अनुभव–'भोज संहिता' के अनुसार ऐसे जातक के उत्तम सन्तति अधिक मात्रा में होती है। संतान पढ़ी-लिखी होती है। जातक की माता लम्बी आयु वाली होगी।

निशानी–अपना इश्क औरतों का।

दशा–शुक्र की दशा में वाहन सुख मिलेगा। धन की प्राप्ति होगी। सुख में वृद्धि होगी। पत्नी पक्ष से लाभ होगा।

शुक्र का अन्य ग्रहों से सम्बन्ध–

1. **शुक्र+सूर्य**–शुक्र के सूर्य व्यक्ति को उच्च शिक्षिका दिलाएगा। जातक को माता-पिता दोनों का सुख मिलेगा।
2. **शुक्र+चन्द्र**–यदि शुक्र के साथ चन्द्रमा हो तो **'यामिनीनाथ योग'** बनेगा। जातक की माता सुन्दर व समझदार होती है। जातक माता का विशेष भक्त होता है। माता की उम्र लम्बी होगी।
3. **शुक्र+मंगल**–शुक्र के साथ यदि मंगल हो तो नीच का होगा। फिर भी कृषि भूमि व माता से लाभ होगा।

4. **शुक्र+बुध**–शुक्र के साथ बुध होने जातक बुद्धि बल मे तेज रहेगा। परन्तु षडयंत्र से सावधानी रखनी होगी।

5. **शुक्र+गुरु**–यदि शुक्र के साथ गुरु हो तो **'हंसयोग'** बनेगा। जातक राजातुल्य ऐश्वर्य सम्पन्न होगा। उसे पैतृक सम्पत्ति एवं राज्य सरकार से सहयोग मिलेगा।

6. **शुक्र+शनि**–शुक्र के साथ राज्येश+लाभेश शनि जातक को व्यापार में लाभ दिलाएगा। जातक के पास एक से अधिक वाहन होंगे।

7. **शुक्र+राहु**–शुक्र के साथ राहु माता को बीमारी देगा। वाहन से दुर्घटना भी कराएगा।

8. **शुक्र+केतु**–शुक्र के साथ केतु शरीरिक अस्वस्थ देगा। जातक को अचानक हृदयरोग होगा।

9. शुक्र+चन्द्र+गुरु+मंगल की युति जातक को (राजा) मिनिस्टर बनाएगी। जातक लालबत्ती की गाड़ी का स्वामी होगा।

चतुर्थ भाव में शुक्र का उपचार–

1. विवाह समय पर गाय-बछड़े का दान करने पर किस्मत खुलेगी।
2. चांदी की गाय ब्राह्मण को भेंट करें।
3. पत्नी व बेटी को सुखी देखने के लिए जातक को अने घर की छत पर कचरा नहीं रखना चाहिए।
4. शुक्रवार को व्रत-कथा आरती करें।
5. शुक्र के तांत्रिक मंत्र की एक माला नित्य फेरे।
6. अपना वाहन किसी को भी चलाने के लिए न दें।

मेषलग्न में शुक्र की स्थिति पंचम स्थान में

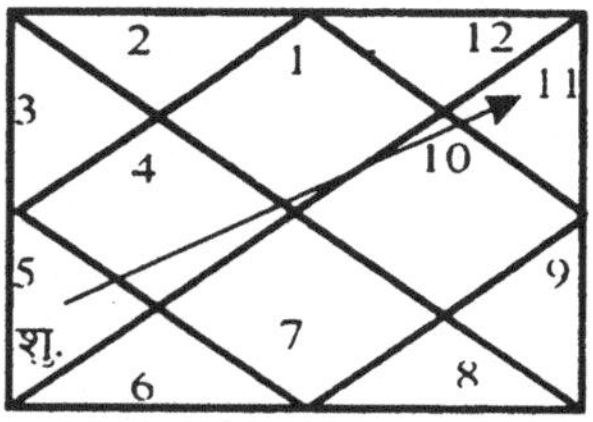

मेषलग्न में शुक्र द्वितीयेश व सप्तमेश होने से दो मारक स्थानों का स्वामी होने से परमपापी एवं अशुभ है। शुक्र यहां पांचवे भाव में होने से सिंह राशि का होगा। पंचम शुक्र शुभफलदाई है। भृगुसूत्र के अनुसार–**"बुद्धिमान मंत्री सेनापतिः"** जातक बुद्धिमान होगा। उच्च अधिकारी, सेनापति या नेता होगा। जातक की पत्नी उच्च घराने की होगी। जातक को जुआ, लाटरी, सट्टा एवं शेयरबाजार से धन मिल सकता है।

अनुभव–'भोज संहिता' के अनुसार सप्तमेश यदि पंचम भाव में हो तो जातक छोटी उम्र में सुन्दर लड़की से विवाह करेगा। जातक की पत्नी धनवान एवं विनम्र होगी। कन्या सन्तति अधिक होगी। जातक प्रेम विवाह करेगा।

निशानी–बच्चों से भरा परिवार। स्त्री को प्रसन्न रखने पर परिवार में वृद्धि होगी।

दशा–शुक्र की दशा में अच्छा फल मिलेगा। संघर्ष से व्यक्ति निखरेगा। धन की प्राप्ति होगी। जीवनसाथी से लाभ होगा।

शुक्र का अन्य ग्रहों से सम्बन्ध–

1. **शुक्र+सूर्य**–शुक्र के साथ यहां सूर्य स्वगृही होगा। ऐसे जातक को पुत्र व पुत्री दोनों सन्तति की प्राति होगी। विद्याध्ययन से किस्मत चमकेगी।
2. **शुक्र+चन्द्र**–शुक्र के साथ यदि चन्द्रमा हो तो **'यामिनी नाथ योग'** बनेगा। जातक को ननिहाल की सम्पत्ति मिलेगी। एक पुत्र, दो कन्या का योग बनता है।
3. **शुक्र+मंगल**–शुक्र के साथ यदि मंगल हो तो तीन पुत्र एवं दो कन्या होंगी।
4. **शुक्र+बुध**–शुक्र के साथ पराक्रमेश+षष्टेश बुध होने से जातक को कन्या सन्तति अधिक होगी। प्रयत्न (उपाय) करने पर पुत्र होगा।
5. **शुक्र+गुरु**–शुक्र के साथ यदि गुरु हो तो भाग्य बराबर साथ देगा एवं पिता व राजदरबार से लाभ होगा।
6. **शुक्र+शनि**–शुक्र के साथ शनि राज्येश+लाभेश होने से जातक धनवान होगा। व्यापारी व उद्योगपति होगा। कन्या अधिक होगी।
7. **शुक्र+राहु**–शुक्र के साथ राहु हो तो जातक सन्तानहीन होगा। ऐसे जातक को प्रेमविवाह में धोखा मिलेगा।
8. **शुक्र+केतु**–शुक्र के साथ केतु गर्भस्राव, गर्भपात का संकेतक है। एकाध बार विद्या में बाधा आती है।

पंचम भाव में शुक्र का उपचार–

1. गाय की सेवा करें।
2. प्रेम विवाह न करें अन्यथा पछताना पड़ेगा।
3. गुप्तांगों को दूध-दही से धोने पर घर की बरकत होगी।
4. शुक्रवार को व्रत-कथा आरती करें।
5. शंखपुंखा की जड़ का ताबीज बनाकर पहनें।
6. शुक्र की वस्तुओं का दान करें।
7. शुक्रवार को नमक और खटाई पूर्णतः वर्जित है।

मेषलग्न में शुक्र की स्थिति षष्टम् स्थान में

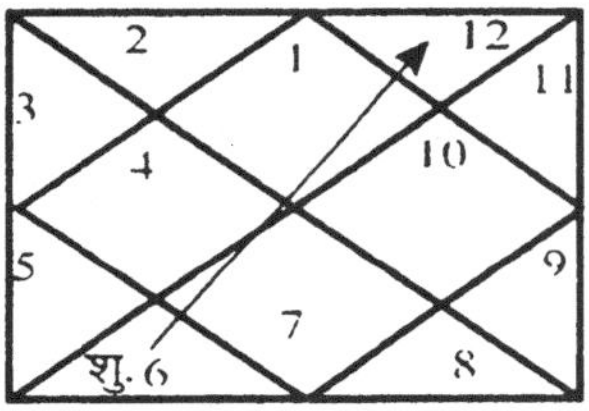

मेषलग्न में शुक्र द्वितीयेश एवं सप्तमेश दो मारक स्थानों का स्वामी होने से परमपापी व अशुभ है। षष्टम् स्थान में शुक्र कन्याराशि में नीच का होगा। धनेश होकर शुक्र छठे जाने से **'धनहीन योग'** बनेगा। ऐसे जातक को आर्थिक क्षेत्र में उपलब्धि प्राप्त करने के लिए काफी संघर्ष करना पड़ेगा।

जातक कामक्रीड़ा में गन्दी व अमानवीय हरकतें करता है। इसे गुप्त व गुह्य बीमारियां सम्भव हैं। विवाह के बाद जातक को ज्यादा तकलीफों-कष्टों का सामना करना पड़ सकता है क्योंकि सप्तमेश होकर शुक्र का छठे जाना **'विवाहभंग योग'** विलम्बविवाह योग भी कराता है। जातक के विचार, जीवन साथी के साथ नहीं मिलेंगे।

अनुभव–'भोज संहिता' के अनुसार सप्तमेश यदि छठे हो तो जातक की पत्नी ननिहाल पक्ष से सम्बन्धित होगी। जातक की एक समय में दो पत्नी हो सकती हैं।

निशानी–दौलत के महल वरना नीच दौलत-कुलद्वेशी जातक का जन्म बहन या ननिहाल के लिए अशुभ हो सकता है।

दशा–शुक्र की दशा मारकेश का काम करेगी। सावधानी अनिवार्य है। जीवनसाथी से बिछोह हो सकता है।

शुक्र का अन्य ग्रहों से सम्बन्ध–

1. **शुक्र+सूर्य**–शुक्र के साथ सूर्य **'विद्याभंग योग'** एवं **'सन्ततिहीन योग'** बनाता है। ऐसे जातक को आर्थिक संघर्ष के साथ-साथ गृहस्थ सुख में बाधा आती है।
2. **शुक्र+चन्द्र**–यदि यहां शुक्र के साथ चन्द्रमा हो तो जातक का अपनी माता के साथ झगड़ा रहेगा। ननिहाल या माता की सम्पत्ति को लेकर विवाद रहेगा।
3. **शुक्र+मंगल**–शुक्र के साथ मंगल **'लग्नभंग योग'** एवं **विपरीत राजयोग** बनाता है। जातक धनवान होगा पर वाहन दुर्घटना का भय रहेगा।
4. **शुक्र+बुध–नीचभंग राजयोग**–यदि यहां नीच के शुक्र के साथ 'बुध' हो तो नीचभंग राजयोग की सृष्टि होगी तथा शुक्र का नीचत्व समाप्त हो जायेगा। जातक को मित्रों से लाभ हो सकता है एवं आर्थिक स्थित विषम नहीं होगी। जातक की दो पत्नी हो सकती हैं।
5. **शुक्र+गुरु**–शुक्र के साथ गुरु **'भाग्यभंगयोग'** एवं **विपरीत राजयोग** दोनों बनाएगा। ऐसे जातक को भाग्योदय हेतु परिश्रम करना पड़ेगा। जातक मध्यम आयु में जाकर धनवान होगा।
6. **शुक्र+शनि**–शुक्र के साथ शनि **'राज्यभंग योग'** एवं **'लाभभंग योग'** बनाता है। व्यापार में नुकसान होगा। सरकारी नौकरी में बाधा आएगी।
7. **शुक्र+राहु**–शुक्र के साथ राहु यहां शुभ फलदायक है। जातक रोग व शत्रुओं का नाश करने में सक्षम होगा।
8. **शुक्र+केतु**–शुक्र के साथ केतु भी अरिष्टनाशक है।
9. शुक्र छठे एवं बुध सातवें हो तो स्त्री स्थाई रूप से बीमार रहेगी।
10. शुक्र कन्या और बुध आठवें हो तो जातक जीवन भर कर्ज में डूबा रहेगा।

षष्टम भाव में शुक्र का उपचार–

1. घर की स्त्रियों को सम्मान दें।

2. स्त्रियों को नंगे पैर न चलने दें नहाते समय भी नंगा पैर जमीन पर न लगें।
3. शुक्रवार को व्रत-कथा आरती करें।
4. तेज़गति के वाहन में सफर न करें।
5. शुक कवच का नित्य पाठ करें।
6. शुक शान्ति का प्रयोग करें।
7. चावल, शक्कर व शुक की वस्तुओं का दान करें।
8. असाध्य रोग की स्थिति में दूध-दही, शक्कर शहद व पंचामृत से 'रुद्राभिषेक' करावें।
9. शुक्रवार के दिन अग्निकोण की ओर यात्रा न करें।
10. छः दिन तक निरन्तर छः कन्याओं को खीर भोजन खिलाकर दक्षिणा दें।
11. छः सफेद पत्थर दूध में धोकर, सफेद चंदन लगाकर छः शुक्रवार तक जल में प्रवाहित करें।

मेषलग्न में शुक्र की स्थिति सप्तम स्थान में

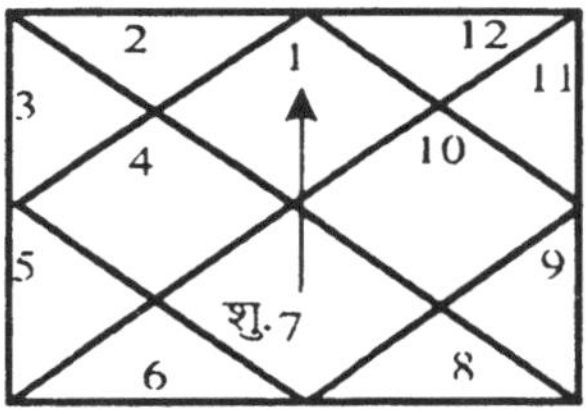

मेषलग्न में शुक्र द्वितीयेश व सप्तम दो मारक स्थानों का स्वामी होने से परमपापी व अशुभ है। सातवें स्थान पर शुक्र तुला का होकर स्वगृही होगा। फलतः मालव्य योग कुलदीपक योग की सृष्टि करेगा। ऐसा जातक दीर्घायु युक्त, राजा तुल्य ऐश्वर्य वैभव को प्राप्त करने वाला होता है। जातक का भाग्योदय विवाह के बाद, गृहस्थ जीवन सुखमय होता है। भागीदारी में लाभ, व्यापार में लाभ अर्जित करता है। भृगुसूत्र के अनुसार-"**अतिकामुकः सुख चुम्बकः अर्थवान् पटदारखः वाहनवान् सकल कार्य निपुणः**" ऐसा जातक अतिकामुक होता है। कामक्रीड़ा में स्त्रियों को विशेष रूप से संतुष्ट करने वाला, अन्य स्त्रियों से सम्पर्क रखने वाला, उत्तम वाहन का स्वामी एवं धनाढ्य होता है। जातक का व्यक्तित्व आकर्षक होगा।

निशानी-जैसा यह वैसी वह, साथी का प्रभाव, अकेला नेक। आयु के 25वें वर्ष में विवाह शुभ। भागीदारी में धंधे में लाभ।

अनुभव-शुक्र प्रधान कार्य में रुचि होगी। चित्रकारी, वीडियो फोटोग्राफी, पत्रकारिता, सौन्दर्यप्रसाधन कार्यों में रुचि, पर्यटन में रुचि, फिल्म क्षेत्र, वस्त्र-व्यवसाय द्वारा धन अर्जित करता है। भोज संहिता के अनुसार जातक स्वयं सुन्दर होगा तथा पत्नी प्रतिष्ठित घराने की होगी।

दशा-शुक्र की दशा अच्छी जाएगी। विवाह होगा। जीवन साथी का सहयोग आगे बढ़ाएगा। धन की प्राप्ति होगी।

शुक्र का अन्य ग्रहों से सम्बन्ध-

1. **शुक्र+सूर्य-नीचभंग राजयोग**-शुक्र के साथ यदि सूर्य हो तो, सूर्य की नीचत्व भंग होकर,

सूर्य शुभफल देने वाला होगा। जातक को उच्च शैक्षणिक डिग्री मिलेगी। उत्तम सन्तति होगी। पुत्र एवं कन्या दोनों का संयोग बनेगा।

2. **शुक्र+चन्द्र**–शुक्र के साथ सुखेश चन्द्रमा **'मातृमूल धनयोग'** बनाता है। जातक को माता से सम्पत्ति मिलेगी। वाहन का सुख प्राप्त होगा।
3. **शुक्र+मंगल**–शुक्र के साथ मंगल होने से **'शत्रुमूल धनयोग'** बनता है। जातक को शत्रु से धन प्राप्त होगा। जातक के शत्रु नष्ट होंगे।
4. **शुक्र+बुध**–शुक्र के साथ **'मातृमूल धनयोग'** बनाता है। जातक को भाइयों से, मित्रों से धनलाभ होगा।
5. **शुक्र+गुरु**–शुक्र के साथ गुरु **'भाग्यमूल धनयोग'** बनाता है। जातक को भाग्य से धन मिलेगा।
6. **शुक्र+शनि–किम्बहुनायोग**–शुक्र के साथ यदि शनि हो ता यह योग बनेगा। शुक्र के साथ शनि उच्च का हो तो इससे अधिक और क्या होगा? जातक राजातुल्य ऐश्वर्य को भोगेगा। बहुत धनाढ्य होगा। बलवान धनेश की दशमेश के साथ युति होने से **राज्यमूल धनयोग** बना। जातक को राजदरबार (सरकार) से लाभ होगा एवं पैतृक सम्पत्ति भी मिलेगी।
7. **शुक्र+राहु**–शुक्र के साथ राहु गृहस्थ सुख में बाधक है। गुप्त रोग, गुप्त सम्बंध से परेशानी होगी।
8. **शुक्र+केतु**–शुक्र के साथ केतु गृहस्थ सुख में न्यूनता लाता है। जीवन में गुप्तांग में ऑपरेशन जरूर होगा।
9. यदि यहां शुक्र+शनि+गुरु+मंगल की युति हो तो जातक (राजा) मिनिस्टर होगा। वह लालबत्ती का गाड़ी की स्वामी होगा।

सप्तम भाव में शुक्र का उपचार–

1. विवाह के समय गाय का दान करें।
2. बिल्ली की जेर को कम्बल के टुकड़े से लपेट कर पास रखे।
3. शुक्रवार को व्रत-कथा आरती करें।
4. शुक्र की वस्तुओं का दान करें।
5. यदि जीवन साथी पर कष्ट हो तो आठ किलो गाजर या जमीकन्द शुक्रवार के दिन धर्मस्थान में भेंट करें।

मेषलग्न में शुक्र की स्थिति अष्टम स्थान में

मेषलग्न में शुक्र द्वितीयेश व सप्तमेश दो मारक स्थानों का स्वामी होकर पर परमपापी व अशुभ हो गया है। शुक्र अष्टम स्थान में **'वृश्चिक राशि'** का होगा। धनेश होकर शुक्र अष्टम स्थान में वृश्चिक राशि का होगा। धनेश होकर शुक्र आठवें होने से **'धनहीन योग'** बनेगा। धन

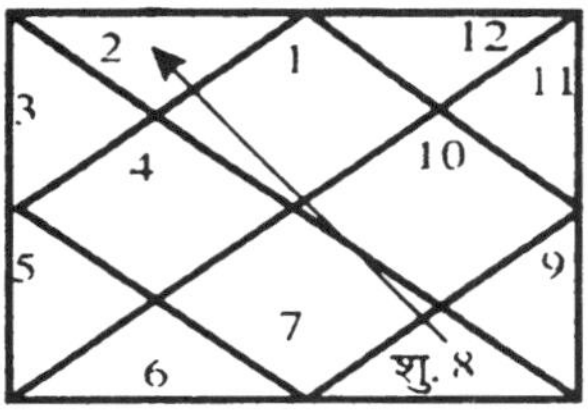

के मामले में संघर्ष की स्थिति रहेगी। जातक पत्नी का भक्त होगा। स्त्री की जबान का शब्द पत्थर की लकीर होगा। यहां शुक्र वाणी का अधिपति भी है। अत: जातक की वाणी से निकला अशुभ शब्द जल्दी पूरा होगा। शुक्र की दृष्टि वाणी स्थान पर होगी जो उसके स्वयं का घर है। वाणी विनम्र होगी।

अनुभव–'भोजसंहिता' के अनुसार जातक की मृत्यु विदेश या जन्मस्थान से बहुत दूर होगी। पत्नी की मृत्यु भी शीघ्र हो सकती है। सावधानी अनिवार्य है। पत्नी धनी परिवार से होगी। जातक की स्त्री यदि किसी को शाप दे दे तो वह अवश्य पूरा होगा।

निशानी–जली मिट्टी की हालत, स्त्री। पच्चीस वर्ष की आयु के बाद विवाह शुभ रहे।

दशा–शुक्र यहां मारकेश का काम करेगा। सावधानी अनिवार्य है। जीवनसाथी से विछोह सम्भव है। धन की हानि भी हो सकती है।

शुक्र का अन्य ग्रहों से सम्बन्ध–

1. **शुक्र+सूर्य**–शुक्र के साथ पंचमेश सूर्य होने से **'सन्ततिहीन योग'** एवं **विद्याभंग योग** बनता है। जातक के विद्याध्ययन में बाधा आएगी। प्रथम सन्तति विलम्ब से होगी।
2. **शुक्र+चन्द्र**–यदि शुक्र के साथ चन्द्रमा हो तो नीच का चन्द्र **'सुखहीन योग'** की सृष्टि करेगा। जातक की मां बीमार रहेगी। उसमें रुपया खर्च होगा। नौकर चोरी करेगा। वाहन दुर्घटना का भय बना रहेगा।
3. **शुक्र+मंगल**–यदि शुक्र आठवें मंगल के साथ हो तो **'धनहीन योग'** के साथ **'लग्नभंग योग'** बनेगा और कुण्डली प्रबल मंगलिक होगी। ऐसे जातक को विलम्ब विवाह या कई बार अविवाह की स्थिति बनती है। मंगल का उपाय करने पर शीघ्र विवाह होगा।
4. **शुक्र+बुध**–शुक्र के साथ बुध **'पराक्रमभंग योग'** एवं **'विपरीतराज योग'** दोनों बनाएगा। जातक धनवान होगा पर पीठ पीछे निन्दा होगी।
5. **शुक्र+गुरु**–शुक्र के साथ गुरु **'भाग्यभंग योग'** एवं **'विपरीतराज योग'** दोनों बनाएगा। ऐसे जातक का भाग्योदय संघर्ष के बाद होगा।
6. **शुक्र+शनि**–शुक्र के साथ शनि **'राज्यभंग योग'** एवं **लाभभंग योग** दोनों बनाएगा। जातक को व्यापार में लाभप्राप्ति में अचानक घाटा होगा।
7. **शुक्र+राहु**–शुक्र के साथ राहु होने से जातक को 'सेक्स रोग' होगा।
8. **शुक्र+केतु**– शुक्र के साथ केतु होने से जातक स्त्री-मित्रों से परेशान रहेगा।

अष्टम भाव में शुक्र का उपचार–

1. पत्नी को बिना वजह तंग न करें।
2. शुक्र की वस्तुओं का दान न लें।
3. शुक्रवार के दिन गन्दे नाले में तांबे का पैसा या पुष्प गिरावें।

4. बछड़े वाली गाय का दान करें।
5. शुक्रवार को व्रत-कथा आरती करें।
6. तेजगति के वाहन में सफर न करें।
7. 'शुक कवच' का नित्य पाठ करें।
8. शुक्र शान्ति का प्रयोग करें।
9. शुक्र की वस्तुओं का दान करें।
10. यदि मृत्यु तुल्य कष्ट हो तो शक्कर, दही दूध, शहद व पंचामृत से रुद्राभिषेक करावें।

मेषलग्न में शुक्र की स्थिति नवम स्थान में

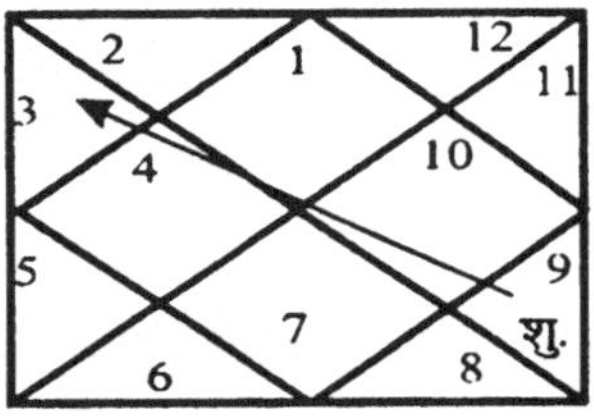

मेषलग्न में शुक्र द्वितीयेश व सप्तमेश दो मारक स्थानों का स्वामी होने से परमपापी एवं अशुभ है शुक्र यहां नवम स्थान में धनुराशि का होगा। ऐसे जातक का जन्म दादा-पिता, परिवार के लिए शुभ रहेगा। जातक उच्च पदाधिकारी होगा। धार्मिक विचारों वाला, तीर्थयात्रा करने वाला होगा। भृगुसूत्र के अनुसार–**'धार्मिकः तपस्वी अनुष्ठान परः सुतदारवान्'** जातक को पत्नी व पुत्र दोनों का सुख भरपूर होगा। पिता की दीर्घायु होगी। जातक द्वारा किए गए मंत्र अनुष्ठान शीघ्र सफल सिद्ध होंगे।

अनुभव–भोज संहिता के अनुसार यदि सप्तमेश भाग्यस्थान में हो तो जातक के पिता एवं श्वसुर दोनों धनवान होंगे। दोनों परदेश में कमाएंगे, जिसका लाभ जातक को भी मिलेगा। जातक को पिता की सम्पत्ति मिले।

निशानी–मिट्‌टी काली आंधी-मंगल बद। शुक्र की दृष्टि पराक्रम स्थान पर रहने से बहनों से लाभ अधिक होगा।

दशा–शुक्र की दशा उत्तम फल देगी। कार्य में सफलता के साथ भाग्य का उदय होगा। धन की प्राप्ति सम्भव है। व्यापार-व्यवसाय में सफलता है।

शुक्र का अन्य ग्रहों से सम्बन्ध–

1. **शुक्र+सूर्य**–शुक्र के साथ पंचमेश सूर्य होने से जातक का भाग्योदय विद्याध्ययन से होगा। जातक पूर्ण सुखी व राजपक्ष में प्रभावसम्पन्न व्यक्ति होगा।
2. **शुक्र+चन्द्र**–शुक्र के साथ सुखेश चन्द्रमा होने से जातक को माता-पिता की सम्पत्ति मिलेगी।
3. **शुक्र+मंगल**–शुक्र के साथ मंगल होने से जातक को परिश्रम का लाभ मिलेगा। जातक बड़ी भू-सम्पत्ति का स्वामी होगा।
4. **शुक्र+बुध**–शुक्र के साथ पराक्रमेश बुध होने से जातक महान पराक्रमी होगा एवं बुद्धिबल से आगे बढ़ेगा।

5. **शुक्र+गुरु**–शुक्र के साथ यदि गुरु हो गुरु स्वगृही कहलाएगा और शुक्र के शुभत्व में अकल्पनीय वृद्धि करेगा। जातक को पुत्र सन्तति अधिक होगी। जातक का सम्पर्क धार्मिक पुरुषों, साधु-सन्तों एवं परोपकार की सेवा में लगे सज्जनों से अधिक रहेगा। जातक पिता धनवान एवं प्रतिष्ठित व्यक्ति होगा।
6. **शुक्र+शनि**–शुक्र के साथ राज्येश+लाभेश शनि होने से जातक बड़ा व्यापारी होगी। भौतिक सुख-सुविधा से सम्पन्न व्यक्ति होगा।
7. **शुक्र+राहु**–शुक्र के साथ राहु जातक के भाग्योदय में बाधक है। भाग्योदय विलम्ब से होगा।
8. **शुक्र+केतु**–शुक्र के साथ केतु जातक के भाग्योदय में संघर्ष का द्योतक है।
9. यदि यहां गुरु+शुक्र+चन्द्र+मंगल की युति हो तो जातक (राजा) मिनिस्टर होगा। जातक लाल बत्ती की गाड़ी का हकदार होगा।

नवम भाव में शुक्र का उपचार–

1. मकान की नींव में चांदी शहद रखना।
2. स्त्री को चन्द्र चूड़ी (चांदी की चूड़ी उपर लाल रंग) पहनना।
3. चांदी के नौ चौरस टुकड़े नीम के वृक्ष में शुक्रवार के दिन छेद करके दबाये।
4. शुक्रवार को व्रत-कथा आरती करें।
5. कनकधारा यंत्र-कुबेर यंत्र+श्रीयंत्र सुनहरे फ्रेम में जड़वाकर नित्य पूजा-अर्चना करें तो शीघ्र भाग्योदय होगा।

मेषलग्न में शुक्र की स्थिति दशम स्थान में

मेषलग्न में शुक्र द्वितीयेश व सप्तमेश दो मारक स्थानों का स्वामी होने से परमपापी व अशुभ है। दशम स्थान में शुक्र मकर राशि का होगा। यहां केन्द्रवर्ती शुक्र का शुभफल कहा गया है।

एक शुक्रो जनन समये लाभसंस्थे च केन्द्रे,
जातौ वै जन्मराशि यदि सहजगते प्राप्यते वा त्रिकोणे
विद्या विज्ञानयुक्तो भवति, नरपति विश्वविख्यात कीर्तिः
दानी मानी च शूरो, हयगज सहितैः सद्गुणै सेव्यमानः॥

–मानसागरी श्लोक 2/242

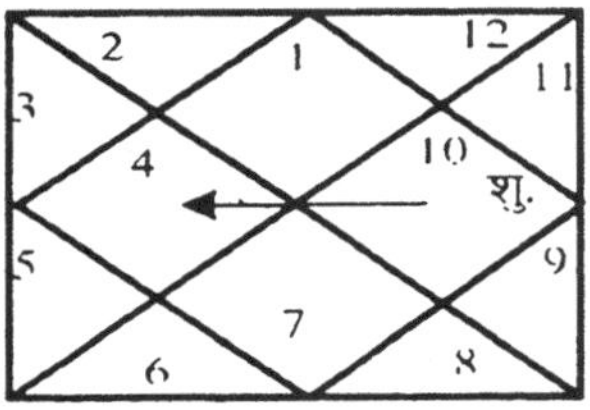

ऐसा जातक बुरे कामों से दूर रहने वाला, अच्छी जमीन-जायदाद का स्वामी, विद्यावान, कीर्तिवान, इंसाफ को तौलने वाला, रथ-वाहन से युक्त सुखी व्यक्ति होता है। जातक ट्रांसपोर्ट, फोटोग्राफी, संगीत, शृंगार व अभिनय में रुचि रखता है।

निशानी–शनि उत्तम तो धर्म मूर्ति (पुरुष या स्त्री)

अनुभव–'भोज संहिता' के अनुसार सप्तमेश यदि दशम भाव में हो तो जातक विदेश में कमाता है। ऐसा जातक डॉक्टर, रंग-रसायन, सौन्दर्य,प्रसाधन जैसे कार्यों में रुचि लेगा। माता का सुख अच्छा।

दशा–शुक्र की दशा राज्यलाभ देगी। शुभ जाएगी। धन की प्राप्ति सम्भव है। पत्नी पक्ष, ससुराल से लाभ सम्भव है।

शुक्र का अन्य ग्रहों से सम्बन्ध–

1. **शुक्र+सूर्य**–शुक्र के साथ सूर्य जातक को उत्तम विद्या एवं उत्तम सन्तति का लाभ दिलाएगा।
2. **शुक्र+चन्द्र**–शुक्र के साथ सुखेश चन्द्रमा, जातक को माता का सुख एवं भौतिक सम्पन्नता एवं सुख देगा।
3. **शुक्र+मंगल**–यदि यहां मंगल हो तो रुचक योग के कारण जातक निश्चय ही राजा, सांसद एवं मंत्री होता हैं। भृगुसूत्र के अनुसार 'बहुप्रतापवान' होता है।
4. **शुक्र+बुध**–शुक्र के साथ पराक्रमेश बुध जातक को पराक्रमी बनाएगा। ऐसे जातक को स्त्री-मित्रों से लाभ होगा।
5. **शुक्र+गुरु**–शुक्र के साथ गुरु जातक को भाग्यशाली बनाएगा। गुरु यहां नीच का होगा। ऐसा जातक विद्या प्रेमी होगा। बिना मांगे सलाह देगा।
6. **शुक्र+शनि**–शुक्र के साथ शनि यहां '**शश योग**' बनाएगा। ऐसा जातक राजा के समान पराक्रमी एवं वैभव सम्पन्न होगा।
7. **शुक्र+राहु**–शुक्र के साथ राहु राज्यसुख में बाधक है। सरकारी अधिकारियों के द्वारा ध ोखा होगा।
8. **शुक्र+केतु**–शुक्र के साथ केतु भी प्रतिकूलता सम्पन्न है। राजदण्ड का भय रहेंगा।
9. यदि यहां गुरु, बुध, चन्द्र हो तो जातक के अनेक वाहन होते है। माता का सुख उत्तम होगा।
10. यदि यहां गुरु+मंगल+शुक्र+शनि की युति हो तो जातक (राजा) मिनिस्टर होगा। वह लालबत्ती की गाड़ी का हकदार होगा।

दसवें भाव में शुक्र का उपचार–

1. कपिला गाय या चांदी की गाय ब्राह्मण को भेंट करें।
2. शराब, मांस-मछली से परहेज रखें।
3. शुक्रवार को व्रत-कथा आरती करें।
4. शुक्रवार के दिन सवा किलो चावल व शक्कर दक्षिणा सहित ब्राह्मण को दें।

मेषलग्न में शुक्र की स्थिति एकादश स्थान में

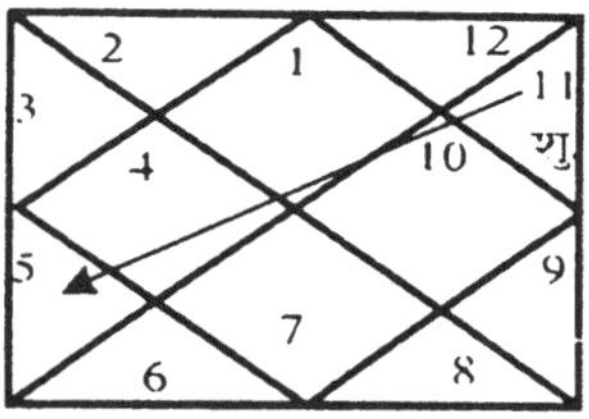

मेषलग्न में शुक्र द्वितीयेश व सप्तमेश दो मारक स्थानों का स्वामी होने से परमपापी व अशुभ है। एकादश स्थान में शुक्र कुम्भ राशि का होगा। भृगुसूत्र के अनुसार–**विद्वान बहुधनवान भूमिलाभवान दयावान शुभयुते अनेक वाहनयोगः।** ऐसा जातक विद्वान होती है, बहुत धन सम्पत्ति वाला होता है। स्थाई सम्पत्ति जमीन-जायदाद होता है। जातक सुन्दर स्त्री व सन्तान का स्वामी होगा। शुक्र यहां उच्चाभिलाषी होने से जातक अति महत्वाकांक्षी होगा।

अनुभव–'भोजसंहिता' के अनुसार सप्तमेश यदि लाभ स्थान में हो तो जातक की अनेक पत्नियां होती हैं। यदि यहां शनि धनस्थान में हो तो ऐसे जातक की पत्नियां जातक को कमाकर भी देती हैं।

निशानी–सुन्दर स्त्री, पुरुष माया के सम्बन्ध में घूमता लट्टू। जातक ज्योतिष-तंत्र एवं रहस्यमय गुप्त विद्याओं का जानकार होगा। जातक की कन्या सन्तति अधिक होगी।

दशा–शुक्र की दशा अच्छी जाएगी। विवाह के बाद उन्नति होगी। शुक्र की दशा में व्यापार-व्यवसाय में बढ़ोतरी होगी।

शुक्र का अन्य ग्रहों से सम्बन्ध–

1. **शुक्र+सूर्य**–शुक्र के साथ पंचमेश सूर्य जातक को पुत्र सन्तान का सुख अवश्य मिलेगा।
2. **शुक्र+चन्द्र**–शुक्र के साथ सुखेश चन्द्रमा जातक को माता का सुख एवं उत्तम वाहन का सुख अवश्य देगा।
3. **शुक्र+मंगल**–शुक्र के साथ लग्नेश मंगल जातक को परिश्रम का लाभ देगा। जातक उद्योगपति होगा।
4. **शुक्र+बुध**–शुक्र के साथ पराक्रमेश बुध जातक को महान् पराक्रमी बनाएगी। उच्च शिक्षा वे Degree दिलाएगा।
5. **शुक्र+गुरु**–शुक्र के साथ यदि गुरु हो तो जातक अनेक वाहनों का स्वामी होकर भाग्यशाली होगा।
6. **शुक्र+शनि**–यदि शुक्र के साथ शनि हो तो जातक उद्योगपति होगा। पर खुद के भाई-बहनों से कम बनेगी।
7. **शुक्र+राहु**–शुक्र के साथ राहु व्यापार एवं विद्या में बाधक है।
8. **शुक्र+केतु**–शुक्र के साथ केतु व्यापार में वृद्धि के साथ-साथ रुकावटें लाएगा।
9. यदि यहां शुक्र+शनि+सूर्य+गुरु हो तो जातक राजातुल्य ऐश्वर्य को भोगेगा। जातक के पास सुन्दर कुबेर तुल्य सम्पत्ति होगी।

एकादश भाव में शुक्र का उपचार–

1. सरसों का तैल दान करने से लाभ होगा।
2. चांदी का गिलास में दूध पीये। दूध की वस्तुओं का अधिक सेवन करें।
3. शुक्रवार को व्रत-कथा आरती करें।
4. कनकधारा+श्रीयंत्र कुबेर यंत्र को सुनहरी फेम में जड़वाकर नित्य पूजा अर्चना करें तो व्यापार में लाभ होगा।
5. किसी की जमानत न दें, वरना डूब जाएगी।

मेषलग्न में शुक्र की स्थिति द्वादश स्थान में

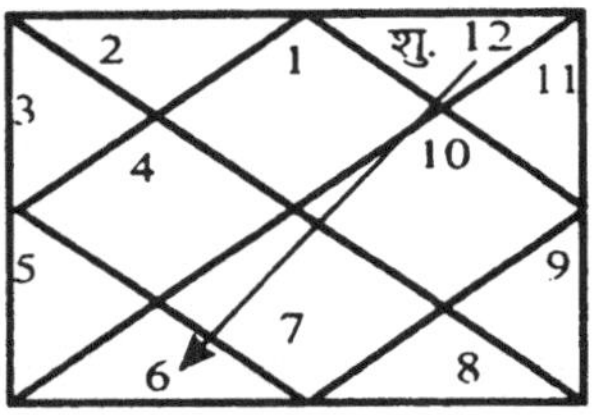

मेषलग्न में शुक्र द्वितीयेश व सप्तमेश दो मारक स्थानों का स्वामी होने से परमपापी व अशुभ है। द्वादश स्थान में शुक्र 'मीन राशि' में होगा। द्वादश स्थान में शुक्र उच्च का होगा। द्वादश शुक्र एक प्रकार से राजयोग कहा गया है। जातक धनवान-सम्पन्न, सुखी एवं खर्चीले स्वभाव का होता है। जातक की स्त्री सतवन्ती, सुखवन्ती होती है। जातक संगीत प्रेमी, यात्रा प्रेमी व अभिनय का प्रेमी होता है।

अनुभव–द्वादश स्थान में शुक्र 'द्वादश शुक्रयोग' बनाता है। ऐसे जातक की स्त्री धन-ऐश्वर्य प्रदान करने वाली होती है। जातक दीर्घायु प्राप्त करता है। जातक को शयन सुख श्रेष्ठ मिलता है। जातक परदेश में अधिक कमाएगा। जातक के कई स्त्रियों से संबंध रहेंगे।

निशानी–भवसागर से पार करने वाली **'कामधेनु गाय'** के समान, दीन-दुखियों की मदद करने वाला होगा। जातक धनसंग्रह में विश्वास रखेगा।

दशा–शुक्र की दशा शुभफल देगी। शुक्र की दशा में जातक का अनेक स्त्रियों से सम्बन्ध होगा।

शुक्र का अन्य ग्रहों से सम्बन्ध–

1. **शुक्र+सूर्य**–शुक्र के साथ चन्द्रमा **'सुखहीन योग'** बनाता है। जातक को माता का सुख कमजोर मिलेगा। जातक को सामाजिक बंधन का परहेज नहीं रहेगा। अपने से बड़ी उम्र की स्त्रियों से गुप्त संबंध बनाएगा।
2. **शुक्र+चन्द्र**–शुक्र के साथ चन्द्रमा **'सुखहीन योग'** बनाता है। जातक को माता का सुख कमजोर मिलेगा। जातक को सामाजिक बंधन का परहेज नहीं रहेगा। अपने से बड़ी उम्र की स्त्रियों से गुप्त संबंध बनाएगा।
3. **शुक्र+मंगल**–शुक्र के साथ मंगल **'लग्नभंगयोग'** एवं **'विपरीत राजयोग'** दोनों बनाएगा। जातक को बहुत परिश्रम करना पड़ेगा पर अन्तिम सफलता मिलेगी। जातक धनवान होगा। जातक को अपमान का भय बना रहेगा।

4. **शुक्र+बुध**–यदि यहां शुक्र के साथ बुध हो तो **'नीचभंग राजयोग'** बनेगा। बुध का नीचत्व भंग हो जायेगा। जातक महान पराक्रमी होगा। वाचाल होगा एवं राजनीति में उसका वर्चस्व होगा।
5. **शुक्र+गुरु**–यदि यहां गुरु हो तो **'किम्बहुना योग'** बनेगा। जातक भाग्यशाली होगा। एक्सपोर्ट-इम्पोर्ट के कार्य से एवं विदेशों से धन कमाएगा। बड़ी-बड़ी तीर्थ यात्राएं करेगा। धार्मिक कार्य एवं परोपकार के कार्य में रुपया खर्च होगा।
6. **शुक्र+शनि**–शुक्र के साथ शनि **'राज्यभंग योग'** एवं **'लाभभंग योग'** बनाएगा। जातक को व्यापार-व्यवसाय में अचानक घाटा होगा। जातक को अपमान का भय बना रहेगा।
7. **शुक्र+राहु**–शुक्र के साथ राहु जातक को बाहरी यात्रा कराएगा। विदेश में जातक खूब धन कमाएगा। विदेशी स्त्री से लाभ होगा।
8. **शुक्र+केतु**–शुक्र के साथ केतु विदेश यात्रा से तीर्थ-यात्रा से लाभ दिलाएगा। यात्रा से धन व यश मिलेगा।
9. यदि यहां शुक्र+गुरु+चन्द्र+बुध की युति हो तो जातक राजातुल्य ऐश्वर्य-वैभव को भोगेगा एवं महान पराक्रमी परोपकारी व दयालु होगा।

द्वादश भाव में शुक्र का उपचार–

1. मंदिर में गाय के घी का दीया जलावें।
2. पत्नी के हाथों शुक्र सम्बंधी वस्तु का दान करावें।
3. यदि जातक की पत्नी शुक्रवार के दिन नीले रंग का पुष्प जंगल की जमीन में गाड़े पलटेंगे।
4. चांदी की गाय बछड़े वाली ब्राह्मण को दान दें।
5. शुक्रवार को व्रत-कथा आरती करें।
6. शुक्र शान्ति का प्रयोग करें।
7. 'शुक कवच' का नित्य पाठ करें।
8. शुक्र की वस्तुओं का दान करें।
9. शुक्रवार के दिन 'अग्निकोण' की ओर सामान करें।
10. जीवन साथी बीमार हो तो उसके वजन के बराबर लाल ज्वार धर्म स्थान में भेंट करें।
11. काली गाय की सेवा करें।

❑❑❑

मेषलग्न में शनि की स्थिति

मेषलग्न में शनि की स्थिति प्रथम स्थान में

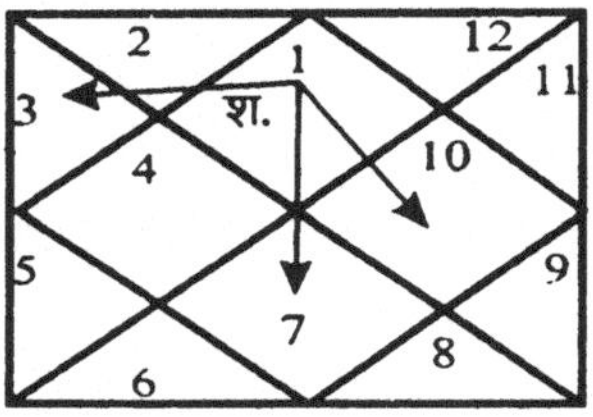

मेषलग्न में शनि दशमेश व एकादशेश होने से एवं लग्नेश मंगल का शत्रु होने से अशुभ फलदायक है। शनि प्रथम स्थान में मेष राशि का होने से नीच का होगा। जातक त्रिलोकी का स्वामी एवं प्रपंची होगा। जिद्दी व हठी होगा। जातक नौकरी करने में रुचि रखेगा। लग्न पर शुभग्रहों की दृष्टि न हो तो जातक रोगी होगा।

दृष्टि–शनि की दृष्टि पराक्रम स्थान, सप्तम भाव एवं दशम भाव पर होगी। पराक्रम भाव में शनि की मित्र राशि है, सप्तम भाव उसकी उच्च राशि एवं दशम भाव में शनि की खुद की राशि है। फलत: शनि की ये दृष्टियां जातक का पराक्रम बढ़ाएंगी, विवाह सुख में वृद्धि करेगी तथ राज्यपक्ष में सम्मान दिलाएगी।

निशानी–बचपन, जवानी, बुढ़ापा उत्तम।

दिशा–शनि की दशा मिश्रित फल देगी।

अनुभव–'भोजसंहिता के अनुसार जातक का भाई-बहनों से मतभेद रहेगा। पत्नी को शक की निगाह से देखेगा।

शनि का अन्य ग्रहों से सम्बन्ध–

1. **शनि+सूर्य**–शनि के साथ सूर्य **'नीचभंगराज् योग'** एवं **'रविकृतराज योग'** बनाएगा। ऐसा जातक राजा के समान पराक्रमी एवं तेजस्वी होगा।
2. **शनि+चंद्र**–शनि के साथ सुखेश चंद्रमा लग्न में जातक के सुखों में वृद्धि करेगा। माता का सुख, वाहन का सुख मिलेगा।
3. **शनि+मंगल**–यदि शनि के साथ मंगल हो तो **'नीचभंग राजयोग'** एवं **'रुचक योग'** बनेगा। जातक महान पराक्रमी होगा। जिद्दी व हठी होगा। बलपूर्वक वस्तुओं को प्राप्त करने में रुचि रखेगा। जातक के पास अनेक वाहन होंगे।

   यदि यहां शनि+सूर्य+मंगल+चंद्र की युति हो तो जातक (राजा) मिनिस्टर होगा। लालबत्ती की गाड़ी का स्वामी होगा।

4. **शनि+बुध**–शनि के तथा तृतीयेंश, षष्टेश बुध लग्न में होने से जातक महान् पराक्रमी होगा।

5. **शनि+गुरु**–शनि के साथ भाग्येश, खर्चेश, गुरु लग्न में होने से जातक परम भाग्यशाली होगा।

6. **शनि+शुक्र**–शनि के साथ धनेश, सप्तमेश शुक्र होने से जातक की पत्नी सुन्दर होगी। विवाह के बाद जातक का भाग्योदय होगा।

7. **शनि+राहु**–शनि के राहु जातक को महान जिद्दी बनाएगा।

8. **शनि+केतु**–शनि के साथ केतु जातक को लड़ाकू बनाएगा।

मेषलग्न में शनि की स्थिति द्वितीय स्थान में

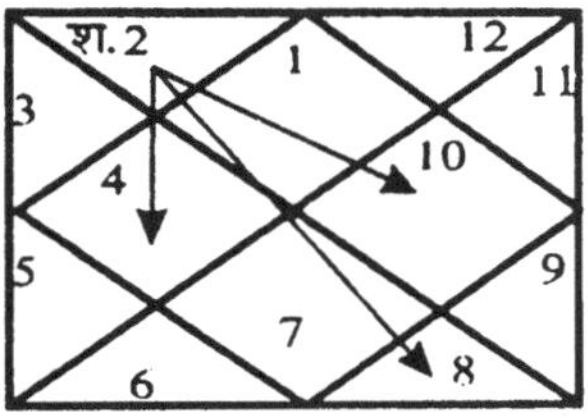

मेषलग्न में शनि दशमेश व एकादशेश है। लग्नेश मंगल का शत्रु है होने में अशुभ फलदायक है। शनि द्वितीय स्थान में वृषराशि का होगा। जातक साहसी व धनवान होगा। जातक शत्रुहन्ता होता है। जातक अच्छी किस्मत वाला होता है। परन्तु भाषा कठोर होगी।

दृष्टि–शनि की दृष्टि सुख स्थान, सप्तम स्थान एवं दशम स्थान पर पड़ेगी। शनि की यह दृष्टि सुख में वृद्धि, दाम्पत्य जीवन में सुख एवं राज्य सुख-सम्मान में वृद्धिदायक है।

अनुभव–'भोज संहिता' के अनुसार लाभेश यदि धनस्थान में हो तो जातक लेन-देन, गिरवी के कार्य में धन कमाएगा। जातक के दांत जल्दी खराब होंगे। मित्र कम होंगे।

निशानी–गुरु शरण। मां बीमार रहे। मकान पुराना हो।

दशा–शनि की दशा शुभफलदायक होगी।

शनि का अन्य ग्रहों से सम्बन्ध–

1. **शनि+सूर्य**–यहां पंचमेश व राज्येश भेश की युति धनस्थान में होने से जातक विद्या के द्वारा उच्च पद-प्रतिष्ठा प्राप्त करेगा।

2. **शनि+चंद्र**–यदि शनि के साथ चन्द्रमा हो तो '**विषयोग**' बनेगा। जातक की मां बीमार रहेगी। फिर भी जातक धनवान होगा।

3. **शनि+मंगल**–लग्नेश व राज्येश लाभेश की युति धन स्थान में जातक स्वपराक्रम से यथेष्ट धन कमाएगा। आयु दीर्घ होगी।

4. **शनि+बुध**–पराक्रमेश+षष्टेश की युति लाभेश+राज्येश के साथ धनस्थान में जातक को गुप्त शत्रुओं से परेशानी करेगी। राजकार्य में बाधा रहेगी।

5. **शनि+गुरु**–भाग्येश+खर्चेश की युति लाभेश+राज्येश के साथ धनस्थान में जातक को अचानक धन दिलाता है। जातक किस्मत का धनी होगा।
6. **शनि+शुक्र**–यदि शनि के साथ शुक्र हो तो **'राज्यमूल धनयोग'** बनेगा। जातक राज्य सरकार से आर्थिक लाभ की प्राप्ति करेगा।
7. **शनि+राहु**–शनि राहु के युति धन की हानि कराएगी। जातक की वाणी लड़ाकू होगी।
8. **शनि+केतु**–शनि केतु की युति भी धन की बरकत में बाधक है।

द्वितीय भाव में शनि का उपचार–

1. बड़ के वृक्ष को मीठा दूध डाल कर गीली मिट्ठी का तिलक लगाना।
2. जातक कभी भी माथे व सिर पर काला तेल न लगाएं दूध-दही का इस्तेमाल लाभकर होगा। 43 दिन तक नंगे पांव मदिर में जाकर क्षमा-याचना करना लाभकारी होता है। सांप को दूध पिलायें।
3. नवरत्न जडित 'श्रीयंत्र' का लॉकेट पहनने से आर्थिक विषमताएं दूर होगी।

मेषलग्न में शनि की स्थिति तृतीय स्थान में

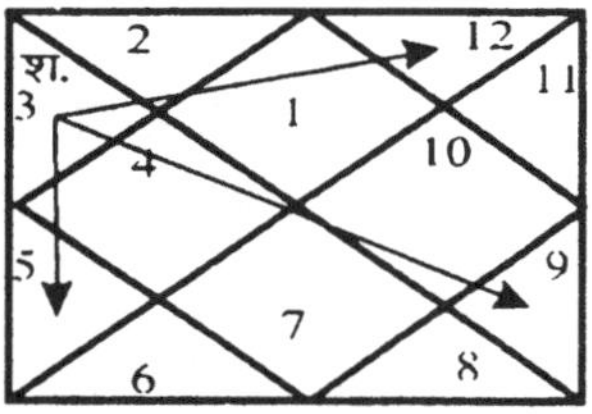

मेषलग्न में शनि दशमेश व एकादशेश है तथा लग्नेश मंगल का शत्रु है। तृतीय स्थान में शनि मिथुन राशि के मित्र के घर में होगा। ऐसा जातक दूसरों का काम बिगाड़ने वाला, शत्रुओं पर मौत की तरह छाने वाला तेज तर्रार, व्यक्ति होता है। भृगुसूत्र के अनुसार शनि की यह स्थिति-**'भ्रातृ हानि कारक:'** भाई के लिए हानिकारक है। खासकर कनिष्ठ भाई के लिए। ऐसा जातक राज्याधिकारी होता है। यदि तृतीयस्थान में पापग्रह हो तो इसके विपरीत फल मिलेंगे।

अनुभव–भोज संहिता के अनुसार लाभेश यदि तृतीय स्थान में हो तो जातक ऐजेन्सी कार्य, संगीत या वीडियो फोटोग्राफी से धन कमाएगा।

निशानी–अगर शनि अशुभ हुआ तो दो गुणा मन्दा। प्रथम सन्तान का नाश हो।

दृष्टि–शनि की दृष्टि पंचम स्थान, भाग्य स्थान एवं व्यय स्थान पर है। शनि मित्र राशि में है फलत: सन्तान प्राप्ति, भाग्यवृद्धि एवं धार्मिक कार्य परोपकार के कार्यों में सहायक है।

दशा–शनि की दशा शुभफल देगी।

शनि का अन्य ग्रहों से सम्बन्ध–

1. **शनि+सूर्य**–पंचमेश सूर्य की राज्येकश लाभेश शनि के साथ तृतीय स्थान में युति विद्या द्वारा भाग्योदय का संकेत देती है। जातक की सही भाग्योदय प्रथम संतति के बाद या पिता की मृत्यु के पश्चात् होगा।

2. **शनि+चंद्र**–सुखेश। चंद्रमा, दसमेश के साथ तृतीय स्थान में होने से मित्रों से लाभ रहेगा। खासकर स्त्री मित्र से ज्यादा लाभ है।
3. **शनि+मंगल**–लग्नेश+अष्टमेश मंगल के साथ राज्येश होने से जातक को राजकीय कार्य, ठेकेदारी वगैरा से लाभ होगा।
4. **शनि+बुध**–अपने स्थान में तृतीयेश स्वगृही होकर राज्येश+लाभेश शनि की युति करने से जातक महान् पराक्रमी एवं कीर्तिवान होगा।
5. **शनि+गुरु**–भाग्येश+खर्चेश गुरु तृतीय स्थान में राज्येश शनि के साथ होने से मित्रों द्वारा भाग्योदय, बड़े भाई की सहायता, वृद्ध सेवक की सहायता से जातक आगे बढ़ेगा।
6. **शनि+शुक्र**–सप्तमेश व धनेश शुक्र के साथ राज्येश+लाभेश शनि की युति तृतीय स्थान में विवाह के बाद पराक्रम को बढ़ाती है।
7. **शनि+राहु**–तृतीय स्थान में शनि के साथ राहु भाइयों एवं मित्रों से लाभ की वनस्पति हानि होगी।
8. **शनि+केतु**–तृतीय स्थान में शनि के साथ केतु भाइयों एवं मित्रों में मनमुटाव कराएगा।

तृतीय भाव में शनि का उपचार–

1. दूध/दही का तिलक करना।
2. घर की दहलीज पर लोहे की कीलें गाड़े।
3. मकान में अंधेरी कोठरी कायम करके शनि की चीजें स्थापित करें। इससे धन में वृद्धि होगी।
4. सफेद-काला कुत्ता पालन मकान-निर्माण का योग बनाता है।
5. केतु 3, 10 में हो तो भूरा कुत्ता ज्यादा उत्तम होगा।
6. शनि शांति का वैदिक प्रयोग करें।

मेषलग्न में शनि की स्थिति चतुर्थ स्थान में

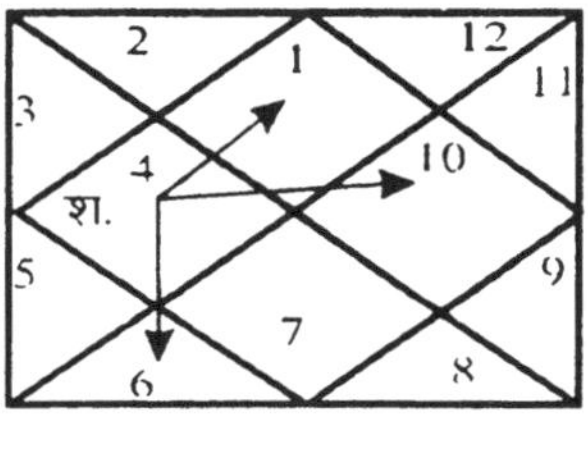

मेषलग्न में शनि राज्येश व एकादशेश होता है। शनि लग्नेश मंगल का शत्रु है। चतुर्थ स्थान में शनि कर्क राशि का होगा। जातक को माता के सुख में कमी होगी अथवा उसके दो माताएं होंगी। जातक को मकान-वाहन का पूर्ण सुख होगा। जातक का गृहस्थ जीवन सुखी होगा। जातक विदेशों में रहने वाला अथवा विदेशी व्यापार से लाभ कमाने वाला होता है।

दृष्टि–शनि की दृष्टि छठे स्थान, राज्य (दशम) स्थान एवं लग्न स्थान पर है। शनि की यह स्थिति शत्रु का नाश करने वाली, राज्य लाभ में सहायक तथा व्यक्तित्व बढ़ोतरी में फायदेमन्द है। पर जातक के हृदय में बड़ी वेदना होगी।

निशानी–पानी का सांप, मकान पुराना हो, मां बीमार रहे। वाहन भी पुराना हो।

अनुभव–'भोज संहिता' के अनुसार लाभेश चतुर्थ भाव में हो तो जातक माता या कृषिभूमि के माध्यम से धन कमाएगा। चेहरा आकर्षक नहीं होगा।

दशा–शनि की दशा शुभ फल देगी।

शनि का अन्य ग्रहों से सम्बन्ध–

1. **शनि+सूर्य**–पंचमेश सूर्य शनि के साथ जातक को उच्च विद्या का लाभ देगा। परन्तु किस्मत पिता की मृत्यु के बाद चमकेगी।
2. **शनि+चंद्र**–सुखेश चंद्रमा स्वगृही होकर शनि के साथ **'यामिनीनाथ योग'** एवं **'विषयोग'** बनाएगा। जातक उत्तम वाहन व भवन का स्वामी होगा।
3. **शनि+मंगल**–यहां शनि के साथ लग्नेश मंगल केन्द्रवर्ती होने से जातक शक्तिशाली राजनेता होगा। रोजी-रोजगार का पूर्ण सुख होगा।
4. **शनि+बुध**–पराक्रमेश व षष्टेश बुध शनि के साथ चतुर्थ में हो तो माता बीमार रहेगी। वाहन एवं मकान पर अनपेक्षित रुपया खर्च होगा।
5. **शनि+गुरु**–यदि यहां शनि के गुरु हो तो **'हंस योग'**, **'कुलदीपक योग'**, **'केसरी योग'** की सृष्टि करेगा। जातक निश्चय ही राज्य सरकार में, केन्द्र सरकार में प्रभावशाली पद पर होगा। उसे राजनीति में लाभ होगा।
6. **शनि+शुक्र**–धनेश+सप्रमेश शुक्र चतुर्थ स्थान में शनि के साथ होने पर ससुराल का धन मिलेगा। व्यापार तेज होगा।
7. **शनि+राहु**–यहां शनि के साथ राहु होने से माता की मृत्यु बचपन में होगी।
8. **शनि+केतु**–शनि के साथ केतु माता को असाध्य बीमारी देगा।
9. **यदि यहां शनि के** साथ गुरु+मंगल+चन्द्र हो तो जातक (राजा) मिनिस्टर होगा। लालबत्ती की गाड़ी का स्वामी होगा।

चतुर्थ भाव में शनि का उपचार–

1. **घर में पूर्व**-दक्षिण का दरवाजा रखना।
2. **कौएं व सांप** को चंद्र की चीजें चावल-दूध खिलाये।
3. **कुएं में चावल**-दूध गिराना चंद्र के प्रभाव को उच्च करेगा।
4. **तेल, उड़द व** काले कपड़े का दान लाभकर होगा।
5. **चौथे स्थान में यदि** पापी शनि हो तो जातक को रात्रि में दूध नहीं पीना चाहिए क्योंकि वह जहर बन जाएगा।
6. **चौथे स्थान मे यदि** शनि का फल अशुभ हो तो जातक काले सर्प को दूध पिलावे, भैंस को चारा व मजदूर वर्ग को खाना खिलावें।

7. आमदनी को बढ़ाने के लिए सोमवार को कुंए में दूध डाला करे।
8. शनि चालीसा एवं नवग्रह स्तोत्र पढ़े।

मेषलग्न में शनि की स्थिति पंचम स्थान में

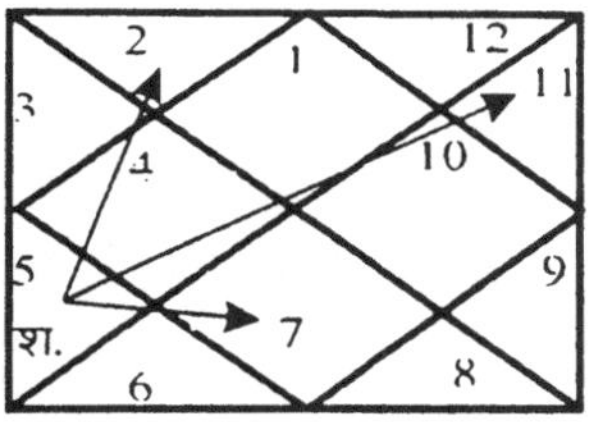

मेषलग्न में शनि दशमेश एकादशेश होता है। यह लग्नेश मंगल का शत्रु होता है। पंचम स्थान में शनि सिंह राशि में होगा फलतः शत्रुक्षेत्री में होगा।

जातक न्यायप्रिय, धर्मात्मा होता है। ऐसा जातक बुजुर्गों वृद्धजनों की संगत करने वाला, गम्भीर प्रकृति होता है। भृगुसूत्र के अनुसार–पुत्रहीनः, अतिदरिद्रीः, दुर्बत्त दत्तपुत्री' ऐसी जातक सन्तति गोद लेता है। विद्या में रुकावट आती है। विद्या में संघर्ष रहता है।

निशानी–बच्चे खाने वाला सांप/ सन्तति अल्प होगी।

दृष्टि–शनि की दृष्टि सप्तम भाव, लाभ भाव एवं धन भाव पर होगी। सप्तम भाव में शनि का उच्चराशि है, लाभ भाव में शनि की मूल त्रिकोण राशि है तथा धन स्थान में वृष राशि है फलतः पत्नी से खटपट परन्तु लाभ की स्थिति रहेगी। व्यापार में लाभ होगा धन की आवक रहेगी परन्तु बरकत नहीं होगी। बरकत के लिए शुक्र की स्थिति का अच्छा होना आवश्यक है।

अनुभव–भोज संहिता के अनुसार यदि लाभेश पंचम स्थान में हो तो जातक पुत्र के माध्यम से धन व यश कमाएगा। प्रेम विवाह होगा।

दशा–शनि की दशा मिश्रित फल देगी। उद्विग्नता देगी।

शनि का अन्य ग्रहों से सम्बन्ध–

1. **शनि+सूर्य**–शनि के साथ सूर्य यहां **'रविकृत राजयोग'** बनाता है, ऐसा जातक मेधावी होता है। उसका भाग्योदय प्रथम पुत्र संतति के बाद होता है।
2. **शनि+चंद्र**–शनि के साथ चंद्रमा **'विष योग'** बनाएगा। जातक मानसिक तनाव में रहेगा। जातक की माता बीमार रहेगी।
3. **शनि+मंगल**–शनि के साथ मंगल विद्या में संघर्ष कराएगा। जातक की संतति बीमार रहेगी।
4. **शनि+बुध**–शनि के साथ बुध जातक को पराक्रमी बनाएगा। जातक के कन्या संतति अधिक होगी।
5. **शनि+गुरु**–शनि के साथ गुरु भाग्योदय में विलम्ब कराएगा।
6. **शनि+शुक्र**–शनि के साथ शुक्र व्यापार-व्यवसाय द्वारा उत्तम लाभ का संकेत देता है।
7. **शनि+राहु**–शनि के साथ राहु पुत्र संतति में बाधक है।

8. **शनि+केतु**–शनि के साथ केतु गर्भपात कराता है।

पंचम भाव में शनि का उपचार–

1. हरा रंग निषेध।
2. शनि की शांति के लिए घर में सोना, तांबा या चांदी का निश्चित स्थान पर कायम रखे और उसे वहां से न हटाएं।
3. यदि दसवें में राहु हो तो चूल्हे में दूध डालकर आग बुझाएं, शांति मिलेगी।
4. यदि अशुभ शनि पांचवें में हो व दशम स्थान खाली हो, तो जातक के संतान नहीं होती।
5. यदि जातक 48 वर्ष की आयु में नया मकान खरीदता है तो खरीदते ही पुत्र होता है परंतु दीर्घायु नहीं होता।
6. इस अशुभ को नष्ट करने हेतु घर के पश्चिम दिशा की ओर गुड़, ताम्बा, शहद, भूरी वस्तु तथा लाल वस्तु चावल व शक्कर के बोरे रखें। संतान के जन्म पर मीठे की जगह नमक बांटना।
7. धर्म स्थान में बादाम चढ़ाकर आधे वापस लाकर घर में रखने से शनि का अनिष्ट फल बाकी नहीं रहेगा।
8. औलाद के जन्मदिन पर मीठे की जगह नमकीन चींजे बांटना मुबारिक होगा।
9. संतान सुख हेतु 'संतान गोपाल' का पाठ करें।
10. शनि अष्टोत्तर नामावली का संतानगोपाल के सम्पुट से हवन करें।

मेषलग्न में शनि की स्थिति षष्टम स्थान में

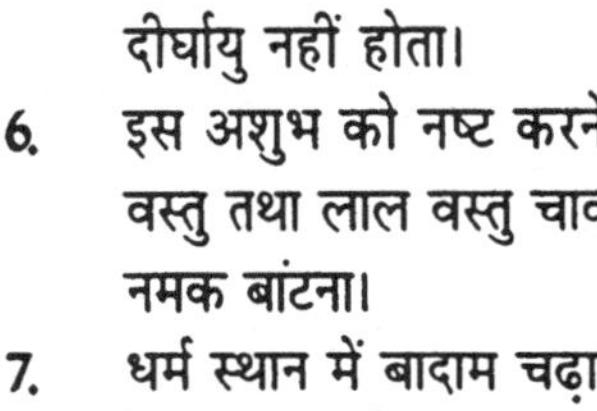

मेषलग्न में शनि दशमेश व एकादशेश होता है। यह लग्नेश मंगल का शत्रु है। षष्टम स्थान में शनि कन्या राशि का होगा। जातक कानून का ज्ञाता, जज, वकील एवं तर्कशास्त्र का ज्ञाता होकर न्यायप्रिय, सैद्धान्तिक व्यक्ति होगा। जातक अल्पज्ञाति एवं कम मित्रों वाला होगा। इसकी किस्मत का सितारा 32 वर्ष बाद चमकेगा। जातक की ज्योतिष आयुर्वेद, मंत्र-तंत्र व गूढ़ विद्याओं में रुचि होगी। लाभेश राज्यदेश शनि छठे जाने से क्रमश: **राज्यभंग योग** एवं **लाभभंग** योग के कारण राजदरबार व सरकार से धोखा होगा।

अनुभव–'भोज संहिता' के अनुसार लाभेश यदि छठे तो जातक को शत्रु व युद्ध मुकदमेबाजी मे पैसा मिलता है।

निशानी–लेख की स्याही, एक गुणा मन्दा।

दृष्टि–शनि की दृष्टि अष्टम स्थान, खर्च स्थान एवं पराक्रम स्थान पर है। आयु के लिए यह स्थिति कष्टकारक है। खर्च की बाहुल्यता रहेगी। पराक्रम में कमी आएगी। मित्रों-परिजनों से धोखा होगा। हृदय या लीवर सम्बन्धी बीमारी सम्भव है।

दशा–शनि की दशा प्रतिकूल रहेगी। शनि दशा में परदेश गमन होगा।

शनि का अन्य ग्रहों से सम्बन्ध–

1. **शनि+सूर्य**-इस युति के कारण **संतानहीन योग, राज्यभंग योग, लाभभंग योग** बनता है। जातक का भाग्योदय पिता की मृत्यु के बाद होगा।
2. **शनि+चन्द्र**-शनि का साथ चन्द्रमा '**विषयोग**' बनाएगा। जातक की मां क्षय रोग से पीड़ित होगी।
3. **शनि+मंगल**-'**कुजयुते देशान्तर संचारी**' यदि शनि के साथ मंगल हो तो जातक देश-विदेश में घूमेगा।
4. **शनि+बुध**- पराक्रमेश+षष्टेश बुध शनि के साथ **हर्षनामक विपरीत राजयोग** बनाएगा। जातक धनवान होगा, ऐश्वर्यवान होगा।
5. **शनि+गुरु**-भाग्येश+खर्चेश गुरु छठे शनि के साथ होने से भाग्य में लगातार रुकावटें आएगी। जातक खर्चीले स्वभाव का होगा।
6. **शनि+ शुक्र**- सप्तेश+धनेश शुक्र शनि के साथ होने से धन की रुकावटें आती रहेगी। पत्नी से अनबन रहेगा। दूसरा विवाह होगा।
7. **शनि+राहु**- शनि के साथ राहु सरकारी नौकरी में बाधक है। जातक प्राईवेट नौकरी-व्यापार में कमाएगा।
8. **शनि+केतु**- शनि के साथ केतु राजकीय कार्य पद-पद पर बाधा देगा। मार्ग में भी रुकावटें आएगी।

षष्टम भाव में शनि का उपचार–

1. नारियल या बादाम बहते जल में प्रवाहित करें।
2. संतान के लिए काला कुत्ता पालें।
3. सांप को दूध पिलाने से संतान सुख बढ़ता है।
4. बीमारी के समय किसी बर्तन में तेल भरकर उसमें अपना चेहरा देखें और उस तेल को जमीन के अन्दर मिट्टी में दबाए। कारोबार के लिए बुध का उपाय हितकर होगा।
5. यदि छठें स्थान में शनि व बृहस्पति दोनों हो तो पानी वाले नारियल को नदी में बहाना चाहिए।
6. ऐसी स्थिति में जातक को 28 वर्ष से पहले विवाह नहीं करना चाहिए तथा 48 वर्ष की आयु के पहले मकान नहीं बनाना चाहिए।
7. संतान बाधा होने पर काले सर्प को दूध पिलाव व दसकी सेवा करें।
8. पितृदोष की शान्ति कराए।
9. शनि छठे में हो तथा कुण्डली दूसरा भाव खाली हो तथा जातक को शनि का धन्धा करना चाहे तो मिट्टी के घड़े में सरसों का तेल भर तालाब या नदी के तले गाढ़ना चाहिए।

10. ध्यान रहे कि ऊपर पानी अवश्य रहे। तत्पश्च.ात् कृष्ण पक्ष की मध्य रात्रि को कार्य प्रारम्भ करें, जातक अथाह सम्पत्ति कमाएगा।
11. संतान के जन्म पर मीठे की जगह नमक बांटना शुरू रहेगा।
12. जिसकी कुंडली के छठे घर में शनि होगा, अगर वो अपने जरूरी काम रात में निपटाएगा तो जरूर कामयाबी पाएगा।
13. शनिकवच, महाकाल शनिमृत्युंजय स्तोत्र का नित्य पाठ करें।

मेषलग्न में शनि की स्थिति सप्तम स्थान में

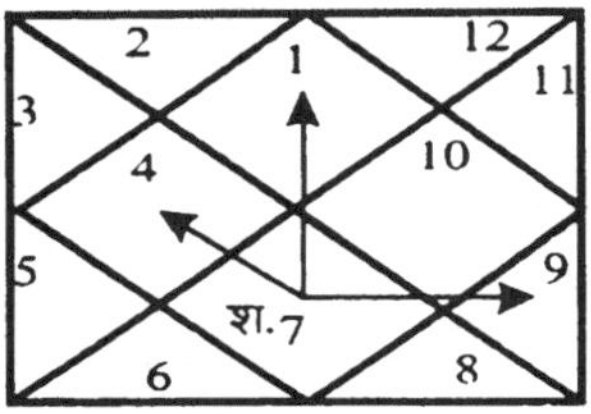

मेषलग्न में शनि दशमेश व एकादशेश होता है। यह लग्नेश मंगल का शत्रु है। अशुभ फल देने वाला है। सप्तम स्थान में शनि तुला राशि में उच्च का होगा। जातक अत्यन्त धनी होगा। भृगुसूत्र के अनुसार–'उच्चस्वक्षेत्रे अनेक स्त्री सम्भोगी' जातक का अनेक स्त्रियों से शारीरिक सम्बन्ध रहेगा। उसका चरित्र संदिग्ध होगा। ऐसा जातक राज्यधिकारी होगा एवं उसका चरित्र संदिग्ध होगा। ऐसा जातक राज्यधिकारी होगा एवं यात्रा (ट्रांसपोर्ट लाईन) से धन कमाएगा। जातक व्यवहारिक होगा। ख्याली बातों में विश्वास न करके, सुनने की जगह देखने से बात का विश्वास करेगा। **'शश योग'** के कारण जातक जीवन में सफल व्यक्ति होगा।

निशानी–कलम विधाता, रिजक। पति-पत्नी के बीच उम्र का अन्तराल ज्यादा होगा। विद्या में विघ्न होगा।

दृष्टि–शनि की दृष्टि भाग्य भवन, लग्न स्थान एवं चतुर्थ भाव पर होगी। शनि की यह दृष्टि भाग्य के द्वार खोलेगी। व्यक्तित्व का विकास होगा तथा सुख में वृद्धि, वाहन-भवन की खरीददारी कराएगी।

अनुभव–भोज संहिता के अनुसार लाभेश यदि सातवें स्थान पर हो तो जातक को स्त्रियों से लाभ होता है। विदेश यात्रा से लाभ होता है। आयात-निर्यात के कार्यों से लाभ होता है। जातक अन्ध श्रद्धालु होगा तथा सुख में वृद्धि, वाहन-भवन की खरीददारी कराएगी।

दशा–शनि की दशा अच्छा फल देगी।

शनि का अन्य ग्रहों से सम्बन्ध–

1. **शनि+सूर्य–नीचभंग राजयोग**–शनि के साथ सूर्य होने में नीचभंग राजयोग के कारण सूर्य का नीचत्व समाप्त होगा। जातक को उच्च शैक्षणिक डिग्री मिलेगी। उत्तम सन्तति होगी। पुत्र, कन्या दोनों का संयोग होगा।
2. **शनि+चन्द्र**–सुखेश चन्द्रमा, सप्तमस्थ शनि के साथ होने पर जातक का पत्नी सुन्दर एवं वाहन तथा भवन सुन्दर होगा।

3. **शनि+मंगल–कुजयुते शिश्न चुम्बनपर**–भृगुसूत्र के अनुसार शनि के साथ मंगल हो तो ऐसी स्त्री कामक्रीड़ा में सम्भोग के पूर्व पुरुष का शिश्न चुम्बन करती है। लग्नाधिपति योग के कारण जातक को प्रत्येक कार्य में सफलता मिलेगी एवं वह शत्रुनाश करने में समर्थ होगा।

4. **शनि+बुध**–तृतीयेश+षष्टेश बुध शनि के साथ होने पर जातक महान पराक्रमी होगा पर गुप्त शुभ बहुत होगे।

5. यदि यहां गुरु चौथे या नवमें स्थान पर हो तो यह जबरदस्त राजयोग होगा। व्यक्ति मिनिस्टर (राजा) होगा।

7. **शनि+शुक्र–किम्बहुना योग**–यदि यहां शनि के साथ शुक्र स्वगृही हो तो इससे अधिक और क्या उत्तम बात होगी। राज्यमूलधन योग एवं लाभमूलधन योग के कारण, जातक को राज्य सरकार एवं केन्द्र सरकार से सम्मान-सहायता मिलेगी। जातक राजनीति में सफल होगा। भृगुसूत्र के अनुसार 'शुक्रयुते भग चुम्बनपर' ऐसा जातक कामक्रीड़ा में स्त्री का भग चुम्बन पशुओं की तरह करता है।

8. शनि+शुक्र+मंगल+गुरु की युति जातक को (राजा) मिनिस्टर बनाएगी। जातक लालबती की गाड़ी का स्वामी होगा।

मेषलग्न में शनि की स्थिति अष्टम स्थान में

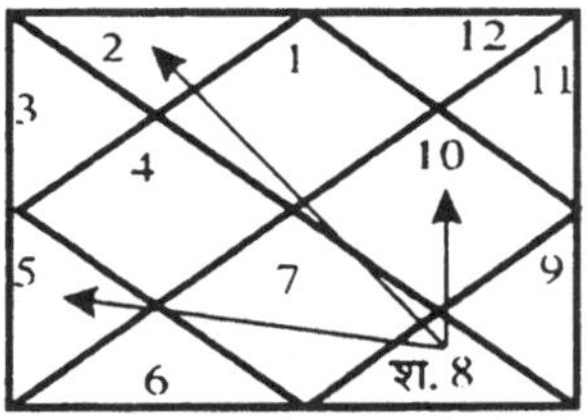

मेषलग्न में शनि दशमेश एवं एकादशेश होने से पापी है। यह लग्नेश मंगल का शत्रु है। अष्टम् स्थान में शनि वृश्चिक राशि का होगा तथा राज्यभंग योग एवं **'लाभभंग योग'** की सृष्टि करेगा।

ऐसे जातक को शनि के समान व्यापार व नौकरी में लाभ होगा। जातक नित नए विषयों की खोज करने वाला, अनुसंधान कर्त्ता, सत्यखोजी होता है। जातक परदेश में रहना एवं एकांकी जीवन जीना पसन्द करेगा। साझेदारी के व्यापार में रुचि रखेगा।

अनुभव–'भोज संहिता' के अनुसार लभेश यदि आठवें हो तो धन का नाश निश्चित है। उपाय अनिवार्य है।

निशानी–हैडक्वाटर। जातक की छाती पर बाल हो तो वह अमीर होगा। आयु लम्बी होगी पर अचानक ऑपरेशन सम्भव है।

दृष्टि–अष्टभाव शनि की दृष्टि राज्य स्थान, धन स्थान एवं पंचम भाव पर होगी। दशम भाव शनि का ही घर है फलतः राज्य (सरकार) से लाभ, धन की हानि या अपव्यय, सन्तान, विद्या की भी हानि कराएगा।

दशा–शनि की दशा अशुभ फल देगी।

शनि का अन्य ग्रहों से सम्बन्ध–

1. **शनि+चन्द्रमा–**शनि चन्द्रमा की युति **'विषयोग'** बनाएगी। जातक की मां को क्षय रोग होगा। जातक स्वयं भी बीमार होगा।
2. **शनि+सूर्य–**पंचमेश सूर्य अष्टम स्थान में शनि के साथ होने में पुत्र हानि का संकेत है। विद्या में भी बाधा आएगी क्योंकि **'विद्याभंग योग'** बनता है।
3. **शनि+मंगल–**यदि शनि के साथ मंगल हो तो जातक को लम्बी बीमारी के बाद मौत मिलेगी। महामृत्युंजय मन्त्र धारण करना शुभद रहेगा। गुरुमुख से महामृत्युंजय मन्त्र ग्रहण करके, नित्य जाप करें।
4. शनि+मंगल+राहु+सूर्य की युति यहां जातक को पत्नी व सन्तान हीन बनाएगी। जीवन कांटों की शय्या के समान पीड़ादायक होगा।
5. **शनि+बुध–**पराक्रेश+षष्टेश बुध अष्टम भाव में शनि के साथ होने से **पराक्रम भंगयोग** बनता है परन्तु हर्षनामक **विपरीत राजयोग** के कारण जातक धनवान होगा।
6. **शनि+गुरु–**भाग्येश+खर्चेश गुरु अष्टम स्थान में शनि के साथ होने में **भाग्यभंग योग** एवं **विपरीत राजयोग** दोनों ही योग बनते है। ऐसा जातक धनवान एवं ऐश्वर्यवान् होगा।
7. **शनि+शुक्र–**धनेश+सप्तमेश शुक्र अष्टम स्थान में शनि के साथ **'धनहीन योग'** एवं **'विवाहभंग योग'** बनाता है। जातक आर्थिक संकट के दौर में गुजरेगा तथा एक बार शादी टूटेगी।
8. **शनि+राहु–**शनि के साथ राहु यहां राजयोगभंग करता है। सरकार में भय रहेगा।
9. **शनि+केतु–**शनि के साथ केतु राजदण्ड दिलाने में सहायक है।

मेषलग्न में शनि की स्थिति नवम स्थान में

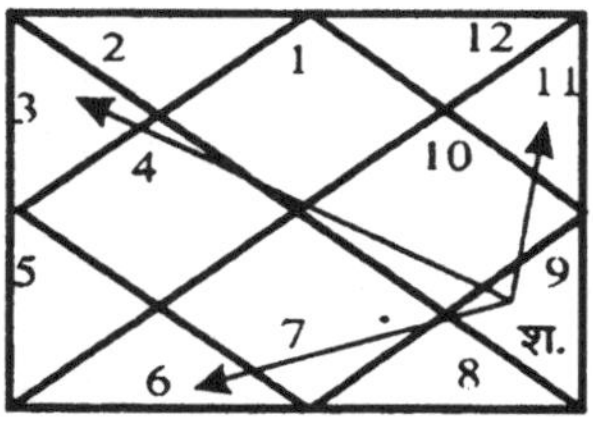

मेषलग्न में शनि राज्येश एवं एकादशमेश होकर पापी है। यह लग्नेश मंगल का शत्रु है। नवम स्थान में शनि धनु राशि में होगा। फलतः ऐसा जातक हठी व क्रोधी होगा। जातक किस्मत वाला होगा। वैज्ञानिक मस्तिष्क व दिल-दिमाग वाला होगा। ऐसा जातक ज्योतिष मन्त्र-तन्त्र, योग, आयुर्वेद इत्यादि गूढ़ विद्याओं में रुचि रखने वाला होता है। जातक दूरदर्शी एवं चिन्तक होता है।

भृगुसूत्र के अनुसार–**'पतित जीर्णोद्धारकः एकोन चत्वारिशद्वर्षे तडाकगोपुर निर्माणकर्त्ताः'** ऐसा जातक पतित, दीनःदुखियों का उद्धार करने वाला एवं 41वें वर्ष में तालाब, प्याऊ, मन्दिर एवं सामाजिक स्थलों का निर्माण कराता है।

निशानी–कलम विधाता, मकान मर्दा। पिता का सम्पत्ति में बाधा। अपना मकान खुद बनाएगा।

दृष्टि–शनि की दृष्टि लाभ स्थान पर है जो उसके स्वयं का घर है। पराक्रम स्थान एवं

षष्टम स्थान पर शनि की पूर्ण दृष्टि है। शनि व्यापार-व्यवसाय में लाभ कराएगा परन्तु पराक्रम में हानि कराएगा। शत्रु व रोग से नुकसान करा सकता है। इसका बचाव जरूरी है।

अनुभव–'भोज संहिता के अनुसार लाभेश यदि भाग्य स्थान में है तो जातक पिता से, धार्मिक संस्था के माध्यम से रुपया कमाएगा।

दशा–शनि की दशा भाग्योदय भी कराएगी। नुकसान भी देगी। जीवन में मिला-जुला फल मिलेगा।

शनि का अन्य ग्रहों से सम्बन्ध–

1. **शनि+सूर्य**–शनि के साथ सूर्य जातक का भाग्योदय सरकारी क्षेत्र में कराएगा। जातक को राज-सरकार में सम्मान मिलेगा।
2. **शनि+चन्द्र**–शनि के साथ चन्द्रमा जातक को मकान का सुख देगा। माता का सुख देगा परन्तु मां बीमार रहेगी। मकान भी मरम्मत मांगेगा।
3. **शनि+मंगल**–शनि के साथ मंगल जातक को बड़ी भूमि का स्वामी बनाएगा। परन्तु भूमि में विवाद रहेगा।
4. **शनि+बुध**–शनि के साथ बुध जातक को महान पराक्रमी बनाएगा।
5. **शनि+गुरु**–यदि शनि के साथ गुरु हो तो जातक धर्मबुद्धि प्रधान होगा। माता-पिता का भक्त होगा। जातक को पिता की सम्पत्ति मिलेगी।
6. **शनि+शुक्र**–शनि के साथ शुक्र जातक को धनशाली बनाएगा। विवाह के बाद जातक का भाग्योदय होगा।
7. **शनि+राहु**–शनि के साथ राहु भाग्य में रुकावट का संकेत देता है।
8. **शनि+केतु**–शनि के साथ व्यक्ति के आजीविका के साधन बदलता रहेगा।
9. शनि+शुक्र+गुरु+चन्द्र की युति जातक को राजा तुल्य ऐश्वर्य-वैभव एवं सम्पदा की स्वामी बनाएगी।

मेषलग्न में शनि की स्थिति दशम स्थान में

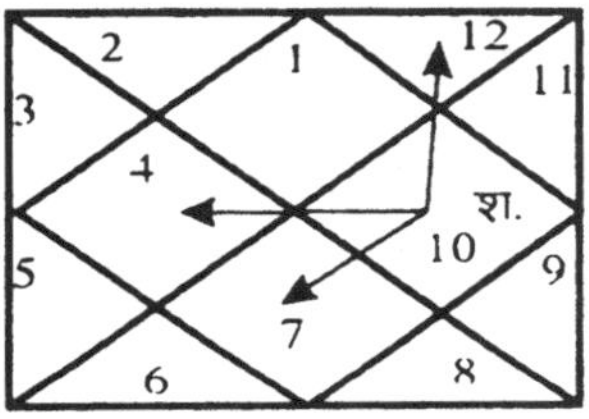

मेषलग्न में शनि दशमेश एवं एकादशेश होने से पापी है। शनि मंगल का शत्रु है। दशम स्थान में शनि मकर राशि में स्वगृही होने से शुभफलदाई हो जाएगा। मानसागरी के अनुसार–**"धनवान प्रायः शूरो, मन्त्री व दण्डनायकः पुरुषः दशमस्थे रवितनये, वृन्दपुर ग्राम नेता वा।"** श्लोक 12/पृ. 244

ऐसा व्यक्ति अथाह धन सम्पत्ति को स्वामी होता है। जातक सांसद, मंत्री, राजा, न्यायाधीश का दण्डनायक होता है। **'शश योग'** के कारण जातक निश्चय ही राजपुरुष होता है। राजनीतिज्ञ होता हैं। जातक के पिता की लम्बी आयु होती है। जातक ज्योतिष, मन्त्र-तन्त्र, गूढ़ विद्याओं का जानकार होता है।

अनुभव—भोज संहिता के अनुसार लाभेश यदि दशमभाव है तो जातक धार्मिक कार्यों व संस्थाओं के माध्यम में रुपया कमाएगा।

दशा—शनि की दशा शुभफल देगी।

निशानी—लेख का कोरा, खाली कागज। विद्या में विघ्न आएगा।

दृष्टि—स्वगृही शनि की दृष्टि व्ययभाव, सुखभाव एवं सप्तम भाव पर होगी। फलतः खर्च बढ़ेगा। सुख में वृद्धि होगी। नए वाहन, पुराने भवन की खरीददारी होगी। पत्नी-पक्ष, ससुराल से लाभ होगा। जातक भोजन का शौकीन नहीं होगा।

शनि का अन्य ग्रहों से सम्बन्ध—

1. **शनि+सूर्य**—यहां शनि के साथ सूर्य जातक को राज-सरकार में ऊंचा पद-स्थान दिलाता है। परन्तु भाग्योदय पिता की मृत्यु के बाद होगा।
2. **शनि+चन्द्र**—यहां शनि के साथ चन्द्रमा उत्तम वाहन, भवन एवं माता का सुख देता है पर तीनों कुछ न कुछ न्यूनता बनी रहेगी।
3. यदि शनि के साथ मंगल हो तो **'किम्बहुना योग'** बनेगा। जातक करोड़पति होगा। जातक दम्भी व हठी होगा, पर राजातुल्य ऐश्वर्य को भोगेगा।
4. **शनि+बुध**—शनि के साथ बुध जातक का पराक्रम बढ़ाएगा पर जातक को गुप्त रोग एवं गुप्त बीमारी लगी रहेगी।
5. **शनि+गुरु**—शनि के साथ गुरु **'नीचभंगराज योग'** बनाएगा। जातक राजातुल्य पराक्रमी होगा। यशस्वी होगा एवं प्रतिष्ठित होगा।
6. **शनि+शुक्र**—शनि के साथ शुक्र विवाह के बाद जातक का भाग्योदय कराता है। जातक विवाह के बाद महाधनी होगा।
7. **शनि+राहु**—शनि के साथ राहु राजकाज में बाधा दिलाएगा।
8. **शनि - केतु**—शनि के साथ केतु सरकारी क्षेत्र में पीड़ा दिलाएगा।
9. यहां पर शनि+मंगल+गुरु+चन्द्र की युति जातक को (राजा) मिनिस्टर बनाएगी। जातक लालबत्ती की गाड़ी का हकदार होगा।

मेषलग्न में शनि की स्थिति एकादश स्थान में

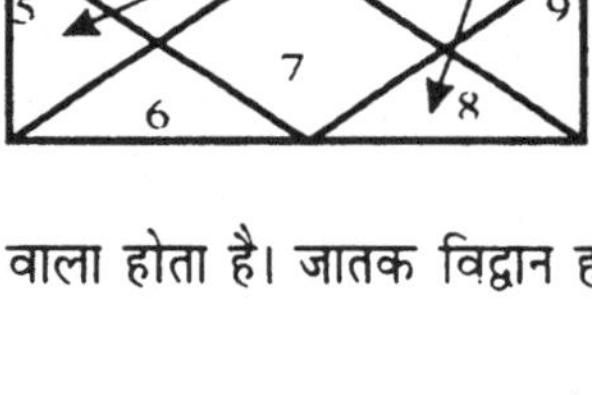

मेषलग्न में शनि दशमेश एवं एकादशेश होने से पापी है। यह लग्नेश मंगल का शत्रु है। एकादश स्थान में शनि **'कुम्भ राशि'** का स्वगृही होगा। जातक भाग्यशाली अच्छी किस्मत वाला, राज्याधिकारी होता है। बुजुर्गों की सम्पत्ति पाने वाला—**'बहुधनी विघ्नकरः भूमिलाभः राजपूजकः'** भृगुसूत्र के अनुसार जातक राजा से, सरकार से राज सम्मान, लाभ पाने वाला होता है। जातक विद्वान होगा। जातक के अनेक वाहन होंगे। जातक जिद्दी होगा।

दृष्टि–स्वगृही शनि की दृष्टि लग्नस्थान, पंचम भाव एवं अष्टम स्थान पर होगी। व्यक्तित्व में बढ़ोतरी होगी। शनि पांच पुत्र देगा तथा आयु में बढ़ोतरी देता है व संकट से बचाएगा।

निशानी–लिखे विधाता, स्वयं विधाता। अल्प सन्तति होगी।

अनुभव–**'भोज संहिता'** के अनुसार लाभेश लाभ स्थान में यदि मूल त्रिकोण राशि में है तो जातक अपने व्यापार-व्यवसाय में बहुत रुपया कमाएगा एवं अत्यधिक धनी व्यक्ति होगा।

दशा–शनि की दशा शुभफल देगी।

शनि कीं अन्य ग्रहों से सम्बन्ध–

1. **शनि+सूर्य**–शनि के साथ सूर्य जातक को उद्योगपति बनाएगा। जातक के प्रथम पुत्र होगा अथवा पुत्र उत्पत्ति के बाद जातक का भाग्योदय होगा।
2. **शनि+चन्द्र**–शनि के साथ चन्द्रमा होने से जातक को माता की सम्पत्ति मिलेगी। कृषि या अन्य भूमि का लाभ होगा।
3. **शनि+मंगल**–शनि के साथ मंगल होने में जातक को परिश्रम का लाभ मिलेगा परन्तु संघर्ष के बाद ही सफलता मिलेगी।
4. **शनि+बुध**–शनि के साथ बुध पराक्रम में वृद्धि कराएगा। जातक एक से अधिक प्रकार के उद्योग एवं व्यापार में रुचि रखेगा।
5. यहां शनि के साथ भाग्येश गुरु भी हो तो यह युति जबरदस्त राजयोग कारक है। जातक राजातुल्य ऐश्वर्य को भोगेगा।
6. **शनि+शुक्र**–शनि के साथ शुक्र होने से जातक की पत्नी सुंदर एवं धनाढ्य होगी।
7. **शनि+राहु**–शनि के साथ राहु व्यापार में नुकसान कराता है तथा व्यापार में बदलाव भी लाता है।
8. **शनि+केतु**–शनि के साथ केतु व्यापार-उद्योग में ही लाभ दिलाता है। विदेश व्यापार में लाभ रहेगा।
9. शनि+सूर्य+गुरु+चन्द्र की युति जातक को करोड़पति बनाएगी। जातक बड़ा उद्योगपति होगा। उसकी सन्तान भी उद्योगपति होगी।

एकादश भाव में शनि का उपचार–

1. शराब या तेल 43 दिन तक धरती पर गिराएं।
2. कहीं जाने से पहले जल से भरा पात्र देंखे।
3. बीमारो में कम से कम एक वर्ष तक स्त्री से शारीरिक सम्पर्क न करें।
4. परायी स्त्री से दूर रहना अति आवश्यक है।
5. नया काम शुरू करने से पहले कुम्भ रखना।
6. दक्षिण के दरवाजे वाले मकान में न रहना।
7. घर में चांदी की ईंट रखना शुभ रहेगा।

8. स्कन्ध पुराणोक्त शनि स्तोत्र का पाठ करें।
9. नीलमयुक्त शनियंत्र धारण करें।

मेषलग्न में शनि की स्थिति द्वादश स्थान में

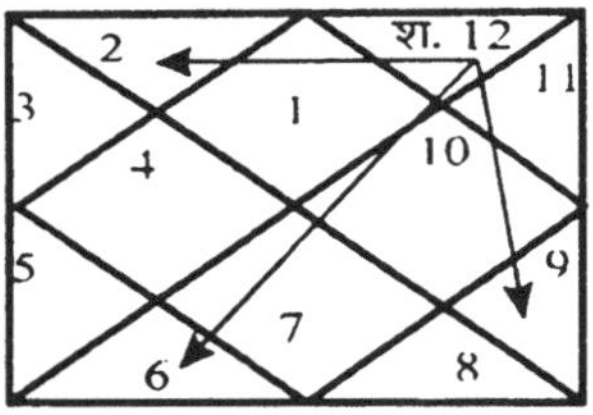

मेषलग्न में शनि राज्येश व एकादशेश होने से पापी है। शनि मंगल का शत्रु है। द्वादश स्थान में शनि मीन राशि का होगा। बारहवां शनि अकाल मृत्यु। ऐक्सीडेन्ट कराता है।

भृगुसूत्र के अनुसार–**पतितः विकलांगः पापयुते नेत्रच्छेदः** ऐसा जातक पतित, विकलांग होता है। जातक बड़े परिवार, जमीन-जायदाद का स्वामी होता है। जातक परोपकारी होगा, त्यागी होगा। माया को पेशाब की धार समझने वाला, वृद्धावस्था में संन्यासी होगा।

अनुभव–'भोजसंहिता' के अनुसार लाभेश यदि द्वादश स्थान में है तो जातक के बड़े भाई की मृत्यु होगी। जातक को धन का नुकसान जरूरी है। जातक का रुपया फालतू कार्यों में खर्च होगा।

निशानी–कलम विधाता, आराम। जातक के सिर पर टाट (गंजापन) होगा। धार्मिक कार्य में रुपया खर्च होगा।

दृष्टि–शनि की दृष्टि धन में बढ़ोतरी देगी। शत्रु का नाश करेगी एवं भाग्य का द्वार खोलेगी। क्योंकि शनि की पूर्ण दृष्टि धनस्थान, षष्टम् भाव एवं भाग्य (नवम्) भाव पर है। शनि मीन राशि का होना इतना अशुभ फलदाई नहीं होगा, जितना होना चाहिए। विदेश में कमाने के योग ज्यादा हैं।

दशा–शनि की दशा मिश्रित फलदायक है। शुभ-अशुभ दोनों फल की प्राप्ति होगी।

शनि का अन्य ग्रहों से सम्बन्ध–

1. **शनि+सूर्य**–शनि के साथ सूर्य विद्या एवं संतान में बाधक है।
2. **शनि+चन्द्र**–शनि के साथ चन्द्रमा **'सुखहीनयोग'** बनाता है। माता का सुख, वाहन का सुख कमजोर रहेगा।
3. **शनि+मंगल**–शनि के साथ मंगल **'लग्नभंगयोग'** बनाता है जातक को परिश्रम का लाभ नहीं मिलेगा।
4. **शनि+बुध**–शनि के साथ बुध **'विपरीत राजयोग'** बनाता है जातक धनी होगा। परन्तु अपयश मिलेगा।
5. **शनि+गुरु**–शनि के साथ गुरु **'भाग्यभंग योग'** बनाता है। जातक का भाग्योदय मध्यम आयु के बाद होगा।

यदि यहां शनि के साथ बुध+मंगल की युति हो तो यह भी जबरदस्त राजयोग बनेगा। जातक राजातुल्य ऐश्वर्य को भोगेगा, पर जातक की शत्रुओं से लड़ना पड़ेगा।

6. **शनि+शुक्र**—शनि के साथ शुक्र जातक का भाग्योद्य विवाह के बाद एवं विदेश यात्रा के बाद कराता है।
7. **शनि+राहु**—शनि के साथ राहु जातक के खराब सपने देगा। दुर्घटना कराएगा।
8. **शनि+केतु**—विदेश यात्रा में लाभ देगा।
9. यदि यहां शनि+शुक्र+गुरु+बुध की युति हो तो जातक (राजा) मिनिस्टर होगा। शहर का प्रमुख 'मेयर' होगा एवं परोपकारी, दयालु एवं मानवधर्म का उपासक होगा।
10. यदि बारहवें पापग्रह राहु, केतु या सूर्य हो तो एक नेत्र (बाई आंख) का नाश होगा। विदेश यात्रा में धोखा होगा। जातक को जेल भी जाना पड़ सकता है

❑❑❑

मेषलग्न में राहु की स्थिति

मेषलग्न में राहु की स्थिति प्रथम स्थान में

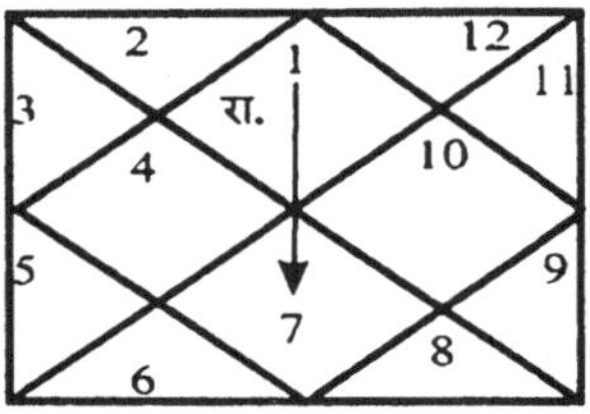

मेषलग्न के प्रथम स्थान में राहु मेष राशि (अग्निसंज्ञक राशि) मंगल के घर में होगा। ऐसे जातक का जन्म अस्पताल या ननिहाल में होता है। जातक अच्छी सेहत वाला धनवान होता है। राजदरबार (सरकार) में मान-सम्मान इज्जत पाने का भूखा होता है। जातक बड़े परिवार वाला होता है। चरलग्न में राहु होने पर जातक एक जगह टिक कर नहीं बैठता। जातक कामी होता है।

निशानी–सीढ़ी पर चढ़ने वाला हाथी। चेहरे (सिर) पर काले रंग का निशान होता है। जातक अस्त्र-शस्त्र से चोट खाने वाला धैर्यहीन होता है। बचपन में बीमार रहेगा।

अनुभव–राहु-केतु छायाग्रह, इनका कोई शारीरिक अस्तित्व नहीं है। स्वतन्त्र सत्ता नहीं है। अत: अनेक प्राचीन विद्वानों ने इन्हें ग्रह माना ही नहीं। इसका कारण उनकी स्थूल सोच थी। जिस पर मनुष्य के शरीर की छाया का कोई वजन, तौल, भार अथवा शरीर में हटकर अलग से स्वतन्त्र अस्तित्व नहीं हो सकता परन्तु उसकी सत्ता से कोई इंकार नहीं कर सकता। ठीक इसी प्रकार राहु व केतु का फलादेश अक्षुण्ण है, अकाट्य है। फलित ज्योतिष से यदि ये दोनों ग्रह नहीं हो तो फलादेश की सार्थकता ही नष्ट हो जाए। अत: फलादेश करते समय इनकी सूक्ष्म गतिविधियों का सफल अध्ययन कुशल ज्योतिषी को करना चाहिए। एक बात और है राहु अंधेरा है, धुआं है, पर्दे के पीछे छिपी हुई वस्तु है। राहु जन्मकुण्डली के जिस भाव में बैठेगा, वहां भ्रम उत्पन्न करेगा, यह निश्चित है।

मेषलग्न का राहु शारीरिक नैरोग्य–शारीरिक बल इतना देता है कि जातक अपने यौवन से अनेक स्त्रियों का उपभोग लेने में समर्थ होता है। अपनी स्त्री से असंतुष्ट रहने से व्याभिचारी वृति भी होती है। परन्तु मेषलग्न में राहु वाला व्यक्ति उदार हृदय का होता है। कब क्या कर बैठेगा, इसका अंदाज किसी को नहीं होगा।

दशा–भोज संहिता के अनुसार राहु की दशा संघर्षशील साबित होगी।

राहु का अन्य ग्रहों से सम्बन्ध

1. **राहु+सूर्य**–यहां राहु के साथ सूर्य उच्च का होकर **'रविकृत राजयोग'** बनाएगा। ऐसा जातक तेजस्वी होगा। पर राजदण्ड से भ्रमित होगा।
2. **राहु+चन्द्र**–यहां राहु के साथ चन्द्रमा मातृसुख को तोड़ेगा।
3. **राहु+मंगल**–यदि राहु के साथ मंगल हो तो **'रुचक योग'** बनेगा। जातक लम्बा होगा। महापराक्रमी होगा। हठी, जिद्दी व क्रोधी होगा पर दयावान भी होगा। जातक कामातुर होगा।
4. **राहु+बुध**–यहां राहु के साथ बुध जातक को पराक्रमी बनाएगा।
5. **राहु+गुरु**–यदि राहु के साथ गुरु हो तो **'चाण्डाल योग'** होगा। जातक अभक्ष्य भक्षण करेगा।
6. **राहु+शुक्र**–यहां राहु के साथ शुक्र जातक को सुन्दर पत्नी देगा। पर जीवनसाथी स्वेच्छाचारी होगा।
7. **राहु+शनि**–यदि राहु के साथ शनि हो तो जातक निष्ठुर होगा। न्यायप्रिय होगा पर आसानी से किसी के काबू में नहीं आएगा जातक कहेगा कुछ व करेगा कुछ। उसका व्यवहार संदिग्ध होगा।
8. यदि सूर्य+चन्द्र के साथ राहु हो तो **'ग्रहण योग'** होगा। ऐसे जातक का जन्म वैशाखकृष्ण अमावस्या को सूर्योदय के समय हुए ग्रहणकाल में होगा। ऐसा जातक मितव्ययी एवं सदारोगी होगा।

प्रथम भाव में राहु का उपचार–

1. शनिवार को काले कुत्ते को रोटी खिलावें।
2. शनिवार के दिन काला वस्त्र न पहने।
3. सूर्यग्रहण, चन्द्रग्रहण के समय दान-दक्षिणा, मंत्र पाठ करे।
4. शनिवार के दिन जौ के आटे की गोलियां मछलियों को खिलावें।
5. राहु के मंत्र का जाप करें, दशांश हवन करे एवं राहु की वस्तुओं का दान करें।
6. हाथी दांत की मूर्ति या वस्तुएं घर में न रखे।

मेषलग्न में राहु की स्थिति द्वितीय स्थान में

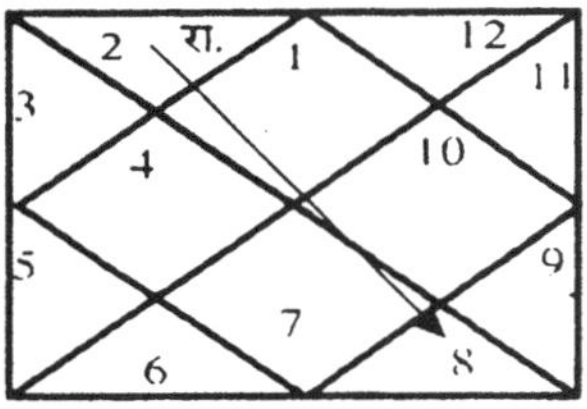

मेषलग्न में द्वितीय स्थान में राहु वृष राशि (स्थिर राशि) में होगा। राहु शुक्र के घर में शुक्र से प्रभावित होगा। जातक परोपकारी होगा। जीवन में उतार-चढ़ाव बहुत आएंगे। मिट्टी से सोना या कभी सोने से मिट्टी बनाएगा। 34 वर्ष की आयु के बाद दो विवाह की सम्भावना रहेगी। धन के घड़े में

छेद है। जातक रुपया इक्कठा नहीं कर पाएगा। जातक कठोर वचन बोलने वाला होता है।

निशानी–बरसाती बादल। जातक की ठोड़ी के पास काला तिल (लांछन) होगा। जातक के दांत जल्दी खराब होंगे।

अनुभव–'राहुशनिवत् केतुः कुजवत्' राहु शनि के समान एवं केतु मंगल के समान फल देता है। बुध-शुक्र और शनि राहु के मित्र ग्रह हैं। राहु के लिए मंगल शत्रु है। राहु की उच्च राशि मिथुन, स्वगृह कन्या है। नीच राशि धनु है और सिंह राशि में राहु हर्षित रहता है। राहु की मूल त्रिकोण राशि कर्क कही गई है वृष का राहु मित्र क्षेत्री होता है। कई विद्वान राहु को वृष में उच्च का मानते हैं पर वृष के राहु वाला व्यक्ति लोगों के काम में बहुत दखल देने वाला होता है। राहु धन भाव में हो तो मनुष्य कुबेर के समान दौलत वाला हो तो भी निर्धन होता है। उसे धन की कमी बराबर सताती रहती है। जातक की वाणी अपवित्र (अप्रिय) होती है। मनुष्य झूठ बोलने वाला होता है।

दशा–राहु की दशा संघर्षशील साबित होगी। सही फलादेश हेतु शुक्र की स्थिति का अध्ययन करना भी जरूरी है।

राहु का अन्य ग्रहों से सम्बन्ध–

1. **राहु+सूर्य**–पंचमेश सूर्य राहु के साथ यहां होने से विद्या में निश्चित बाधा आएगी। विद्या व सन्तति को लेकर धन का अपव्यय होगा।
2. **राहु+चन्द्र**–राहु के साथ उच्च का चन्द्रमा जातक के सुख ऐश्वर्य में वृद्धि करेगा।
3. **राहु+मंगल**–यदि राहु के साथ मंगल हो तो पत्नी की मृत्यु पहले होगी।
4. **राहु+बुध**–राहु के साथ बुध जातक के पराक्रम को तोड़ता है।
5. **राहु+गुरु**–राहु के गुरु भाग्योदय में बाधक है। जातक को भाग्योदय व धनप्राप्ति हेतु बाधाओं का सामना करना पड़ेगा।
6. **राहु+शुक्र**–राहु के साथ शुक्र विलम्ब विवाह कराएगा।
7. **राहु+शनि**–राहु के साथ शनि व्यापार-व्यवसाय में वांछित लाभ में बाधक है।

द्वितीय भाव में राहु का उपचार–

1. श्रीसूक्त का सुबह-शाम नित्य पाठ करें।
2. श्रीयंत्र+कनकधारा यंत्र+कुबेर यंत्र का नित्य पूजन, दर्शन करें।
3. राहु शान्ति का प्रयोग करें।
4. कड़वा वचन किसी को न बोलें।
5. धन प्राप्ति हेतु दूर्वा एवं काले तिल से राहु का हवन करें।

मेषलग्न में राहु की स्थिति तृतीय स्थान में

मेषलग्न में तृतीय स्थान में राहु मिथुन राशि (वायुराशि) में होगा। मिथुन राशि में राहु उच्च का कहा गया है। ऐसा जातक विद्वान व कलम का धनी होगा। उसकी कलम में तलवार

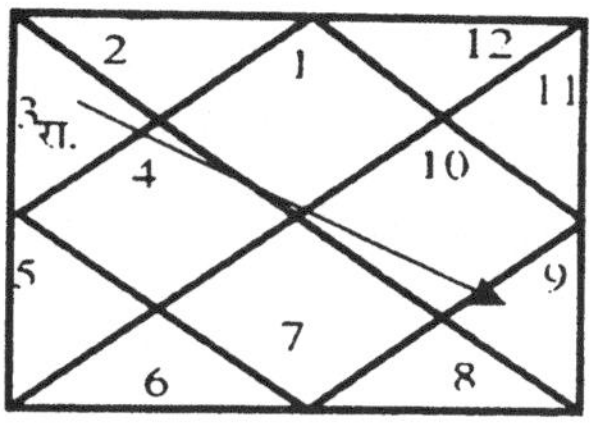

से अधिक ताकत होगी। जातक भाई-बन्धु, परिजनों की सेवा करेगा। स्वप्न में जो भी दिखेगा, सच हो जाएगा। जातक स्त्री-सन्तान से सुखी होगा। परन्तु भाइयों से मनमुटाव रहेगा। जातक गरम मिजाज का होगा।

निशानी–आयु और धन का स्वामी। दाएं बाजु पर काले रंग का तिल या निशान होगा।

अनुभव–मिथुन में राहु वाला व्यक्ति 'छिन्द्रान्वेषक' होता है। अपने मित्रों व परिजनों के कार्यों में दोष ढूँढता रहता है। 'त्रिषट् एकादशे राहु:' के अनुसार तृतीयस्थ राहु वाला जातक जबरदस्त बाहुबली होता है। सारा संसार उसे सगे भाई की तरह आदर देगा। परन्तु सहोदर भाई का नाश होता है।

दशा–राहु की दशा में भाग्योदय के अवसर प्राप्त होंगे पर 'भोज संहिता' के अनुसार भाइयों, परिजनों एवं मित्रों से धोखा इसी दशा में मिलेगा। राहु के साथ यदि शनि या बुध हो तो राहु की दशा ठीक जाएगी।

राहु का अन्य ग्रहों से सम्बन्ध–

1. **राहु+सूर्य**–राहु के साथ सूर्य विद्या में बाधा डालेगा। कुटुम्ब में कलह होगा।
2. **राहु+चन्द्र**–राहु के साथ चन्द्रमा, मातृपक्ष से विरोध उत्पन्न करेगा। पराक्रम व मान भंग का भय रहेगा।
3. **राहु+मंगल**–राहु के साथ मंगल भाइयों में विरोध, मित्रों से धोखा दिलाएगा।
4. **राहु+बुध**–राहु के साथ बुध मिश्रित फल देगा। मित्रों से लाभ एवं विरोध दोनों उत्पन्न करता रहेगा।
5. **राहु+गुरु**–राहु के साथ गुरु व्यक्ति को फिजूल खर्च बनाएगा।
6. **राहु+शुक्र**–राहु के साथ शुक्र धन का अपव्यय मित्रों के लिए कराएगा। स्त्री को लेकर धन खर्च होगा।
7. **राहु+शनि**–राहु के साथ शनि राज्य सुख में बाधा, व्यापार-व्यवसाय में बाधा पंहुचाएगा।

तृतीय भाव में राहु का उपचार–

1. भाई-कुटुम्बीजनों को पलटकर जबाब न दें।
2. गलत व्यक्तियों एवं व्याभिचारी स्त्रियों की सौबत से बचे।
3. जौ रात्रि सिरहाने रखकर प्रात: जानवरों या किसी गरीब को भेंट करे।
4. बड़े भाई या बहन से लड़ने पर चूल्हे की आग बुझ जाएगी।

मेषलग्न में राहु की स्थिति चतुर्थ स्थान में

मेषलग्न के चतुर्थ स्थान में राहु कर्क राशि का होगा। कर्क राशि चर राशि है। जलचर है। राहु चन्द्रमा के प्रभाव में रहेगा। ऐसा जातक धनवान एवं माता-पिता का सेवक होगा। कर्क

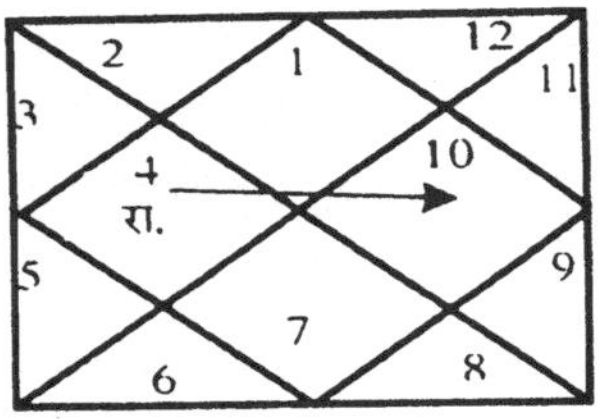

के राहु के कारण जातक पिस्तौल-बन्दूक या घातक हथियार साथ रखने का शौकीन होगा। उच्च पदाधिकारी होगा। घर के सुख में कुछ न कुछ कमी न्यूनता रहेगी। सभी सुख के साधन उपलब्ध होते हुए भी जातक सुखी नहीं होगा। विद्या में विघ्न होगा।

निशानी–धर्मी मगर, धन के आम गए। छाती पर काले रंग का तिल या दाग होगा।

अनुभव–कर्क राहु की मूल त्रिकोण राशि मानी गई है। यहां राहु हर्षित रहता है परन्तु ऐसा जातक लोगों के काम में दखल देने वाला, निरंकुश जातक होता है। चतुर्थ भावस्थ राहु व्यक्ति की माता को बीमार रखता है। अथवा चतुर्थस्थ राहु सौतेली मां का योग कराता है। माता को लेकर चिन्ता बनी रहती है। 'भोज संहिता' के अनुसार ऐसे जातक का मन घर में नहीं लगेगा। घर में बैचेन व बाहर मस्त रहेगा।

दशा–राहु की दशा संघर्षशील रहेगी। यदि चन्द्रमा की स्थिति कुण्डली में खराब है तो राहु की दशा खराब जाएगी। यदि चन्द्र की स्थिति शुभ है तो दशा मध्यम फलकारी साबित होगी।

राहु का अन्य ग्रहों से सम्बन्ध–

1. **राहु+सूर्य**–राहु के साथ सूर्य विद्या में, भौतिक सुखों में बाधक है।
2. **राहु+चन्द्र**–राहु के साथ चन्द्रमा माता को बीमार करेगा। जातक परम उत्तम (चार पहियों का) वाहन होगा।
3. **राहु+मंगल**–राहु के साथ मंगल नीच का होने से जातक लड़ाकू होगा।
4. **राहु+बुध**–राहु के साथ बुध व्यापार में हानिकारक है। वाहन दुर्घटना का भय बना रहेगा।
5. **राहु+गुरु**–राहु के साथ गुरु पिता के सुख में बाधक है।
6. **राहु+शुक्र**–राहु के साथ शुक्र पत्नी मनमुटाव उत्पन्न करेगा। वाहन दुर्घटना का भय बनाएगा।
7. **राहु+शनि**–राहु के साथ शनि, व्यापार में नुकसान, भौतिक सुखों की प्राप्ति में बाधक है।

चतुर्थ भाव में राहु का उपचार–

1. तेजगति के वाहन से दूर रहें।
2. माता, बुआ या बड़ी बहन की बीमारी में लापरवाही न रखें।
3. राहु के वैदिक मंत्रों का जाप करें।
4. राहु शान्ति प्रयोग करें।

मेषलग्न में राहु की स्थिति पंचम स्थान में

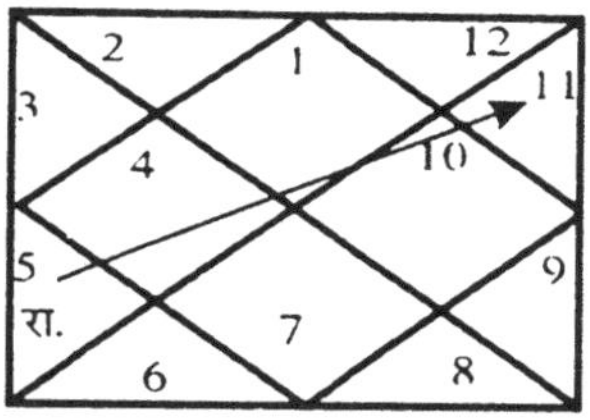

मेषलग्न के पंचम स्थान में राहु सिंह राशि का होगा। सिंह राशि अग्नि संज्ञक व स्थित राशि है। राहु सूर्य के **प्रभाव** में होने के कारण जातक गुस्सैल, क्रोधी प्रवृत्ति का शीघ्र भड़कने वाला व्यक्ति होगा। जातक व्यापारी होगा पर सन्तान के लिए तरसेगा। भृगुसूत्र के अनुसार–**'पुत्राभाव सर्पशापात् सुतक्षय, नागप्रतिष्ठया पुत्र प्राप्ति।'** सर्प के शाप से पुत्र का अभाव हो पर नाग की प्रतिष्ठ कालसर्पशक्ति करने से पुत्र की प्राप्ति होगी। जातक उच्च अधिकारियों से लाभ प्राप्त करने वाला होगा।

निशानी–शरारती-सन्तान। जातक के पेट या पीठ पर काला तिल या दाग होगा। पांचवा स्थान 'पूर्वजन्मकृत पुण्य' का होता है। ऐसे जातक की कुण्डली में पूर्व जन्मकृत पुण्य का अभाव रहता है।

अनुभव–सिंह राशि राहु की प्रिय राशि है। जिसमें वह प्रमुदित रहता है। राहु सिंह का हो तो निर्जन प्रदेश में निवास करके भी मनुष्य यथेष्ट धन अर्जित कर लेता है। ऐसा जातक दयालु होता है। परन्तु पंचमस्थ राहु पुत्रसुख में बाधक है। यह पहली सन्तान को मारता है। पंचम भावस्थ राहु को लेकर 'पद्मनामक' कालसर्पयोग बनता है। ऐसा जातक कितना भी डॉक्टरी ईलाज करा ले पर उसे पुत्र सन्तति नहीं होती। ऐसी सैकड़ों कुण्डलियां हमारे संग्रह में है परन्तु कालसर्पयोग की शान्ति विधि-विधान से तीन बार करा लेने पर लोगों के सन्तति हुई है। ऐसा प्रत्यक्ष अनुभव (चमत्कार) हमारे द्वारा कई लोगों को प्राप्त हुआ है। यहां आकर मानना ही पड़ता है कि मनुष्य का कर्म (परिश्रम) भाग्य के सामने वृथा है। कर्म फल प्राप्ति के लिए अनिवार्य है। परन्तु शुभ-अशुभ फल दैवकृपा से ही मिलता है अकेला पुरुषार्थ व्यर्थ है।

दशा–'भोजसंहिता' के अनुसार राहु की दशा अनिष्ट फल देगी।

राहु का अन्य ग्रहों से सम्बन्ध–

1. **राहु+सूर्य**–राहु के साथ सूर्य स्वगृही विद्या से लाभ, पुत्र सन्तति देरी से होगी। पर पुत्र तेजस्वी होगा।
2. **राहु+चन्द्र**–राहु के साथ चन्द्रमा सन्तान सुख में बाधक है पर मातृदोष की शान्ति के बाद उत्तम सन्तति होगी।
3. **राहु+मंगल**–राहु के साथ मंगल भाइयों के सुख एवं पुत्र सुख में बाधक (अवरोधक) है।
4. **राहु+बुध**–राहु के साथ बुध होने से व्यक्ति की मामा एवं मातृपक्ष से कम पटेगी।
5. **राहु+गुरु**–राहु के साथ गुरु जातक की विद्या को बिगाड़ेगा एवं भाग्योदय में भी देरी कराएगा।

6. **राहु+शुक्र**–राहु के साथ शुक्र जातक के वैवाहिक सुख में बाधक है।
7. **राहु+शनि**–राहु के साथ शनि व्यापार में नुकसान देगा।

पंचम भाव में राहु का उपचार–

1. संतान गोपाल स्तोत्र का नित्य पाठ करें।
2. राहु के तांत्रिक मंत्रों का जाप, हवन एवं तर्पण करें।
3. राहु की वस्तुओं का दान करें।
4. पितृदोष या कालसर्पयोग की शान्ति करावे।

मेषलग्न में राहु की स्थिति षष्टम स्थान में

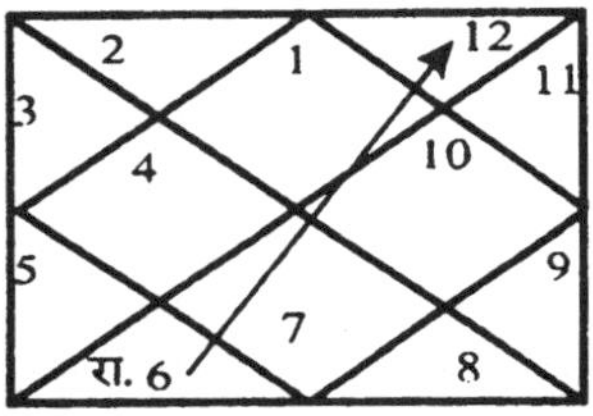

मेषलग्न में षष्टम भाव में राहु कन्या राशि का होगा। कन्या राशि द्विस्वभाव राशि एवं वायु तत्त्व प्रधान है। इसमें राहु उच्च का कहा गया है।

ऐसा जातक बुराई के कामों से दूर रहने वाला, धीरवान और अतिसुखी होता है। ऐसा जातक दृढ़ निश्चयी होता है। लम्बी आयु का स्वामी एवं शत्रुओं पर विजय पाने वाला साहसी होता है। उसके शत्रु उसकी प्रतापग्नि में नित्य जलते हैं। ऐसा जातक अपनी किस्मत आप चमकाता है। जातक के जीवन में शत्रु या रोग का प्रकोप अवश्य रहेगा।

निशानी–फांसी काटने वाला सहायक हाथी। नाभि के नीचे काले रंग का तिल या दाग होता है। छठे भाव में राहु वाले व्यक्ति को शीघ्र लग जाती है।

अनुभव–छठे भाव में राहु शत्रुओं के जंगल को भस्मसात करने की शक्ति रखता है। परन्तु उसे चाचा-मामा का सुख नहीं होता।

दशा–राहु की दशा अनिष्ट फल देगी।

राहु का अन्य ग्रहों से सम्बन्ध–

1. **राहु+सूर्य**–राहु के साथ सूर्य होने के कारण जातक के जीवन में स्थिरता पुत्र जन्म के बाद ही आएगी। पुत्र जन्म भी देवताओं की उपासना व कृपा से होगा।
2. **राहु+चन्द्र**–'इन्दुयुते राजस्त्री भोगी' (भृगुसुत्र) राहु के साथ यहां पर यदि चन्द्रमा हो जातक राजा की स्त्री, राजमंत्री की पत्नी से गुप्त सम्बन्ध रखता है।
3. **राहु+मंगल**–राहु के साथ मंगल होने से जातक को परिश्रम का लाभ 34 वर्ष की आयु के बाद मिलेगा।
4. **राहु+बुध**–यदि बुध भी राहु के साथ है तो पराक्रम भंग होगा। जातक अवश्य जेल जाएगा।
5. **राहु+गुरु**–राहु के साथ गुरु जातक को राजयोग देगा परन्तु संघर्ष के बाद देगा।
6. **राहु+शुक्र**–राहु के साथ शुक्र सम्पूर्ण विवाह सुख में बाधक है।

7. **राहु+शनि**–राहु के साथ शनि जातक को व्यापार एवं व्यवसाय सुख में बाधक है।

षष्टम भाव में राहु का उपचार–

1. राहु कवच का नित्य पाठ करे।
2. चांदी की ठोस गोली जेब में रखें।
3. राहु पंचविंशति स्तोत्र का हवनात्मक प्रयोग करें।
4. राहु की वस्तुओं का दान करें।
5. रात्रि को गहरी नींद में सोए हुए व्यक्ति को भूरे-काले रंग का कम्बल ओढ़ाकर चुपचाप चले जाए।

मेषलग्न में राहु की स्थिति सप्तम स्थान में

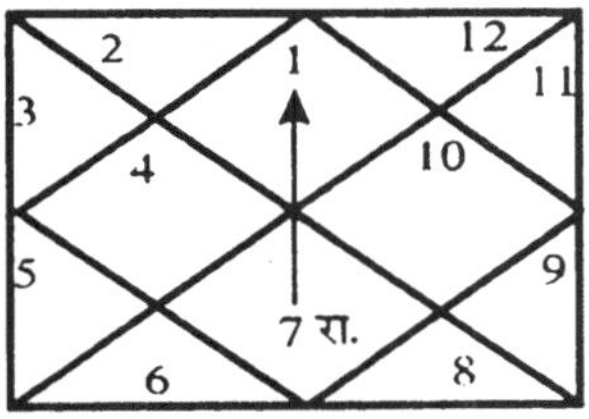

मेषलग्न के सप्तम स्थान में राहु तुला राशि में होगा। तुलाराशि चरराशि वायु तत्त्व प्रधान है। ऐसा जातक शत्रुओं पर विजय पाने वाला राज्याधिकारी होता है। इनके जीवन में धन की कमी नहीं रहेगी। इनका गृहस्थ जीवन विवादास्पद होता है। दुनिया में आकर ये नाम कमाते है परन्तु दारद्वयं का संकेत मिलता है। प्रथम स्त्री की मृत्यु बीमार से होने प्राय: दूसरी शादी होती है। शुभग्रह साथ हो या शुभग्रह की दृष्टि हो तो एक पत्नी होगी। जातक अंतर्जातीय विवाह या विधवा विवाह करने में संकोच नहीं करेगा। वैवाहिक जीवन सुखमय नहीं होगा।

निशानी–लक्ष्मी का धुआं निकालने वाला। गुप्तांग पर काला तिल या दाग होता है।

दशा–राहु की दशा मिश्रित फल देगी। शुक्र की स्थिति सही फलादेश का मार्ग प्रशस्त करेगी।

अनुभव–तुला राशि में राहु वाला व्यक्ति 'छिद्रान्वेषक' होता है। अपनी पत्नी, मित्र व भागीदारों में दोष दूढ़ता रहता है। सप्तम भाव में राहु स्त्री का विनाश करता है। उसे रोगिनी बनाता है। सप्तम भाव में राहु मधुमेह का रोग देता है और भी कारण से स्त्री सुख में न्यूनता देता है।

राहु का अन्य ग्रहों से सम्बन्ध–

1. **राहु+सूर्य**–राहु के साथ सूर्य नीच का होने से जातक को सरकारी नौकरी नहीं मिलेगी तथा राजदण्ड का भय रहेगा।
2. **राहु+चन्द्र**–सप्तम भाव में राहु के साथ चन्द्रमा हो तो मनुष्य स्त्री को विभिन्न प्रकार भोग-उपभोग की सामग्रियां निरन्तर भेंट करता रहता है। यदि सप्तम भाव में अन्य पापग्रह हों तो ऐसे जातक की स्त्री कुटिला, कुशीला और लड़ाकू होगी। पति-पत्नी में लगातार कलह बनी रहेगी।

3. **राहु+मंगल**–यदि राहु के साथ मंगल भी हो तो पत्नी की मृत्यु पहले होगी।
4. **राहु+बुध**–राहु के साथ बुध जातक को पत्नीपक्ष, मातृपक्ष एवं मित्रपक्ष से हानि दिलवाता है। स्त्री-मित्र से धोखा मिलेगा।
5. **राहु+गुरु**–राहु के साथ गुरु **'चाण्डाल योग'** बनाता है। ऐसा जातक अन्तरजातीय विवाह करता है।
6. **राहु+शुक्र**–राहु के साथ **'मालव्य योग'** बनाता है। जातक राजातुल्य ऐश्वर्य को भोगता है।
7. **राहु+शनि**–राहु के साथ उच्च का शनि **'शशयोग'** बनाता है। ऐसा जातक राजा के समान पराक्रमी, ऐश्वर्यशाली व धनवान होता है।
8. राहु के साथ यदि शनि या शुक्र हो तो 'भोजसंहिता' के अनुसार जातक दुर्दान्त राजा होगा। ऐसा प्रभावशाली व्यक्ति होगा जो गलत कार्यों में अपनी शक्ति (प्रभाव) का दुरुपयोग करेगा।

सप्तम भाव में राहु का उपचार–

1. राहु शान्ति प्रयोग करें।
2. राहु के वैदिक मंत्रों का जाप रुद्राक्ष की माला पर करें।
3. राहु की वस्तुओं का दान करें।
4. अत्यधिक बूढ़ी एवं बेसहारा स्त्रियों की मदद करे।

मेषलग्न में राहु की स्थिति अष्टम स्थान में

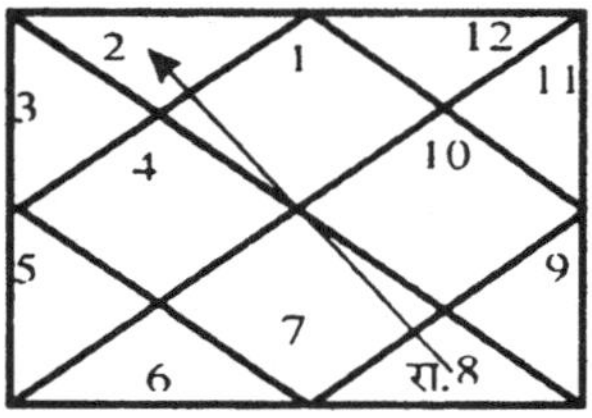

मेषलग्न में अष्टम स्थान में राहु वृश्चिक राशि का होगा। वृश्चिक राशि जलसंज्ञक है, स्थिर है। जातक को 32वें वर्ष आयु पर खतरा आएगा। जातक की किस्मत झूले की तरह आगे-पीछे, ऊपर-नीचे डोलती रहेगी। ऐसा जातक राजा व फकीर को एक जगह बिठाएगा। धनवान् होगा। 34 वर्ष की आयु के बाद दूसरे विवाह की सम्भावना बनी रहेगी। जातक को गुप्त रोग, मूत्राशय, पथरी, हरनिया की सम्भावना रहेगी। अमधात की सम्भावना रहती है।

निशानी–मौत का मालिक, कढ़वे धुएं का संदेश। गुप्तांग या गुदा पर काले रंग का तिल या दाग होगा। विरासत की सम्पत्ति न मिले।

अनुभव–ऐसे जातक को पेट में रोग, ट्यूमर या गुप्तांग में बीमारी होती है। जातक अंतर्जातीय विवाह या विधवा विवाह करता है। जातक को 32, 45 एवं 60वें वर्ष मृत्यु का भय रहता है। जातक की वृद्धावस्था कष्टमय रहती है। तथा मृत्यु का पूर्वाभास मृत्य के पहले हो जाता है। यदि राहु के साथ मंगल हो तो उपरोक्त वर्षों में दुर्घटना का भय और भी प्रबल हो जाता है। पैर टूटने का भय रहता है। ऐसे जातक को नवरत्न जड़ित महामृत्युंजय का लॉकेट गले में हर वक्त पहनना चाहिए। इसके लिए लेखक या 'अज्ञातदर्शन' कार्यालय से सीधा सम्पर्क किया जा सकता है।

यदि राहु के साथ मंगल हो तो पत्नी की मृत्यु पहले होगी।

दशा–राहु की दशा अनिष्ट फल देगी। यदि इस कुण्डली में मंगल की स्थिति भी खराब हो तो यह दशा घातक होगी।

राहु का अन्य ग्रहों से सम्बन्ध–

1. **राहु+सूर्य**–राहु के साथ सूर्य पुत्र सन्तान एवं उच्च शैक्षणिक डिग्री प्राप्त कराने में बाधक है।
2. **राहु+चन्द्र**–राहु के साथ चन्द्रमा नीच का होगा। जातक को गुप्त बीमारी का प्रकोप रहेगा। शल्य चिकित्सा से राहत मिलेगी।
3. **राहु+मंगल**–राहु के साथ मंगल होने से '**विपरीतराज योग**' बनेगा। जातक महाधनी होगा पर जीवन संघर्षपूर्ण रहेगा।
4. **राहु+बुध**–राहु के साथ बुध होने से जातक को '**विपरीत राजयोग**' के कारण भौतिक सुख-सम्पन्नता मिलेगी पर जातक के मित्र दगाबाज होंगे।
5. **राहु+गुरु**–राहु के साथ गुरु '**विपरीतराज योग**' बनाता है। जातक धनी होगा परन्तु संघर्षशील जीवन रहेगा।
6. **राहु+शुक्र**–राहु के साथ शुक्र विवाहसुख से विच्छेद का संकेत देता है।
7. **राहु+शनि**–राहु के साथ शनि भी विवाह-विच्छेदक है परन्तु व्यापार-व्यवसाय में धोखा देगा।

अष्टम भाव में राहु का उपचार–

1. राहु कवच का नित्य पाठ करे।
2. असाध्य बीमारी से बचाव हेतु महामृत्युंजय का पाठ करे।
3. हाथी दांत की वस्तुएं घर में न रखे, न प्रयोग में ले।
4. प्राणों पर यदि संकट हो तो अपने वजन के बराबर कच्चा कोयला शनिवार के दिन जल में प्रवाहित करे।
5. यदि बुखार न उतर रहा हो तो 800 ग्राम जौ गौ मूत्र में धोकर शनिवार के दिल जल में प्रवाहित करे।

मेषलग्न में राहु की स्थिति नवम स्थान में

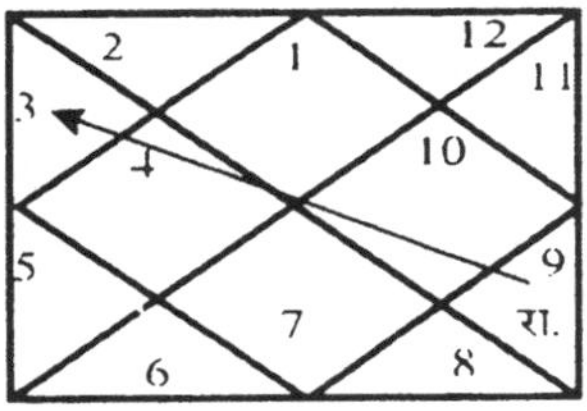

मेषलग्न के नवम स्थान में राहु धनु राशि का होगा। धनुराशि अग्निसंज्ञक है, द्विस्वभाव है। ऐसा जातक जादू-टोना, श्मशान क्रिया व तंत्र का जानकार होता है। बहन-भाइयों का पोषक होते हुए भी लालची एवं बेईमान होता है। ऐसा जातक सन्तान से सुखी एवं अधिक यात्रा करने वाला, कुछ क्रोधी एवं

तनुक मिजाजी व्यक्ति होता है। 'भोजसंहिता' के अनुसार ऐसा जातक भाग्योदय में कुछ न कुछ रुकावट महसूस करता होगा।

निशानी–डॉक्टर, मगर बेईमान। जांघों पर काले रंग का तिल का दाग होता है। पिता की सम्पत्ति न मिले। यात्राएं अधिक करे।

अनुभव–नवमस्थ राहु वाला व्यक्ति अपने द्वारा प्रारम्भ किए हुए कार्य को अधूरा नहीं छोड़ता। ऐसा जातक देवताओं व तीर्थों में श्रद्धा विश्वास रखने वाला, सभ्य व्यक्ति होता है। ऐसा जातक अपने ऊपर किए गए उपकार को कभी भूलता नहीं। व्यक्ति कृतज्ञ होता है। परन्तु अपने दुश्मन को कभी नहीं छोड़ता। प्राय: अपने पिता का इकलौता पुत्र होता है बहन यदि हो तो 22वें वर्ष में उसकी मृत्यु हो जाती है। भाई यदि हो तो 36वें वर्ष में उसकी भी मृत्यु हो जाती है।

दशा–राहु की दशा मिश्रित फल देगी परन्तु यदि गुरु इस कुण्डली में छठे, आठवें या बारहवें स्थान में हो जातक पर विपत्ति का पहाड़ टूटेगा। उसके प्रयत्न इस दशा में विफल होंगे। राहु का उपाय ही एकमात्र समाधान होगा।

राहु का अन्य ग्रहों से सम्बन्ध–

1. **राहु+सूर्य**–राहु के साथ सूर्य जातक का भाग्योदय विद्यार्जन से कराएगा।
2. **राहु+चन्द्र**–राहु के साथ चन्द्रमा जातक का भाग्योदय माता की मदद से कराएगा।
3. **राहु+मंगल**–राहु के साथ मंगल के कारण जातक को परिश्रम का लाभ मिलेगा। जातक बड़ी सम्पत्ति का स्वामी होगा।
4. **राहु+बुध**–राहु के साथ बुध जातक को महान् पराक्रम बनाएगा।
5. **राहु+गुरु**–राहु के साथ गुरु जातक को महान भाग्यशाली एवं तेजस्वी व्यक्ति बनाएगा।
6. **राहु+शुक्र**–राहु के साथ शुक्र जातक का भाग्योदय विवाह के बाद कराएगा।
7. **राहु+शनि**–राहु के साथ शनि जातक की किस्मत व्यापार के द्वारा चमकाएगा।

नवम भाव में राहु का उपचार–

1. राहु के वैदिक मंत्रों का जाप, अनुष्टान करें।
2. राहु शान्ति प्रयोग करें।
3. शीघ्र भाग्योदय हेतु राहु के एक लाख अठारह हजार तांत्रिक मंत्रों का दूर्वा, काले तिल, कर्पूर व कमलगट्टे का हवन करें।

मेषलग्न में राहु की स्थिति दशम स्थान में

मेषलग्न के दशम स्थान में राहु मकर राशि का होगा। मकर राशि पृथ्वीसंज्ञक चर राशि है। जातक का जन्म पिता के लिए कष्टकारी होता है। जातक राज-दरबार (सरकार) में मान-सम्मान पाने का इच्छुक होता है। जातक धनवान होगा, लम्बी आयु वाला होगा। जातक

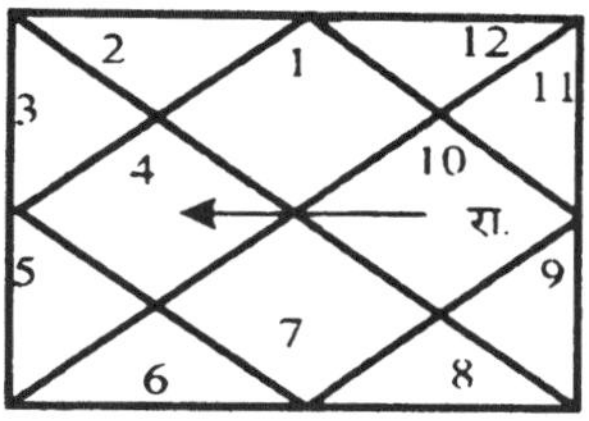

चाल-चलन का अच्छा एवं चरित्रवान होगा। परन्तु राज्यपक्ष से कष्ट महसूस करेगा।

निशानी–सांप की मणि। घुटनों के पास काले रंग का तिल या दाग होता है। पिता से सम्बन्ध ठीक होंगे।

अनुभव–दशम भाव का राहु बलवान होता है, परन्तु ऐसे जातक को पिता का सुख नहीं मिलता। वाहन सुख तो होता है परन्तु वाहन को लेकर खर्च होता रहता। जातक को म्लेच्छ, निम्न जाति एवं विदेशी लोगों से लाभ होगा अर्थात् अपनी जाति के लोगों से कम लाभ होता है।

दशा–राहु की दशा मिश्रित फल देगी। यदि शनि राहु के साथ है तो दशा अच्छी जाएगी परन्तु यदि शनि इस कुण्डली के छठे, आठवें और बारहवें स्थान में हो जातक राज (सरकार) कोर्ट-कचहरी द्वारा दण्डित होगा।

राहु का अन्य ग्रहों से सम्बन्ध–

1. **राहु+सूर्य**–राहु के साथ सूर्य शत्रुक्षेत्री होकर विद्या अधूरी कराएगा। सरकारी नौकरी में बाधा पहुंचेगी।
2. **राहु+चन्द्र**–राहु के साथ चन्द्रमा माता की सम्पत्ति में बाधा, मकान को लेकर विवाद कराएगा।
3. **राहु+मंगल**–राहु के साथ उच्च का मंगल यहां **'रुचक योग'** बनाएगा। जातक राजा के समान पराक्रमी, ऐश्वर्यशाली एवं बड़ी सम्पत्ति का स्वामी होगा।
4. **राहु+बुध**–राहु के साथ बुध होने से जातक पराक्रमी होगा। व्यापार प्रिय होगा पर वंचक होगा। चालाक होगा।
5. **राहु+गुरु**–राहु के साथ गुरु नीच का होने से जातक को नौकरी, अध्यापन बगैरा से लाभ होगा।
6. **राहु+शुक्र**–राहु के साथ शुक्र व्यापार एवं स्त्री संसर्ग को लेकर धन खर्च करने का संकेत देता है।
7. **राहु+शनि**–राहु के साथ शनि **'शश योग'** बनाएगा। ऐसे जातक राजा के समान पराक्रमी एवं ऐश्वर्य सम्पन्न होता है।

दशम भाव में राहु का उपचार–

1. राजयोग की प्राप्ति हेतु राहु के तांत्रिक मंत्रों का हवन करें।
2. राहु की वस्तुओं का दान करें।
3. राहु पंचविंशति नाम स्तोत्र का नित्य पाठ करे।
4. राहु के पंचविशंति स्तोत्र का हवनात्मक प्रयोग काले तिल व दूर्वा से करे।

मेषलग्न में राहु की स्थिति एकादश स्थान में

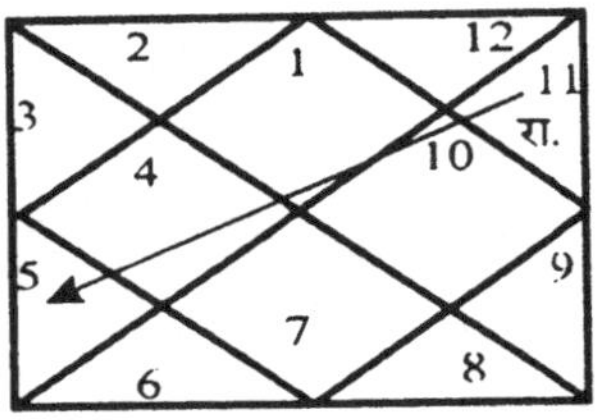

मेषलग्न के एकादश स्थान राहु कुम्भ राशि का होगा। कुम्भ राशि वायु तत्व प्रधान एवं स्थिर राशि है। ऐसा जातक सन्तान से सुखी, धनवान, बड़ी जमीन जायदाद का स्वामी होगा। पुत्र भी ऐश्वर्यशाली होंगे। जातक के जीवन में संघर्ष की स्थिति बनी रहेगी। मुकदमों एवं झगड़ों से जाक उलझा रहेगा। अन्त में विजय प्राप्त करेगा। पिता की आयु लम्बी होगी। जिसका साथ निभाएगा, उसको अकेला नहीं छोड़ेगा। जातक लाभ में कमी (न्यूनता) महसूस करेगा, पर मित्र बहुत होंगे।

निशानी–पिता को गोली मारे, या मुंह न देखे। टांगों पर काले रंग का तिल का दाग होगा। जातक धर्मशास्त्र का जानकार होगा।

अनुभव–कुम्भ राशि में राहु वाला व्यक्ति 'छिद्रान्वेषक' होता है अपने परिजनों व इष्ट मित्रों में दोष दूढ़ता रहता है। ऐसा जातक वक्ता व आलोचक होकर धन कमाता है। जातक को पुत्र सन्तान अवश्य होती है पर वृद्धावस्था में कान का रोग होता है। ऐसे जातक को 28 वें वर्ष, 42 वें वर्ष पर अनायास धन की प्राप्ति होती है।

दशा–'भोजसंहिता' के अनुसार राहु की दशा अशुभ फल देगी। यदि शनि की स्थिति इस कुण्डली में छठे, आठवें या बारहवें स्थान पर हो तो यह स्थिति ज्यादा अनिष्ट फल देगी। ऐसी स्थिति व राहु व शनि दोनों की शान्ति के उपाय करने होंगे।

राहु का अन्य ग्रहों से सम्बन्ध–

1. **राहु+सूर्य**–राहु के साथ सूर्य शत्रुक्षेत्री होने से जातक को व्यापार में राज्य कर्मचारियों द्वारा कष्ट पंहुचेगा।
2. **राहु+चन्द्र**–राहु के साथ चन्द्रमा विद्या एवं संतान में रुकावट देता है। ऐससा जातक मानसिक परेशानी में रहेगा।
3. **राहु+मंगल**–राहु के साथ मंगल होने से जातक को भूमि लाभ होगा पर भूमि को लेकर विवाद भी होगा। कोर्ट-केस बनेगा।
4. **राहु+बुध**–राहु के साथ बुध जातक पराक्रमी बनाएगा।। पर मित्र दगा देंगे।
5. **राहु+गुरु**–राहु के साथ गुरु जातक को विद्यावान एवं भाग्यशाली बनाएगा।
6. **राहु+शुक्र**–राहु के साथ शुक्र जातक को धनवान तो बनाएगा पर जीवनसाथी को लेकर बदनामी भी होगी।
7. **राहु+शनि**–राहु के साथ शनि जातक को उद्योगपति बनाएगा पर उतार-चढ़ाव बहुत आएगा।

एकादश भाव में राहु का उपचार–

1. भंगी या निम्न वर्ग के व्यक्ति को कभी-कभी खैरात देना। उनके जरूरत की वस्तु भेंट करना।
2. रात को आराम करने की जगह पर शक्कर की बोरी या सौंफ कायम रखने से राहु का अशुभफल नष्ट होगा।
3. राहु शन्ति प्रयोग करें।

मेषलग्न में राहु की स्थिति द्वादश स्थान में

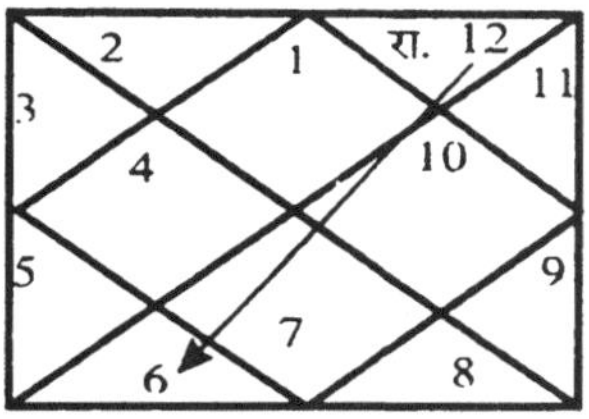

मेषलग्न के द्वादश स्थान में राहु मीन राशि का होगा। मीन राशि द्विस्वभाव राशि व जलचर है। ऐसा जातक बहुत बड़े परिवार को पालने वाला, धनवान व सुखी होगा। रात को आराम से सोने वाला, गुप्त विद्याओं (तन्त्र-साधना) का जानकार होगा। मित्रों एवं परिजन के शुभ कार्यों पर रुपया खर्च करने वाला, व्यावहारिक ज्ञान से सम्पन्न, बुद्धिमान एवं विवेकी व्यक्ति होगा। ऐसे जातक को 'नींद' में कमी महसूस होगी। यदि अन्य अशुभ ग्रहों का प्रभाव लग्न या चन्द्रमा पर हुआ तो जातक की कल्पना का अन्त दु:खद होगा।

निशानी–असल शेखचिल्ली। पांव पर काले रंग का तिल व दाग होगा। अथवा मकान के आखिर में अंधेरा कमरा होगा। जीवन संघर्षमय रहेगा।

अनुभव–ऐसे जातक की दुष्टों से मैत्री होती है तथा सज्जनों से परमशत्रुता निरन्तर बनी रहती है। राहु अशुभ हो तो प्राय: नेत्ररोग एवं पैर में जख्म होता है। मामा की मृत्यु होती है। घर में एक बार चोरी अवश्य होती है। बारहवें स्थान पर मीन का राहु आध्यात्म ज्ञान एवं संन्यास के लिए शुभ है। जातक का रुपया फालतू कार्यों में खर्च होगा।

दशा–'भोजसंहिता' के अनुसार राहु की दशा अनिष्ट फल देगी। यात्रा में नुकसान सम्भव है। शत्रु अचानक वार करेंगे। यदि गुरु की स्थिति इस कुण्डली में शुभ हो तो राहु की दशा मिश्रित फल देगी। गुरु की खराब स्थिति दशा को और बदतर बनाएगी। ऐसी दशा में राहु और गुरु दोनों की शान्ति के उपाय करने होंगे।

राहु का अन्य ग्रहों से सम्बन्ध–

1. **राहु+सूर्य**–राहु के साथ **'विद्याभंग योग'** बनाएगा। ऐसे जातक को विद्या में आधा, संतान में बाधा आएगी।
2. **राहु+चन्द्र**–राहु के साथ चन्द्र सुख में बाधा पंहुचेगा। जातक चिंताग्रस्त रहेगा।
3. **राहु+मंगल**–राहु के साथ मंगल बारहवें **'लग्नभंग योग'** बनाता है। जातक भूमि संबंधी विवाद से भ्रमित होगा।

4. **राहु+बुध**–राहु के साथ बुध बारहवें **'पराक्रमभंग योग'** बनाता है। जातक का पराक्रम भंग होगा।
5. **राहु+गुरु**–राहु के साथ गुरु **'विपरीतराज योग'** बनाएगा। जातक धनवान होगा पर फिजूलखर्च होगा।
6. **राहु+शुक्र**–राहु के साथ शुक्र **'विलम्बविवाह योग'** एवं **'धनहीन योग'** बनाता है। ऐसा जातक आर्थिक संघर्ष से त्रस्त रहता है।
7. **राहु+शनि**–राहु के साथ शनि **'लाभभंग योग'** बनाता हो जातक को व्यापार-व्यवसाय में नुकसान होगा एवं व्यर्थ की यात्राएं निरर्थक साबित होगी। इसकी कल्पना की दु:खान्त त्रासदी होगी। आंखों में मोतियाबिंद होगा।

द्वादश भाव में राहु का उपचार–

1. आर्थिक स्थिति को सुधारने के लिए अपनी आय का कुछ हिस्सा पुत्री, बहन, बुआ, भानजी पर खर्च करें।
2. लाल कपड़े की थैली में सौंफ डालकर सिलाई कर ले। यह थैली सिरहाने रखे तो बुरे स्वप्न समाप्त होंगे। राहु का भार मिटेगा।
3. राहु का भार मिटेगा। रसोई में बैठकर खाना खाने से राहु का अशुभ प्रभाव नष्ट हो जाता है।
4. राहु कवच का पाठ करें।
5. राहु का तांत्रिक हवन करें।

❑❑❑

मेषलग्न में केतु की स्थिति

मेषलग्न में केतु की स्थिति प्रथम स्थान में

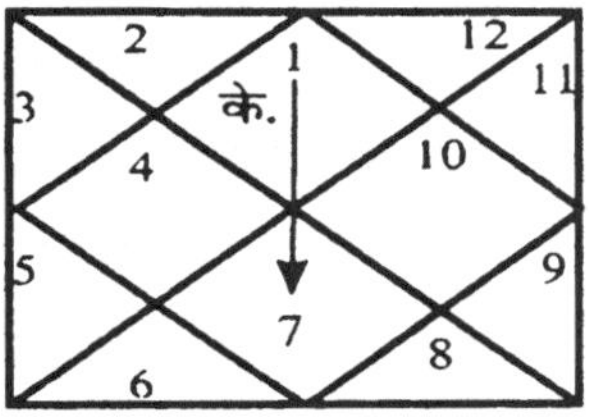

मेषलग्न के प्रथम स्थान में केतु मेष राशि का होकर मंगल के घर में होगा। ऐसा जातक धनवान होता है। तरक्की अधिक तबदीली कम, पिता का पहला पुत्र, भाइयों में बड़ा होगा। लम्बी यात्राएं करने वाला, पिता एवं गुरु से लाभ पाने वाला सुखी जातक होता है। लग्न में केतु व्यक्ति को कृतघ्न बनाता है। ऐसा जातक मामा (बांधवों) को तकलीफ पहुंचाता है।

निशानी–हर समय बच्चे बनाने वाला। पिता के साथ रहने वाला। अथवा चेहरे (सिर) पर शहद जैसे रंग का तिल होता है।

अनुभव–सूर्य-मंगल और गुरु केतु के मित्र हैं। केतु की उच्चराशि धनु, नीच राशि मिथुन है। कई विद्वान केतु की उच्चराशि वृश्चिक मानते हैं क्योंकि यह 'कुजवत्' काम करता है। केतु 'ध्वजा' को कहते हैं फलत: केतु कीर्ति का प्रतीक है। यश देने वाला ग्रह है। यह राहु जितना अशुभ नहीं होता है। लग्न में केतु होने के कारण 'भोज संहिता' के अनुसार आगे बढ़ने की महत्वाकांक्षा प्रतिपल बनी रहेगी।

दशा–केतु की दशा शुभफल देगी।

केतु का अन्य ग्रहों से सम्बन्ध–

1. **केतु+सूर्य**–यहां केतु के साथ सूर्य उच्च का होकर **'रविकृत राजयोग'** बनाएगा। ऐसा जातक तेजस्वी व यशस्वी होगा। सरकारी में ऊंचा पद प्राप्त करेगा।
2. **केतु+चन्द्र**–यहां केतु के साथ चन्द्रमा माता को बीमार करेगा।
3. **केतु+मंगल**–यहां केतु के साथ मंगल होने से **'रुचक योग'** बनेगा। ऐसा जातक राजा के समान पराक्रमी होगा।
4. **केतु+बुध**–यहां केतु के साथ बुध जातक को पराक्रमी बनाएगा।
5. **केतु+गुरु**–केतु के साथ गुरु जातक की प्रतिष्ठा बढ़ाएगा।

6. **केतु+शुक्र**–केतु के साथ शुक्र जातक को सुन्दर पत्नी देगा।
7. **केतु+शनि**–यहां केतु के साथ शनि नीच का होगा। जातक हठी व लड़ाकू होगा।

प्रथम भाव में केतु का उपचार–

1. केतु के तांत्रिक मंत्र के एक लाख सत्रह हजार जा कर, दशांश हवन, कुशा, तिल, कस्तूरी व कपूर से करें।
2. शनिवार के दिन काले कपड़े का दान करें।

मेषलग्न में केतु की स्थिति द्वितीय स्थान में

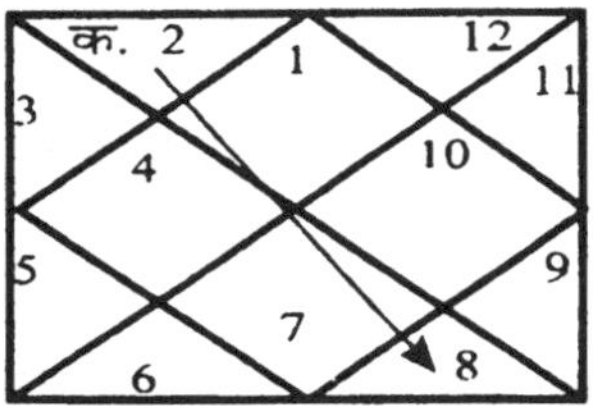

मेषलग्न में केतु द्वितीय स्थान पर होने से 'वृष राशि' का होगा। वृष राशि पृथ्वीसंज्ञक, स्थिर स्वभाव की है। ऐसा जातक राजदरबार (सरकार) में इज्जत-सम्मान एवं धन पाने वाला होता है। ऐसे जातक की छोटी आयु में किस्मत चमकती है एवं कमाना शुरू कर देता है। जातक दूसरों की नेकी को याद करने वाला कृतज्ञ होता है तथा बिना मांगे ही दूसरों की सहायता करने में रुचि रखता है। ऐसा व्यक्ति प्राय: यात्रा के द्वारा धनार्जन करने वाला, सैल्समैन, कमीशन ऐजेन्ट के रूप में स्थापित होता है।

निशानी–हुक्मरान। ठोड़ी (हिचकी) के पास शहद जैसे रंग का तिल या दाग होगा।

अनुभव–केतु धनस्थान में है। भोज संहिता के अनुसार ऐसे जातक को धन कमाने की तीव्र इच्छा जीवन पर्यन्त बनी रहेगी। फलादेश का सूत्र यह है कि केतु राक्षस का धड़ (शरीर) है। राहु राक्षस का सिर है। इसे 'ड्रेगन हैड' और केतु 'ड्रेगन टेल' कहते हैं। सिर (राहु) कुण्डली के जिस भाव (स्थान) में होगा उस भाव को विकृत करेगा। दूसरों शब्दों में उस भाव के शुभ फल से जातक को वंचित करेगा। परन्तु केतु शरीर है यह तड़फ रहा है तथा सिर से जुड़ने के लिए तीव्र उत्कण्ठा लिए हुए है। फलत: जन्मकुण्डली के जिस भाव (स्थान) में केतु इस भाव के शुभफल को पाने के लिए जातक जीवन पर्यन्त तड़पता रहेगा।

दशा–केतु की दशा शुभफल देगी।

केतु का अन्य ग्रहों से सम्बन्ध–

1. **केतु+सूर्य**–यहां केतु के साथ सूर्य विद्या में बाधा पंहुचाएगा।
2. **केतु+चन्द्र**–यहां केतु के साथ चन्द्रमा उच्च का जातक को धनवान बनाएगा।
3. **केतु+मंगल**–यहां केतु के साथ मंगल जातक को खर्चीले स्वभाव का एवं मुहफट व्यक्ति बनाएगा।
4. **केतु+बुध**–यहां केतु के साथ बुध जातक को दंत रोग देगा।

5. **केतु+गुरु**–केतु के साथ गुरु जातक को अत्यधिक खर्चीले स्वभाव का बनाएगा।
6. **केतु+शुक्र**–केतु के साथ शुक्र स्वगृही होगा जातक विवाह के बाद धनी होगा।
7. **केतु+शनि**–यहां केतु के साथ शनि होने से जातक की रुचि षड्यंत्रकारी कार्यों में होगी।

द्वितीय भाव में केतु का उपचार–

1. नवरत्नजड़ित श्रीयंत्र स्वर्ण में धारण करें।
2. सुबह-शाम श्री सूक्त के नित्य पाठ करें।
3. केतु शांति का प्रयोग करें।

मेषलग्न में केतु की स्थिति तृतीय स्थान में

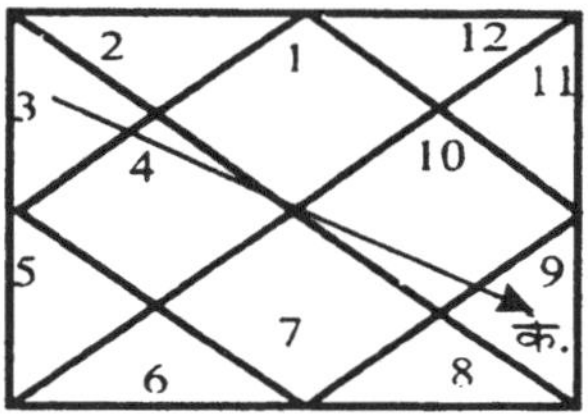

मेषलग्न के तृतीय स्थान में केतु मिथुन राशि में होगा। मिथुन राशि वायुतत्व वाली एवं द्विस्वभाव राशि होती है। ऐसा जातक सबको तारने वाला भाई-बहनों के लिए शुभ होता है। ऐसे जातक के स्वभाव की एक विशेषता यह है अपने ऊपर की गई नेकी को याद रखता है और बुराई को भूल जाता है। ऐसा जातक उच्च पदाधिकारी एवं पराक्रमी होता है। यदि कोई व्यवधान न हो तो एक या तीन नर सन्तान से युक्त होता है।

निशानी–टुन-टुन करते रहने वाला कुत्ता। ऐसे जातक के दाएं (बाजू) हाथ पर शहद जैसे रंग का तिल या दाग होता है।

अनुभव–भोज संहिता के अनुसार तृतीय स्थान में केतु होने से जीवन पर्यन्त यश (कीर्ति) प्राप्ति के लिए तड़फता (लालायित) रहेगा। केतु की नीच राशि मिथुन है। फिर यहां शुभफल देगा।

दशा–केतु की दशा शुभ होगी। कीर्तिदायक होगी।

केतु का अन्य ग्रहों से सम्बन्ध–

1. **केतु+सूर्य**–यहां केतु के साथ सूर्य जातक के मित्र पराक्रमी होंगे।
2. **केतु+चन्द्र**–यहां केतु के साथ चन्द्रमा होने से जातक स्वजन ही उसके शत्रु होंगे।
3. **केतु+मंगल**–यहां केतु के साथ मंगल जातक को भाइयों से लाभ होगा।
4. **केतु+बुध**–यहां केतु के साथ बुध जातक को लेखन व अन्य कार्यों में यश दिलाएगा।
5. **केतु+गुरु**–केतु के साथ गुरु जातक को भाग्यशाली व्यक्ति बनाएगा।
6. **केतु+शुक्र**–केतु के साथ शुक्र जातक को स्त्री-मित्रों से लाभ दिलाएगा।
7. **केतु+शनि**–यहां केतु के साथ शनि होने से जातक का पराक्रम व्यापार द्वारा बढ़ाएगा।

तृतीय भाव में केतु का उपचार–

1. भाई-बहनों के साथ विन्रम एवं सद्-व्यवहार बनाए रखें।

2. अजनबी लोगों व मित्रों पर अत्यधिक भरोसा न करें।
3. अश्वगंधा की जड़ अभिमंत्रित कर ताबीज में धारण करने से यश की प्राप्ति होगी।
4. केसर-चंदन का तिलक नाभि व मस्तिष्क पर लगावें तो किस्मत खुलेगी।

मेषलग्न में केतु की स्थिति चतुर्थ स्थान में

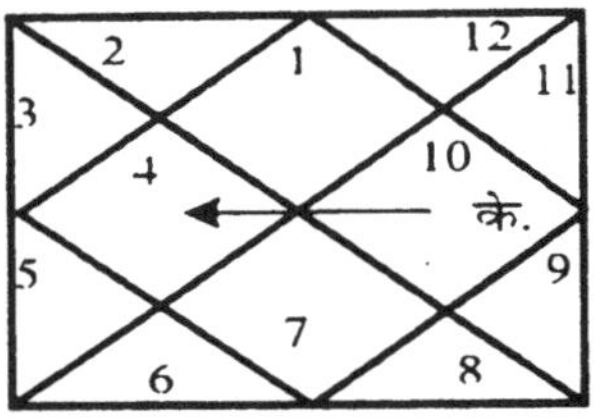

मेषलग्न के चतुर्थ स्थान में केतु कर्क राशि का होगा। कर्क राशि जलसंज्ञक एवं चर राशि है। जातक तीव्रगामी होगा, धनवान होगा, उच्च वाहन एवं मकान सुख से सम्पन्न होगा। जातक का जन्म माता के लिए शुभ होगा। जातक दृढ़ निश्चयी होगा। परन्तु प्रथम सन्तति विलम्ब से होगी। जातक पिता एवं गुरु का सेवक होगा।

निशानी–बच्चों को डराने वाला कुत्ता। जातक की छाती पर शहद जैसे रंग का तिल या दाग होगा।

अनुभव–'भोज संहिता' के अनुसार चतुर्थ भाव में कर्क राशिगत केतु व्यक्ति को सुख प्राप्ति, भौतिक ऐश्वर्य एवं वस्तुओं की प्राप्ति हेतु तीव्र रूप से लालायित जीवन पर्यन्त बनाए रखता है।

दशा–केतु की दशा शुभफल देगी।

केतु का अन्य ग्रहों से सम्बन्ध–

1. **केतु+सूर्य**–यहां केतु के साथ सूर्य वाहन दुर्घटना का भय देगा।
2. **केतु+चन्द्र**–यहां केतु के साथ स्वगृही चन्द्रमा माता को सुख देता है पर माता को जल या श्वास की बीमारी होगी।
3. **केतु+मंगल**–यहां केतु के साथ मंगल जातक को साहसी व लड़ाकू बनाएगा।
4. **केतु+बुध**–यहां केतु के साथ बुध जातक का झगड़ा मामा, मातृपक्ष से कराएगा।
5. **केतु+गुरु**–केतु के साथ गुरु उच्च का **'हंस योग'** बनाएगा। ऐसा जातक राजा के समान पराक्रमी व यशस्वी होगा।
6. **केतु+शुक्र**–केतु के साथ शुक्र होने से जातक परिवार का नाम रोशन करेगा। उसके पास उत्तम वाहन होगा।
7. **केतु+शनि**–केतु के साथ शनि होने से जातक के पास उत्तम मकान होगा।

चतुर्थ भाव में केतु का उपचार–

1. केतु अष्टोत्तर शत नामावली का हवनात्मक प्रयोग करें।
2. दुर्घटना से बचने के लिए वाहन पर मारुति यंत्र लगावें।
3. शनिवार के दिन चितकबरे कुत्तों को मीठी रोटी खिलावें।

4. गुरुवार के दिन कुलपुरोहित को पीले वस्त्र व पीला भोजन भेंट करें।

मेषलग्न में केतु की स्थिति पंचम स्थान में

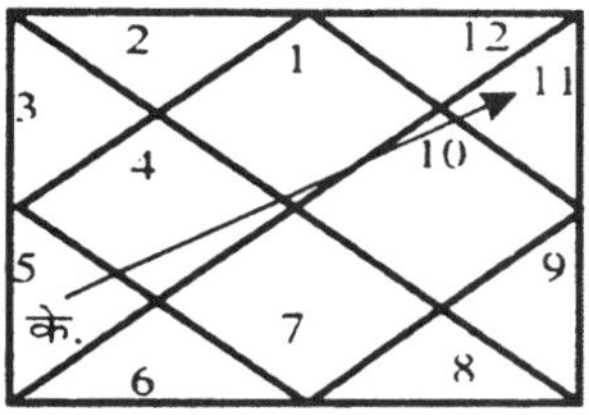

मेषलग्न के पंचम स्थान में केतु सिंह राशि में होगा। सिंह राशि अग्निसंज्ञक एवं स्थिर स्वभाव की राशि है जातक धार्मिक विचारों वाला गुरुभक्त एवं आस्तिक होगा। जातक धनवान होगा एवं अधिक सन्तति युक्त होगा परन्तु एक सन्तति की अपरिपक्व अवस्था में मृत्यु होगी।

अनुभव–'भोज संहिता' के अनुसार पंचम भावस्थ सिंहराशिगत केतु व्यक्ति को जीवन पर्यन्त सुयोग्य सन्तति प्राप्ति हेतु लालायित रखता है। जातक ज्ञान पिपासु होता है तथा प्रतिपल उत्तम ज्ञान की प्राप्ति हेतु लालायित (उत्कण्ठ) रहता है।

निशानी–अपनी रोटी के टुकड़े के लिए गुरु का निगरान। जातक के पेट या पीठ पर शहद जैसे रंग का तिल होगा।

दशा–केतु की दशा शुभ फल देगी।

केतु का अन्य ग्रहों से सम्बन्ध–

1. **केतु+सूर्य**–यहां केतु के साथ स्वगृही सूर्य जातक को विद्या में तेजस्वी बनाएगा। जातक पुत्रवान होगा पर पुत्र विलम्ब से होगा।
2. **केतु+चन्द्र**–केतु के साथ चन्द्रमा जातक को मानसिक चिन्ता कराएगा। जातक के विद्या में बाधा आएगी।
3. **केतु+मंगल**–यहां केतु के साथ मंगल जातक को तीन पुत्र देगा जबकि एकाध गर्भपात संभव है।
4. **केतु+बुध**–यहां केतु के साथ बुध जातक को उत्तम बुद्धि विद्या देगा पर शैक्षणिक उपाधि में बाधा आएगी।
5. **केतु+गुरु**–केतु के साथ गुरु व्यक्ति को उत्तम विद्या ज्ञान देगा। शैक्षणिक उपाधि में कमी रहेगी।
6. **केतु+शुक्र**–केतु के साथ शुक्र व्यक्ति को कन्या सन्तति देगा।
7. **केतु+शनि**–केतु के साथ शनि होने से कन्या सन्तति देगा एवं जातक व्यापारप्रिय होगा।

पंचम भाव में केतु का उपचार–

1. पितृदोष या कालसर्पयोग की शांति करवाए।
2. केतु शांति प्रयोग करें।
3. केतु के वैदिक मंत्रों का हवनात्मक प्रयोग करें तथा केतु सम्बंधी वस्तुओं का दान करें।

मेषलग्न में केतु की स्थिति षष्टम स्थान में

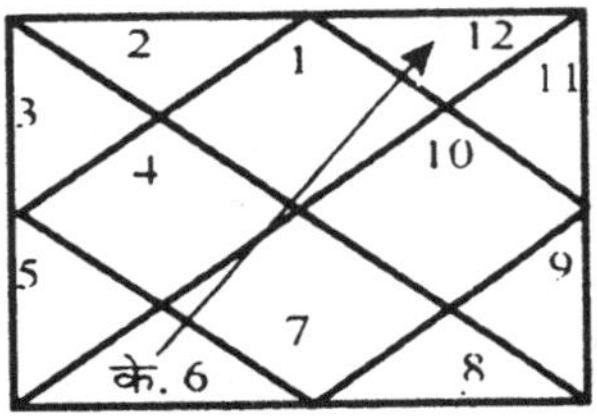

मेषलग्न में षष्टम स्थान में केतु कन्या राशि का होगा। कन्या राशि पृथ्वी संज्ञक, द्विस्वभाव राशि है। जातक का जन्म ननिहाल के लिए शुभ होगा। जातक जन्म स्थान से दूरस्थ प्रदेशों-विदेशों में उन्नति पाने वाला होता है। जातक धनवान होता है एवं शत्रुओं पर विजय पाने में सक्षम होता है। ऐसा जातक उत्साही एवं सेवा करने की भावना से ओत-प्रोत व्यक्ति होता है।

अनुभव–'भोज संहिता' के अनुसार छठे भाव में स्थित कन्या राशि गत केतु व्यक्ति को जीवनपर्यन्त शत्रुओं के नाश हेतु लालायित रखता है। शत्रु नहीं हो तो रोग अवश्य होगा। जातक रोग की समूल निवृत्ति हेतु सदैव प्रयत्नशील रहेगा।

निशानी–दो रंगी दुनियां जातक की नाभि के पास शहद जैसे रंग का तिल या दाग होगा। ऐसा जातक कुत्तों से डरता है।

दशा–केतु की दशा शुभफल देगी। जातक चेष्टावान बना रहेगा।

केतु का अन्य ग्रहों से सम्बन्ध–

1. **केतु+सूर्य**–यहां केतु के साथ सूर्य उत्तम विद्या एवं उत्तम सन्तति दोनों में बाधक है।
2. **केतु+चन्द्र**–यहां केतु के साथ चन्द्रमा माता की अल्पायु कराता है। जातक को मूत्ररोग होगा।
3. **केतु+मंगल**–यहां केतु के साथ मंगल **'लग्नभंगयोग'** बनाता है। जातक को परिश्रम का लाभ नहीं मिलेगा।
4. **केतु+बुध**–यहां केतु के साथ बुध **'पराक्रमभंग योग'** बनाता है। साथ ही **'विपरीत राजयोग'** के कारण जातक धनवान होगा।
5. **केतु+गुरु**–केतु के साथ गुरु **'भाग्यभंग योग'** बनाता है ऐसा जातक भौतिक सुख-सुविध ाओं व ऐश्वर्य से सम्पन्न होगा पर जीवन सघंर्षशील रहेगा।
6. **केतु+शुक्र**–केतु के साथ शुक्र **'विलम्बविवाह'** का योग कराता है। जातक को जीवनसाथी का सुख कम ही प्राप्त होगा।
7. **केतु+शनि**–केतु के साथ शनि होने से जातक के जीवन में व्यापार से दो बार बदलाव कराएगा।

षष्टम भाव में केतु का उपचार–

1. केतु कवच का नित्य पाठ करें।
2. काला कुत्ता पाले या शनिवार के दिन काले कुत्ते को दूध रोटी खिलावे।
3. लहसुन या प्याज शनिवार से शुक्रवार छः दिन तक जल में प्रवाहित करें।

4. अपनी बहन, बुआ, पुत्री, मासी, दोहितें, भाणजे को खुश रखें।

मेषलग्न में केतु की स्थिति सप्तम भाव में

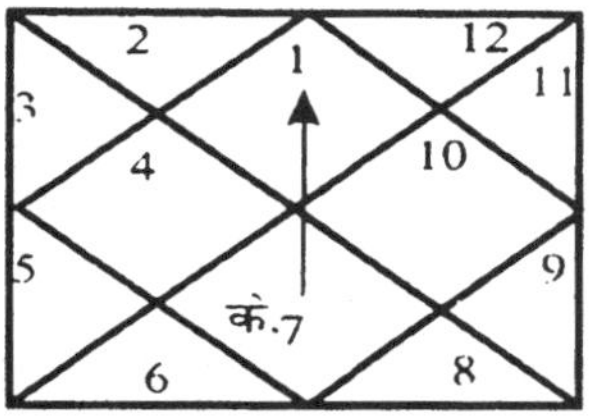

मेषलग्न के सप्तम भाव मे केतु तुला राशि में होगा। तुला राशि चर राशि एवं वायुसंज्ञक है। ऐसा जातक साहसी होता है तथा शेर से मुकाबला करने की शक्ति रखता है। ऐसे जातक के जितने बहन-भाई होंगे उतना ही सन्तानें होंगी। 40 वर्ष की आयु तक धन बढ़ता रहेगा। जातक के पास सब कुछ होते हुए भी रोता रहेगा। इससे उसकी सन्तान पर बुरा असर होगा।

अनुभव–भोज संहिता के अनुसार ऐसा जातक सुन्दर पत्नी की प्राप्ति हेतु लालायित रहेगा। यदि जातक विवाहित होगा तो अपने जीवनसाथी से विविध प्रकार के सुख-ऐश्वर्य की प्राप्ति होते इच्छातुर रहेगा। पर उसकी इच्छा तृप्त नहीं होगी।

निशानी–शेर का मुकाबला करने वाला कुत्ता। जातक के गुप्तांग पर शहद जैसे रंग का तिल व दाग होता है।

दशा–केतु की दशा अच्छा फल देगी।

केतु का अन्य ग्रहों से सम्बन्ध–

1. **केतु+सूर्य**–यहां केतु के साथ सूर्य एक हजार राजयोग नष्ट करेगा। जातक के वैवाहिक सुख में कमी रहेगी।
2. **केतु+चन्द्र**–यहां केतु के साथ चन्द्रमा माता को कष्टमय जीवन देगा।
3. **केतु+मंगल**–यहां केतु के साथ मंगल कुण्डली को **'डबल मंगलीक'** बनाएगा। प्रथमतः जातक का विवाह देरी से होगा। फिर गृहस्थ सुख में कमी रहेगी।
4. **केतु+बुध**–केतु के साथ बुध जातक का जीवनसाथी बुद्धिमान व सुन्दर देगा।
5. **केतु+गुरु**–केतु के साथ गुरु जातक को आध्यात्मक विद्या का जानकार एवं जीवनसाथी को वफादार बनायेगा।
6. **केतु+शुक्र**–केतु के साथ शुक्र **'मालव्य योग'** बनायेगा। ऐसा जातक राजा के समान पराक्रमी एवं ऐश्वर्यशाली होगा।
7. **केतु+शनि**–केतु के साथ शनि **'शश योग'** बनाएगा। ऐसे जातक का जीवन साथी शक्तिशाली होगा। जातक स्वयं राजा के समान ऐश्वर्यशाली होगा।

सप्तम भाव में केतु का उपचार–

1. केतु विशंति नाम का पाठ करें।
2. पूर्ण वैवाहिक सुख की प्राप्ति हेतु अष्टोतरशत नामावली का हवनात्मक प्रयोग करें।

मेषलग्न में केतु की स्थिति अष्टम स्थान में

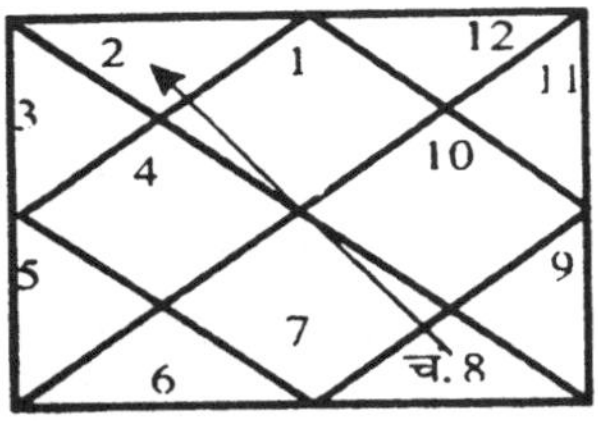

मेषलग्न के अष्टम स्थान में केतु वृश्चिक राशि का होगा। वृश्चिक राशि जलसंज्ञक स्थिर स्वभाव की राशि है। जातक धनवान होगा पर जातक का भाई निसन्तान होगा। जातक उस भाई को सन्तान का दान देगा। जातक की स्त्री सुन्दर सुशील एवं शुभविचारों वाली होगी। परन्तु 34 वर्ष बाद जातक दूसरा विवाह कर सकता है।

अनुभव–'भोज संहिता' के अनुसार अष्टमभावस्थ वृश्चिक का केतु व्यक्ति को लम्बी आयु की प्राप्ति हेतु लालायित रखेगा। जातक धन प्राप्ति हेतु भी जीवन पर्यन्त चेष्टा करता रहेगा।

निशानी–मौत के यम को पहले देख लेने वाला कुत्ता। जातक के गुप्तांग या गुदा पर शहद जैसे रंग का तिल या दाग होगा।

दशा–केतु की दशा शुभफल देगी। केतु वृश्चिक राशि का होने से 'कुजवत्' फल देगा। अतः इस कुण्डली में मंगल की स्थिति देखने बाद ही केतु की दशा के सही फल का निरूपण होगा।

केतु का अन्य ग्रहों से सम्बन्ध–

1. **केतु+सूर्य**–केतु के साथ सूर्य 'विद्या में बाधा' एवं पुत्र संतान में बाधा उत्पन्न करेगा।
2. **केतु+चन्द्र**–केतु क साथ चन्द्रमा माता के सुख में बाधक है। जातक के जीवन में शल्य चिकित्सा जरूर होगी।
3. **केतु+मंगल**–केतु के साथ मंगल स्वगृही होने से **'विपरीत राजयोग'** बनेगा। जातक के पास उत्तम वाहन, उत्तम भवन होगा। जातक समाज का प्रभावशाली व्यक्ति होगा।
4. **केतु+बुध**–केतु के साथ बुध **'विपरीत राजयोग'** के कारण सभी प्रकार के भौतिक सुख देगा। परन्तु प्रतिष्ठा भंग होने का भय रहेगा।
5. **केतु+गुरु**–केतु के साथ गुरु **'विपरीत राजयोग'** के कारण जातक को भौतिक सुखों से परिपूर्ण करेगा।
6. **केतु+शुक्र**–केतु के साथ शुक्र विलम्ब विवाह योग बनाता है। जीवनसाथी को गुप्त रोग रहेगा।
7. **केतु+शनि**–केतु के साथ शनि **'व्यापार भंग योग'** बनाता है। जातक को वैवाहिक सुख देरी से मिलेगा।

अष्टम भाव में केतु का उपचार–

1. केतु कवच का नित्य पाठ करें।
2. कान छिदवा कर सोने का आभूषण पहनें।

3. काला कुत्ता पाले या उसकी सेवा करें।
4. दहेज में प्राप्त चारपाई पर शयन करने का नियम बन पावे तो केतु अनुकूल होगा।
5. दोरंगा कम्बल धर्मस्थान में भेंट करे तो शुभ रहेगा।

मेषलग्न में केतु की स्थिति नवम् स्थान में

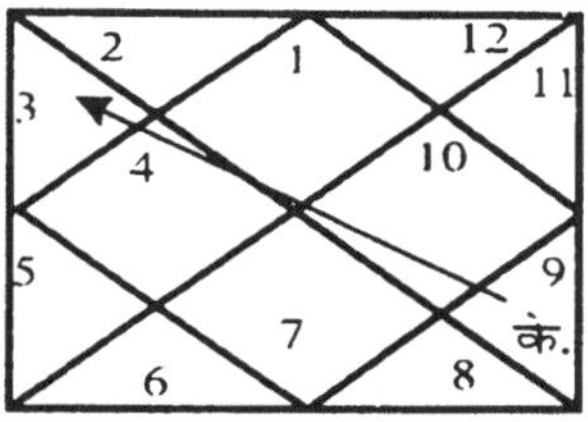

मेषलग्न के नवम स्थान में केतु धनु राशि में होगा। धनु राशि अग्निसंज्ञक द्विस्वभाव राशि है जहां केतु स्वगृही कहलाएगा। ऐसा जातक पिता का आज्ञाकारी पुत्र साबित होगा। जन्मस्थान के दूरस्थ प्रदेशों के कमाएगा, उच्चाधिकारी होगा पर समाज का सेवक होगा। जातक बहुत तरक्की करेगा। इन पर इष्टकृपा गुरु की कृपा विशेष होगी। ऐसे जातक के आशीर्वाद से निसंतान को भी सन्तति होगी।

अनुभव–भोज संहिता के अनुसार धनु राशिगत नवम भाव में स्थित केतु वाला जातक जीवनपर्यन्त सही भाग्योदय हेतु लालायित रहेगा। जातक पराक्रम प्राप्ति हेतु चेष्टवान बना रहेगा।

निशान–बाप का हुक्म मानने वाला बेटा। ऐसे जातक की जंघा पर शहद जैसे रंग का तिल या दाग होता है।

दशा–केतु धनुराशि में होने से गुरुवत् फल देगा। अत: इस कुण्डली में गुरु की स्थिति का अध्ययन करने के बाद केतु की दशा की सही फलावट हो सकेगी क्योंकि राहु और केतु का कोई स्वतंत्र अस्तित्व नहीं होता ये जिस राशि व ग्रह के साथ बैठे हैं 'तत्वत्' हो जाते हैं। वैसे केतु की दशा यहां शुभ फल देगी। जातक का भाग्योदय कराएगी।

केतु का अन्य ग्रहों से सम्बन्ध–

1. **केतु+सूर्य**–केतु के साथ सूर्य जातक को महान् पराक्रमी एवं आध्यात्मिक विद्या का जानकार बनाता है।
2. **केतु+चन्द्र**–केतु के साथ चन्द्रमा जातक को माता का सुख देगा परन्तु मामा से विचार नहीं मिलेगे।
3. **केतु+मंगल**–केतु के साथ मंगल जातक को पैतृक सम्पत्ति दिलायेगा पर थोड़ा विवाद होगा।
4. **केतु+बुध**–केतु के साथ बुध जातक को प्रखर पराक्रमी बनायेगा। जातक बुद्धिशाली व चतुर दिमाग वाला होगा।
5. **केतु+गुरु**–केतु के साथ गुरु जातक को राजा तुल्य वैभवशाली बनायेगा।
6. **केतु+शुक्र**–केतु के साथ शुक्र होने से जातक की किस्मत विवाह के बाद चमकेगी।
7. **केतु+शनि**–केतु के साथ शनि जातक को व्यापार प्रिय बनायेगा। जातक प्राय: ठेकेदार होगा।

नवम् भाव में केतु का उपचार–

1. रंग-बिरंगे कपड़े न पहनें।
2. तिल, तैल, काले-नीले पुष्प, कस्तूरी व काले वस्त्रों का दान शनिवार के दिन करें।
3. केतु शान्ति का प्रयोग करें।

मेषलग्न में केतु की स्थिति दशम स्थान में

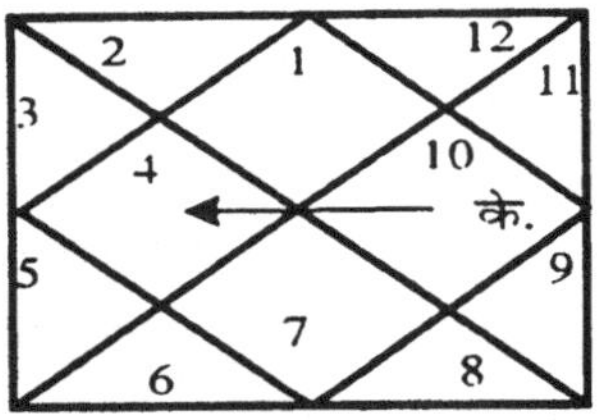

मेषलग्न के दशम स्थान में केतु मकर राशि का होगा। मकर राशि पृथ्वी तत्त्व प्रधान एवं चरसंज्ञक है। ऐसा जातक नौकर-चाकर सेवकों से युक्त सुखी व्यक्ति होता है। जातक खेलों का शौकीन एवं दक्ष खिलाड़ी होगा। जातक के भाई-बन्धु इसकी दौलत को बरबाद करेंगे फिर भी जातक उनको माफ करता रहेगा। उनकी मदद करता रहेगा। जातक चाल-चलन का नेक एवं साफ दिल होगा।

अनुभव–'भोज संहिता' के अनुसार मकर राशिगत दशमस्थ केतु जातक को राज्य (सरकार) में पद प्राप्ति हेतु लालायित बनाए रखता है। अथवा सरकार से ठेका, वजीफा, सम्मान प्राप्ति हेतु जीवन भर प्रयत्नशील रहेगा।

निशान–चुपचाप अपने रास्ते पर चलने वाला मौकाबाज। ऐसे जातक के घुटने पर शहद जैसे रंग का तिल या दाग होता है।

दशा–केतु की दशा शुभ रहेगी। केतु यहां शनि तुल्य फल देगा अत: शनि की स्थिति का अध्ययन करने के बाद ही केतु की दशा का सही फलादेश हो पाएगा।

केतु का अन्य ग्रहों से सम्बन्ध–

1. **केतु+सूर्य–**केतु के साथ सूर्य जातक को राजसुख देगा। उत्तम विद्या देगा।
2. **केतु+चन्द्र–**केतु क साथ चन्द्रमा माता की सम्पत्ति दिलायेगा। वाहन का सुख दिलायेगा।
3. **केतु+मंगल–**केतु के साथ उच्च का मंगल **'रुचक योग'** की सृष्टि करेगा। जातक राजा तुल्य पराक्रमी व ऐश्वर्यशाली होगा।
4. **केतु+बुध–**केतु के साथ बुध जातक को बुद्धिशाली एवं परिवार का शुभ चिन्तक बनायेगा।
5. **केतु+गुरु–**केतु के साथ गुरु का होगा ऐसा जातक आध्यात्मक राह का पथिक एवं ध र्मध्वज होगा।
6. **केतु+शुक्र–**केतु के साथ शुक्र जातक को उत्तम वाहन सुख देगा। नौकरी विवाह के बाद लगेगी।

7. **केतु+शनि**–केतु के साथ शनि '**शश योग**' बनायेगा। ऐसा जातक माता के समान पराक्रमी, ऐश्वर्यशाली एवं प्रतिष्ठित होगा।

दशम भाव में केतु का उपचार–

1. चितकबरे कुत्ते को सात दिन तक दूध-रोटी खिलावें।
2. चितकबरी गाय को चार खिलावे। इससे अचानक आई विपत्ति दूर होगी।
3. राजयोग की प्राप्ति अभीष्ट हो तो शनिवार के दिन अभिमंत्रित जल से औषध स्नान करें।

मेषलग्न में केतु की स्थिति एकादश स्थान में

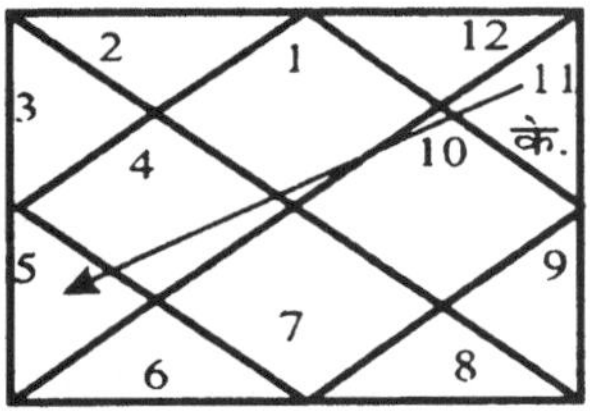

मेषलग्न के एकादश स्थान में केतु कुम्भ राशि का होगा। कुम्भ राशि वायु तत्त्व प्रधान एवं स्थिर स्वभाव की राशि है। जातक राजदरबार में इज्जत-सम्मान पाने वाला, आने वाले समय को ध्यान में रखकर प्लानिंग के साथ काम करने वाला, धनवान, अच्छी किस्मत वाला, लम्बी यात्रा से लाभ पाने वाला होता है। प्रथम सन्तति प्राय: विलम्ब से होती है।

अनुभव–'भोज संहिता' के अनुसार कुम्भ राशिगत एकादशस्थ केतु जातक को सदैव लाभ प्राप्ति हेतु लालायित रखेगा।

निशान–गीदड़ स्वभाव कुत्ता। जातक के पिंडलियों, टांगों पर शहद जैसे रंग का तिल या दाग होगा। न संतान मुर्दा पैदा होगी।

दशा–केतु की दशा शुभ फल देगी। केतु शनि की मूलत्रिकोण कुम्भ राशि में है अत: कुण्डली में शनि की शुभ-अशुभ स्थिति का अध्ययन करने के बाद केतु की दशा पर सही फलादेश हो सकेगा।

केतु का अन्य ग्रहों से सम्बन्ध–

1. **केतु+सूर्य**–केतु के साथ सूर्य जातक को उच्च शैक्षणिक उपाधि दिलायेगा।
2. **केतु+चन्द्र**–केतु के साथ चन्द्रमा माता की सम्पत्ति देगा। प्रखर कल्पनाशक्ति देगा।
3. **केतु+मंगल**–केतु के साथ मंगल को पुरुषार्थ का लाभ देगा।
4. **केतु+बुध**–केतु के साथ बुध जातक को प्रखर बुद्धिशाली बनायेगा।
5. **केतु+गुरु**–केतु के साथ गुरु जातक को सौभाग्यशाली बनायेगा।
6. **केतु+शुक्र**–केतु के साथ शुक्र जातक को उत्तम विद्या, सम्मान एवं स्त्री सुख देगा।
7. **केतु+शनि**–केतु के साथ शनि जातक को उद्योगपति बनायेगा। जातक व्यापार प्रिय होगा।

एकादश भाव में केतु का उपचार–

1. घर में छिपकली न घूमने दे।
2. लकड़ी से बनी चारपाई या पलंग दान करे।

3. अश्वगंधा की जड़ को अभिमंत्रित कर लॉकेट में धारण करें।
4. मृत संतान यदि पैदा होती हो तो सफेद मूली स्त्री के सिरहाने रखकर, शनिवार के सवेरे धर्म स्थान में दान देने से नर संतान खुशहाल रहेगी।

मेषलग्न में केतु की स्थिति द्वादश स्थान में

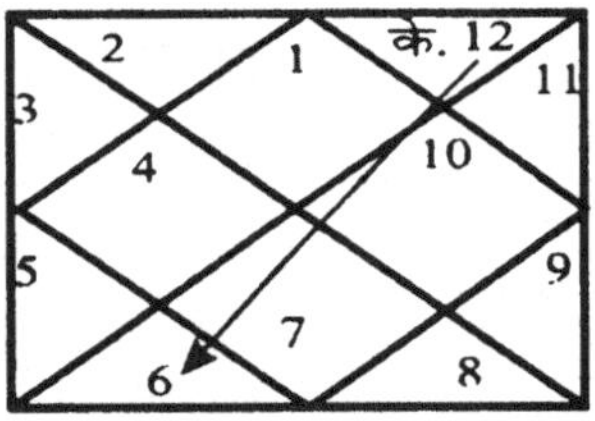

मेषलग्न में द्वादश स्थान में केतु मीन राशि का होता है। मीन राशि जलसंज्ञक एवं द्विस्वभाव राशि होती है। ऐसा जातक जमीन-जायदाद का स्वामी, जातक का गृहस्थ जीवन सुखी होगा। जातक ऐश्वर्यवान व धनवान होगा। जातक सन्तान से सुख पाने वाला, शत्रुओं पर विजय पाने वाला पराक्रमी व्यक्ति होगा।

अनुभव–'भोज संहिता' के अनुसार मीन राशिगत द्वादशस्थ केतु जातक को नित-नूतन वस्तु की जानकारी एवं बाहरी यात्राओं हेतु लालायित रखेगा।

निशानी–ऐशो आराम जद्दी विरासत। पांव में ऐड़ी के पास शहद जैसे रंग का तिल का दाग होगा।

दशा–केतु की दशा में जातक तीर्थयात्राएं करेगा। परोपकार के कार्य करेगा। दशा शुभ रहेगी, परन्तु गुरु की स्थिति ज्यादा सटीक फलादेश में सहायक होगी।

विशेष–सत्यजातकम् अध्याय 12 श्लोक। के अनुसार केतु बारहवें जातक को अपनी दशा में धनवान बनाता है।

केतु का अन्य ग्रहों से सम्बन्ध–

1. **केतु+सूर्य**–केतु के साथ सूर्य जातक को विद्या में, संतान में, खासकर पुत्र सुख में बाधा पहुंचाएगा।
2. **केतु+चन्द्र**–केतु क साथ चन्द्रमा जातक को माता के सुख से वंचित करेगा।
3. **केतु+मंगल**–केतु के साथ मंगल कुण्डली को **'डबल मंगलीक'** कर देगा। जातक के विवाह में विलम्ब होगा।
4. **केतु+बुध**–केतु के साथ बुध **'पराक्रमभंग योग'** बनायेगा। जातक धनवान एवं समाज का प्रभावशाली व्यक्ति होगा पर मानभंग का भय बना रहेगा।
5. **केतु+गुरु**–केतु के साथ गुरु **'विपरीत राजयोग'** बनायेगा। जातक धनवान एवं ऐश्वर्यशाली होगा।
6. **केतु+शुक्र**–केतु के साथ शुक्र जातक को फिजूलखर्ची बनायेगा। जातक परोपकारी व दानी होगा।
7. **केतु+शनि**–केतु के साथ शनि **'व्यापारभंग योग'** बनाता है। जातक का जमा-जमाया व्यापार एक बार उखड़ेगा।

द्वादश भाव में केतु का उपचार–

1. केतु कवच का नित्य पाठ करें।
2. 12 दिन तक निरन्तु गुरुवार को शुरू करके 12 केले प्रतिदिन धर्मस्थान से भेंट करने पर केतु का अशुभत्व नष्ट होता है।
3. 12 दिन तक निरन्तर 12 बार प्रतिदिन दूध व शहद में अंगूठा भिगोकर चूसने से केतु अनुकूल होता है ऐसा लाल किताब वाले कहते हैं। केतु के तांत्रिक मंत्रों का जाप करें।
4. केतु के तांत्रिक मंत्रों का जाप करें।

❑❑❑

मंगलवार व्रत कथा

मंगल बहादुरी व साहस के देवता हैं। ये भय तथा शत्रुओं का नाश करने वाले हैं। मंगलवार का व्रत व पूजन करने से सब प्रकार के अनिष्टों से मुक्ति होती है। मंगलवार के व्रत का नियम-पूर्वक पालन करने से धन-संपत्ति की प्राप्ति होती है।

मंगल की दशा कड़ी होने, तथा मंगलदेव की शांति हेतु इस उपवास को इक्कीस मंगलवार तक किया जाता है।

मंगल का तांत्रिक मंत्र–ॐ ह्रीं श्रीं भौमाय नमः।

विधि विधान–यह व्रत मंगलवार को रखा जाता है तथा दिन में एक ही बार मीठा भोजन करना चाहिए। भोजन सूर्यास्त से पहले कर लेना चाहिए। प्रातः काल शय्या त्याग कर नित्यकर्मों से निवृत्त हो स्वच्छ वस्त्र धारण करें तत्पश्चात शुद्ध स्थान पर मंगलदेव की प्रतिमा स्थापित कर लाल चंदन, सिंदूर, लाल पुष्पों द्वारा मंगल देव की पूजा करें तथा मंगल के तांत्रिक मंत्र द्वारा इक्कीस बार जाप करें तथा व्रत कथा का पाठ करें।

व्रत कथा–एक नगर में एक ब्राह्मण दम्पत्ति रहते थे। किन्तु वे निःसन्तान थे। इसी कारण दोनों पति-पत्नी दुःखी रहते थे। पुत्र प्राप्ति की इच्छा से ब्राह्मण वन में हनुमान जी की उपासना व तपस्या करने चला गया।

ब्राह्मण की पत्नी भी प्रत्येक मंगलवार को मंगल का उपवास व पूजन करती थी। मंगलवार को व्रत के लिए वह प्रेम से भोजन पकाती तथा फिर वह निष्ठापूर्वक हनुमान जी को भोग लगाती तथा फिर श्रद्धा व प्रेम से स्वयं एक समय भोजन करती थी।

एक बार पड़ोस में कोई शादी होने के कारण ब्राह्मणी को वहां जाना पड़ गया इसलिए उस दिन ब्राह्मणी भोजन न पका सकी और सारा दिन वहीं विवाह में व्यस्त रही। घर पर भोजन न पका सकने के कारण ब्राह्मणी ने हनुमान जी को भी भोग नहीं लगाया। वह अपने मन में ऐसा प्रण करके सो गई कि अब अगले मंगलवार को ही भोग लगाकर, अन्न ग्रहण करूंगी।

वह भूखी-प्यासी छः दिन तक पड़ी रही। मंगलवार के दिन उसे मूर्च्छा आ गई। हनुमान जी उसकी लगन और निष्ठा को देखकर प्रसन्न हो गए। उन्होंने उसे दर्शन दिए और कहा– ''मैं तुमसे अति प्रसन्न हूं। मैं तुम्हें एक सुन्दर बालक देता हूं, जो तेरी बहुत सेवा किया करेगा।

सुन्दर बालक पाकर ब्राह्मणी अति प्रसन्न हुई। ब्राह्मणी ने बालक का नाम मंगल रखा। कुछ समय पश्चात ब्राह्मण वन से लौटकर आया। एक प्रसन्नचित्त सुन्दर बालक को घर में क्रीड़ा

करते देखकर, ब्राह्मण ने अपनी पत्नी से पूछा–"यह बालक कौन है?" पत्नी ने कहा–"मंगलवार के व्रत से प्रसन्न हो हनुमान जी ने दर्शन देकर मुझे यह बालक दिया है।" ब्राह्मण को पत्नी की बात पर विश्वास नहीं हुआ। उसने सोचा यह कुल्टा, व्यभिचारिणी अपनी कलुषता छिपाने के लिए बात बना रही है।

एक दिन ब्राह्मण कुएं पर पानी भरने गया तो ब्राह्मणी ने कहा कि मंगल को भी अपने साथ ले जाओ। ब्राह्मण मंगल को साथ ले गया परन्तु वह उस बालक को नाजायज मानता था इसलिए वह बालक को कुएं में डालकर पानी भरकर घर वापस आ गया। ब्राह्मणी ने ब्राह्मण से पूछा कि मंगल कहां है। तभी मंगल हंसता हुआ घर वापस आ गया। उसे वापस आया देखकर ब्राह्मण बहुत आश्चर्यचकित हो गया। उसने सोचा, अभी तो मैं इसे कुएं में धक्का देकर आया था फिर यह कहां से आ गया? रात्रि को उसे स्वप्न में हनुमान जी ने दर्शन दिए और कहा–"यह बालक मेरा दिया हुआ है। तुम अपनी पत्नी पर व्यर्थ ही लांछन क्यों लगाते हो?" ब्राह्मण को सत्य जानकर बड़ी ग्लानि हुई। उसने अपनी पत्नी से क्षमा मांगी और फिर ब्राह्मण-दम्पत्ति मंगलवार का व्रत करते हुए आनन्दपूर्वक जीवन व्यतीत करने लगे। इस प्रकार जो भी मंगलवार का व्रत रखता है, उसकी समस्त मनोकामनाएं पूर्ण होती हैं और वह सब कष्टों से मुक्ति पाता है।

मंगलवार व्रत की दूसरी कथा

एक वृद्धा मंगलवार को अपना इष्टदेव मानती थी और प्रत्येक मंगलवार को व्रत रखती व मंगल देव का पूजन करती। उसका एक पुत्र था जिसका नाम मंगलिया था। मंगलवार को वह न घर लीपती न ही पृथ्वी खोदती थी। एक दिन स्वयं मंगलदेव उसकी श्रद्धा की परीक्षा लेने के लिए साधु का रूप धारण कर आए और उसके द्वार पर आकर आवाज दी। बुढ़िया घर से बाहर आई और साधु को खड़ा देख हाथ जोड़कर बोली–"महाराज क्या आज्ञा है?" साधु ने कहा–"मुझे बहुत भूख लगी है, भोजन बनाना है। इसके लिए तू थोड़ी-सी पृथ्वी लीप दे तो तेरा पुण्य होगा।" यह सुन बुढ़िया ने कहा–"महाराज आज मैं मंगलवार की व्रती हूं इसलिए मैं चौका नहीं लगा सकती। कहें तो जल का छिड़काव कर दूं। वहां पर भोजन बना लें।" साधु ने कहा–"मैं गोबर से ही लिपे चौके पर खाना बनाता हूं।" बुढ़िया ने कहा–"पृथ्वी लीपने के अलावा और कोई सेवा हो तो मैं वह करने के लिए उपस्थित हूं।" साधु ने कहा–"सोच समझकर उत्तर दो। जो कुछ भी मैं कहूंगा वह तुमको करना होगा।" बुढ़िया कहने लगी–"महाराज पृथ्वी लीपने के अलावा जो भी आप आज्ञा करेंगे उसका मैं अवश्य पालन करूंगी" बुढ़िया ने ऐसा वचन तीन बार दिया। तब साधु ने कहा–"तू अपने लड़के को बुलाकर औंधा लिटा दे, मैं उसकी पीठ पर भोजन बनाऊंगा।" साधु की बात सुनकर बुढ़िया चुप रह गई। तब साधु ने कहा–"बुला लड़के को, अब सोच-विचार क्या करती है?" बुढ़िया

'मंगलिया...मंगलिया' कहकर अपने पुत्र को पुकारने लगी। थोड़ी देर बाद उसका लड़का आ गया। बुढ़िया ने कहा–''जा बेटे तुझको साधु महाराज बुला रहे हैं।'' लड़के ने मां की बात सुनकर उसकी आज्ञा का पालन किया और बाबा के पास जाकर कहा–''महाराज क्या आज्ञा है?'' साधु ने कहा–''जा, जाकर अपनी माता को ले आओ।'' जब माता आ गई तो साधु ने कहा कि इसे जमीन पर लिटा दें। बुढ़िया ने कहा ठीक है और मंगलदेव का स्मरण करके लड़के को उल्टा लिटा दिया और उसकी कमर पर अंगीठी रख दी। तब वृद्धा दु:खी मन से बोली–''महाराज अब आपको जो कुछ करना है करो, मैं जाकर अपना काम करती हूं।'' साधु ने अंगीठी में आग जलाई और उस पर भोजन बनाया। जब भोजन बन गया तो साधु ने वृद्धा से कहा कि आओ माई तुम भी भोग लगा लो और अपने पुत्र को भी बुलाओ कि वह भी भोजन ले जाए। वृद्धा ने दु:खी मन से कहा–''बाबा जी यह क्या कहते हो? आपने खुद ही तो अभी उसकी पीठ पर आग जलाई है और उसी को बुला रहे हैं। अब आप मुझे उसकी याद न दिलाओ। वह तो कब का मर चुका होगा। आप भोजन करके जहां जाना हो चले जाइए।'' साधु ने कहा–''तू आवाज तो लगा।'' वृद्धा ने कहा–ठीक है महाराज, जैसी आपकी इच्छा।'' और जैसे ही उसने मंगलिया कहकर पुकारा वैसे ही मंगलिया दौड़ता हुआ आ गया। साधु ने कहा–''माता तुम्हारा व्रत सफल हुआ। तेरी निष्ठा पक्की है, अब तुझे कभी कोई कष्ट नहीं होगा।''

□□□

मंगलवार की आरती

आरती कीजै हनुमान लला की।
दुष्ट दलन रघुनाथ कला की।।
जाके बल से गिरिवर कांपै।
रोग-दोष जाके निकट न झांपै।।
अंजनि पुत्र महाबल दाई।
संतन के प्रभु सदा सहाई।।
दे बीरा रघुनाथ पठाये।
लंका जारि सिया सुधि लाये।।
लंका सो कोट समुद्र सी खाई।
जात पवनसुत बार न लाई।।
लंका जारि असुर संहारे।
सियारामजी के काज संवारे।।
लक्ष्मण मूर्च्छित पड़े सकारे।
लाए संजीवन प्राण उबारे।।
पैठी पाताल तोरि जम कारे।
अहिरावण की भुजा उखारे।।
बाएं भुजा असुर दल मारे।
दाहिने भुजा संत जन तारे।।
सुर नर मुनि आरती उतारें।
जय जय जय हनुमान उचारें।।
कंचन थार कपूर लौ छाई।
आरती करत अंजना माई।।
जो हनुमान जी की आरती गावै।
बसि बैकुंठ परमपद पावै।।
लंक विध्वंस कीन्ह रघुराई।
तुलसीदास प्रभु कीरति गाई।।

❑❑❑

कर्जनाशक व दाम्पत्य सुख कारक मंगलयन्त्र

जन्म पत्र के 1, 4, 7, 8, 12 भावों में मंगल हो तो कुण्डली मंगलीक बनती है। पुरुष की कुण्डली में इस स्थिति वाले मंगल को "मोलिया मंगल" एवं स्त्री की कुण्डली में होने से इसे "चुनरी मंगल" कहते हैं। यह देखने में आता है कि इस प्रकार की ग्रह स्थिति वाले लड़कियों की शादी प्राय: नहीं होती, होती भी है तो बहुत देरी से, तथा होने के बाद भी यह देखने में आता है कि उनका दाम्पत्य जीवन कलह पूर्ण होता है। जन्मपत्र हो चाहे न हो उपरोक्त स्थितियां जब भी जीवन में आती हैं उसका मुख्य कारण मंगल ग्रह का दूषित होना है। चाहे वह गोचर प्रभाव हो या जन्म स्थिति से।

विवाह योग्य कन्या या पुत्र के विवाह में बाधा आना, विवाहित दम्पति के जीवन में दीर्घकाल तक सन्तानभाव रहना, गर्भपात होकर सन्तान हाथ न लगना, मनुष्य का ॠण लेते हुए कर्जग्रस्त होने के बाद, कर्ज चुकाने के आसार से निराश हो जाना, इन तीनों दु:खों को दूर करने के लिए ज्योतिष शास्त्र में मंगल व्रत का विधान है।

मंगल व्रत का नाम सुनते ही जन साधारण एक समय भोजन कर, हनुमान जी का दर्शन करके छुट्टी मना लेते हैं फिर काम पूर्ण न होने पर धन्य देव को पकड़ते हैं। यह सब जानकारी के अभाव में होता है।

कर्मकाण्ड शास्त्र ज्योतिष शास्त्र से प्रदर्शित अनिष्ट का निवारण करवाता है। कर्मकाण्ड के अंग-उपासना, जप, पूजन, यज्ञादि हैं। अत: शास्त्रीय पद्धति से किया हुआ कार्य कभी भी निष्फल नहीं जाता। गीता में कहा है–

"तस्मात् शास्त्रं प्रमाणं ते" "ज्ञात्वा शास्त्र विधानोक्तम् कर्म कतुं मिहार्हसि।" यत्न करने पर भाग्य भी फलता है, बनता है और संचित होता है। यत्न करने पर भी कार्य न हो तो "यत्ने कृते यदि न सिद्ध्यति कोऽत्रदोष:" कार्य के यत्न में कहीं त्रुटि है ऐसा शास्त्रकार ने कहा है उसे निकालकर यत्न करे तो काम बन ही जाता है।

मंगल भूमि पुत्र और ग्रहों का सेनापति है। मंगल के व्रत में "मंगल मन्त्र" के पूजन का विधान है। प्राचीन समय में कई घरों में यह मंत्र पाया जाता रहा है, परन्तु आने वाली पीढ़ी अज्ञान वश उसके पूजन एवं विधान से अनभिज्ञ है।

हमारे कार्यालय में ऐसे अनेक केस आते हैं कि लड़कियां 30 से 40 वर्ष की आयु तक

पहुंच जाती हैं परन्तु मंगलीक दोष के कारण विवाह तो दूर, सगाई तक नहीं बैठती। दूसरी ओर वर पक्ष से ऐसे-ऐसे उदाहरण आते हैं कि दो-दो, तीन-तीन विवाह कर लिए परन्तु 'मंगली दोष' के कारण पत्नी का सुख नहीं। मंगली दोष से व्यक्ति कर्जदार होता और कर्जदार भी ऐसा कि उसका कर्जा उसकी मृत्यु पर्यन्त उसके साथ रहता है। ऐसे जातकों की भी कमी नहीं जो आमूलचूल कर्ज से डूबे हुए हैं, उन्होंने लक्ष्मी साधना, श्रीमन्त्र एवं रुपया की प्राप्ति हेतु कई या व अनुष्ठान भी किए परन्तु पैसा आता है वह चला जाता है, रुकने का नाम नहीं लेता। ऐसे जातकों को पहले 'मंगल मन्त्र' की साधना से अपने मंगलीक दोष की निवृत्ति करनी चाहिए। हमने प्रयोग किए और पाया कि 'मंगल मन्त्र' की विधिवत उपासना के पश्चात, 21 मंगलवार पूर्ण होते-होते लोगों को अपने-अपने अभीष्ट कार्यों में बराबर सफलता मिली है। कई परिवारों में विवाह के पश्चात सन्तान बाधा हेतु भी इसके प्रयोग किए। सभी को अनुकूल लाभ हुए। यदि किसी जातक का पंचमेश मंगल हो, या पंचम भाव में मंगल हो या मंगल की दृष्टि हो तो तेजस्वी पुत्र संतान की प्राप्ति हेतु 'मंगल मन्त्र' का सहारा लेना चाहिए।

सर्वजन हित मंगल व्रत और मंगल यन्त्र पूजन की सम्पूर्ण विधि संस्कृत के साथ-साथ, अत्यधिक सरल ढंग से हिन्दी में भी दी जा रही है ताकि साधारण पढ़े-लिखे लोग भी इसका लाभ ले सकें।

मंगल यन्त्र का चित्र यहां दिया हुआ है। ऐसा चित्र तांबे की प्लेट पर बनवा दे। तांबा मंगल की मुख्य धातु है। परन्तु ध्यान रहे तांबे की प्लेट पर मन्त्र खुदा हुआ नहीं होना चाहिए। उत्कीर्ण (खुदा) हुआ यन्त्र शास्त्रानुसार निकृष्ट होता है। आप चाहे तो भोजपत्र पर अष्टगन्धा से लिखकर भी इस यन्त्र को बना सकते हैं। अष्टगन्धा में शुद्ध कस्तूरी, केसर, गोरोचन, कंकुम, चन्दन का ही प्रयोग लेना चाहिए। यदि असुविधा हो तो यह दोनों प्रकार यन्त्र कार्यालय में सम्पर्क साध कर प्राप्त किए जा सकते हैं।

पूजन विधि–हर मंगलवार के दिन पूजन सूर्योदय बेला में सुन्दर रहता है, परन्तु दोपहर बारह बजे के पहले पूजन कर लेना चाहिये। स्नान करके धुले हुए वस्त्र पहने, लाल वस्त्र ही तो उत्तम, नहीं तो लाल ऊन का आसन जरूरी है। पूजन सामग्री में धूप, दीप के अलावा लाल फूल, लाल चावल कंकुम में किए हुए या लाल चंदन जरूरी हैं। गुड़ का भोग लगावे, लाल फल रखें। मौली चढ़ावें, फिर पंचामृत से फिर शुद्ध जल से धोकर, लाल वस्त्र से पोंछ लें पश्चात् यंत्र में एक दो के क्रम से 21 बिंदिया लगावें। ककुं गुलाल डालकर वस्त्र दीप नैवेद्य फल दक्षिणा धरें तब प्रार्थना करें। इस तरह 21 मंगलवार व्रत रखने से काम पूर्ण रूप से हो जाता है या प्रगति पर आ जाता है। एक कामना लेकर, श्रद्धा विश्वास से व्रत करें, एक कामना पूर्ण होने पर उद्यापन करके, तब कोई दूसरी इच्छा हो तो उसके हेतु व्रत पुनः शुरू करें। एक ही कामना से व्रत आरंभ करने के बाद उसमें दूसरी इच्छाएं नहीं जोड़ना चाहिए। यंत्र प्राण प्रतिष्ठा युक्त लें या घर पर बनवायें तो विद्वान् ब्राह्मण से प्राण-प्रतिष्ठा करवा लें।

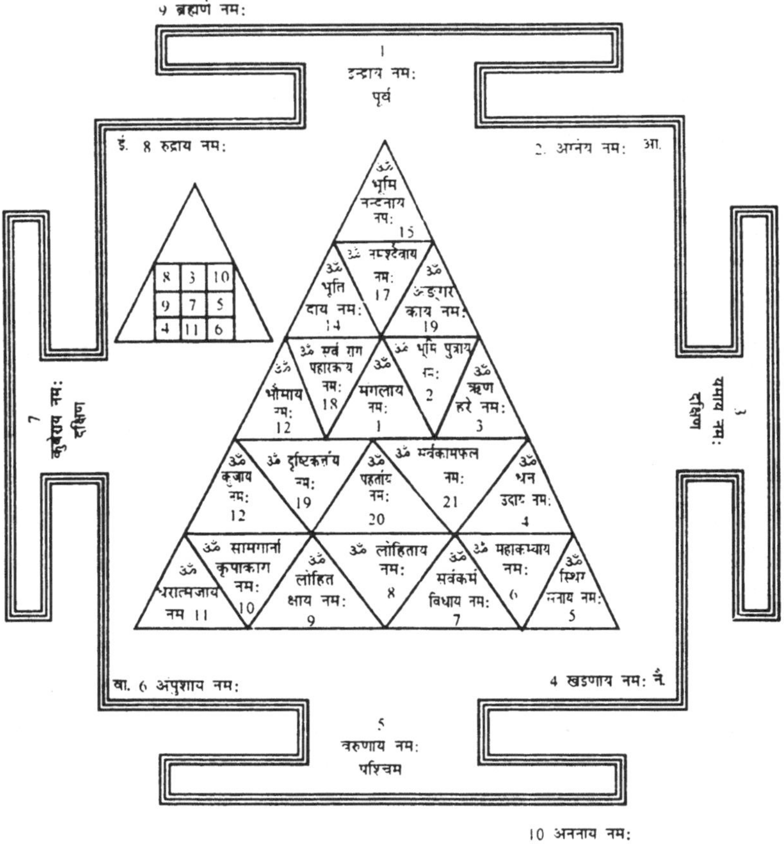

संकल्प—दायें हाथ में जल लेकर संकल्प करें। **"ॐ अद्य पूर्वोच्चरितस्य गुण विशेषण विशिष्टायां शुभ पुण्य तिथौ मम (अमुक) स्थाने स्थित भौम जनित दोष परिहारार्थं तथाच आजन्म पर्यन्तं स्त्रीसुख प्राप्त्यर्थं अनेन भैमजोपाख्येनकर्मणा भगवान् भौमः प्रीयताम्।"**

हिन्दी भाषा में इस प्रकार करें—मैं (अपना नाम) आज (अमुक) वर्ष के (अमुक) मास (अमुक) तिथि (अमुक) बार को श्री मंगल देवता को प्रसन्न करने हेतु तथा मेरी कुण्डली में अमुक स्थान में स्थित मंगल दोष के निराकण हेतु, भक्ति के साथ (अमुक कामना) की पूर्ति हेतु 'मंगलयंत्र' का पूजन और व्रत करता हूं (कहकर जल छोड़ दे) फिर न्यास, ध्यान के साथ यन्त्र में यन्त्रस्थ देवता का आह्वान कर, यन्त्र की पूजा करें। उसके बाद कवच व स्तोत्र का पाठ करना होता है।

न्यास—

ॐ ह्रां अंगुष्ठाभ्यां नमः। ॐ ह्रीं तर्जनीभ्यांनमः
ॐ ह्रू मध्यमाभ्यांनमः। ॐ ह्रें अनामिकाभ्यांनमः

ॐ ह्रौं कनिष्ठिकाभ्यांनमः। ॐ ह्रः करतलपृष्ठाभ्यांनमः।
ॐ ह्रां हृदयायनमः। ॐ ह्रीं शिरसे स्वाहा।
ॐ ह्रूं शिखाये नमः। ॐ ह्रीं कवचाय हुम्॥
ॐ ह्रौं नेत्रत्रयाय वौषट्॥ ॐ ह्रः अस्त्राय फट्॥
ॐ खंखः इति दिग्बन्धः॥

न्यास–सबसे पहिले न्यास करें यानि मूल में जो न्यास के मंत्र लिखे हैं उन मंत्रों को बोलते जाएं और उन-उन अंगों को स्पर्श करते जाए जो कि, मूल-मंत्रों में ही लिखें हैं। हाथ की पांचों अंगुलियों का नाम संस्कृत में क्रम से 1 अंगुष्ठ (अंगूठा) 2 तर्जनी (अंगूठे के पास की उंगली) 3 मध्यमा (बचली) 4 अनामिका (चौथी) कनिष्टिका, सबसे छोटी अंगुली कही जाती है। करतल हथेली तथा पृष्ठ, हाथ की पीठ कही जाती है। हृदय-छाती, शिर-खोपड़ी, शिखा-चोटी, कवच-भुजाएं, नेत्रय तीन नेत्र कहे जाते हैं। इन संस्कृत के शब्दों वाले पदों से इनका स्पर्श होता है। ये दोनों करन्यास और अंगन्यास कहलाते हैं। ''अस्त्राय फट्'' कहर अपने दोनों ओर हाथ घुमा ताली बजाने तथा ओम् खंखः कहकर चुटकी बजाने से दिग्बन्ध हो जाता है।

ध्यानम्–

एह्ये हि भगवन्भैम अङ्गारक महाप्रभो॥
त्वयि सर्व समायातं त्रैलोक्यं सचराचरम्॥
भौममावाहयिष्यामि तेजोमूर्ति दुरासदम्॥
रूद्ररूपमनिर्देश्चवक्त्रचं रुधिरप्रभम्॥
विनियोग–अग्निमूर्धाङि्गरसो विरूपोऽङ्गारको गायत्री।
मङ्गलावाहने विनियोगः॥

ध्यानम्–रक्तमाला पहिने, शक्ति शूल और गदा हाथ में लिए हुए चतुर्भुजी तथा मेढ़े की सवारी रखने वाले धरानन्दन वर दिया करते हैं, इस प्रकार ध्यान करें। हे अंगारक महाप्रभो भौम! पधारिये, आपके आने से चराचर समेत तीनों लोक आ गए; लोहू जैसा लाल-लाल मुख, साक्षात रुद्ररुपी तेजोमूर्ति दुरासद मंगल का आह्वान करता हूं।

मंगल आह्वान–ॐ अग्निर्मूर्धाः॥ ॐ नमो भगवते धनसमृद्धिदाय मंङ्गलाय नमः॥ मंगलमावाह्यामि इत्यावाह्य अग्निर्मूर्धेति मन्त्रेण मंगलगायत्र्या वा आसनादि पुष्पान्तं पूजयित्वा यन्त्रस्थैकविशंतिकोष्ठेष्वढ.गान्येकविंशतिनामभिः पूजयेत्॥

मंगल आह्वान–''अग्निर्मूर्धा'' इस मंत्र के आंगिरस विरूप ऋषि है; मंगल देवता है, गायत्री छन्द है, मंगल के आह्वान में विनियोग होता है। ''ओम् अग्निमूर्धा दिवः ककुत्पतिः पृथिव्यां अयम्। अपांघू रेतांघुसि जिन्वति।'' यह पृथ्वी का पुत्र भौम, दिवका मूर्धा तथा सबका अग्रणी है। सबका पालक तथा सबसे श्रेष्ठ है, यही पानी के सारों को पुष्ट करता या व्यापकों

को बल देता है। इस मंत्र से अथवा धन समृद्धि देने वाले भगवान् मंगल के लिए नमस्कार करता हूं! मंगल का आह्वान करता हूं, इस मन्त्र से आह्वान हुआ।

अंग पूजा–1. ॐ मंगलाय नमः पादौ पूजयामि 2. भूमि-पुत्राय नमः गुल्फौ पूजयामि। 3. ऋणहर्त्रे नमः जंघौ पूजयामि 4. धानप्रदाय नमः जानुनी पूजयामि। 5. स्थिरासनाय नमः उरुं ॐ पूजयामि। 6. महाकायाय नमः कर्टी पूजयामि। 7. सर्वकर्मावरोधकाय नमः नाभिं पू.। 8. लोहिताय उदरं पू.। 9. लोहिताक्षाय हृदयं पूजयामि। 10. सामगानांकृपाकराय करौ पू.। 11. धारात्मजाय नमः बाहु पूजयामि। 12. कुजाय स्कन्धौ पू.। 13. भौमाय नमः कण्ठं पूजयामि 14. भूतिदाय हनुं पू.। 15. भूमिनंदनाय मुखं पूजयामि। 16. अङ्गारकाय नासिके पू.। 17. यमाय नमः कर्णो पूजयामि 18. सर्वरोगापहारकाय नमः चक्षुषी पू.। 19. वृष्टिकत्रे नमः ललाटं पूजयामि। 20. वृष्टिहत्रे नमः मूर्धानं पूजयामि। 21. सर्वकामफलप्रदाय नमः शिखाम् पूजयामि।।

ततो धूपादिपुष्पांजल्यन्तं कृत्वा एतैरेव नामभिरेकविंशत्यध्यन्दिद्यात्।।

अंग पूजा–''अग्निमूर्धा'' इस मन्त्र से तथा ''ॐ अंगारकाय विद्महे शक्ति हस्ताय धीमहि तननौ भौमः प्रचोदयात्'' इस मंगल गायत्री से आसन से लेकर पुष्प समर्पण तक की पूजा करें। यन्त्र को गंगा जल में धोएं फिर यन्त्र के जिस कोष्ठ में जो नाम मन्त्र लिखे जाते हैं, उन्हीं इक्कीस नाम मंत्रों में उन-इन कोष्ठों में क्रमशः अंगों का पूजन करते हुए बिन्दिया लगाएं। बिन्दी लगाते समय सर्वत्र ॐ शब्द एवं उन-उन कोष्टकों के नाम मन्त्रों का उच्चारण करें। अंगपूजा-मंगल के लिए नमस्कार चरणों को पूजता हूं, भूमिपुत्र के लिए गुल्फों को ऋण हर्ता के लिए जंघाओं को, धन देने वाले के लिए जानुओं को, स्थिरासन के लिए उरूओं को, महाकाय के लिए कटि को, सब कर्मों के अवरोध के लिए नाभि को, लोहित के लिए उदर को, लोहिताक्ष के हृदय को, साम के जानने वालों पर कृपा करने वालों के लिए हाथों को, धारात्मज के लिए बाहुओं को, कुज के लिए स्कन्धों को, भौम के लिए कंठ को, भूति के देने वाले के लिए हनु को, भूमिनन्दन के लिए मुख को, अंगारक के लिए नासिकाओं को, यम के लिए कणों को, सब रोगों के नष्ट करने वाले के लिए नेत्रों को, दृष्टि के करने वाले के लिए ललाट को, वृष्टि के हर्ता के लिए मूर्धा को, सब कामों के फल देने वाले के लिए नमस्कार शिखा को पूजता हूं। अंग पूजा के पश्चात दश दिशाओं में भी बिन्दिया लगाएं, पुष्प लगाएं।

मगल कवच–

शिखायां मंगलः पातु भूमिपुत्रश्च मूर्धनि।।
ललाटे ऋणहर्ता व चक्षुषीश्च धनप्रदः।।
स्थिरासनः श्रोत्रयोश्च महाकायश्च नासिके।।
आस्यदन्तोष्ट जिह्वासु सर्वकर्माविरोधकः।।
हनौ मे लोहितः पातु लोहिताक्षश्च कण्ठके।
स्कन्धयोरूभयो रक्षेत्सामगानां कृपाकरः।।

धरात्मजो भुजौ पातु कुजो रक्षेत्करद्वयम्।।
भौमो मे हृदयं पातु भूतिदस्तु तथोदरे।।
भूमिनन्दनो नाभौ तु गुह्ये त्वङ्गारकोऽवतु।।
उरू मम यमो रखेज्जान रोगापहारकः।।
जंघयोर्वृष्टिकर्ता च अपहर्ता च गुल्फयोः।।
पादांगुष्टा च गुल्फौ च सर्वकामफलप्रदः।।
शक्तिर्मे पूर्वतो रक्षेच्छूलं रक्षेच्च दक्षिणे।।
पश्चिमे च धनुः पातु उत्तरे च शरस्तथा।।
उर्ध्वं पिण्डाननः पातु अधस्तात्पृथिवी मम।।
एवं न्यस्तशरीरोऽसौ चिन्तयेद्भूमिनन्दनम्।।

मंगल कवच–शिखा की मंगल रक्षा करें। भूमिपुत्र मूर्धा की, ऋणहर्ता ललाट की, धनप्रद नेत्रों की, स्थिरासन श्रोत्रों की, नासिकाओं की महाकाय, सर्व कर्माविरोधक मुख, दन्त, ओष्ठ और जिह्वा की, लोहित हनु की, लोहिताक्ष कंठ की, सामगों पर कृपा करने वाला दोनों स्कन्धों की, धारात्मज भुजाओं की, कुज दोनों हाथों की, भौम हृदय की, भूतिद उदर की, भूमिनन्दन नाभि की, अंगारक गुह्य की, यम उरूओं की, रोगापहारक जानुओं की, वृष्टिकर्ता जांघों की, अपहर्ता गुल्फों की सर्वकाम फलप्रद, पाद अंगुष्ठ और गुल्फों की रक्षा करें। शक्ति मेरी पूर्व से रक्षा करें। दक्षिण में शूल रक्षा करें। पश्चिम में धनुष रक्षा करे। उत्तर में शर रक्षा करे, ऊपर पिण्डानन तथा नीचे पृथ्वी रक्षा करे, इस प्रकार शरीर में न्यास या रक्षा के लिए इन रूपों को यहां बिठा कर मंगल का ध्यान करे। (ये न्यास कहे हुए अंगों पर रक्षा के लिए किए जाते हैं इस कारण हमने सीधा रक्षा करें यह अर्थ कर दिया है।) इस प्रकार कवच का पाठ करें।

मंगल गायत्री–

ॐ अंङ्गारकाय विद्महे शक्ति हस्तायधीमहि।
तन्नो भैमः प्रचोदयात्।।

मंगल गायत्री–अंगार के समान रक्त वर्णीय, दोनों हाथों में शक्ति धारण करने वाले तेजस्वरूप तेजस्वी मंगल ग्रह को नमस्कार है। अथवा यहां 'ॐ ह्रीं भौमाय नमः' की एक माला फेंरे। इसके बाद मंगल स्तोत्र का पाठ करें।

मंगल स्तोत्र–

मंगलो भूर्मिपुत्रश्च ऋणहर्ता धनप्रदः।
स्थिरासनो महाकायः सर्वकर्माविरोधाकः।।
लोहितो लोहिताक्षश्च सामगानां कृपाकरः।
धारात्मजः कुजो भौमो भूतिदो भूमिनन्दनः।।
अंङ्गारको यमश्चैव सर्वरोगापहारकः।
वृष्टिकर्ताऽपहर्ता च सर्वकामफलप्रदः।।

एतानि कुजनामानि नित्यं यः प्रयतः पठेत्।
ऋणं न जायते तस्य सन्तानं वर्धते सदा॥
एकविंशतिनामनि पठित्वा तु दिनान्तके।
रूपवान् धनवांश्चैव जायते नात्र संशयः॥
एककालं द्विकालं वा यः पठेत्सुसमाहितः।
एवं कृते न सन्देहो ऋणं हित्वा सुखी भवेत्॥

मंगल स्तोत्र–मंगल, भूमिपुत्र, ऋणहर्ता, धनप्रद, स्थिरासन, महाकाय, सर्वकर्मावरोधक, लोहित, लोहितताक्ष, सामगानां कृपाकर, धरात्मज, कुज, भौम, भूतिद, भूमिनन्दन, अंगारक, यम, सर्वरोगापहारक, वृष्टिकर्ता, वृष्टिअपहर्ता, सर्वकामफलप्रद, ये मंगल के 21 नाम हैं। जो रोज सावधानी के साथ इन्हें पढ़ता है, उस पर कष्ट नहीं होता, सदा सन्तान की वृद्धि होती है। सायं-काल के समय इन इक्कीस नामों को पढ़कर, रूपवान और धनवान हो जाता है। इसमें सन्देह नहीं है। एक बार या दो बार एकाग्र चित्त हो पढ़े, इस प्रकार नित्य करने पर ऋण को चुका, व्यक्ति सुखी हो जाता है। रुचि के अनुसार काव्यात्मक इस स्तोत्र को भी पढ़ सकते हैं।

काव्यात्मक मंगल स्तोत्र

भारद्वाज कुल उज्ज्वल कर, उज्जैन में वास लिया तुमने, हे चारभुजाधारी, मंगल! हे शूलशक्ति घर भौम कुजे। करते स्तुति देव सदा मिलकर, दानव गंधर्व सदा भजते, करता कल्याण सदा उनका, जो पूर्ण मनोरथ से भजते॥ धरणी गर्भ से जन्म लिया, बिजली सी चमक उससे पाई हे! सेनापति देवों के, विजय देव हे! सुखदाई। है रक्त वर्ण, है लाल नैत्र, मीढ़ा है वाहन मनभाया, हे मंगल! शक्ति हाथ तेरे, कर मम मंगल सुखदाया॥ मैं नमन करूं अब बार-बार, तुमने भक्तों को दिया तार, तुम नष्ट करो ऋण सब मेरा, कर दो अपनी करुणा अपार। मम रोग हरो, भव, ताप हरो, अपमृत्यु हरो मेरी सांई, हरो दरिद्रता इस जन की, वरदो! सन्तान, बड़े भाई॥ धान दो, सब पाप मिटे मेरे, करदो मम सन्तान सगाई, हे ऋणहर्ता है, नमस्कार, सुख, सौभाग्य, मुझे दे दो। दो पुत्र मुझे, जिससे सुख हो, हे देव-देव भक्ति तब दो, हे धारणी नन्द! हे मंगल, हे बाल कुमार विनय सुन ले तेरी पूजा से जन-जन-मन, पाते मंगल, मगल कर दो।

नमस्कार–

धारणीगर्भसम्भूतं विद्युत्कान्तिसमप्रभम्।
कुमारं शक्तिहस्तं च मंगलं प्रणमाम्यहम्॥

नमस्कार–भूमि के गर्भ से उत्पन्न होने वाले की कान्ति के समान प्रभा वाले, शक्ति हाथ में लिए कुमार मंगल को बारम्बार प्रणाम करता हूं। इस प्रकार कहकर हाथ जोड़कर नमस्कार करें।

तीन रेखाओं का प्रयोग–

(खदिरांगारेजा रेखात्रयं कृत्वा)–

अंङ्गारक महीपुत्र भगवन्भक्तवत्सल

त्वां नमस्यामि मेऽशेषं ऋणमाशु विनाशय।।1।।
ऋणरोगादिदारिद्रयपापक्षुधापमृत्यव:
भवक्लेशमनस्तापा नश्यन्तु मम सर्वदा।।2।।
ऋणदु:ख विनाशाय पुत्रसन्तानहेतवे।
मार्जयाम्यसिता रेखास्तिस्त्रे जन्मसमुद्भवा:।।3।।
दु:खदौर्भाग्यनाशाय सुखन्तानहेतवे।।
कृतं रेखात्रयं वामपादेन मार्जयाम्यहम्।।4।।

तीन रेखाओं का प्रयोग–इसके बाद आरती उतारकर खैर की लकड़ी के कोयले से अथवा खेजड़ी कोयले से तीन रेखाएं जमीन पर खींचे, फिर उन रेखा को बाएं पैर से उपरोक्त मंत्र या हिन्दी के पद को बोलते हुए मिटाएं। खैर के अंगार से तीन रेखा करके कहे–हे भगवन् अंगारक! हे महीपुत्र! हे भक्तवत्सल! मैं आपको नमस्कार करता हूं, मेरा समस्त ऋण नष्ट करिए, ऋण रोगादि, दारिद्र, पाप, क्षुद्रता, अपमृत्यु, भव के क्लेश, मन के ताप ये मेरे सदा नष्ट हों! ऋण के दु:ख को नष्ट करने तथा पुत्र और सन्तान के लिए, तीन जन्म से होने वाली तीनों ग्रसित रेखाओं का मार्जन करता हूं। जिससे दु:ख और दुर्भाग्य का नाश तथा सुख और संतान की प्राप्ति हो, दुर्भाग्य सूचक तीनों रेखाओं का बाएं पैर से मार्जन करता हूं, इन मंत्रों से रेखाओं का मार्जन करें।

रेखाओं को मिटाते वक्त बोलने का पद–

हे अंगारक ! हे महीपुत्र, भगवान् भक्तों के प्यारे,
मैं नमस्कार करता तुमको, जो नमें उन्हें, तुमने तारे।
तीन जन्म की ये रेखाएं, मेरी भाग्य बाधक प्यारे,
काली रेखा ऋण-रोगों की, दुर्भाग्य मिटाता हूं प्यारे।
सुख सन्तान बढ़े मेरे, या दे दो सुन्दर पति/पत्नी तुम प्यारे,
कन्या मेरी अब बढ़ी हुई, उसको पति दो तुम प्यारे।।

मंगल प्रार्थना–

ऋणहत्रे नमस्तेऽस्तु दु:खदारिद्र्यनाशक।
सुखसौभाग्यधनदो भव मे धरणी:सुत:।।
ग्रहराज नमस्तेऽस्तु सर्वकल्याणकारक:।
प्रसादात्तव देवेश सदा कल्याणभाजन:।।
देवदानवगन्धार्वयक्षराक्षसपन्नगा:।
प्राप्नुवन्ति शिवं सर्वे सदा पूर्णमनोरथा:।।
प्रसादं कुरु मे भौम सौभाग्यं मंगलप्रद:।।
बाल: कुमारको वसतु स भौम: प्रार्थितो मया।।

उज्जयिन्यां समुत्पन्नो. नमो भौम चतुर्भुज।
भरद्वाजकुले जात: शूलशक्तिगदाधर:।।

मंगल प्रार्थना—हे दु:ख और दरिद्रता के नाश करने वाले तुझ ऋणनाशक के लिए नमस्कार है। हे धरणी के पुत्र! मुझे सुख और सौभाग्य का देने वाला बन जा, हे सबके कल्याण के करने वाले! तुझ ग्रहराज के लिए नमस्कार है। हे देवेश! आपकी कृपा से सदा कल्याण हो, क्योंकि आप सदा ही कल्याण के भाजन हैं। देव दानव, गन्धर्व, दक्ष, राक्षस, पन्नग ये सब सदा ही पूर्ण मनोरथ होकर कल्याण को पाते हैं। हे भौम! मुझ पर कृपा करिए, हे मंगल के देने वाले! सौभाग्य दे। जो चतुर्भुज बालकुमार उज्जयनी में उत्पन्न हुआ है उसी से प्रार्थना कर रहा हूं। उसी के लिए मेरी ये नमस्कारें भी हैं। जो भरद्वाज के कुल में पैदा हुआ है। शक्ति शूल और गदा धारण करने वाला हैं। यह प्रार्थना करके फिर स्त्रोत्र पढ़ना चाहिये।

वायनदानम्—

तिलगुड मिश्रितेनैकविंशतिलड्डूकान्
गोधूमभवान्फल दक्षिणासहितान्वेदविदे दद्यात्।।

वायनदानम्—तिल गुड़ मिले हुए गेहूं के इक्कीस लड्डू फल और दक्षिणा के साथ वेद के जानने वाले ब्राह्मण को दें, सब मंगलों के देने वाले तुझ मंगल के लिए नमस्कार है। इस से संतुष्ट होकर मेरे मनोरथों को पूरा करिए, ''देवस्य त्व.'' इस मन्त्र को बोलकर कहे कि, इस दान से मंगल देव प्रसन्न हो; पीछे दे दें। यह वायने के दान का मन्त्र है। यदि सन्तान की चाहना हो तो 21 लाल रंग की गोलियां छोटे-छोटे बच्चों को बांटे। यदि ऋण उतारना हो तो गाय को गुड़ खिलावें। यदि रोग मिटाना हो तो ब्राह्मण व साधु को तृप्त भोजन कराएं, उसके बाद भोग लगाकर स्वयं भोजन करें। कार्य की सिद्धि हो जाने पर उद्यापन में 21 लाल रंग की वस्तु, लाल पुष्प या लड्डू सत्पुरुषों में बांट दें। दशांश हवन करें। हवन करने पर ब्राह्मण भोजन अवश्य कराएं।

दानमन्त्र—

मंगलाय नमस्तुभ्यं सर्वमंगलदायक।।
बायनेन च संतुष्ट: कुरु मे त्वं मनोरथान्।।
देवस्यत्वेति मन्त्रेण मंङ्गल: प्रीयतामिति दद्यात्।।
(आवाहनं न जानामि. इति पूजनम्)

फल स्तुति—

तस्य वै ग्रहपीड़ा च न भवेत्तु कदाचन।।
भूतवेतालशाकिन्यौ न भवन्ति च हिंसका:।। 1।।
दारद्र्यं नश्यते तस्य पुत्रपौत्राश्च वर्धते।।
एवमुक्त्वा च तत्रैव मंगलोऽपि दिवं गत:।। 2।।

एवं व्रतं समाख्यातं सर्वसौख्यप्रदायकम्।।
इदं व्रतं करिष्यन्ति तेषां पीडा न जायते।। 3।।
स्त्रीभिर्वतं प्रकर्त्तव्यं पुरुषैश्च विशेषत:।।
तेषां मुक्तिर्भवत्येव स्वर्गवासो न संशय:।। 4।।

फल स्तुति–उसे कभी ग्रहपीड़ा नहीं होगी। उसे भूत प्रेत बेताल की बाधा और दारिद्र्य नष्ट हो जाता है और बेटा नातियों के साथ वृद्धि को प्राप्त होता है। यह कह कर मंगल देव अन्तरिक्ष में चले गए। यह सब सुखों का देने वाला व्रत मैंने कह दिया है। जो इस व्रत को करेंगे उन्हें कभी भी ॠण की पीड़ा नहीं होगी। इस व्रत को स्त्रियों को करना चाहिए। विशेष करके पुरुष भी इसी व्रत को करें। उनकी मुक्ति और स्वर्गवास होगा इसमें सन्देह नहीं है। यह प्रयोग हर प्रकार से सुख सम्पत्ति व प्रसन्नता को देने वाला कहा गया है।

दीर्घायु, रोग निवारण एवं उत्तम स्वास्थ्य हेतु

1. चन्द्रमा का जीवन रत्न मोती सवा पांच रत्ती और जीवन शक्तिदायक मंगल का रत्न 'मूंगा' सवा पांच रत्ती संयुक्त रूप से लॉकेट बनाकर गले या अंगूठी में धारण करें। यह लॉकेट 'महालक्ष्मी योग' का भी काम करने के कारण दोहरे चमत्कार वाला साबित होगा।

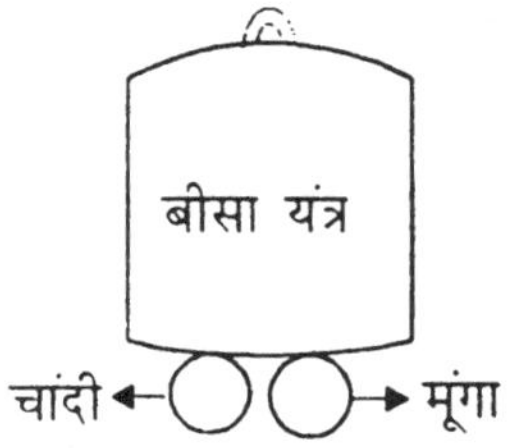

बीसा यंत्र में ये दोनों रत्न 'लक्ष्मी योग' को प्रबल करते है। बीसा यंत्र में कोई भी रत्न प्रतिकूल कार्य नहीं करता और जातक का वांच्छित धन लाभ देता है। जिन लोगों के हाथ में पैसा नहीं टिकता एवं जिन लोगों के धन स्थान में राहु बैठा हो तो, धन के घड़े में छेद हो, उन लोगों को यह यंत्र अवश्य धारण करना चाहिए। यह हमारा अनुभूत प्रयोग है कि कुण्डली जन्म दुर्बल योग, दरिद्रयोग इस यंत्र के धारण करने से नष्ट हो जाते है। संकट योग, धनहीन योग एवं केमद्रुम योग में जन्म लेने वाले जातक के लिए यह यंत्र अमृततुल्य उपादेय औषधि है।

2. रुदाक्ष की माला पर महामृत्युंजय मंत्र का नित्य जाप करे।
3. बालारिष्ट व अकाल मृत्यु से बचने हेतु बच्चे के गले में मोतीयुक्त चांदी का चन्द्रमा अभिमंत्रित करके पहनाएं।
4. अनिष्ट चन्द्रमा के कारण बालारिष्ट की शान्ति हेतु चन्द्रकवच पढ़ें, चन्द्रमा के वैदिक मंत्रों का 11000 या 44000 हजार जप, दशांश हवन कर, बच्चे के गले में रक्षा सूत्र या चन्द्रमा पहनाएं।
5. चांदी के बर्तन में रात को सिरहाने पर दूध रखना तथा प्रात:काल बिना कुछ बोले कींकर,

पीपल या बिल्व वृक्ष में दूध "ॐ नमः शिवाय" मंत्र का जाप करते हुए डाले वो तत्काल कष्ट दूर होगा।

6. शिवजी की नित्य उपासना एवं सोमवार का व्रत रखें।
7. सोम प्रदोष का व्रत रखने में शिव-पार्वती शीघ्र प्रसन्न होते हैं।
8. प्रत्येक जन्मदिन या पुष्य नक्षत्र पर दूध व गंगाजल से रुद्राभिषेक कराएं एवं वैदिक मंत्रों के साथ अभिषेक लें।
9. विशेष अवस्था में रोग निवारण हेतु मंत्रपूत औषधियों के साथ पुष्य नक्षत्र स्नान करें।
10. माता (सास), मासी, मामी एवं घर में बुजुर्ग औरतों का आशीर्वाद लें।
11. मरणासन्न व्यक्ति के लिए जहां दवाइयों ने काम करना कर दिया हो। बीमारी गम्भीर व लाईलाज हो वहां त्रिविध तापों के नाश हेतु महामृत्युंजय का सवालक्ष जप, दशांश हवन एवं कवच पाठ अमोघ फल को देने वाला है।
12. चन्द्रमा की निर्बलता में कैलशियम की विशेष कमी पाई जाती है। अतः केला, इत्यादि सेवन बच्चों के लिए हितकर रहता है।
13. आषाढ़ कृष्ण (योगिनी) एकादश का व्रत नियमित करना चाहिए। इससे शरीर स्वस्थ हो जाता है।

योगिनी एकादशी–यह एकादशी आषाढ़ कृष्ण पक्ष में मनाई जाती है। इस दिन व्रत रखकर भगवान नारायण की मूर्ति को स्नान कराके भोग लगाते हुए पुरुष, धूप, दीप से आरती उतारनी चाहिए। गरीब ब्राह्मणों को दान देना परम श्रेयस्कर है। इस एकादशी के प्रभाव से पीपल वृक्ष के काटने से उत्पन्न पाप नष्ट हो जाते हैं और अन्त में स्वर्ग लोक की प्राप्ति होती है।

कथा–प्राचीन समय की बात है अलकापुरी में धनव कुबेर के यहां एक हेम नामक माली रहता था। वह भगवान शंकर के पूजनार्थ नित्य प्रति मानसरोवर से फूल लाया करता था। एक दिन की बात है वह कामोन्मत हो अपनी स्त्री के साथ स्वच्छन्द विहार करने के कारण फूल लाने में प्रमाद कर बैठा तथा कुबेर के दरबार में विलम्ब से पहुंचा। क्रोधी कुबेर के शाप से वह कोढ़ी हो गया। कोढ़ी रूप में जब वह मार्कण्डेय ऋषि के पास पहुंचा तब उन्होंने योगिनी एकादशी व्रत रहने का आज्ञा दी। व्रत के प्रभाव से उसका कोढ़ समाप्त हो गया तथा दिव्य शरीर वाला होकर स्वर्गलोक को गया।

14. इसी प्रकार निर्जला एकादशी ज्येष्ठ शुक्ल को करनी चाहिए इससे दीर्घायु की प्राप्ति होती है।

निर्जला एकादशी–ज्येष्ठ शुक्ल पक्षीय एकादशी को निर्जला एकादशी या 'भीमसेनी एकादशी' कहते हैं, क्योंकि वेदव्यास के आज्ञानुसार भीमसेन ने इसे धारण किया था। शास्त्रों के अनुसार इस एकादशी के व्रत से दीर्घायु तथा मोक्ष मिलता है, इस दिन जल

नहीं पीना चाहिए। इस एकादशी का व्रत रखने से वर्ष की पूरी (24) एकादशियों का फल मिलता है। यह व्रत करने के पश्चात् द्वादशी को ब्रह्म-बेला में उठकर स्नान, दान तथा ब्राह्मण को भोजन कराना चाहिए। इस दिन 'ऊं नमो भगवते वासुदेवाय' मंत्र का जाप करके गोदान, वस्त्रदान, छत्र, फल आदि दान करना वांछनीय है।

कथा–एक समय की बात है भीमसेन ने व्यास जी से कहा कि हे भगवान्! युधिष्ठिर, अर्जुन, नकुल, सहदेव, कुन्ती तथा द्रौपदी सभी एकादशी के दिन उपवास करते हैं। तथा मुझसे भी यह कार्य करने को कहते हैं, मगर मैं कहता हूं कि मैं भूख बर्दाश्त नहीं कर सकता। मैं दान देकर तथा वासुदेव भगवान की अर्चना करके उन्हें प्रसन्न कर लूंगा। बिना व्रत किए जिस तरह से हो सके मुझे एकादशी व्रत का फल बताइए। मैं बिना काया क्लेश के ही फल चाहता हूं।

इस पर वेद व्यास बोले–हे वृकोदर! यदि तुम्हें स्वर्गलोक प्रिय है तथा नरक जाने से सुरक्षित रहना चाहते हो तो दोनों एकादशियों का व्रत रखना होगा।

भीमसेन बोले–हे देव! एक समय का भोजन करने से तो मेरा काम न चल सकेगा। मेरे उदर में वृक नाम अग्नि निरन्तर प्रज्वलित रहती है। पर्याप्त भोजन करने पर भी मेरी क्षुधा शांत नहीं होती है। हे ऋषिवर! आप कृपा करके मुझे ऐसा व्रत बतलाइए कि जिसके करने मात्र से मेरा कल्याण हो सके।

व्यासजी बोले–हे भद्र! ज्येष्ट की एकादशी का निर्जल व्रत कीजिए। तुम जीवन पर्यन्त इस व्रत का पालन करो। इससे तुम्हारे पूर्वकृत समस्त एकादशियों के अन्न खाने का पान समूल विनष्ट हो जाएगा। व्यासाज्ञानुसार भीमसेन में बड़े साहस के साथ निर्जला का यह व्रत किया जिसके परिणामस्वरूप प्रात: होते-होते संज्ञाहीन हो गये। तब पांडवों ने गंगाजल तुलसी चरणामृत प्रसाद देकर उसकी मूर्च्छा दूर की। तभी से भीमसेन पाप मुक्त हो गए।

15. आयुष्य, आरोग्य की वृद्धि हेतु 'रविप्रदोष' का व्रत करना चाहिए। परन्तु रोगों से मुक्ति हेतु उत्तम स्वास्थ्य के लिए 'मंगलप्रदोष' का व्रत करना चाहिए।

ऋण मुक्ति, धन प्राप्ति, स्थिर लक्ष्मी की प्राप्ति हेतु–

1. स्थाई लक्ष्मी हेतु माणिक्य सवा पांच रत्ती, मोती सवा पांच रत्ती, और मूंगा सवा पांच रत्ती का लॉकेट बनाकर धारण करें।
2. प्रति पूर्णिमा को श्रीसूक्त का हवन, गोघृत, कर्पूर एवं खोपरे व मिष्ठान या खीर से करें।
3. चन्द्रमा यदि नीच का पंचम भाव में हो तो चन्द्रमा की चीजों का दान न लें।
4. चन्द्रमा यदि उच्च का लाभ स्थान हो तो चन्द्रमा की चीजों का दान न दें।
5. छत पर पानी की टंकी हो तो उसकी निममित सफाई 3-4 महीनों में कराते रहें। घर में

कहीं भी पानी के पड़ने से चन्द्रमा रुष्ट रहता है। जिसका चन्द्रमा दूषित हो उनको अपने घर के आगे कीचड़ या गन्दे पानी का जमाव नहीं होने देना चाहिए।

6. घर में खड़ी लक्ष्मी की तस्वीर का पूजन न करें।
7. लक्ष्मीजी की तस्वीर या श्रीयंत्र कागज, एल्युमीनियम या कांच के न हों।
8. श्रीयंत्र कभी भी तांबे या पीतल का न हो।
9. गृहलक्ष्मी से नित्य बहस या कलह करने से घर का ऐश्वर्य एवं लक्ष्मी दोनों ही नष्ट हो जाते हैं।
10. भूलकर भी प्रमादवश माता का मातृतुल्य औरतों का अपमान न करें, इससे चन्द्रमा शीघ्र अप्रसन्न हो जाता है।
11. गन्दे एवं पसीने वाले वस्त्रों के धारण से भी चन्द्रमा शीघ्र नाराज होकर प्रतिकूल हो जाता है।
12. घर की स्त्रियां यदि 'श्रीसूक्त' का पाठ करें तो लक्ष्मी जल्दी प्रसन्न होती हैं।
13. दुकान, फैक्ट्री या कामर्शियल स्थल पर श्रीयंत्र-कुबेर यंत्र-कनकधारा यंत्र एक फ्रेम में जड़वाकर नित्य धूप अगरबत्ती दें। श्रीसूक्त का नियमित पाठ करें
14. नवरत्न जड़ित 'श्रीयंत्र' गले में धारण करें।

इस यंत्र को लॉकेट के रूप में धारण करने से व्यक्ति को अनन्त ऐश्वर्य व लक्ष्मी की प्राप्ति होती है।

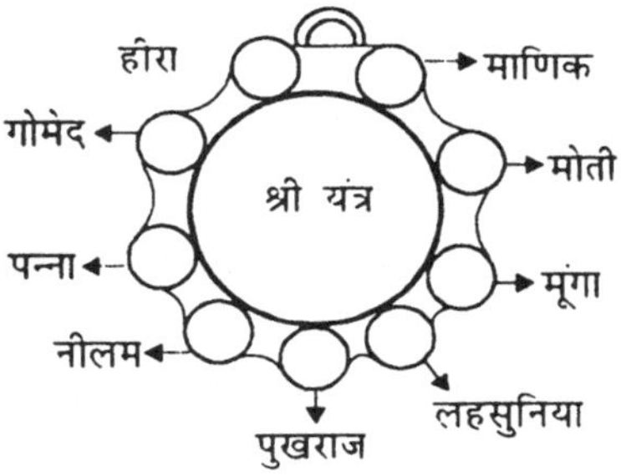

व्यक्ति को ऐसा आभास होता है जैसे लक्ष्मी उसके साथ है नवग्रह श्रीयंत्र से बंधे हुए होने के कारण ग्रहों की प्रतिकूल दशा का असर धारण करने वाले व्यक्ति पर नहीं होता। गले में होने के कारण यह यंत्र पवित्र रहता है एवं स्नान करते समय इस यंत्र से स्पर्श होकर जो जल बिन्दु शरीर को लगते हैं वह गंगा जल के समान पवित्र हो जाते हैं। अपरोक्ष रूप से एक प्रकार से व्यक्ति का नित्य प्रति रत्न स्नान भी हो जाता है। इसलिए यह सबसे पावरफुल श्रीयंत्र कहलाता है। जिस प्रकार अमृत से ऊपर कोई औषधि नहीं उसी प्रकार लक्ष्मी प्राप्ति के लिए इस श्रीयंत्र से बढ़िया अन्य कोई यंत्र संसार में नहीं है। इस प्रकार के श्रीयंत्र शुभ मुहूर्त में प्राण प्रतिष्ठित करके हमारे कार्यालय में बनाए जाते हैं।

15. कर्ज अधिक हो तो 'दरिद्रतानाशक' अंगूठी धारण करें।

दरिद्रता नाशक अंगूठी–यदि हाथ में भाग्य रेखा छिन्न-भिन्न अवस्था में है। धनरेखा गायब है, तथा जीवन में रुपयों-पैसों की कमी लगातार बनी रहती है तो यह अंगूठी धारण करना बहुत जरूरी है। तंत्रोक्त 'शारदा तिलक' के अनुसार–

तारताम्र सुवर्णानांअर्क षोडशखेन्दुभिः।
पुष्यार्के घटिका मुद्री ऋणदारिद्र्य नाशिनी॥

अर्थात् सोलह रत्ती तांबा, बारह रत्ती चांदी एवं दस रत्ती सुवर्ण इन तीनों धातु की अंगूठी पुष्य नक्षत्र के घंटीपल में बनाकर मंत्रपूत करके पहनी जाएं तो कैसी भी दरिद्रता हो धीरे-धीरे नष्ट हो जाती है, कैसा भी कर्ज हो उतर जाता है। यह अनुभूत है। इस अंगूठी को धार्मिक भाषा में 'पवित्री' भी कहते हैं। यह धातु स्पर्श चिकित्सा का सबसे चमत्कारी पहलू है। किसी भी प्रकार की असुविधा होने पर उपर्युक्त सभी सामग्रियां हमारे जोधपुर कार्यालय से प्राप्त की जा सकती हैं।

16. वैशाख पूर्णिमा को व्रत, हवन एवं तीर्थ स्नान करने से स्थाई धन की प्राप्ति होती है।

वैशाखी पूर्णिमा–वैशाखी पूर्णिमा स्नान लाभ की दृष्टि से अंतिम पर्व है। इस दिन गंगा जैसी पवित्र नदी में स्नान करना चाहिए। दान के लिए मिष्ठान, सत्तू, वस्त्र आदि का विशेष महत्त्व है। श्रीकृष्ण के बचपन के सहपाठी दरिद्र ब्राह्मण सुदामा जब द्वारिका उनसे मिलने गए तो उन्होंने सत्य विनायक व्रत का उनको विधान बताया। इसी व्रत के प्रभाव से सुदामा की सब दरिद्रता जाती रही तथा वह अत्यन्त ऐश्वर्यशाली हो गए।

17. अभीष्ट सिद्धि हेतु घर की स्त्रियों को 'सोमप्रदोष' का व्रत करना चाहिए।

सोम त्रयोदशी प्रदोष व्रत–सूत जी बताने लगे–'सोम त्रयोदशी प्रदोष व्रत से शिव-पार्वती प्रसन्न होते हैं। व्रती के समस्त मनोरथ पूर्ण होते हैं।'

एक नगर में एक ब्राह्मणी रहती थी। उसके पति का स्वर्गवास हो गया था। उसका अब कोई आश्रयदाता नहीं था, इसलिए प्रातः होते ही वह अपने पुत्र के साथ भीख मांगने निकल पड़ती थी। भिक्षाटन से ही वह स्वयं व पुत्र का पेट पालती थी। एक दिन ब्राह्मणी घर लौट रही थी तो उसे एक लड़का घायल अवस्था में कराहता हुआ मिला। ब्राह्मणी दयावश उसे अपने घर ले आई।

वह लड़का विदर्भ का राजकुमार था। शत्रु सैनिकों ने उसके राज्य पर आक्रमण कर उसके पिता को बन्दी बना लिया था और राज्य पर नियंत्रण कर लिया था, इसलिए वह मारा-मारा फिर रहा था। राजकुमार ब्राह्मण पुत्र के साथ ब्राह्मणी के घर रहने लगा। एक दिन अंशुमति नामक एक गंधर्व कन्या ने राजकुमार को देखा और उस पर मोहित हो गई। अगले दिन अंशुमति अपने माता-पिता को राजकुमार से मिलाने लाई। उन्हें भी राजकुमार भा गया। कुछ दिनों बाद अंशुमति के माता-पिता को शंकर भगवान ने स्वप्न में आदेश दिया कि राजकुमार और अंशुमति का विवाह कर दिया जाए। उन्होंने वैसे ही किया। ब्राह्मणी प्रदोष व्रत करती थी। उसके व्रत के प्रभाव और गंधर्वराज की सेना की सहायता से राजकुमार ने विदर्भ से शत्रुओं को खदेड़ दिया और पिता के राज्य को पुनः प्राप्त कर आनन्दपूर्वक रहने लगा। राजकुमार ने ब्राह्मण पुत्र को अपना प्रधानमंत्री बनाया।

ब्राह्मणी के प्रदोष व्रत के महात्म्य से जैसे राजकुमार और ब्राह्मण पुत्र के दिन फिरे, वैसे ही शंकर भगवान अपने दूसरे भक्तों के दिन फेरते हैं।

आकर्षण बढ़ाने हेतु, यश प्राप्ति एवं पराक्रम वृद्धि हेतु

1. स्फटिक माला डॉयमण्ड कटिंग वाली गले में धारण करें। इसे आकर्षण मंत्रों द्वारा अभिमंत्रित करके पहनें तो शीघ्र प्रभाव होगा।
2. तृतीयेश बुध का रत्न पन्ना कनिष्ठिका अंगुली में सवा छः रत्ती का धारण करें। कर्क लग्न में बुध दो अशुभ भावों तृतीय एवं द्वादश का स्वामी होता है। अतः यह रत्न सुवर्ण धातु में पहनना चाहिए चांदी में नहीं।
3. यदि कुण्डली में शुक्र की स्थिति अच्छी हो तो पन्ने के साथ हीरा या जिरकॉन भी समान वजन के पहन सकते हैं।
4. भगवती जगदम्बा को सौ सुगन्धित मालती के पुष्प 'चन्द्र कवच' को पढ़ते हुए चढ़ाएं।
5. जेब में सफेद रुमाल रखें।
6. चमेली या मालती का अत्तर या स्प्रे प्रति सोमवार काम में लिया करें।
7. सोमवार को जब भी घर से बाहर निकलें कांच में मुंह देखकर निकलें।

माता, मकान एवं घर में सुख शान्ति हेतु

1. आपकी कुण्डली की चतुर्थेश शुक्र का रत्न 'हीरा' या 'जिरकान' सवा पांच रत्ती, सवा चार रत्ती मोती के साथ 'बीसा यंत्र' में धारण करें तो माता के सुख, मकान के सुख, नौकर-चाकर के सुख, वाहन के सुख में अकल्पनीय वृद्धि होगी।
2. चन्द्रमा के पौराणिक मंत्र का मोती की माला पर जप करें।
3. 28 सोमवार का नियमित व्रत करें।
4. दुर्गासप्तशती का पाठ वैदिक चन्द्रमा के मंत्रों से सम्पुष्टित करके हवन करें तो तीन माह के भीतर नए मकान की प्राप्ति होती है।
5. सवा चार रत्ती का मोतीयुक्त चन्द्रमा गले में धारण करें तो घर में कलह नहीं होगी।

सन्तान प्राप्ति हेतु

1. मूंगा सवा पांच रत्ती एवं मोती सवा पांच रत्ती दोनों रत्न शुद्ध सुवर्ण धातु में 'बीसा यंत्र' के साथ जड़वा कर मंत्रपूत करके गले में धारण करें।
2. प्रदोष व्रत के साथ शिवजी की विशिष्ट उपासना अनुष्ठान प्रारम्भ करें।
3. सन्तान गोपाल स्रोत का पाठ करें।
4. पंचमेश का रत्न मूंगा सवा आठ रत्ती का धारण करना चाहिए।

5. श्रावण शुक्ला पंचमी (नागपंचमी) को व्रत रखना चाहिए। नाग की पूजा करनी चाहिए। दूध-खीर का भोग लगाना चाहिए। इससे सर्प दोष, पितृ दोष एवं कालसर्पजनिक दोष की शान्ति होकर 'पुत्र रत्न' की प्राप्ति होती है।

नागपंचमी–श्रावण शुक्ल पंचमी को नाग पंचमी कहते हैं। इस दिन नागों की पूजा की जाती है। गरुड़ पुराण में ऐसा सुझाव दिया गया है कि नागपंचमी के दिन घर के दोनों बगल में नाग की मूर्ति खींचकर अनन्तर प्रमुख महानागों का पूजन किया जाए।

एंचमी नागों की तिथि है, ज्योतिष के अनुसार पंचमी तिथि के स्वामी नाग हैं। अर्थात् शेष आदि सर्पराजों का पूजन पंचमी को होना चाहिए। सुगंधित पुष्प तथा दूध सर्पों को अति प्रिय है। गांवों में इसे 'नागचैया' भी कहते हैं। इस दिन ग्रामीण लड़कियां किसी जलाशय में गुडियों का विसर्जन करती है। ग्रामीण बच्चे तैरती हुई इन निर्जीव गुड़ियों को डंडे से खूब पीटते भी हैं। तत्पश्चात् बहन उन्हें रुपयों की भेंट तथा आशीर्वाद देती है।

कथा–प्राचीन दन्त-कथाओं से ज्ञात होता है कि किसी ब्राह्मण के सात पुत्रवधुएं थी। सावन मास लगते ही छः बहुएं तो भाई के साथ मायके चली गई, परन्तु अभागी सातवीं के कोई भाई ही न था कौन बुलाने आता? बेचारी ने अति दुखित होकर पृथ्वी को धारण करने वाले शेषनाग को भाई रूप में याद किया। करुणायुक्त, दीन वाणी को सुनकर शेष जी वृद्ध ब्राह्मण के रूप में आए, और उसे लिवाकर चल दिए। थोड़ी दूर रास्ता तय करने पर उन्होंने अपना असली रूप धारण कर लिया। कुल परम्परा में नागों के बहुत से बच्चों ने जन्म लिया। उस नाग बच्चों को सर्वत्र विचरण करते देख शेष नागरानी ने उस वधू को पीतल का एक दीपक दिया तथा बताया कि इसके प्रकाश से तुम अंधेरे में भी सब कुछ देख सकोगी। एक दिन अकस्मात् उसके हाथ से दीपक नाग टहलते हुए नाग बच्चों पर गिर गया। परिणामस्वरूप उन सबकी थोड़ी पूंछ कट गई।

यह घटना घटित होते ही कुछ समय बाद वह ससुराल भेज दी गई। जब अगला सावन आया तो वह वधू दीवाल पर नामदेवता को उरेह कर उसकी विधिवत् पूजा तथा मंगल कामना करने लगी। इधर क्रोधित नाग बालक माताओं से अपनी पूंछ काटने का आदिकारण इस वधू को मारकर बदला चुकाने के लिए आए थे, लेकिन अपनी ही पूजा में श्रद्धावनत देखकर वे सब प्रसन्न हुए और उनका क्रोध समाप्त हो गया। बहन स्वरूपा उस वधू के हाथ से प्रसाद रूप में उन लोगों ने दूध तथा चावल भी खाया। नागों ने उसे सर्पकुल से निर्भय होने का वर तथा उपहार में मणियों की माला दी। उन्होंने यह भी बताया कि श्रावण मास के शुक्ल पक्ष की पंचमी को हमें भाई रूप में जो पूजेगा उसकी हम रक्षा करते रहेंगे।

6. श्रावण शुक्ला एकादशी एवं पौष शुक्ला एकादशी, पुत्रदा एकादशी कहलाती है। इस दिन विष्णु भगवान की पूजन कर व्रत रखने से 'पुत्र रत्न' की प्राप्ति होती है।

पुत्रदा एकादशी–यह एकादशी सावन शुक्ल पक्ष में 'पुत्रदा एकादशी' के नाम से मनाई जाती है। इस दिन भगवान विष्णु के नाम पर व्रत रख कर पूजा करनी चाहिए। तत्पश्चात वेदपाठी ब्राह्मणों को भोजन कराके दान देकर आशीर्वाद लेना चाहिये। सारा दिन भगवान के वंदन, कीर्तन में बिताएं तथा रात्रि में भगवान की मूर्ति के पास ही सोना चाहिए। इस व्रत को रखने वाले नि:संतान व्यक्ति को पुत्ररत्न की प्राप्ति होती है।

कथा–प्राचीन समय में महिष्मती नगरी मे महीसित नामक राजा राज्य करते थे। अत्यन्त धर्मात्मा, शान्ति प्रिय तथा दानी होने पर भी उनके कोई संतान नहीं थी। इसी से राजा अत्यन्त दु:खी थे। एक बार राजा ने अपने राज्य के समस्त ऋषियों को बुलाया तथा संतान प्राप्ति का उपाय पूछा। इस पर परम ज्ञानी लोमश ऋषि ने बताया कि आपने पिछले सावन मास की एकादशी को अपने तालाब से प्यासी गाय को पानी पीने से हटा दिया था। उसी के शाप से आपके कोई संतान नहीं हो रही है। इसलिए आप सावन माह को पुत्रदा एकादशी का नियमपूर्वक व्रत रखिए तथा रात्रि जागरण कीजिये, पुत्र अवश्य प्राप्त होगा। ऋषि के आज्ञानुसार राजा सहित एकादशी व्रत रहा और पुत्ररत्न प्राप्त हुआ।

7. कार्तिक शुक्ला एकादशी को तुलसी विवाह करने से भी व्यक्ति को उत्तम संतति की प्राप्ति होती है।
8. हरिवंश पुराण की कथा का विधिपूर्वक श्रवण करने से भी उत्तम संतति की पुत्र प्राप्ति होती है। जिनके संतान होकर जीवित न रहती हो उन्हें आश्विन कृष्ण अष्टमी को जीवित पुत्रिका व्रत व कथा करनी चाहिए।
9. पुत्र सन्तान की प्राप्ति हेतु घर की स्त्रियों को 'शनिप्रदोष' का व्रत करना चाहिये।

शनि त्रयोदशी प्रदोष व्रत–सूत जी बोले–

'पुत्र कामना हेतु यदि, हो विचार शुभ शुद्ध।
शनि प्रदोष व्रत परायण, करे सुभक्त विशुद्ध॥'

कथा–प्राचीन समय की बात है। एक नगर सेठ धन-दौलत और वैभव से सम्पन्न था। वह अत्यन्त दयालु था। उसके यहां से कभी कोई भी खाली हाथ नहीं लौटता था। वह सभी को जी भरकर दान-दक्षिणा देता था। लेकिन दूसरों को सुखी दीखने वाले सेठ और उसकी पत्नी स्वयं काफी दु:खी थे। दु:ख का कारण था–उनके संतान का न होना। संतानहीनता के कारण दोनों घुले जा रहे थे। एकदिन उन्होंने तीर्थयात्रा पर जाने का निश्चय किया और अपने काम-काज सेवकों को सौंप कर चल पड़े। अभी वे नगर से बाहर ही निकले थे कि उन्हें एक विशाल वृक्ष के नीचे समाधि लगाए, एक तेजस्वी साधु दिखाई पड़े। दोनों ने सोचा कि साधु महाराज से आशीर्वाद लेकर आगे की यात्रा शुरू की जाए। पति-पत्नी दोनों समाधिलीन साधु के सामने हाथ जोड़कर बैठ गए और उनकी समाधि टूटने की प्रतीक्षा करने लगे। सुबह से शाम फिर रात हो गई। लेकिन साधु की समाधि नहीं टूटी। मगर सेठ पति-पत्नी धैर्यपूर्वक हाथ जोड़े पूर्ववत् बैठे रहे।

अंततः अगले दिन प्रातः काल साधु समाधि से उठे। सेठ पति-पत्नी को देख मन्द-मन्द मुस्कराए और आशीर्वाद स्वरूप हाथ उठाकर बोले–"मैं तुम्हारे अंतर्मन की कथा भांप गया हूं वत्स! मैं तुम्हारे धैर्य और भक्तिभाव से अत्यन्त प्रसन्न हूं। साधु ने संतान प्राप्ति के लिए उन्हें शनि प्रदोष व्रत करने की विधि समझाई और शंकर भगवान की निम्न वन्दना बताई–

हे! रुद्रदेव शिव नमस्कार। शिव शंकर जगद्गुरु नमस्कार।।
हे! नीलकंठ सुर नमस्कार। शशि मौलि चन्द्र सुख नमस्कार।।
हे! उमाकान्त सुधि नमस्कार। उग्रत्व रूप मन नमस्कार।।
ईशान ईश प्रभु नमस्कार। विश्वेश्वर प्रभु शिव नमस्कार।।

तीर्थयात्रा के बाद दोनों वापस घर लौटे और नियमपूर्वक शनि प्रदोष व्रत करने लगे। कालान्तर में सेठ की पत्नी ने एक सुन्दर पुत्र को जन्म दिया। शनि प्रदोष व्रत के प्रभाव से उनके यहां छाया अंधकार लुप्त हो गया। दोनों आनंदपूर्व रहने लगे।

गुप्त एवं प्रकट शत्रु नाश तथा मुकदमे में विजय के लिए–

1. नित्य चन्द्र कवच एवं चन्द्रमा के अठाईस नामों वाले स्रोत का पाठ करें।
2. बगुलामुखी का जाप दशांश हवन अनुष्ठान करें।
3. बगुलामुखी यंत्र गले में धारण करें।

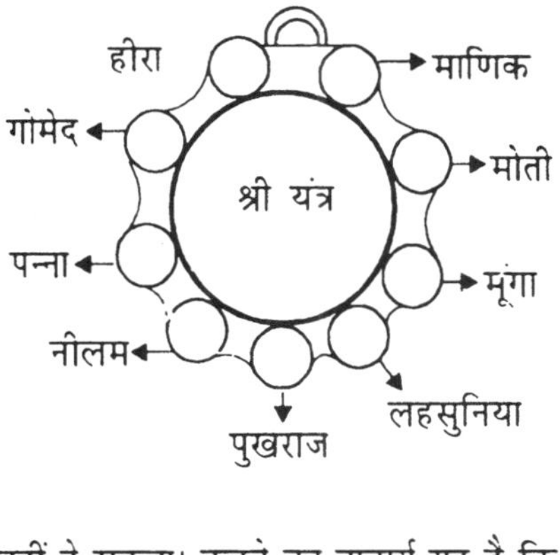

इस यंत्र को लॉकेट के रूप में धारण करने से व्यक्ति अपने शत्रु को नष्ट करने में सक्षम व समर्थ हो जाता है। व्यक्ति को ऐसा आभास होता है जैसे कोई गुप्त शक्ति उसके साथ चल रही है। इस यंत्र को हर समय नहीं पहनना चाहिए। रात्रिकाल में गृहस्थ के समय इसको उतार लेना चाहिए। इस यंत्र को पहनकर व्यक्ति कोर्ट में खड़ा हो जाए तो मन में बगलामुखी यंत्र का उच्चारण करता रहे तो प्रतिकूल मजिस्ट्रेट (न्यायाधीश) भी उसके खिलाफ फैसला नहीं दे सकता। कहने का तात्पर्य यह है कि इसे पहन कर व्यक्ति यदि जलती आग में भी कूद जाए एवं शत्रुओं के बीच में भी घुस जाए तो उस का बाल बांका नहीं होता है, यह अनुभूत है।

4. खोया हुआ राज्य पुनः प्राप्त हो जाए एवं सभी शत्रु नष्ट हो जाएं इसके लिए भाद्र शुक्ल एकादशी, परिवर्तनी एकादशी का व्रत व कथा करनी चाहिए।

परिवर्तनी एकादशी–भाद्रपद शुक्ल पक्ष की एकादशी को पद्मा एकादशी भी कहते हैं यह श्रीलक्ष्मी जी का परम आह्लादकारी व्रत हैं। इस दिन भगवान विष्णु क्षीर सागर में शेष शय्या पर शयन करते हुए करवट बदलते हैं। इसीलिए इसे करवटनी एकादशी भी कहा जाता है। इस दिन लक्ष्मी पूजन करना श्रेष्ठ है, क्योंकि देवताओं ने अपने पुन: राज्य को पाने के लिए महालक्ष्मी का ही पूजन किया था।

5. चन्द्रमा कुण्डली में कमजोर हो, नीच का हो, पद्च्युत हो, तो चन्द्रमा को बलवान व प्रसन्न करने के लिए मार्गशीर्ष पूर्णिमा को व्रत एवं हवन करना चाहिए।
6. इसी प्रकार कोर्ट-कचहरी व मुकदमों में विजय प्राप्त करने के लिए माघ शुक्ला एकादशी 'विजया एकादशी' का व्रत रखकर हवन करना चाहिए।

विजया एकादशी–यह व्रत फाल्गुन कृष्ण पक्ष एकादशी को किया जाता है। इस दिन भगवान विष्णु की पूजा करने से अत्यन्त पुण्य होता है। पूजन में धूप, दीप, नैवेद्य, नारियल आदि चढ़ाया जाता है।

सप्त अन्न युक्त घट स्थापन किया जाता है। जिसके ऊपर विष्णु की मूर्ति रखी जाती है। इस तिथि को 24 घंटे कीर्तन करके दिन-रात बिताना चाहिये। द्वादशी के दिन अन्न भरा घड़ा ब्राह्मण को दिया जाता है। इस व्रत को प्रभाव से दु:ख दारिद्रय दूर हो जाते हैं, समग्र कार्य में विजय प्राप्त होती है। इसकी कथा भगवान राम की लंका विजय से सम्बन्धित है।

7. शत्रुनाश हेतु घर के स्त्री-पुरुषों को 'शुक्र प्रदोष' का व्रत करना चाहिए।

शीघ्र विवाह, सुयोग्य सुन्दर जीवन साथी की प्राप्ति एवं दाम्पत्य सुख में वृद्धि हेतु

1. आपकी कुण्डली में शनि सप्तमेश है अत: जीवन साथी की प्राप्ति हेतु शनि का रत्न 'नीलम' अभिमंत्रित करके नीले रंग के रुमाल के साथ दो माह तक जेब मे रखें। शनि की वस्तुओं का दान करें। कर्क लग्न वालों को नीलम तो भूल कर भी नहीं पहनना चाहिए क्योंकि वह सप्तम (मारक स्थान) और अष्टम (दु:ख स्थान) का स्वामी होने के कारण अशुभ है।
2. ज्येष्ठ कृष्ण अमावस्या को बट्-सावित्री पूजन, कथा करने से सुहागिन स्त्रिओं के पति को दीर्घायु की प्राप्ति होती है।
3. श्रावण मास में जितने भी मंगलवार आते हैं उनका व्रत मंगलागौरी व्रत कहलाता है यह प्राय: सुहागिन स्त्रियां अपने पति की दीर्घायु के लिए करती हैं। यदि कंवारी कन्या भी करें तो उत्तम पति की प्राप्ति होती है।
4. भाद्रशुक्ल तीज हरितालिका तीज कहलाती है। इस दिन उपवास रखने पर पति प्रसन्न हो जाता है। पति-पत्नी के मध्य प्रेम बढ़ जाता है।

5. कार्तिक कृष्ण चतुर्थी करवा चौथ का व्रत करने से पति की आयु बढ़ती है। यह व्रत विवाहित स्त्री के लिए है।
6. माघ शुक्ल एकादशी 'जया एकादशी' का व्रत रखने पर गुस्सैल पत्नी भी अनुकूल हो जाती है। यह व्रत केवल पुरुषों के लिए है।

जया एकादशी–यह व्रत माघ शुक्ल पक्ष एकादशी को किया जाता है। इस तिथि को भगवान केशव (कृष्ण) की पुष्प, जल, अक्षत, रोली तथा विशिष्ट सुगंधित पदार्थों से पूजन करके आरती उतारनी चाहिए। भगवान को भोग लगाये गए प्रसाद को भक्त स्वयं खाये।

कथा–एक समय की बात है इन्द्र की सभा में एक गंधर्व गीत गा रहा था, परन्तु उसका मन अपनी नवयौवाना सुन्दरी में आसक्त था। अतएव स्वर-लय भंग हो रहा था। यह लीला इन्द्र को बहुत बुरी तरह खटकी, तब उन्होंने क्रोधित होकर कहा–हे दुष्ट गंधर्व! तू जिसकी याद में मस्त है वह राक्षसी हो जाएगी। यह शाप सुनकर वह बहुत घबराया और इन्द्र से क्षमा याचना करने लगा। इन्द्र के कुछ न बोलने पर वह घर चला आया, यहां आकर देखने पर उसकी पत्नी सचमुच पिशाचिनी रूप में मिली। शाप निवृत्ति के लिए उसने करोड़ों यत्न किए, परन्तु सब असफल रहे तब हार कर बैठ गया। अकस्मात एक दिन उसका साक्षात्कार ऋषि नारद से हो गया। तब उन्होंने दुःख का कारण पूछा। गंधर्व ने सब बातें यथावत् बता दीं। वह सुनकर नारद ने माघ शुक्ल पक्ष की जया-एकादशी का व्रत तथा भगवत कीर्तन करने को कहा। गंधर्व ने एकादशी का व्रत किया जिसके प्रभाव से उसकी पत्नी अत्यन्त सौन्दर्यशाली हो गई।

7. पति-पत्नी में मनमुटाव हो जाए, तलाक की नौबत आ जाए तो कार्तिक कृष्ण एकादशी 'रम्भ एकादशी' का व्रत रखने से दोनों में प्रेम हो जाएगा।
8. सौभाग्य एवं स्त्री की समृद्धि हेतु पुरुष जातक को 'शुक्र प्रदोष' का व्रत करना चाहिए।

नौकरी प्राप्ति, व्यापार-व्यवसाय में उन्नति एवं शीघ्र भाग्योदय हेतु

1. भाग्योदय हेतु मूंगा सवा पांच रत्ती एवं भाग्येश गुरु का रत्न 'पुखराज' सवा पांच रत्ती का पैण्डल सुवर्ण धातु में 'बीसा यंत्र' के साथ बनवाकर गले में पहनना चाहिए।

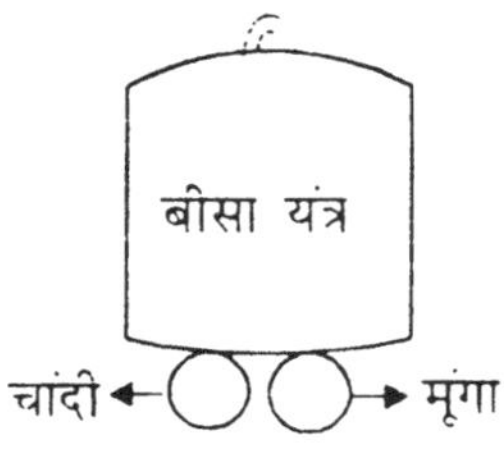

बीसा यंत्र में यह दोनों रत्न गजकेसरी योग को प्रबल पुष्ट करते हैं। जिन लोगों को परिश्रम करने पर भी मेहनत का बराबर फल नहीं मिलता जिनका प्रमोशन पदोन्नति नहीं हो रहा हो, अथवा जिनको अपने राजनैतिक व सामाजिक महत्त्व का पूरा लाभ नहीं मिल रहा हो, उनको यह यंत्र अवश्य धारण करना चाहिए। यह हमारा अद्भुत प्रयोग है कि इस यंत्र को धारण करने से व्यक्ति का प्रभाव, पराक्रम, प्रभुत्व बढ़ जाता है। ऐसा व्यक्ति दूसरों को

शीघ्र प्रभावित करके अपना कार्य दूसरों से निकलवाने में सक्षम व समर्थ हो जाता है। महत्वाकांक्षी लोगों के लिए यह यंत्र अमृततुल्य उपादेय औषधि है जो ताकत की कार्यकुशलता को कई गुना बढ़ा देता है।

2. चाहे तो उपरोक्त संयुक्त रत्नों की अंगूठी भी तर्जनी या अनामिका अंगुली में धारण कर सकते हैं।
3. मूंगा सवा चार रत्ती, पुखराज सवा चार रत्ती, मोती सवा चार रत्ती इन तीनों रत्नों को त्रिलौह धातु या शुद्ध सुवर्ण मे लॉकेट बनाकर मंत्रपूरित करके पहले तो मार्ग रुकावट दूर होकर शीघ्र भाग्योदय होगा।
4. चार श्वेत पुष्प प्रति सोमवार एवं पूर्णिमा को कुएं या बहते पानी में प्रवाहित करें। ऐसा 28 बार करने से कई बार अचानक भाग्योदय हो जाता है।
5. चांदी के बर्तनों में भोजन करें, जल पियें।
6. प्रत्येक सोमवार को बिल्व वृक्ष में दूध चढ़ावें।
7. नवरत्न जड़ित स्पेशल पावरफुल 'श्रीयंत्र' सुवर्ण में धारण करें।

पिता सुख, राज्य व व्यापार में तरक्की हेतु

1. नित्य शिवजी का पूजा करें। शिवरात्रि का व्रत एवं जागरण रखें।

   महाशिवरात्रि व्रत—फाल्गुन कृष्ण पक्ष चतुर्दशी को शिवरात्रि का महोत्सव मनाया जाता है। त्रयोदशी को एक बार भोजन करके चतुर्दशी को दिन भर अन्न ग्रहण करना नहीं चाहिए। काले तिलों से स्नान करके रात्रि में विधिवत् शिव पूजन करना चाहिए। शिव पूजन विधान से बेलपत्र सबसे प्रमुख है। शिवजी पर पका आम चढ़ाने से विशेष फल प्राप्त होता है। शिवलिंग पर चढ़ाए गए पुष्प, फल तथा जल को नहीं ग्रहण करना चाहिए।
2. अमरनाथ की यात्रा अथवा द्वादश ज्योतिर्लिंगों की यात्रा करें।
3. घर की छत के नीचे कुआं या हैण्ड पम्प न लगाना।
4. चन्द्र दोष पीड़ित व्यक्ति को प्रदोष व्रत एवं श्रावण के सोमवार को रुद्राभिषेक, शिव पूजन अवश्य करना चाहिए।
5. पंचमुखी रुद्राक्ष को पूजा स्थान पर रखकर नियमित पूजन करें।
6. 'ॐ नमः शिवाय' पंचाक्षर मंत्र की माला का नित्य जाप करें।

भागीदारी एवं मित्रों से लाभ प्राप्ति हेतु

1. सोलह सोमवार की कथा करें।
2. चावल, चांदी, दूध का दान छोटे-बच्चों को करें।
3. सवा चार रत्ती सच्चे मोती की अंगूठी, चांदी में बनवाकर अभिमंत्रित करके पहनें।

4. ग्यारह ब्राह्मणों से दुग्ध-भांग मिश्रित रुद्राभिषेक करवा कर, ब्राह्मणों को खीर का भोजन कराएं।
5. शिव चालीसा का नियमित पाठ करें।

मानसिक तनाव कम करने, आत्मबल में वृद्धि एवं सुखपूर्वक नींद प्राप्त करने हेतु–

1. शुद्ध, सच्चे एवं गोल मोतियों की माला गले में धारण करें।
2. माला यदि मंत्रों द्वारा प्राणप्रतिष्ठित–अभिमंत्रित करके पहनें तो ज्यादा लाभ होगा।
3. चांदी की चार कीलें पलंग के सिरहाने वाले पाए पर लगाएं।
4. शयन करने के पूर्व हाथ-पांव धोकर 'रात्रि सूक्त' का पाठ करें।
5. शयनकक्ष मे ऊटपटांग चित्र, डरावने फोटो, मूर्तियां, लाल रंग की बत्ती वगैरा नहीं होनी चाहिए।
6. तनाव रहित जीवन जीने हेतु, सर्वकामना सिद्धि हेतु घर के स्त्री-पुरुषों को 'बुध प्रदोष' का व्रत करना चाहिए।

बुध त्रयोदशी प्रदोष व्रत–सुत जी आगे बोले–'बुध त्रयोदशी प्रदोष व्रत से सर्व कामनाएं पूर्ण होती हैं। इस व्रत में हरी वस्तुओं का प्रयोग करना चाहिए। शंकर भगवान की आराधना धूप, बेल-पत्रादि से करनी चाहिए।'

व्रत कथा–एक पुरुष का नया-नया विवाह हुआ। विवाह के दो दिनों बाद उसकी पत्नी मायके चली गई। कुछ दिनों बाद वह पुरुष पत्नी को लेने उसके यहां गया। बुधवार को जब वह पत्नी के साथ लौटने लगा तो ससुराल पक्ष ने उसे रोकने का प्रयत्न किया कि विदाई के लिए बुधवार शुभ नहीं होता। लेकिन वह नहीं माना और पत्नी के साथ चल पड़ा। नगर के बाहर पहुंचने पर पत्नी को प्यास लगी। पुरुष लोटा लेकर पानी की तलाश में चल पड़ा। पत्नी एक पेड़ के नीचे बैठ गई। थोड़ी देर बाद पुरुष पानी लेकर वापस लौटा, उसने देखा कि उसकी पत्नी किसी के साथ हंस-हंसकर बातें कर रही है और उसके लोटे से पानी पी रही है। उसको क्रोध आ गया। वह निकट पहुंचा तो उसके आश्चर्य का कोई ठिकाना न रहा। उस आदमी की सूरत उसी की भांति थी। पत्नी भी सोच में पड़ गई। दोनों पुरुष झगड़ने लगे। भीड़ इकट्ठी हो गई। सिपाही आ गए। हमशक्ल आदमियों को देख वे भी आश्चर्य में पड़ गई। उन्होंने स्त्री से पूछा–'उसका पति कौन है?' वह किंकर्तव्यविमूढ़ हो गई। तब वह पुरुष शंकर भगवान से प्रार्थना करने लगा–'हे भगवान् हमारी रक्षा करें। मुझसे बड़ी भूल हुई कि मैंने सास-श्वसुर की बात नहीं मानी और बुधवार को पत्नी को विदा कर लाया। लोकोक्ति भी प्रचलित है–**बुध बेटी, कभी ने भेटी।** मैं भविष्य में ऐसा कदापि नहीं करूंगा। जैसे ही उसका प्रार्थना पूरी

हुई, दूसरा पुरुष अंतर्धान हो गया। पति-पत्नी सकुशल अपने घर पहुंच गए। उस दिन के बाद से पति-पत्नी नियमपूर्वक बुध त्रयोदशी प्रदोष व्रत रखने लगे और सुखपूर्वक रहने लगे।

आह्वान–

ऋषिभिः स्तूयमानं च भौममावह्याम्यहम्।। 1।।
उज्जयिन्यां समुत्पन्नो भोभो भौमश्चतुर्भुजः।
भारद्वाजकुले जातः शूलशक्तिगदाधारः।। 2।।
वरदो मेषमारूदः स्कन्दप्रावृड्तडित्प्रभो।
स्योना पृथ्वीति मन्त्रेण दलेयाम्ये प्रतिष्ठितः।। 3।।
ॐ स्योनापृथिवीनोभवान्नृक्षरानिवेशनी–
पुच्छानः शर्म्मसप्रथाः।। 4।।
दक्षिणे भौमं स्थापयामि–

धूमकेतु नामाग्नि, समिधा, खैर (खादिर), फल-सुपारी मंगल यंत्र की स्थापना करें।

मंगल ग्रह की प्रतिष्ठा का वैदिक मन्त्र

ॐ अग्निमूर्द्धादिवः ककुत्पतिः पृथिव्याऽअयम्।
अपाः रेताः सिजिन्वति।।

तान्त्रिक मन्त्र

ॐ क्रॉ क्रीं क्रौं सः भौमाय नमः।

मंगल अरिष्ट नाशन के विविध उपाय

1. मंगलकृत अरिष्ट निवारणार्थ मंगल व्रत सहित मंगल मन्त्र का विधिवत अनुष्ठान करना चाहिए।
2. समर्थ गुरु के निर्देशन में भैरव (विशेष रूप से आयु वृद्धारक बटुक भैरव) मन्त्र का प्रयोग पापक्रान्त या नीच राशिस्थ भौम के लिए अयोग्य है।
3. सिंह और धनु राशिस्थ मंगल के लिए कार्तिकेय एवं द्विस्वभाव (3, 6, 12) राशिस्थ मंगल के लिए चामुण्डा की उपासना करनी चाहिए।
4. संयमी और शुद्र चरित्र का व्यक्ति हनुमान जी की भी साधना कर सकता है।
5. मंगल की दशान्तर्दशा में आचार्य शंकर कृत सुब्रद्ह्मण्यम भुजंग स्तोत्र या कार्तिकेय स्तोत्र का पाठ एवं कुमार कार्तिकेय की पूजा लाभदायक रहती है। इसके साथ 11 प्रदोष तिथियों में रुद्राभिषेक करना चाहिए।
6. शत्रुबाधा अथवा अभिचार पीड़ा में भगवती प्रत्यौगरा अथवा पीताम्बरा के पंचाग का प्रयोग करना चाहिए।
7. वंश वृद्धि के लिए मंगल यंत्र को प्राण प्रतिष्ठित कर उसका विधिवत जप और पूजन करें।
8. ॠण और धान नाश की स्थिति में ॠण मोचन अंगारक स्तोत्र एवं वाल्मीकि रामायण के सुन्दर काण्ड का पाठ लाभदायक रहता है।
9. कन्याओं के मंगली दोष में श्रीमद् भागवत के अठाहरवें अध्याय के नवम श्लोक का जप करें।
10. रक्त पुष्पों से मंगल की पूजा 'तब जनक पाय वशिष्ठ आयसु हंकारि के' इस सम्पुट के साथ तुलसी रामायण के सुन्दर काण्ड का पाठ, गौरी पूजन सहित अभीष्ट प्रद है।
11. मंगल यंत्र अथवा कवच और निर्दोष गूंगा धारण करना एवं यथा शक्ति दान भी हितकारी सिद्ध होता है।
12. सामान्य मंगल पीड़ा बजरंग बाण एवं हनुमान जी के मंदिर में दीपदान से भी दूर होती है।
13. लक्ष्मी स्तोत्र, देवी कवच, गणपति स्तोत्र अथवा मोचन स्तोत्र में से किसी भी एक का नियमित वाचन करें।
14. 21 मंगलवार, 21 संकटीव्रत तथा 21 विनायकी व्रत करें।
15. ताम्रपात्र से जल पीएं।

16. मसूर की दाल तथा गुड़ अवश्य ही मंगलवार को ग्रहण करें।
17. श्री गणेश जी के दर्शन करें।
18. देवी भगवत का पाठन अथवा श्रवण करें।
19. लाल पुष्पों को जल में प्रवाहित करें।
20. तुलसी पत्र का भक्षण करें। कालीमिर्च भी खाएं।
21. तुलसी के पौधों में जल चढ़ाएं।
22. मंगल के होरा में निर्जल रहें।
23. वृष या तुला लग्न में मंगल छठे, आठवें, बारहवे हो या कुण्डली मंगलीक हो तो भावी वैवाहिक जीवन की मंगल कामना के लिए, विवाह समय दो बराबर वजन के मूंगे लें। फिर संकल्पपूर्वक एक मूंगा पानी में बहा दें तथा दूसरा मूंगा अपने पास रखें। जब तक यह मूंगा व्यक्ति के पास रहेगा। उसको मंगल का अशुभ प्रभाव स्पर्श नहीं करेगा तथा उसका वैवाहिक जीवन पूर्णत: सुखी रहेगा।
24. मंगलवार का नियमित 28 बार व्रत रखना। ध्यान रहे बीच में नियम टूटने पर पुन: 28 मंगलवार करने पड़ेगे। कार्य सिद्ध होने पर मंगल का उद्यापन अनिवार्य है।
25. महागायत्री का पाठ करना, हनुमान जी को सिन्दूर लगाना। एवं खुद भी हनुमान जी के पैरों में रखे हुए सिन्दूर को लगाएं।
26. दाल मसूर, मूंगा, शहद या सिन्दूर आदि का दान देना या जल प्रवाह करना चाहिए।
27. खाने के बाद मेहमानों को मीठा (सौफ-चीनी या मिश्री) खिलाना चाहिए।
28. मंगल (अशुभ हो तो) रेवड़ियां (गुड़+तिल) जल प्रवाह करनी चाहिए।
29. मंगल (शुभ हो तो) मिठाई-मीठा भोजन का दान या पताशे चलते पानी में बहाएं।
30. मूंगा (लाल) धारण करें, मूंगे के आभाव में तांबा धारण करें।
31. भाई की सेवा करना।
32. मृगशाला (हिरण की खाल) पर सोएं।
33. जौ (अनाज) गऊ पेशाब से धोकर लाल कपड़े में बांधा कर रखें।
34. लाल वस्त्र धारण करना या लाल रुमाल पास रखें।
35. चांदी खालस धारण करना।
36. ढेक, काना, काला, गंजा, नि:सन्तान से दूर रहें।
37. मंगल उच्च हो तो उसकी चीजों का दान न दें।
38. मंगल नीच या अशुभ हो तो उसकी चीजों का दान न लें। उपरोक्त उपाय 5, 11 या 43 दिन या सप्ताह या मास लगातार करने चाहिए।
39. मंगल को शक्तिशाली बनाने के लिये ''मंगलयन्त्र'' धारण करें।
40. जिसको सुयोग्य जीवन साथी की अभिलाषा हो वे ''मंगलयन्त्र'' धारण करके, 28 मंगलवार का व्रत रखे निश्चय लाभ होगा।
41. निवृति की इच्छा के साथ जस जातक को धनसंग्रह की कामना हो तो ''मंगलयन्त्र'' में मूंगे के साथ मोती लगाएं तो लक्ष्मीदेवी का कृपा हो जाएगी।

42. कर्जा अधिक बढ़ गया है, उतर नहीं रहा हो तो ''ऋणमोचन मंगल स्तोत्र'' का नियमित पाठ करें।
43. मंगल पीड़ा की विशेष शान्ति हेतु बेलफल, जटामांसी, मुसली, बदुलचंदन, बला, लाख पुष्प एवं हिंगलू मिला कर 8 मंगलवार तक स्नान करें।
44. यदि सन्तान प्रतिबन्धक ग्रह मंगल हो तो ग्रामदेवता, भगवान कार्तिक स्वामी, अथवा भाई-कुटम्बीजनों के शाप के कारण जातक को सन्तान सुख नहीं होता। ऐसे में मंगल के वेदाक्त मन्त्र का दस हजार जप करना चाहिए। मंगल सम्बन्धी वस्तुओं का दान करते हुए, मंगलवार का नियमित व्रत रखना चाहिए।
45. हरिवंश पुराण के अनुसार ऐसे जातक को महारुद्र या अतिरुद्र यज्ञ कराना चाहिए।
46. बाधक मंगल यदि गुणों से युक्त हो तो कुछ पताशे लेकर बहती नदी में डालें। श्रेष्ठफल देगा।
47. मंगल का अनिष्ट फल समाप्त करने हेतु मृगचर्म का आसन नित्य प्रयोग में लाएं।
48. मीठी रोटियां गरीबों में बांटें।
49. यवों को दूधा में धोकर, चलते पानी में बहाएं!
50. यदि जातक की कुण्डली में मंगल चौथे स्थान में हो, कुण्डली में ''मंगलीक दोष'' हो, माता, सास व दादी का स्वास्थ्य चिन्ता का विषय हो, घर में अशान्ति, आर्थिक नुकसान रहता हो, वैवाहिक चिन्ता रहती हो तो जातक सुबह उठते ही नित्य कुएं के जल से दांतुन किया करें।
51. मीठे दूध, बड़ की जड़ व जमीन की मिट्‌टी से मिश्रित तिलक को ललाट पर लगाएं, ऐसा करने से पेट की बीमारी को शीघ्र आराम मिलेगा।
52. यदि अग्निभय रहता हो तो शक्कर की बोरी छत पर डाल दे तथा छत के सबसे ऊपरी हिस्से पर कुछ शक्कर डाल दें।
53. यदि बीमारी की वजह से संतान व पत्नी के आयु का भय हो तो एक बर्तन में शहद डालकर शमशान घाट पहुंचा दे।
54. लम्बी बीमारी से बचने के लिए मृगचर्म अधिक से अधिक काम में लें तथा घर के दक्षिण द्वार की ओर लोहे के नाखून लटका दें या रख दें।
55. यदि मंगल आठवें स्थान में हो, जातक शत्रुओं से पीड़ित हो अथवा लम्बी बीमारी भुगत रहा हो तो मीठी रोटियां अथवा पराठे में मांस डालकर (लाल) कुत्तों को खिलाना चाहिए।
56. यदि पापी मंगल एकादश स्थान में हो, तीसरा घर खाली हो तो, जातक को पैतृक सम्पत्ति नुकसानदायक साबित होती है, कर्जदार जिन्दगी बीतती हैं। ऐसें जातक को घर में कुत्ता पालना लाभदायक रहता है।
57. मंगल द्वादश में हो, बुध 3, 8, 9, व 12 हो, तो जातक को द्वादश मंगल के दुष्परिणाम अवश्य भुगतने पड़ते हैं। ऐसी स्थिति में दूध में शहद डालकर दान करना चाहिए। कुत्तों को मीठी रोटी तथा हनुमान के मन्दिर में बताशे चढ़ाने चाहिए ।

दृष्टांत कुण्डलियां

देवाधिदेव भगवान शंकर जी

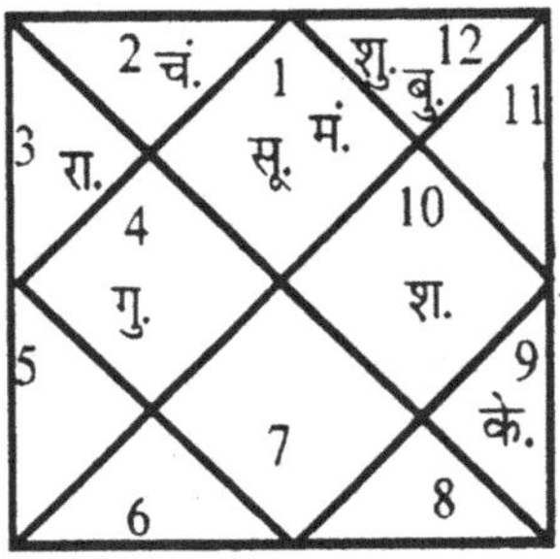

गुरु श्री गोविन्द सिंह जी

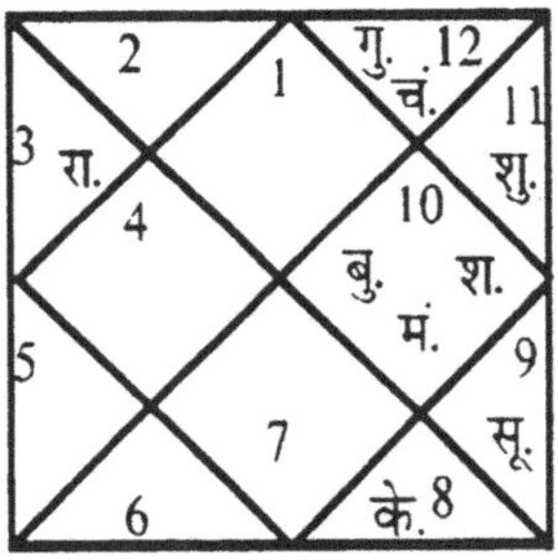

श्री रामानुजाचार्य

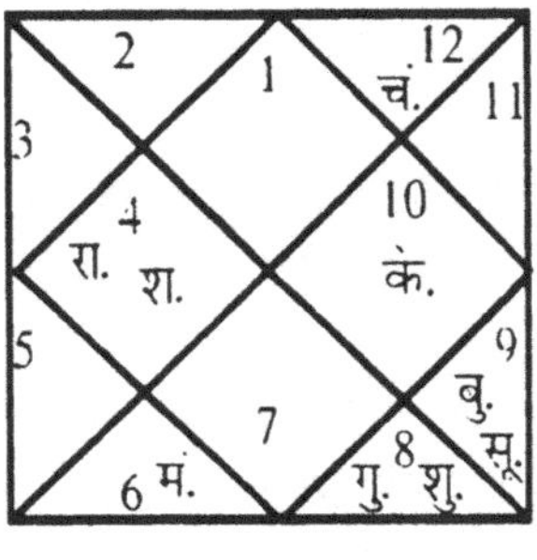

सिकन्दरे-आजम

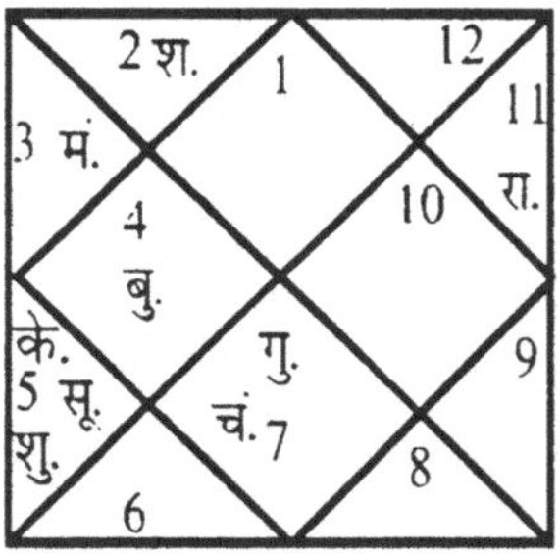

जन्म 22.9.356 BC, रात्रि 10.00 बजे, मेसडोनिया का राजा विश्व विजेता सिकन्दर ने, थेबन, परसिया, साईरा, इजिप्त, मिस्र, फोनेसिया इत्यादि देशों को जीता। फिर भारत आया और 326 BC में इसकी भारत से लौटते वक्त मृत्यु हुई, इसकी कब्र बेबीलोन में रखी गई।

सरदार वल्लभभाई पटेल (लौहपुरुष)

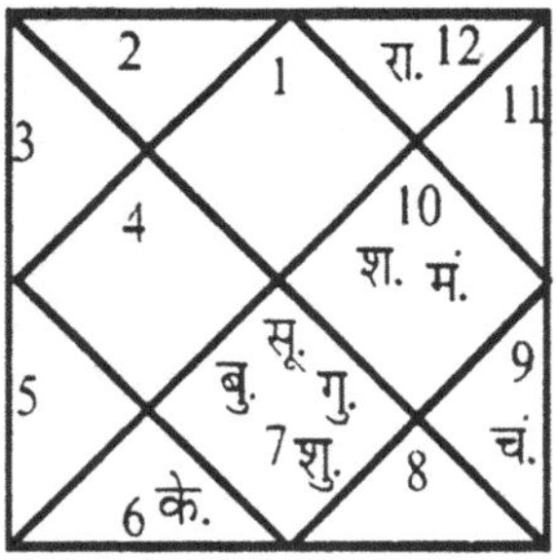

जन्म 31.10.1875, समय 17.25 बजे, भारत के प्रथम गृहमंत्री

श्री चन्द्रबाबू नायडू

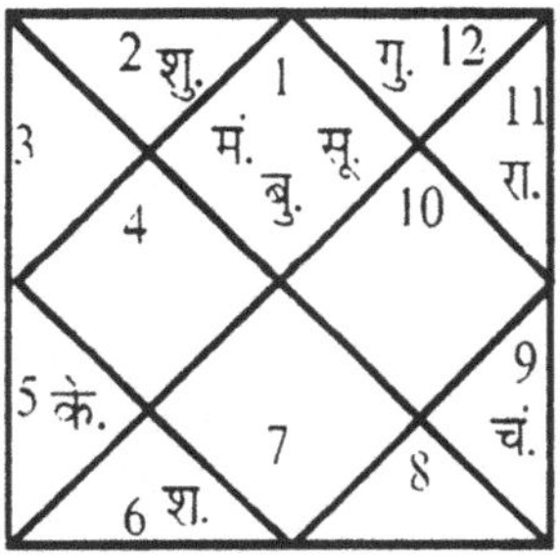

मुख्यमंत्री तमिलनाडु, प्रधानमंत्री के दावेदार, जन्म 27.4.1951, समय 6.30 बजे प्रातः।

सुभाषचन्द्र बोस

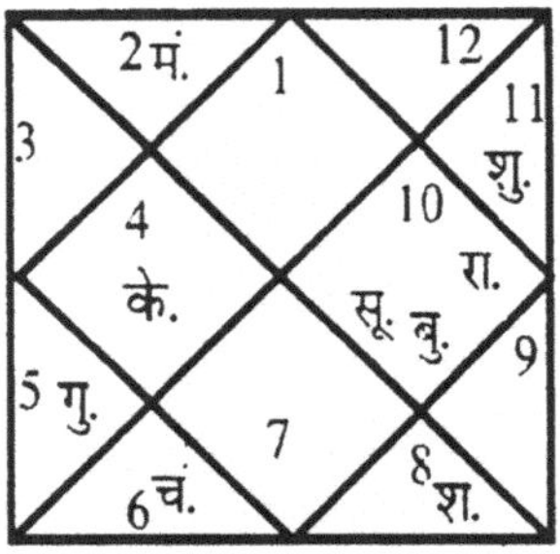

जय हिन्द फौज के निर्माता, भारत को आजादी दिलाने वाले महान क्रान्तिकारी वीर पुरुष एवं राजनीतिज्ञ, मृत्यु रहस्यमय। जन्म 23.1.1897, 12.00 बजे दोपहर, जन्म-उड़ीसा।

अभिनेता अशोक कुमार

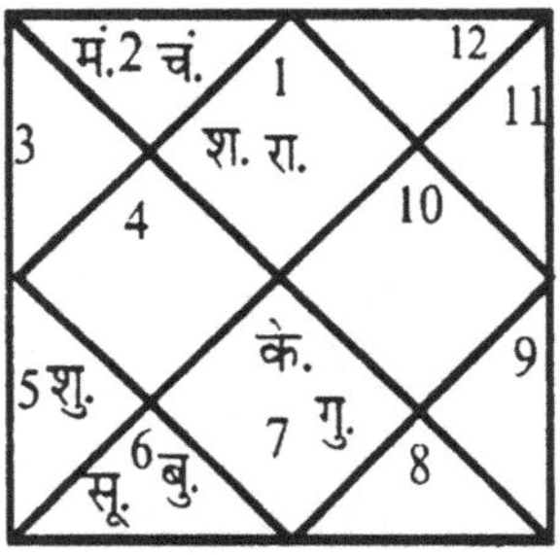

फिल्मी दुनिया के सबसे धनी व्यक्ति एवं लम्बी आयु वाले व्यक्ति। जन्म 13.10.1911, समय 20.00 बजे, जन्म स्थल-भागलपुर, मृत्यु-दिसम्बर 2001।

महाराजा कंस

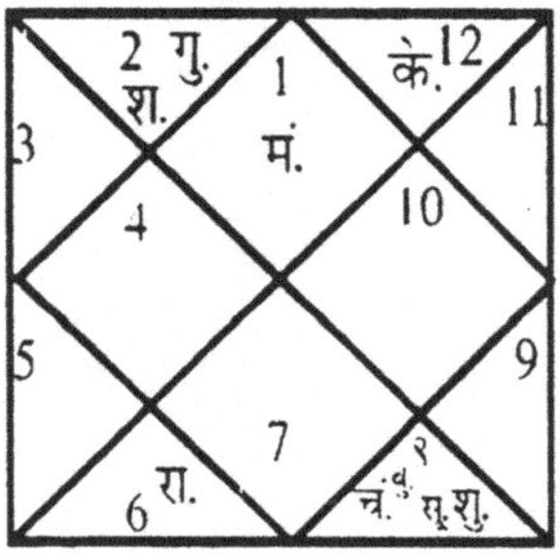

जैक्वस शिराक

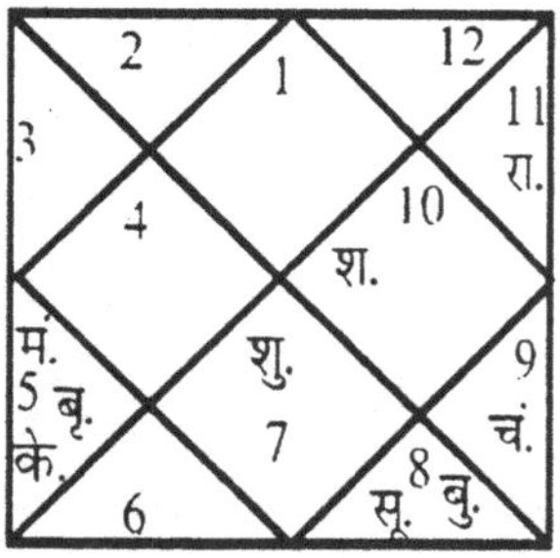

फ्रांस के भूतपूर्व प्रधानमंत्री, जन्म पेरिस, 29.11.1932, समय 16.00।

महाराजा त्रावनकोर

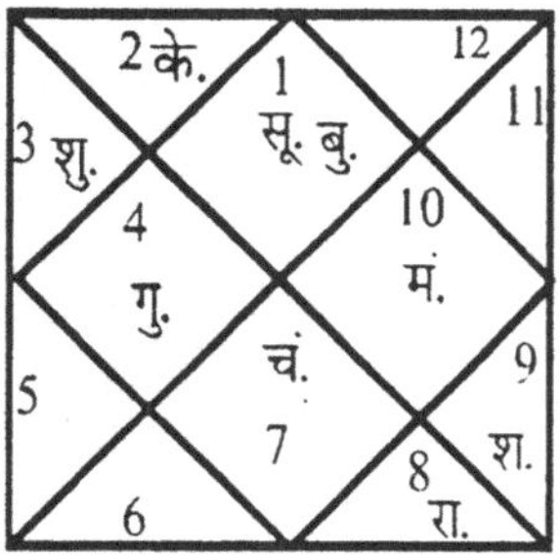

बहुत धनी महाराजा थे।

महारानी विक्टोरिया

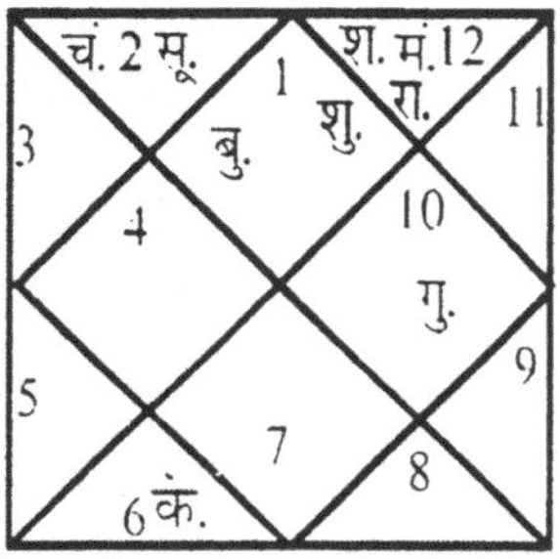

इंग्लैण्ड की प्रथम ब्रिटिश शासिका, जन्म 24.5.1819, समय 4.15 बजे प्रातः मृत्यु 22.1.1901 समय-8.30 बजे रात्रि, जिसके राज्य में ब्रिटिश का सूर्य कभी अस्त नहीं हुआ।

विश्वकवि रवीन्द्रनाथ टैगोर

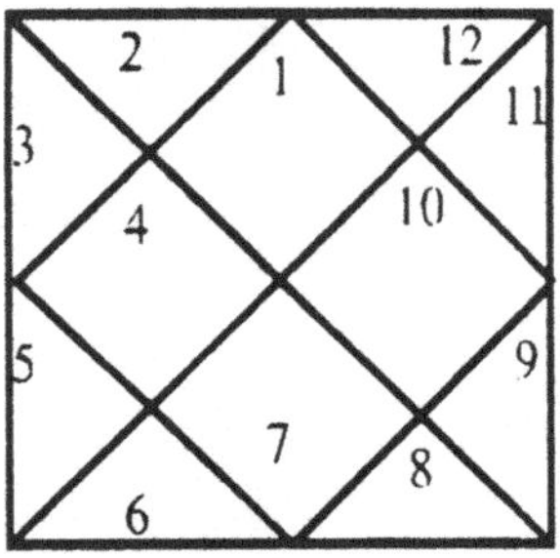

जार्ज फर्नाडीस

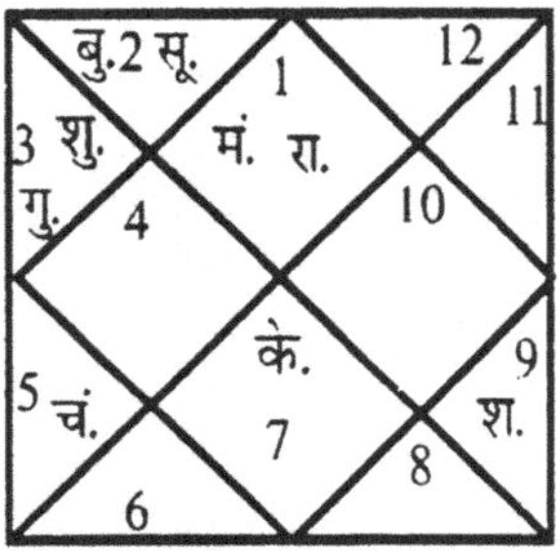

भारत के रक्षामंत्री, जन्म 3.6.1930, प्रातः 4.30 बजे, मैंगलोर (मैसूर) में।

कांशीराम

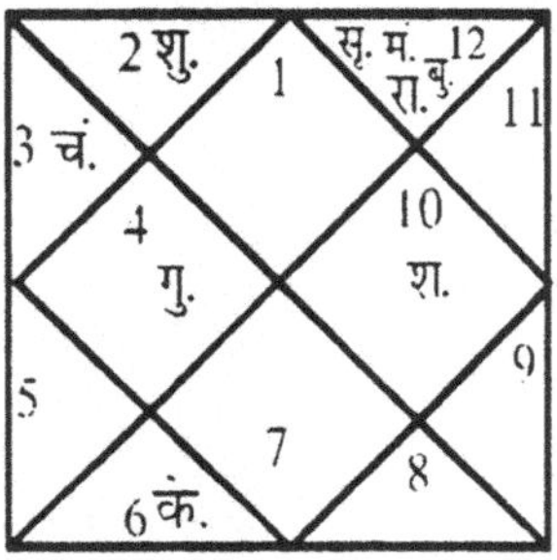

दलित नेता मुख्यमंत्री मायावती के गॉडफादर, जन्म 12.4.1932 प्रातः 7.30 बजे, जन्मभूमि-अबोहर (पंजाब)।

के.पी.एस. गिल

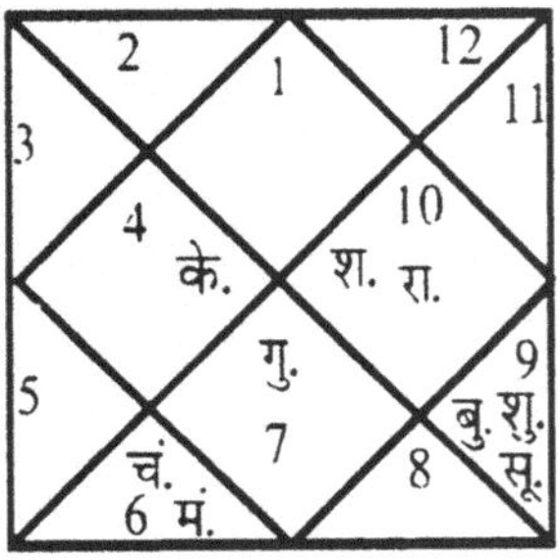

डायरेक्टर जनरल पुलिस (पंजाब), जन्म-लाहौर, 29.12.1934, समय 14.00 आंतकवादियों के शत्रु, जिसने पंजाब को आंतकवाद से मुक्त कराया।

लालू प्रसाद यादव

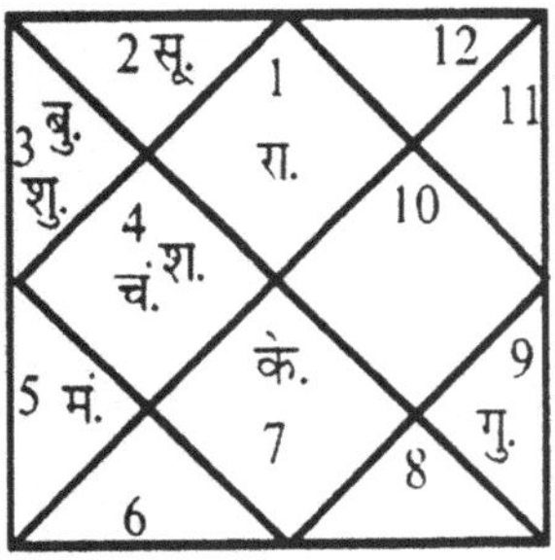

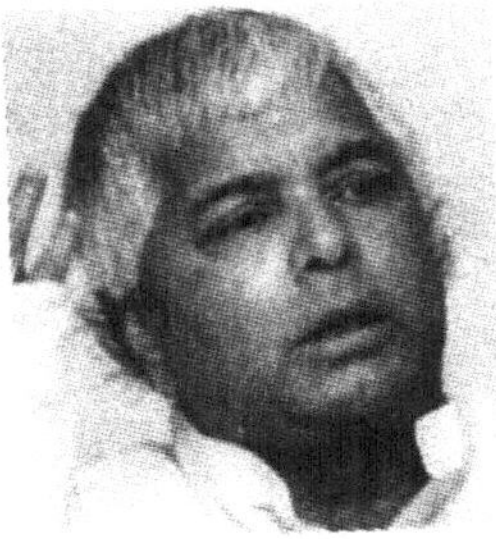

बिहार के भूतपूर्व मुख्यमंत्री, जन्मभूमि-फुलवरिया (बिहार) 11.6.1948, समय प्रात 4.00 बजे

गुलजारी लाल नन्दा

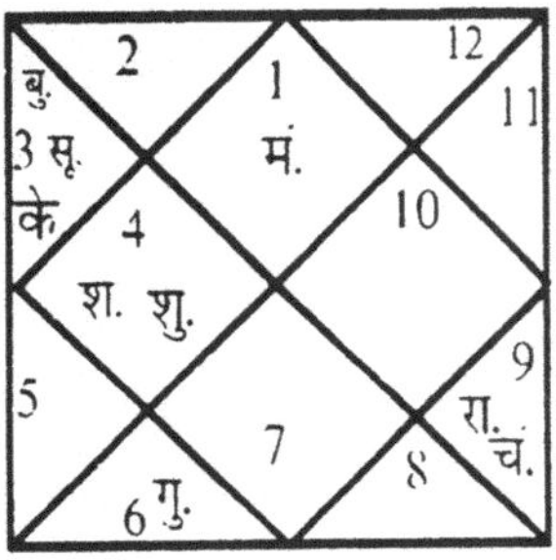

भूतपूर्व उपप्रधानमंत्री भारत।

श्री चन्द्रशेखर पूर्व प्रधानमंत्री

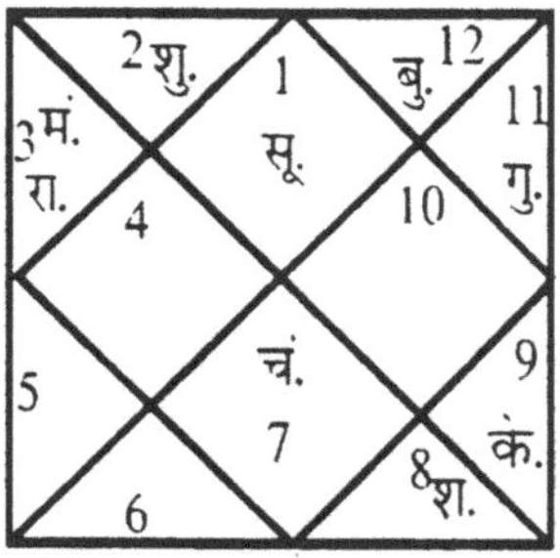

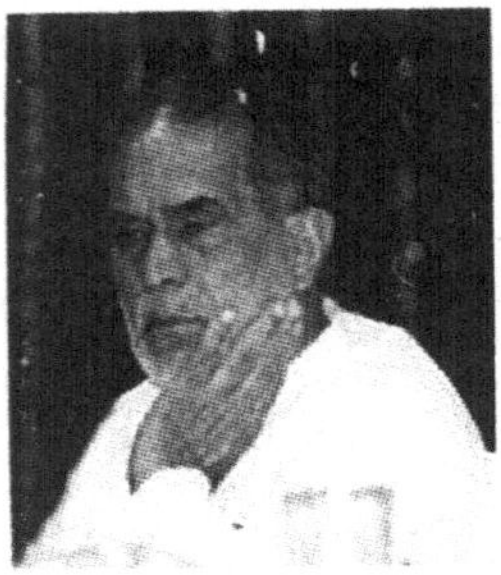

भारत के भूतपूर्व प्रधानमंत्री, जन्मभूमि-गाजीपुर (उत्तरप्रदेश) जन्म 17.4.1927, समय प्रात 6.15 बजे।

अभिनेत्री हेमामालिनी

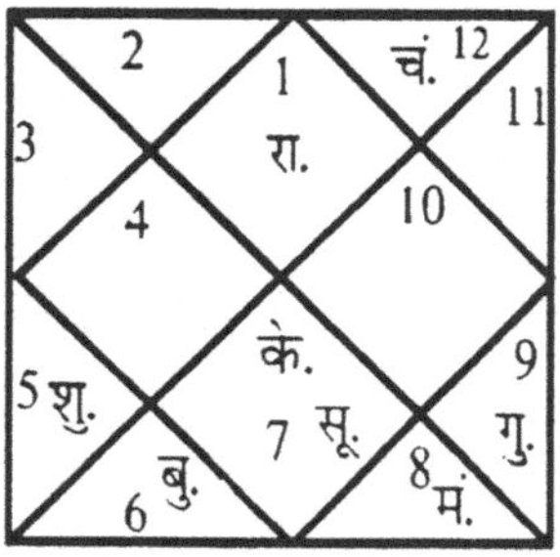

भारत के रक्षामंत्री, जन्म 3.6.1930, प्रातः 4.30 बजे, मैंगलोर (मैसूर) में।

अभिनेत्री रीनाराय

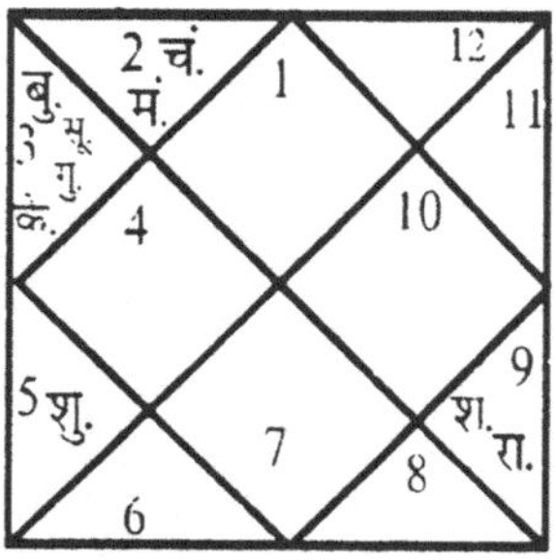

दलित नेता मुख्यमंत्री मायावती के गॉडफादर, जन्म 12.4.1932 प्रातः 7.30 बजे, जन्मभूमि-अबोहर (पंजाब)।

अभिनेता दिलीप कुमार

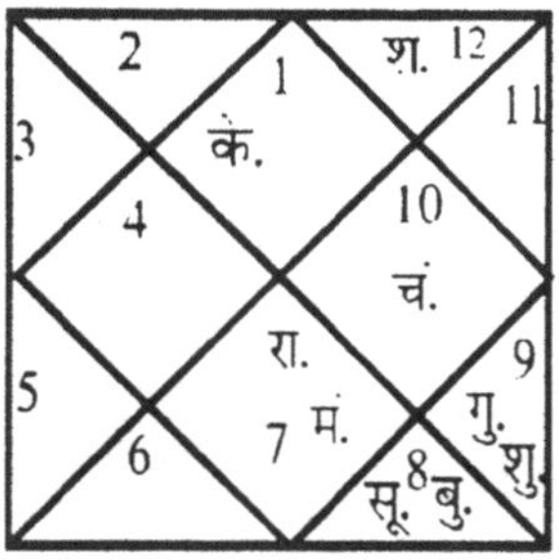

पूर्णकालसर्पयोग।

अभिनेत्री डिम्पल कापड़िया

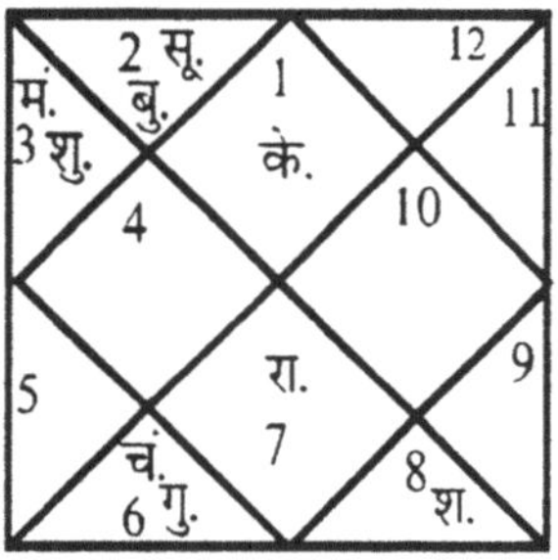

अभिनेत्री स्मिता पाटिल

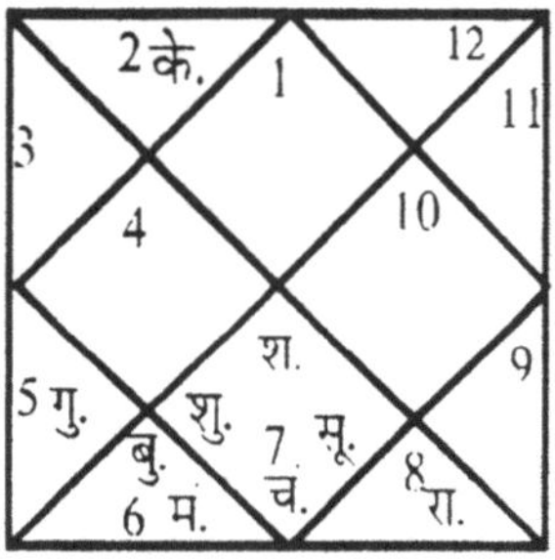

अल्पआयु का अनुपम उदाहरण, जन्म 17.10.1935, सांय 16.45. मृत्यु 1986, पूर्ण कालसर्पयोग।

गोविंन्दा

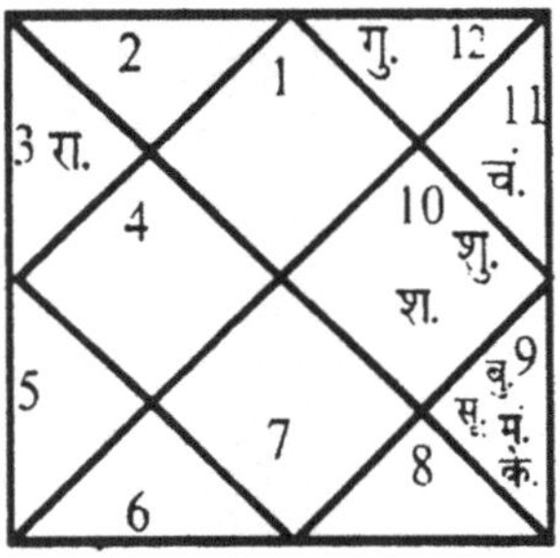

जन्म स्थान-मुम्बई, जन्म-21.12.1963 समय-14.00 रात्रि।

श्री जहीर खान

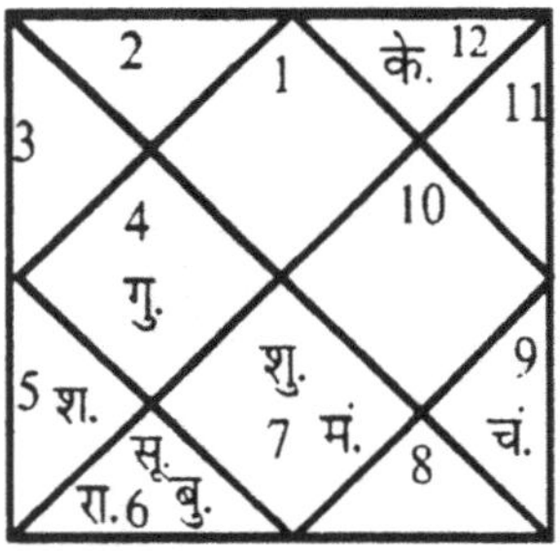

जन्म स्थान-श्रीराम पुर, जन्म-7.10.1978, जिला-अहमदनगर (महाराष्ट्र), समय-12.00 रात्रि।

अभिषेक बच्चन

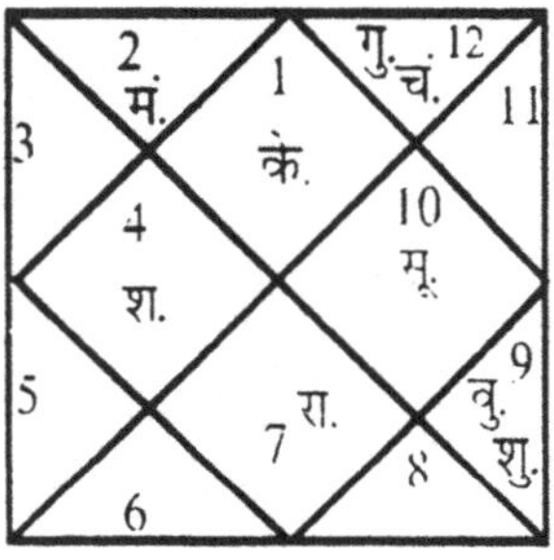

जन्म स्थान-मुम्बई, जन्म-5.12.1976. समय-12.00 रात्रि।

श्री अजय जाडेजा

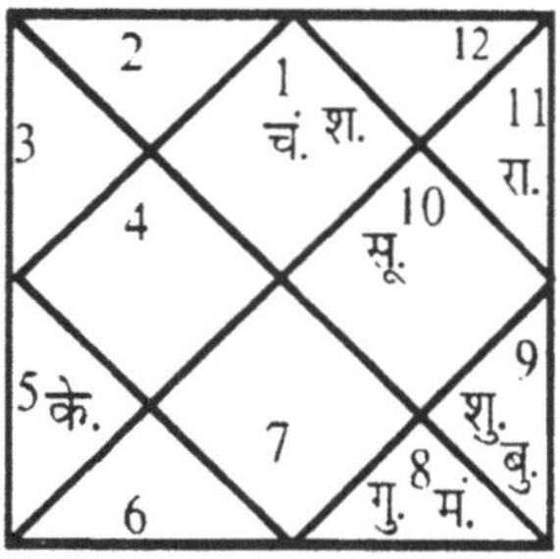

श्री आर.पी. गोयनका

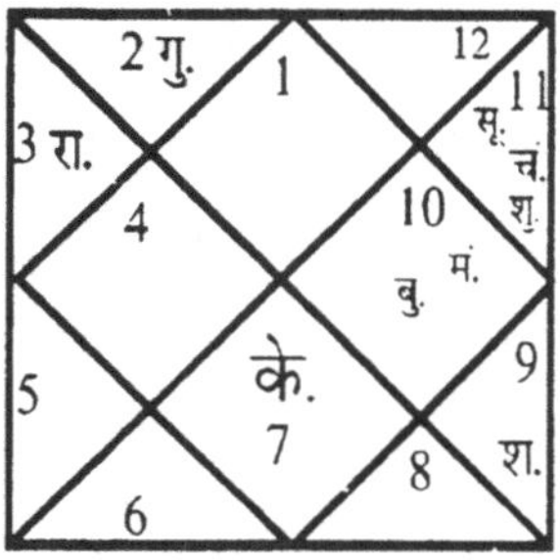

धनाढ्य व्यक्ति, 1.3.1930 समय-8.45 प्रात:।

श्री हीरालाल देवपुरा

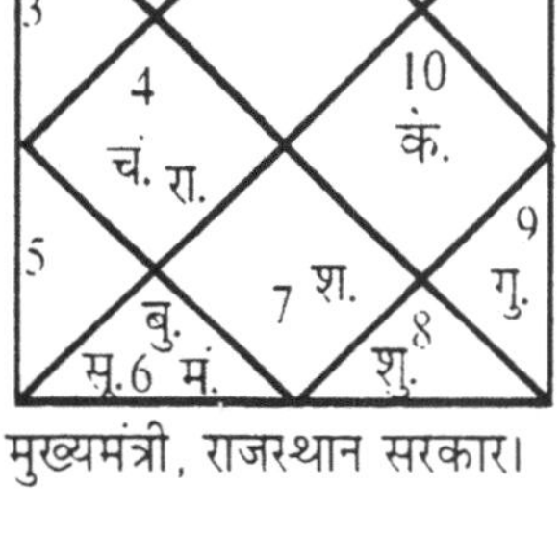

मुख्यमंत्री, राजस्थान सरकार।

श्री हरिदेव जोशी

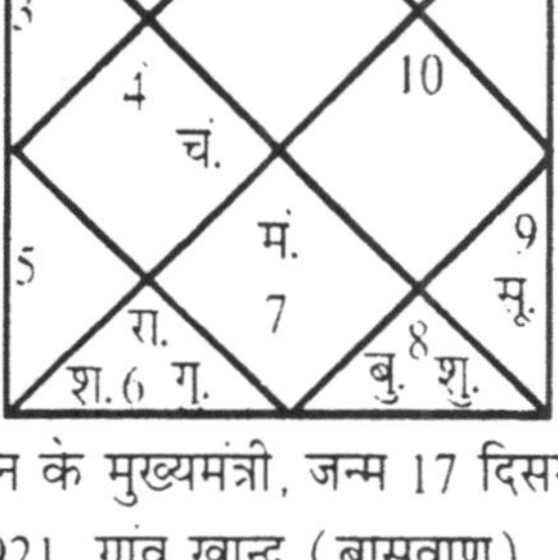

राजस्थान के मुख्यमंत्री, जन्म 17 दिसम्बर 1921, गांव खान्दू (बासवाण)

सम्राट पृथ्वीराज चौहान

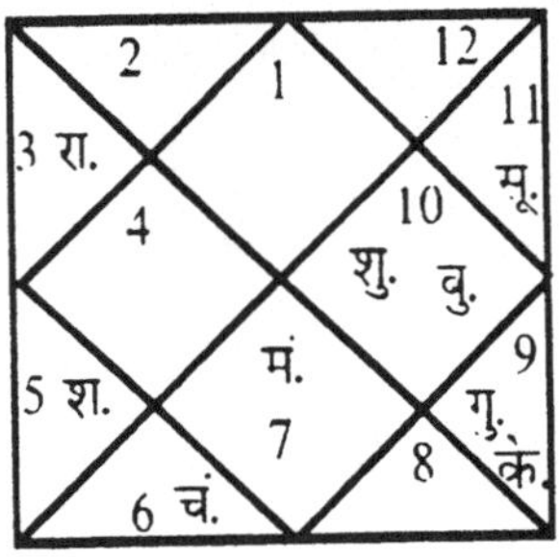

जनरल दिगाल (फ्रांस)

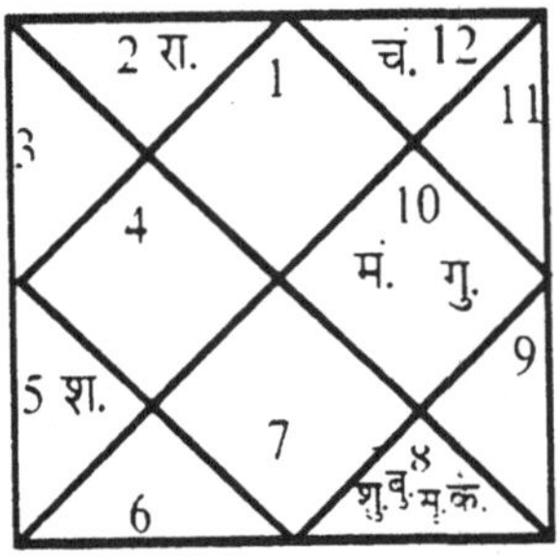

फ्रांस के राष्ट्रपति

राज्यपाल सम्पूर्णानन्द

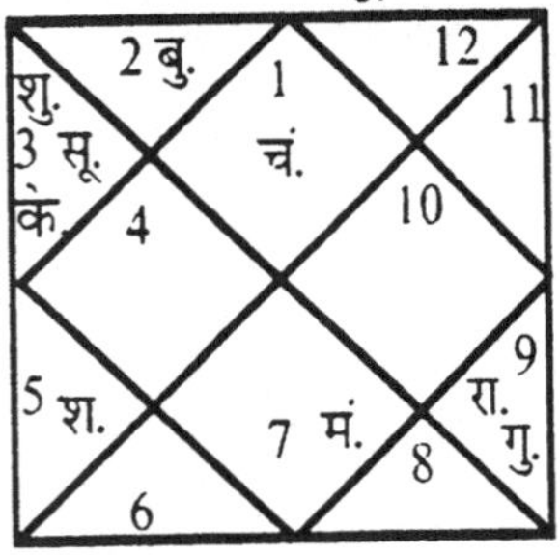

पाकिस्तान राष्ट्र की कुण्डली

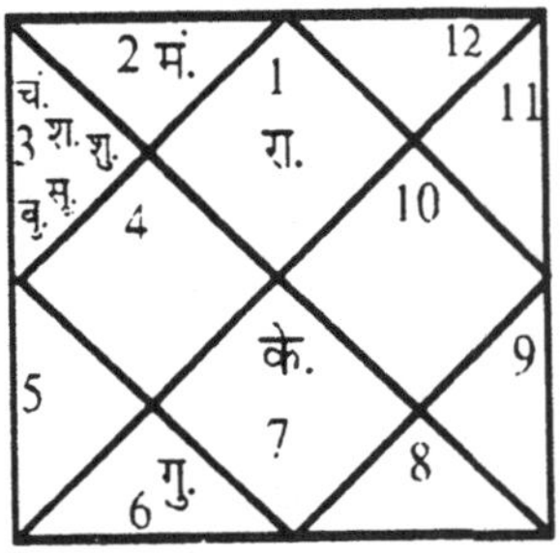

15.8.1947 समय 12.00 मध्यरात्रि, करांची, भारत की कुण्डली वृषभ स्थिर लग्न की है। पाकिस्तान की कुण्डली मेष लड़ाकू लग्न की कुण्डली है।

❑❑❑